高等院校物流专业"互联网+"创新规划教材

供应链管理(第 3 版)

主　编　曹翠珍
副主编　汤晓丹　石文萍
参　编　赵　欣

内 容 简 介

本书以培养创新型人才为目标，逻辑性强，内容丰富，体例规范，注重供应链管理的创新与应用，主要内容包括供应链管理概述、供应链管理的战略问题、供应链的设计与优化、供应链合作伙伴选择、供应链的需求预测与资源规划、供应链管理环境下的采购管理、供应链管理环境下的生产管理、供应链管理环境下的库存控制、供应链风险管理、供应链管理的技术与方法、供应链绩效衡量与评价及供应链管理的新形态等。本书突出案例教学，体现供应链管理的实践性，各章都有思维导图、导入案例、知识链接，在重要内容和核心理念部分通过二维码链接了丰富的立体化资源，以拓展读者的视野。章末均有本章小结、关键术语、综合练习等内容，其中综合练习和案例分析部分既可作为阅读理解资料，又可作为实训教学内容，便于学生对知识的理解和掌握。

本书可作为物流管理、电子商务、市场营销、管理科学与工程等相关专业本科生的教材，也可供从事相关专业研究的高校师生作为教学参考资料，更适合从事物流管理、供应链管理、运作管理、企业战略管理、供应与采购管理的管理人员阅读参考。

图书在版编目(CIP)数据

供应链管理/曹翠珍主编. —3 版. —北京：北京大学出版社，2022.9
高等院校物流专业"互联网+"创新规划教材
ISBN 978-7-301-33330-3

Ⅰ.①供… Ⅱ.①曹… Ⅲ.①供应链管理—高等学校—教材 Ⅳ.①F252.1

中国版本图书馆 CIP 数据核字（2022）第 166984 号

书 名	供应链管理(第 3 版) GONGYINGLIAN GUANLI (DI-SAN BAN)
著作责任者	曹翠珍 主编
策划编辑	郑 双
责任编辑	翟 源
数字编辑	金常伟
标准书号	ISBN 978-7-301-33330-3
出版发行	北京大学出版社
地 址	北京市海淀区成府路 205 号　100871
网 址	http://www.pup.cn　新浪微博：@北京大学出版社
电子信箱	pup_6@163.com
电 话	邮购部 010-62752015　发行部 010-62750672　编辑部 010-62750667
印 刷 者	河北文福旺印刷有限公司
经 销 者	新华书店
	787 毫米×1092 毫米　16 开本　23.5 印张　575 千字 2010 年 3 月第 1 版　2016 年 8 月第 2 版 2022 年 9 月第 3 版　2022 年 9 月第 1 次印刷
定 价	66.00 元

未经许可，不得以任何方式复制或抄袭本书之部分或全部内容。
版权所有，侵权必究
举报电话：010-62752024　电子信箱：fd@pup.pku.edu.cn
图书如有印装质量问题，请与出版部联系，电话 010-62756370

第3版前言

当前,全球政治经济秩序加速变革,大国关系发生转折性变化,新一轮科技革命和产业变革改变了传统的生产方式、社会结构和生活方式,世界面临百年未有之大变局。同时,百年未遇之新冠肺炎疫情持续对经济社会运行造成巨大冲击,疫情推动全球产业组织形式、产业链布局、治理方式发生重大变化,全球化进程和政治经济秩序、全球治理体系的变革也将因疫情影响而加速。因此,供应链、产业链的稳定与安全对于未来全球经济社会可持续发展的重要性凸显。供应链管理已上升到了国家经济建设体系的宏观战略层面。社会对供应链管理的认识,也从以核心企业为主导的体系,扩展到其他相关领域,供应链管理在社会经济体系建设和发展中的价值更加突出。

传统的纵向一体化模式,无法快速响应数字经济下的消费需求,严重阻碍了企业竞争能力的提升。如今,产品在市场上的竞争力只是企业竞争优势的冰山一角,真正的竞争不是企业之间的竞争,而是供应链之间的竞争,甚至是供应链生态系统之间的竞争。供应链已经成为企业的生命线,只有对供应链进行不断地优化整合,才能使企业在市场竞争中立于不败之地。供应链管理既是一种战略管理理念也是一系列运营管理技术。20世纪80年代以来,一些国际著名企业如沃尔玛、IBM、戴尔等因为先进的供应链管理理念取得显著成就,因而吸引了全球越来越多的学者和企业界人士的关注。目前,我国也有许多成功的企业意识到供应链管理的重要性,如华为、海尔在国际化进程中运用先进的供应链管理理念与技术创造了奇迹。一些新兴的电子商务和平台型企业也因为先进的供应链管理理论与技术赢得了竞争优势,得以迅速成长。正确理解和掌握供应链管理理论与技术,从微观层面上讲可以提高企业生产效率与服务质量,更好地满足客户的需求;从宏观层面上讲对于保障供应链、产业链的安全和稳定具有非常重要的意义。中国学者不断加强国际交流与对话,并通过对中国产业和企业层面供应链运作实践的研究,在理论上取得了丰硕的成果,这为我国供应链管理理论的成熟和完善奠定了坚实的基础。

"供应链管理"课程是工商管理大类特别是物流管理专业的核心课程之一,正确理解和掌握供应链管理理论与技术,对于培养学生的战略思维和运营管理技能具有重要的意义。基于当前供应链管理的人才需求和发展前景,本书以"培养创新型应用人才"为特色,以"创新"和"应用"为切入点,突出案例教学的重要作用,兼顾供应链理论和实践应用。本书体现了以下特点。

(1) 逻辑合理,思路清晰。篇章设计按照供应链基础理论、构建、管理内容、机制方法以及新形态的思路进行,符合读者循序渐进的学习习惯。

(2) 内容丰富,体例规范。每章开篇设计了本章的学习重点,使读者对学习内容有基本把握,而且给出了教学目标,对于各知识点及需要读者掌握的程度进行了说明,文中贯穿了丰富的案例及辅助知识,章末有各种形式的练习题,便于读者学习和研究。

(3) 与时俱进,持续改进。对于供应链管理中的新问题进行了探讨,如供应链管理面临的新环境、供应链的韧性和可持续发展以及供应链管理的新形态等。同时通过二维码链接了丰富的立体化资源,以拓展读者的视野。

本书由山西财经大学、晋中信息学院、内蒙古财经大学等多所院校从事物流与供应链方面教学与科研工作的教师合作编写，内蒙古财经大学2021级国际商务专业硕士研究生范迎佳、商秋颖分别承担第9章、第11章的排版、录入与校对工作；2021级供应链管理专业学生阴山承担资料收集整理与书稿校对工作。山西财经大学曹翠珍教授任主编并负责全书结构的策划和最后统稿，内蒙古财经大学汤晓丹和山西财经大学石文萍为副主编，晋中信息学院赵欣副院长参与了编写，其中第1章、第2章、第3章由曹翠珍编写，第4章、第6章、第8章、第9章、第11章由汤晓丹编写，第5章、第7章、第12章由石文萍编写，第10章由赵欣编写。

本书在写作过程中，编者参考了国内外诸多学者和研究机构的研究成果，已尽可能详细地在参考文献中列出，在此对所引用书籍和论文的作者表示崇高的敬意和衷心的感谢！如果由于个人疏忽遗漏了引用资料的出处，在此向专家学者们表示万分歉意。

最后，还要感谢北京大学出版社领导和编辑的鼎力帮助，有了他们的支持本书才能得以顺利出版。

供应链管理理论研究与实践应用是不断发展的新领域，又加之编者水平有限，书中难免有待商榷和不足之处，恳请读者不吝赐教，以便在今后的修订中不断改进与完善。对您的批评意见，编者表示最诚挚的谢意！

编　者

2022-07

【资源索引】

目　　录

第1章　供应链管理概述 1

1.1 供应链与供应链管理 3
- 1.1.1 供应链的概念 4
- 1.1.2 供应链的特征 5
- 1.1.3 供应链管理的概念 6
- 1.1.4 供应链管理的目标 9
- 1.1.5 供应链管理的特征 10

1.2 供应链管理的产生背景 11
- 1.2.1 全球竞争环境的变化 12
- 1.2.2 波特价值链理论的启示 14
- 1.2.3 传统管理模式存在弊端 15
- 1.2.4 管理模式的转变 15

1.3 优秀供应链的特质与供应链管理的实施 17
- 1.3.1 优秀供应链的特质 18
- 1.3.2 供应链管理的实施步骤 20

1.4 供应链管理的新环境与发展趋势 22
- 1.4.1 供应链管理的新环境 22
- 1.4.2 供应链管理的发展趋势 27

本章小结 30
综合练习 33

第2章　供应链管理的战略问题 36

2.1 供应链的类型分析 38
- 2.1.1 根据供应链容量与用户需求的关系划分 38
- 2.1.2 根据供应链的功能模式划分 38
- 2.1.3 根据供应链驱动力的来源划分 39
- 2.1.4 根据供应链的结构划分 39
- 2.1.5 根据供应链的经营主体划分 40

2.2 集成化供应链管理 44
- 2.2.1 集成化供应链管理理论模型 44
- 2.2.2 集成化供应链管理的实现 46

2.3 供应链管理下的业务外包 51
- 2.3.1 业务外包的优势 51
- 2.3.2 业务外包的风险 52
- 2.3.3 业务外包的主要方式 53

2.4 供应链管理的战略匹配 55
- 2.4.1 竞争战略与供应链战略 55
- 2.4.2 竞争战略与供应链战略匹配 56
- 2.4.3 赢得战略匹配的步骤 57
- 2.4.4 影响供应链战略匹配的其他因素 61

本章小结 63
综合练习 66

第3章　供应链的设计与优化 70

3.1 供应链设计的基本问题 71
- 3.1.1 供应链设计的基本内容 72
- 3.1.2 供应链设计的相关问题 73
- 3.1.3 供应链的设计原则 74
- 3.1.4 基于产品的供应链设计步骤 76
- 3.1.5 基于产品的供应链设计策略 78

3.2 网络设计决策的影响因素 82
- 3.2.1 宏观经济与政治因素 82
- 3.2.2 战略与基础设施因素 83
- 3.2.3 技术与竞争性因素 85
- 3.2.4 响应时间因素 86
- 3.2.5 物流总成本因素 86

3.3 网络设计决策的框架与内容 89
- 3.3.1 网络设计决策的框架 89
- 3.3.2 网络设计决策的内容 90

3.4 网络设计的优化模型 91
- 3.4.1 优化模型的建立 92
- 3.4.2 算例分析 93

本章小结 96
综合练习 97

第4章 供应链合作伙伴选择 101

4.1 供应链合作伙伴关系概述 102
4.1.1 供应链合作伙伴关系的简述 103
4.1.2 供应链合作伙伴关系建立的动力 106
4.1.3 供应链合作伙伴关系建立的制约因素 110
4.1.4 供应链合作伙伴关系建立的意义 110

4.2 供应链合作伙伴关系管理的理论基础 111
4.2.1 委托-代理理论简介 111
4.2.2 供应链合作伙伴的委托代理问题分析 112
4.2.3 供应链上委托代理问题对策 115

4.3 供应链合作伙伴的选择 117
4.3.1 供应链合作伙伴选择的类型 117
4.3.2 供应链合作伙伴选择的参考因素 117
4.3.3 供应链合作伙伴的评价与选择 119

本章小结 125
综合练习 126

第5章 供应链的需求预测与资源规划 128

5.1 供应链的需求预测与方法 130
5.1.1 供应链需求预测的特点与作用 130
5.1.2 供应链需求预测的分类与方法 131

5.2 数字经济下供应链的需求预测 135
5.2.1 数字经济下供应链需求预测的特点 135
5.2.2 数字经济下供应链需求预测的新思路 136

5.3 供应链资源规划的工具——APS 138
5.3.1 高级计划与排程系统的概念 138
5.3.2 APS的结构体系与特点 139

本章小结 143
综合练习 147

第6章 供应链管理环境下的采购管理 150

6.1 供应链管理环境下的采购 152
6.1.1 传统采购的局限性 152
6.1.2 供应链管理环境下的采购 153

6.2 供应链管理环境下的准时采购 156
6.2.1 准时采购 156
6.2.2 供应链管理环境下准时采购实施的条件 161
6.2.3 供应链管理环境下准时采购实施的步骤及要点 162

6.3 供应商关系管理 166
6.3.1 供应商关系管理的概念与意义 167
6.3.2 从采购方看供应商分类 168
6.3.3 从供给方看采购商分类 171
6.3.4 从供应定位模型与供应商感知模型看供应商关系管理 173

本章小结 176
综合练习 177

第7章 供应链管理环境下的生产管理 180

7.1 供应链管理环境下生产计划与控制概述 182
7.1.1 供应链管理环境下传统生产计划与控制的局限性 182
7.1.2 供应链管理环境下生产计划与控制的新要求 183

7.2 供应链管理环境下的生产计划与控制系统总体模型 185
7.2.1 供应链管理环境下的集成生产计划与控制系统的总体构想 185

  7.2.2 供应链管理环境下生产计划与
     控制总体模型与特点 188
  7.2.3 供应链管理环境下生产系统的
     协调机制 191
 7.3 供应链管理环境下的生产策略 195
  7.3.1 大规模定制生产 195
  7.3.2 精益生产 200
  7.3.3 敏捷制造 204
 本章小结 207
 综合练习 212

第8章　供应链管理环境下的库存控制 214

 8.1 供应链环境下的库存问题 216
  8.1.1 供应链管理环境下的库存控制的
     主要问题 216
  8.1.2 供应链中的"牛鞭效应"与
     库存 218
  8.1.3 供应链中的不确定性与
     库存 224
 8.2 供应链管理下的库存控制方法 226
  8.2.1 供应商管理库存 226
  8.2.2 联合库存管理 230
 8.3 供应链多级库存概述 235
  8.3.1 供应链多级库存的基本思想及
     控制方法 236
  8.3.2 供应链多级库存控制考虑的
     问题 237
  8.3.3 供应链多级库存优化与
     控制 238
 本章小结 243
 综合练习 243

第9章　供应链风险管理 246

 9.1 供应链风险的含义与来源 247
  9.1.1 供应链风险的含义 247
  9.1.2 供应链风险的来源 249
 9.2 供应链风险的类型与特点 252
  9.2.1 供应链风险的类型 252
  9.2.2 供应链风险的特点 259

 9.3 供应链的风险管理与防范 260
  9.3.1 供应链风险识别 260
  9.3.2 供应链风险评估 262
  9.3.3 供应链风险管理与防范
     策略 265
 9.4 供应链的韧性与可持续发展 270
  9.4.1 供应链的韧性 270
  9.4.2 可持续供应链管理 271
 本章小结 274
 综合练习 275

第10章　供应链管理的技术与方法 279

 10.1 快速反应 282
  10.1.1 QR产生的背景 282
  10.1.2 QR的含义 283
  10.1.3 QR的发展过程 284
  10.1.4 QR的实施步骤 286
  10.1.5 成功实施QR的条件及
      效果 287
 10.2 有效客户反应 289
  10.2.1 ECR产生的背景 289
  10.2.2 ECR的含义 291
  10.2.3 ECR的特征 291
  10.2.4 ECR的四大要素 292
  10.2.5 ECR系统的构建 294
  10.2.6 ECR的实施前提 296
  10.2.7 QR与ECR的比较 299
 10.3 协同规划、预测和连续补货 299
  10.3.1 CPFR出现的背景 299
  10.3.2 CPFR的概念与本质特点 300
  10.3.3 CPFR实施的目标和协同
      运行 301
  10.3.4 CPFR实施框架与步骤 302
 本章小结 304
 综合练习 304

第11章　供应链绩效衡量与评价 307

 11.1 供应链绩效评价体系的建立 309
  11.1.1 供应链绩效评价概述 309

11.1.2 供应链绩效评价的内容 311
　　11.1.3 供应链绩效评价的一般
　　　　　方法 313
　　11.1.4 供应链绩效评价指标的
　　　　　选择 315
11.2 供应链运作参考模型 319
　　11.2.1 供应链运作参考模型概述 ... 319
　　11.2.2 SCOR 模型的结构 321
　　11.2.3 基于 SCOR 模型的供应链
　　　　　绩效评价 323
11.3 平衡供应链计分卡法 326
　　11.3.1 平衡计分卡法简介 326
　　11.3.2 平衡供应链计分卡法的
　　　　　评价角度及指标 327
本章小结 334

综合练习 334

第 12 章　供应链管理的新形态 337

12.1 绿色供应链 339
　　12.1.1 绿色供应链概述 339
　　12.1.2 绿色供应链的内容 342
12.2 服务供应链 347
　　12.2.1 服务供应链概述 347
　　12.2.2 服务供应链的运作机制 349
12.3 供应链金融 352
　　12.3.1 供应链金融概述 352
　　12.3.2 供应链金融的融资模式 358
本章小结 363
综合练习 364

参考文献 367

第1章 供应链管理概述

【学习重点】

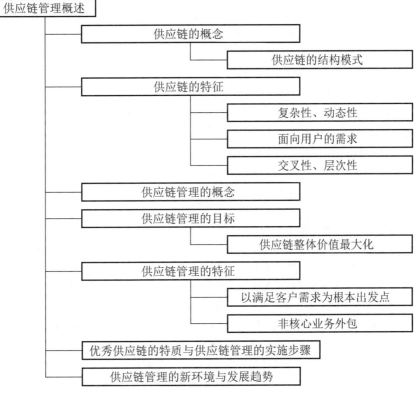

【教学目标】

通过本章的学习,使学生了解供应链管理面临的新环境,正确理解供应链的概念、特征及结构模式,重点掌握供应链管理的目标和特征;熟悉供应链管理产生的背景,理解优秀供应链的特质、供应链管理的实施步骤和发展趋势。

导入案例

华为供应链管理的变革及启示[①]

华为创立于 1987 年，是全球领先的 ICT(信息与通信)基础设施和智能终端提供商。截至 2022 年 7 月，华为约有 19.5 万名员工，业务遍及 170 多个国家和地区，服务全球 30 多亿人口。华为致力于把数字世界带入每个人、每个家庭、每个组织，构建万物互联的智能世界。2020 年《财富》杂志的世界 500 强企业名单中，华为跃居第 49 位；在业务规模上，华为已经远远超过诺基亚、爱立信、思科这些曾经的行业老大，也超过曾经"教"过它的"老师"——IBM。华为在发展过程中碰到过怎样的供应链管理问题，又是如何实施变革的？

华为创始人任正非曾表示："供应链只有一个，关系着公司的生命，一旦出问题，就是满盘皆输。" 1997 年以前，华为经历十年的野蛮成长和粗放式管理，成长为销售额达到 41 亿元人民币的中型企业。从 1997 年起，华为开始实施启用 Oracle 的 MRPⅡ，IT 管理系统的雏形初步建立。今天看来，二十多年前华为就已经为数字化转型打下了信息化、数字化的基础。1999—2003 年是华为集成供应链的建设期，该供应链平台系统将华为中国总部的不同职能部门和供应链上各个环节的组织连接起来。2005—2007 年是华为全球化供应链的建设期，通过全球化的 IT 系统连接和贯通了华为中国总部与海外各个国家和地区的职能组织。2008—2011 年，华为打通所有供应链环节，逐渐建立起海外多供应中心，实现了国际化与本地化的一体化管理，实现了真正意义上的全球化。为了实现持续有效增长的目标，2012 年起华为针对终端业务的快速、极致体验、供应链协同等特点，构建敏捷、智能的数字化供应链，进行终端供应链变革。

华为对终端供应链变革提出具体要求。一是能够应对新市场的敏捷交付，布局全球网络，建立国家维度的销售供应链，以销定产、以销定存，提供细分的差异化供应。二是提供极致的体验，包括供应商体验，如供应商早期介入、联合技术创新；消费者购买体验，如向用户提供多品类、多渠道、全场景的服务，产品首销上市具备千万级交付能力；服务体验，如为消费者提供修得快、换得快的极致服务体验。三是差异化，满足消费者差异化的购买需求，线上线下、随时随地、极致的速度体验；支持新零售敏捷交付及极简交易的体验；满足不同消费者的产品个性化和交付个性化需求。四是加强产业链的创新与掌控，对于战略竞争部件，产业链提前投资布局，掌控核心价值；对于行业紧缺部件，进行排他性战略供应商合作，联合研发、共同创新；对于通用部件，与供应商、EMS(电子制造服务)工厂深度协同。五是打造精益和数字化的全球运营体系：包括打造一流的数字化供应链组织和人才；建立保障供应链持续供应风险、存货风险、质量风险的预警机制和管控体系。

经历七年艰难而痛苦的转型，从芯片研发、计划能力、采购供应能力到智能制造、智能物流等领域经历了从落后到领先，华为终端的供应链逐渐打磨出差异化的竞争优势。华为自主研发的麒麟芯片从 2012 年投入商用时不被看好到现在成为华为产品的独特竞争力；华为智能手机的交付能力从 2012 年的 3000 万部到 2019 年的 2.4 亿部，并实现从中国单一市场上市到全球市场同步上市的局面，价位也从低端机价位发展为中高端机价位；终端产品种类从简单的手机、数据卡拓展到手机、平板电脑、个人 PC 到智能穿戴产品；从技术跟随到技术引领，华为手机成为世界上第一家自主开发 5G 基带传输和多应用处理 CPU 芯片的手机厂商；华为终端采购对供应商的管控从没有话语权到成为供应商争相服务的第一目标客户；供应链管理能力取得了极大的进步。华为终端有核心芯片和鸿蒙操作系统作为防火墙，使得华为很有可能成为继苹果后，全世界范围内第二家将软、硬件和服务结合得最好的公司。

[①] 根据 "辛童，2021. 华为供应链管理与变革给中国产业链发展的启示[J]. 中国经济评论(2): 68-73." 改编整理。

过去三十年，不论是5G通信技术，还是芯片研发，华为独树一帜，后来居上，让一直称霸世界的美国很不安。从2018年年初美国政府封杀华为到2018年12月1日美国政府通过加拿大对华为CFO、华为创始人任正非的大女儿孟晚舟实施扣押逮捕；再到2020年美国政府以国家安全为由，对华为打击遏制的力度一再升级，贸易战、技术战的硝烟愈演愈烈，华为成为美国对中国高科技产业的重点打击对象。2020年8月17日，美国政府对华为的制裁再次升级，进一步限制华为及其分公司通过与第三方合作使用美国技术，阻止华为对外采购其他公司设计生产的替代芯片。9月15日，使用美国设备和技术的芯片供应商全面断供，不再接受华为订单。11月17日，华为芯片告急，不得不售出旗下荣耀品牌全产品线和业务。2020年是不平凡的一年，也是迄今为止华为最艰难的一年。从2020年第二季度起，全球供应链面临严峻挑战，由于新冠疫情的蔓延，日韩供应链短缺，欧美供应链也出现减产停工，国际物流大幅度减少，严重影响华为供应链的上游供给。尽管历经各种困难和挑战，华为在2020年仍然取得了不错的成绩。2020年10月23日，华为发布2020年三季度经营业绩。2020年前三季度，华为实现销售收入6713亿元人民币，达到2019年营收的78%，同比增长9.9%，净利润率8.0%，甚至超出2019年7.3%的净利润率。

随着美国进一步升级制裁，华为启动"南泥湾"项目，自研生产光刻机、加工芯片，放弃幻想，不再依赖美国公司的技术和产品。"自力更生、自主创新、科技独立"是华为最重要的采购与供应链战略。任正非和他带领的华为团队，始终将自主创新、科技独立作为风险防范机制。此外，华为注重科学精神，坚持以实证与理性为核心，主张自由探索、不断创新、打开边界，推动世界前行的信念。

供应链已经不单单是某个企业的事，而是关系到一个国家产业链的发展、核心技术的发展甚至是国家安全的事。从中兴事件、华为事件、大疆事件及TikTok、Wechat事件等，已经可以感受到科技战有愈演愈烈的趋势。未来二三十年，中国人和中国企业可能面对的不仅有贸易战还有科技战、外交战、人才战、货币战、金融战、心理战，会有更多没有硝烟但后果和伤害却更严重的较量。全球化的供应链和产业链需要参与各方更加开放、增进合作和互信。无论外部环境如何复杂和恶劣，只要全球伙伴紧密团结与合作，就一定能战胜困难，期待更多产业链的上下游合作伙伴，共同推动科技创新、社会经济的发展和人类文明的进步。

1.1 供应链与供应链管理

杰克·韦尔奇曾说过，如果在供应链运作上不具备竞争优势，那么，你干脆就不要竞争。英国著名物流专家马丁·克里斯托弗(Martin Christopher)讲过这样的话："市场上只有供应链而没有企业，真正的竞争不是企业与企业之间的竞争，而是供应链与供应链之间的竞争。"[①]供应链已经成为企业的生命线，只有对供应链进行不断的优化整合，才能使企业在当今市场竞争中立于不败之地。

现代市场的激烈竞争是由先进的工业技术、扩大的全球化、增高的风险资本和创新的商业模式带来的。特别是面对全球金融危机，供应链管理日益受到企业的高度重视，并必将成为提高企业在全球经济产业链中价值的关键，它是企业在全球市场中取得竞争优势的

---

① CHRISTOPHER M. Logistics and supply chain management: strategis for reducing costs and improving services [M]. London: Pitman, 1994: 14.

一个重要因素。在抵御内外生存压力冲击方面，供应链管理可以帮助企业获取新的利润增长点，降低企业运营成本，提升企业竞争力，实现企业利润快速增长的优势。

1.1.1 供应链的概念

正如生态链一样，供应链原本是一个系统，是人类生产活动和整个经济活动的一个客观存在。供应链由直接或间接满足顾客需求的各方组成，包括供应商、制造商、零售商和物流服务提供商等。供应链具有接受并满足顾客需求的全部功能，这些功能包括新产品的开发、市场营销、生产运作、分销、财务和客户管理等。例如，一个顾客走进沃尔玛商店去购买雀巢奶粉。供应链始于顾客对奶粉的需求，顾客首先就会想到沃尔玛商店。沃尔玛的奶粉存货由成品仓库或者分销商用卡车通过第三方供应。雀巢公司为分销商供货，雀巢的制造工厂从各种供应商那里购进原材料，这些供应商可能由更低层的供应商供货。这一供应链如图 1.1 所示，图中箭头反映实体产品流动的方向。

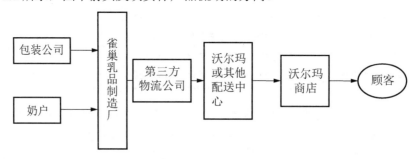

图 1.1 雀巢奶粉供应链

但是，供应链的概念经历了一个发展过程。早期的观点认为供应链是制造企业中的一个内部过程，是指将采购的原材料和收到的零部件，通过生产的转换和销售等环节传递到企业用户的一个过程。传统的供应链概念局限于企业的内部操作，注重企业的自身利益目标。

随着企业经营的进一步发展，供应链的概念范围扩大到与其他企业的联系，扩大到供应链的外部环境，因此将它定义为一个通过链中不同企业的制造、组装、分销、零售等过程将原材料转换成产品到最终用户的转换过程，它是更大范围、更为系统的概念。

第一次提出供应链的概念是胡立翰(John B. Houlihan)(1985)[①]，胡立翰指出供应链(Supply Chain)是一个涉及多个企业的整体系统，从而引起了人们对于上下游企业之间的合作和协调问题的关注。现代供应链的概念更加注重围绕核心企业的网链关系，如核心企业与供应商、供应商的供应商乃至于一切前向的关系，与用户、用户的用户及一切后向的关系，此时供应链的概念已成为一个网链的概念。

英国著名物流专家马丁·克里斯托弗教授在《物流与供应链管理》一书中对供应链进行了如下定义：供应链是指涉及将产品或服务提供给最终消费者的过程和活动的上游及下游企业组织所构成的网络。

美国供应链协会认为：供应链是目前国际上广泛使用的一个术语，涉及从供应商的供应商到顾客的顾客的最终产品生产与交付的一切努力。供应链管理包括贯穿于整个渠道来

---

① HOULIHAN J B. International Supply Chain Management[J]. International Journal of Physical Distribution & Materials Management, 15(1), 1985: 22-38.

管理供应与需求、原材料与零部件采购、制造与装配、仓储与存货跟踪、订单录入与管理、分销以及向顾客交货。

《物流术语》GB/T 18354—2021 中对供应链的定义是：供应链是生产及流通过程中，围绕核心企业的核心产品或服务，由所涉及的原材料供应商、制造商、分销商、零售商直到最终用户等形成的网链结构。

通过上述的分析，可将供应链定义为：供应链是围绕核心企业，通过对信息流、物流、资金流的控制，从采购原材料开始，制成中间产品及最终产品，最后由销售网络把产品送到消费者手中的将供应商、制造商、分销商、零售商直到最终用户连成一个整体的网链结构和模式。它是一个范围更广的企业结构模式，包含所有加盟的节点企业，从原材料的供应开始，经过链中不同企业的制造加工、组装、分销等过程直到最终用户(图 1.2)。

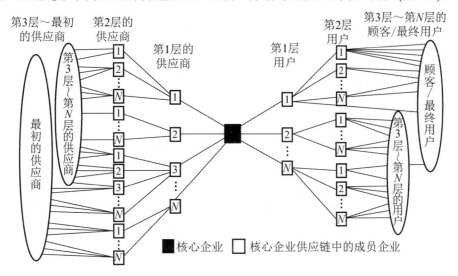

图 1.2　供应链系统的分层结构图

这个概念强调了供应链的战略伙伴关系，从形式上看，客户是在购买商品，但实质上客户是在购买能带来效益的价值。各种物料在供应链上移动，是一个不断采用高新技术增加其技术含量或附加值的增值过程。

特别提示

供应链是围绕核心企业，通过对信息流、物流、资金流的控制，从采购原材料开始，制成中间产品及最终产品，最后由销售网络把产品送到消费者手中的将供应商、制造商、分销商、零售商直到最终用户连成一个整体的网链结构和模式。

1.1.2　供应链的特征

从供应链的结构模式可以看出，供应链是一个网链结构，由围绕核心企业的供应商、供应商的供应商和用户、用户的用户组成。一个企业是一个节点，节点企业和节点企业之间是一种需求与供应关系。供应链主要具有以下特征。

1. 复杂性

因为供应链节点企业组成的跨度(层次)不同,供应链往往由多个、多类型甚至多国企业构成,所以供应链结构模式比一般单个企业的结构模式更为复杂。各企业在法律上都是独立的,它们之间形成了基于供应、生产和销售的多级复杂交易关系,在经济利益上不可避免地存在着冲突和矛盾。

2. 动态性

供应链管理因企业战略和适应市场需求变化的需要,其中节点企业需要动态地更新,这就使得供应链具有明显的动态性。同时,供应链成员之间的关系是合作与竞争,一旦成员企业经济实力发生改变,其在供应链中的地位也将随之发生变化,从而造成成员间关系的动态变化。

3. 面向用户需求

供应链的形成、存在、重构,都是基于一定的市场需求而发生,并且在供应链的运作过程中,用户的需求拉动是供应链中信息流、产品/服务流、资金流运作的驱动源,因此供应链也称为需求链。

4. 交叉性

任何一个处于供应链上的节点企业在其市场经营活动中都必须和不同的企业进行交易,而这些相互交易的企业往往又处于不同的供应链上,它们可以是这个供应链的成员,同时又是另一个供应链的成员,众多的供应链形成交叉结构,增加了协调管理的难度。

5. 层次性

各企业在供应链中的地位不同,其作用也各不相同。按照企业在供应链中地位的重要性,各节点可以分为核心主体企业、非核心主体企业和非主体企业。核心主体企业一般是行业中实力较强的企业,它拥有决定性资源,在供应链管理中起主导作用,它的进入和退出直接影响供应链的存在状态。在一个供应链中,居于中心位置的是核心主体企业,它是供应链业务运作的关键,它不仅推动整个供应链运作,为客户提供最大化的附加值,而且能够帮助供应链上的其他企业参与到新的市场中。

供应链是一个范围更广泛的企业结构模式,它包含所有加盟的节点企业,从原材料供应开始,经过供应链中各种企业的加工制造、组装、分销等过程直到最终用户。它不仅是一条连接供应商到用户的物料链、信息链、资金链,还是一条增值链,物料在供应链上经过加工、包装、运输等步骤而增加其价值,给相关企业都带来效益。

1.1.3 供应链管理的概念

供应链管理概念的提出是一个观念上的创新,供应链管理对企业资源管理的影响,是一种资源配置的创新。供应链中的每个节点企业在网络中扮演着不同的角色,它们既相互合作、谋求共同的收益,又在经济利益上相互独立、存在一定的冲突。处于同一供应链中的企业在分工基础上相互依赖，通过资源共享，优势互补，结成伙伴关系或战略联盟，谋求整体利益最大化，而在利益分割中又相互矛盾和冲突。要使一个供应链获得良好的整体绩效，实现各节点企业的双赢或者多赢，使整个供应链的价值最大化，在供应链之间的竞争中获得优势，就必须对供应链中各节点企业进行有效的组织和协调，尽可能减少矛盾和冲突，对供应链中的物流、信息流、资金流、业务流及伙伴关系进行有效的系统计划、组织、协调和控制，使供应链中的各个节点及节点之间的信息、资金、物料能够高效流动。

供应链管理就是利用计算机网络技术，对供应链中的物流、信息流、资金流、业务流进行组织、协调与控制，在节点企业之间建立战略伙伴关系，最大限度地减少内耗和浪费，提高各节点企业的运营绩效，实现供应链整体效率最优化。它要求各节点企业在内部整合的基础上，服从于供应链的整体网络管理。

供应链管理体现的是集成的系统管理思想和方法。正如全球供应链论坛所描述的："为消费者带来有价值的产品、服务以及信息，从源头供应商到最终消费者的集成业务流程。"供应链管理把供应链上的各个节点企业作为一个不可分割的整体，通过对节点企业的相关运营活动进行同步化、集成化管理，整合它们的竞争能力和资源，从而形成较强的竞争力，为客户提供最大价值。通过贯穿于供应链中从供应商到最终客户的物流、信息流、资金流、业务流的计划和控制的全过程的管理活动，供应链上各企业分担的采购、生产、分销和销售的职能联系起来并协作运营，从而使生产资料以最快的速度，通过生产、分销环节变成增值的产品，到达消费者手中，以寻求在快速多变的市场中处于领先地位。

《物流术语》GB/T18354—2021 将供应链管理定义为："供应链管理(Supply Chain Management)是指从供应链整体目标出发，对供应链中采购、生产、销售各环节的商流、物流、信息流及资金流进行统一计划、组织、协调、控制的活动和过程。"

关于供应链管理的定义有许多，下面列举几个比较有代表性的，便于全面理解供应链管理的思想与实质。

供应链管理要求将传统上分离的职能作为整个过程由一个负责人协调整个物流过程，并且还要求与横贯整个流程各个层次上的供应商形成伙伴关系。供应链管理的主要目标是以系统的观点，对多个职能和多层次供应商进行整合和管理外购、业务流程和物料控制。

供应链管理是持续演进中的一种管理哲学。因此，从企业和企业之间的整合观点来看，供应链是在供应商至最终消费者之间，每个环节灵巧地予以组合，并试图整合企业内部和外部结盟企业伙伴的生产能力与资源，使供应链成为具有高竞争力，以及使客户丰富化的供应系统，以使其得以集中力量，发现创新方法，并使市场产品、服务与信息同步化，进而创造唯一且个别化的客户价值源头。

供应链管理提供了一个缩短产品研发时间、降低存货成本、更有弹性地利用和开发客户需求与提供服务的机会。因此，客户、企业和供应商从产品生命周期的观点来看，应该被视为一个连续性的流程，供应链应该注重流程而非任务。

供应链管理是对传统的企业内部各业务部门之间及企业之间的职能从整个供应链角度进行系统的、战略性的协调，目的是提高供应链及每个企业的长期绩效。

供应链管理专注于对有关资源获取与转换以及物流管理的所有计划和管理活动,它主要包括供应商、中间商、第三方物流企业和消费者等流通渠道中的伙伴之间的协调与协作。本质上,供应链管理是对贯穿企业内外的供应管理与需求管理的整合。

特别提示

供应链管理把供应链上的各个节点企业作为一个不可分割的整体,通过对节点企业的相关运营活动进行同步化、集成化管理,整合它们的竞争能力和资源,从而形成较强的竞争力,为客户提供最大价值。

阅读案例 1-1

传化集团与华为共同推动产业数字化转型[①]

2021年7月12日,传化集团有限公司(以下简称传化)与华为技术有限公司(以下简称华为)签署战略合作协议。双方将在数字化转型、化工新材料、智慧物流、未来社区等方面展开深度合作研究和应用实践,共同推进产业的数字化转型,实现合作共赢、持续发展。

1. 深入实践共同推动产业数字化转型

在本次战略合作座谈会上,华为副董事长郭平指出,华为一直致力于建立可信、可靠、有竞争力的供应链体系,并持续为产业链上下游的企业提供支持。华为期待与传化加深合作,共同把5G、人工智能、云技术等多项ICT在各种场景化的运用结合起来,持续推动物流、化工等行业的数字化转型。

郭平表示,华为非常愿意把自身数字化转型实践经验与传化分享,对于流程复杂的制造企业,数字化转型的成功需要建立在流程工业海量数据的基础治理之上。依托华为的ICT优势及传化的业务场景优势,双方携手推动传化各产业的数字化转型。

传化集团董事长徐冠巨表示,希望通过与华为的深度战略合作,共同推进传化各产业的数字化转型,实现企业的高质量发展。他介绍了传化集团各产业的发展情况,并表示传化历经35年发展走到今天,深刻意识到传统发展模式的危机,近十年一直在探索和实践转型突破。面向未来,传化必须全面推进转型升级,其核心就是实现数字化转型。

徐冠巨表示,华为是一家具备制造业基因的企业,也是数字化转型的行业标杆,数字化已经融入了企业发展的基因。他表示,华为的做法给了传化转型升级很多启发,是传化学习的标杆。传化希望借助华为的数字化能力,支持传化在数字供应链、智能制造、智慧园区等方面打造成行业数字化转型标杆,赋能中国制造高质量发展。传化深耕服务产业的智能物流服务,正在打造线上线下融合的传化货运网,正在为城市提供数字物流解决方案。传化有物流平台的商业模式和场景,华为则具备数字技术应用的能力和实践经验,双方的合作会给整个物流行业的发展带来新的突破,也为中国制造高质量发展和城市治理等提供更好的解决方案。

在未来社区的打造上,徐冠巨表示传化科技城正在打造产城融合的标杆和浙江未来社区的标杆,整体规划建设理念与华为松山湖基地不谋而合,双方可以在未来社区与产城融合方面,开展更加深入的合作和探索。

---

① https://e.huawei.com/cn/news/ebg/2021/chuanhua-group-digital-transformation, 2021-07-12.

2. 协同发展携手合作实现共赢

本次战略合作，双方将发挥自身在产业和技术上的优势，实现资源和能力的强强联合。徐冠巨说："结合传化的化工、物流、科技城业务场景，运用华为的数字化转型实践经验，打造智能制造、物流科技、都市产业新城三大样板，服务和引领中国智造。"

在化学制造方面，传化将发挥自身在化工产业中的优势，推进传化化学、新安化工的化工新材料产品在华为产业链生态中的应用，同时，传化也将借助华为的数字化能力来进一步打造未来工厂和化工产业大脑。

在智慧物流方面，双方将基于传化在物流模式探索方面的优势，结合华为数字化供应链领先实践和行业资源，推动传化在华为生态中的供应链业务合作，华为赋能传化打造传化的货运网，支持行业数字供应链、IT架构、物流产业大脑、智慧物流园区，加速物流聚合过程。传化将支持鲲鹏硬件和鸿蒙软件系统在传化物流体系中的运用。

在未来社区建设方面，结合传化在科技城的园区建设运营经验，华为在未来社区咨询规划能力和数字化解决方案、合作伙伴，双方联合打造全省具有影响力的未来社区样板点。

在实现乡村振兴与共同富裕方面，双方将依托在技术积累、产业品牌、农业资源、建设运营的优势，加强企业与政府的合作，创新模式与机制，打造浙江新时代乡村振兴、共同富裕的标杆。

1.1.4 供应链管理的目标

供应链管理的目标是供应链整体价值最大化。供应链管理所产生的价值是最终产品对顾客的价值与顾客需求满足所付出的供应链成本之间的差额。供应链管理使节点企业在分工基础上密切合作，通过外包非核心业务、资源共享和协调整个供应链，不仅可以降低成本，减少社会库存，使企业竞争力增强，而且通过信息网络、组织网络实现生产与销售的有效连接和物流、信息流、资金流的合理流动，使社会资源得到优化配置。

供应链管理的整体目标是使整个供应链的资源得到最佳配置，为供应链企业赢得竞争优势和提高收益率，为客户创造价值。供应链管理强调以客户为中心，即做到将适当的产品或服务(Right Product or Service)，按照合适的状态与包装(Right Condition and Packaging)，以准确的数量(Right Quantity)和合理的成本(Right Cost)，在恰当的时间(Right Time)送到指定地方(Right Place)的确定客户(Right Customer)手中。

因此，最好的供应链管理不是将财务指标作为最重要的考核标准，而是密切关注产品进入市场的时间、库存水平和市场份额这类情况。以客户满意度为目标的供应链管理必将带来链中各环节的改革和优化，因此，供应链管理的目标就是在提高客户满意度的同时实现销售的增长(市场份额的增加)、成本的降低，以及固定资产和流动资产更加有效的运用，从而全面提高企业的市场竞争实力。

> **特别提示**
>
> 供应链管理的目标是供应链整体价值最大化。供应链管理所产生的价值是最终产品对顾客的价值与顾客需求满足所付出的供应链成本之间的差额。

1.1.5 供应链管理的特征

1. 以满足客户需求为根本出发点

任何一个供应链的目的都是为了满足客户的需求，并在满足客户需求的过程中为自己创造利润。在供应链管理中，客户服务目标优先于其他目标，以客户满意为最高目标。供应链管理必须以最终客户需求为中心，把客户服务作为管理的出发点，并贯穿供应链的全过程，把改善客户服务质量、实现客户满意作为实现利润、创造竞争优势的根本手段。

2. 以共同的价值观为战略基础

供应链管理首先解决的是供应链伙伴之间信息的可靠性问题。如何管理和分配信息取决于供应链成员之间对业务过程一体化的共识程度。供应链管理是在供应链伙伴间形成一种相互信任、相互依赖、互惠互利和共同发展的价值观和依赖关系。供应链战略需要供应链上的企业从整个供应链系统出发，实现供应链信息的共享，加快供应链信息传递，减少重复操作，简化相关环节，提高供应链的效率，降低供应链成本，在保证合作伙伴合理利润的基础上，提升企业竞争能力和盈利能力，实现合作伙伴间的双赢。

3. 以提升供应链竞争能力为主要竞争方式

在供应链中，企业不能仅仅依靠自己的资源来参与市场竞争，而要通过与供应链参与各方进行跨部门、跨职能和跨企业的合作，建立共同利益的合作伙伴关系，实现多赢。供应链管理是跨企业的贸易伙伴之间密切合作、共享利益和共担风险。同时，信息时代的到来使信息资源的获得更具有开放性，这就迫使企业间要打破原有界限，寻求建立一种超越企业界限的新的合作关系。因此，加强企业间的合作已成必然趋势，供应链管理的出现迎合了这种趋势，顺应了新的竞争环境的需要，改变了企业的竞争方式，将企业之间的竞争转变为供应链之间的竞争。

4. 以广泛应用信息技术为主要手段

信息流的管理对供应链的效益与效率是一个关键的因素。信息技术在供应链管理中的广泛应用，大大减少了供应链运行中的不增值活动，提高了供应链的运作绩效。在供应链管理中应用网络技术和信息技术，重新组织和安排业务流程，进行集成化管理，实现信息共享。只有通过集成化管理，供应链才能实现动态平衡，才能进行协调、同步、和谐运作。

5. 以物流的一体化管理为突破口

供应链管理把从供应商开始到最终消费者的物流活动作为一个整体进行统一管理，始终从整体和全局上把握物流的各项活动，使整个供应链的库存水平最低，实现供应链整体物流最优化。物流一体化管理能最大限度地发挥企业能力，降低库存水平，从而降低供应链的总成本。因此要实现供应链管理的整体目标，为客户创造价值，为供应链企业赢得竞争优势和提高收益率，供应链管理必须以物流的一体化管理为突破口。

6. 以非核心业务外包为主要经营策略

供应链管理是在自己的"核心业务"基础上，通过协作的方式来整合外部资源以获得最佳的总体运营效益，除了核心业务以外，几乎每件事都可能是"外源的"，即从公司外部资源整合。企业通过非核心业务外包可以优化各种资源，既可提高企业的核心竞争能力，又可参与供应链，依靠建立完善的供应链管理体系，充分发挥供应链上合作伙伴的资源和优势。

阅读案例 1-2

凯马特与沃尔玛

凯马特和沃尔玛，都是美国乃至世界商界的巨头，都有位居世界零售业榜首的业绩。如今，凯马特申请破产保护，沃尔玛却如日中天，继续领导潮流。

2002年1月22日，由于经营情况不佳和部分供应商停止供货，美国大零售商凯马特公司向芝加哥联邦破产法院申请破产保护，从而成为美国历史上寻求破产保护的最大零售商。凯马特公司在美国乃至世界商业界赫赫有名，拥有上百年的经营历史。1899年，塞巴斯蒂安·克瑞斯吉（Sebastian S. Kresge）在底特律创办了克瑞斯吉公司（S. S. Kresge Company）。1961年3月，公司经过慎重考虑，宣布进入折价经营领域，1962年克瑞斯吉公司在花园城市密执安开办了第一家凯马特折扣商店。到1985年凯马特公司拥有2178家凯马特折扣商店，同时，公司开始了多元化发展，尤其是向折价专业经销方向发展，开设了折价服装经营网与家庭用品折价经营网。进入20世纪90年代，凯马特经营状况不断恶化，到2001年10月31日，该公司在美国的资产总额为170亿美元，负债113亿美元。凯马特公司希望能在2003年脱离破产保护。一些分析家认为，凯马特可能需要关闭多达500家效益不佳的商店。

沃尔玛公司由美国零售业的传奇人物山姆·沃尔顿先生于1962年在阿肯色州成立。经过多年的发展，沃尔玛公司已经成为美国最大的私人雇主和世界上最大的连锁零售企业。目前，沃尔玛在全球开设了6600多家商场，员工总数180多万人，分布在全球14个国家。每周光临沃尔玛的顾客多达1.75亿人次。2008年度全球企业500强排行榜，沃尔玛以3787.99亿美元的年销售额蝉联榜首。

沃尔玛之所以能在短短几十年间，从乡村走向城市，从北美走向全球，由一家小型折扣商店发展成为世界上最大的零售企业之一，坐上世界零售企业的头把交椅，连续荣登《财富》世界500强之首，一个很重要的原因就在于其在全球供应链管理环境下的物流配送管理优势。

凯马特曾尝试挑战沃尔玛具有竞争力的促销定价。但它的供应链却缺乏协调性，无法对促销引起的需求波动做出及时的反应，其商品在货架上的可得率下降至86%，与此同时，在最佳销售期过去很久后，季节性商品却堆满了仓库。这使得凯马特2000年的存货周转次数仅有3.6次，而沃尔玛却有7.3次。2001年9月，凯马特的行政主管发表了一个声明："我相信供应链是凯马特的致命弱点。只有合理改善供应链才能拯救凯马特。"

资料来源：https://business.sohu.com/79/90/article200379079.shtml，有改动，2022-07-18。

1.2 供应链管理的产生背景

20世纪90年代，供应链管理已成为经济管理领域的一个常用词汇。《华尔街日报》《商业周刊》《福布斯》《财富》等报纸杂志和其他一些商业出版物，均有供应链管理与物流概念的出现。

20世纪90年代以前，企业出于管理和控制上的目的，对与产品制造有关的活动和资源主要采取自行投资和兼并的"纵向一体化"的模式。这种思维方式使许多制造企业拥有从材料生产到成品制造，从运输到销售的所有设备及组织机构。但是，面对高科技的迅速发展，全球竞争日益激烈，顾客需求不断变化的趋势，纵向发展会增加企业的投资负担，迫使企业从事并不擅长的业务活动，而且企业也会面临更大的行业风险。

进入 20 世纪 90 年代以后，越来越多的企业认识到了"纵向一体化"的弊端，为了节约投资，提高资源的利用率，转而把企业主营业务以外的业务外包出去。现代企业的业务越来越趋向于国际化，优秀的企业都把主要精力放在企业的关键业务上，并与世界上优秀的企业建立战略合作关系。如惠普公司、IBM、戴尔公司等均在供应链管理实践中取得的巨大成就，使人更加坚信供应链管理是适应全球竞争的一种有效途径。

1.2.1 全球竞争环境的变化

20 世纪末，经济全球化与贸易自由化促使全球化市场的建立和无国界竞争的加剧；信息时代的到来，使信息技术飞速发展和信息资源利用要求日渐提高；科学技术的进步，消费观念变革，使产品研发成为企业竞争的重要一环；产品生命周期的缩短、品种飞速膨胀，使顾客对交货期的要求、对产品和服务的期望越来越高，提供定制化产品和服务成为新的发展趋势。如此这般的变化，使企业面临着前所未有的压力和挑战。全球竞争环境的变化具体表现在以下几个方面。

1. 全球化

全球化成为世界经济发展的主要驱动力，"全球市场"的概念对所有的企业和消费者都具有新的意义。世界贸易自由化为大多数企业开拓了新市场和资源，所有的企业都可以加入全球化进程。随着互联网和其他技术的发展，地域限制已不复存在。无论企业规模大小，其产品和服务都能在世界任一角落进行买卖，人们可以及时获取产品和服务的信息，并快速做出比较。这种开放性的市场与信息来源，对企业经营方式和消费者购买时机的选择具有深远影响，同时也给企业带来特殊的挑战。在生产周期缩短、可靠性更高并强调效率的环境下，距离与速度因素对物流及供应链管理者来说意味着特殊的挑战。

2. 日益强大的消费者

如今，消费者信息的来源明显增加，除了直接来源，消费者还可以通过产品目录、互联网及其他传播媒介获取更多的信息。因此，消费者更加理性和自主化，对产品、服务及交货期要求和期望越来越高。消费者可以比较商品的价格、质量与服务，因此，他们需要优惠的价格、优良的品质、定制的产品，还有便利、灵活及敏捷的响应。他们越来越无法忍受劣质的产品与服务。"时间"成为许多消费者首要考虑的因素，他们希望并要求按照他们的计划更加快捷和便利地提供商品或服务。顾客需要 24 小时的全日制服务及最少的等待时间。如果零售企业不得不 7×24 小时营业，必然会增加对服务供应链的要求。同时，消费者对价格要求所带来的压力也要求供应链尽可能有效地运作。可见，消费者革命对供应链或物流产生非常重要的影响，为了满足消费者的需求，对供应链或物流的需求也在急速增长。

3. 产品品种膨胀、生命周期缩短、价格下跌

随着消费者需求的多样化发展，生产厂家为了更好地满足其需求，便不断推出新的品种。这样引起了一轮又一轮的产品开发竞争，结果是产品的品种数成倍增长，库存占用了

大量的资金，严重影响了企业的资金周转速度。为了对用户需求做出快速反应，企业的产品开发能力也在不断提高，新产品的研制周期大大缩短。这一趋势还在不断加强，与此相应的是产品生命周期缩短，更新换代速度加快。由于产品在市场上存留时间大大缩短了，企业在产品开发和上市时间上的余地也越来越小，给企业造成巨大压力。

另外，产品价格下跌幅度前所未有，价格竞争异常激烈。图1.3是英国市场上VCD播放器和DVD播放器的价格跌落速度的比较。[①]

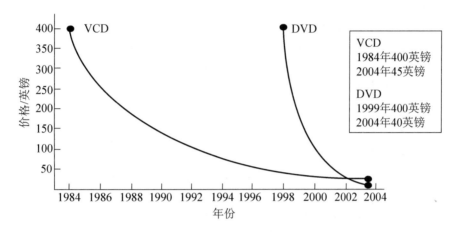

图1.3　两种播放器价格趋势(英国主要商业街区价格)

既要应对价格持续下跌的状况，又要保证利润，企业必须寻求降低成本的途径，使成本降低至足以抵消价格下跌所带来的损失。然而，要真正使成本大幅度降低，只能依靠整条供应链的有效运作，因为整个供应链上的所有成本都会通过产品进入市场后的定价反映出来。

4. 供应链中的权力转移

一般来说，生产商是供应链或配送渠道中的支配力量，消费产品更是如此。生产商设计、生产、促销和配送产品。供应商、批发商、经销商和零售商通常规模较小，要依赖于大生产商的领导。20世纪八九十年代，伴随着零售业合并趋势的加快及巨型零售商如沃尔玛的高速发展，供应链中相对的经济力量发生了显著变化。从20世纪90年代《财富》杂志500强的排名中可看出，许多产品或服务零售企业已经榜上有名。

供应链中这种权力变化意味着供应链中大型零售商能够逆向对生产商施加压力，迫使他们改变物流及供应链战略，例如，特制托盘包装、定期配送、连续补货系统等。生产商发现小部分客户的销售额(15%～20%)占总销售额的绝大部分(75%～85%)，生产商通常会给予这些重要客户以优惠待遇，如通过改善物流系统提高零售商的效益。换句话说，与生产商以前所做的努力相比，20世纪90年代零售环节经济力量联合所带来的变化更多，而且更加关注物流系统的改善和供应链管理。

---

① 克里斯托弗. 物流与供应链管理：创造增值网络[M]. 何明珂，等，译. 北京：电子工业出版社，2006：26.

1.2.2 波特价值链理论的启示

1. 波特价值链理论的基本内容

每一个企业的价值链都是由以独特方式联结在一起的九种基本的活动类别构成。价值活动可分为基本活动和辅助活动两大类,如图1.4所示。

基本活动是涉及产品的物质创造及其销售,转移给买方和售后服务的各种活动。辅助活动是辅助基本活动并通过提供外购投入、技术、人力资源管理以及各种公司范围内的职能以相互支持。企业的基础设施虽并不与每种基本活动直接相关但也支持整个价值链。

图1.4 价值链[①]

2. 价值链理论的启示

(1) 将企业作为一个整体来看很难认清其竞争优势。

竞争优势来源于企业在设计、生产、营销、渠道等过程及辅助过程中所进行的许多相互分离的活动。在分析企业的集中优势,即找出企业的核心竞争力时,必须分析企业价值链的每一环,以了解企业在大环境和产业中的地位及优势。只有这样,才能有明确的方向和重点制定企业的战略决策。

(2) 价值链的各个环节的集成程度对企业的竞争优势起着关键的作用。

协调一致的价值链将支持企业在相关行业的竞争中获取竞争优势。企业可以利用内部扩展的方式来加强价值链的每一个环节,也可通过与其他企业形成联盟来进行。联盟包括与结盟伙伴相互协调或共同分享价值链。企业在选择其结盟伙伴时应从价值链的各个环节予以分析,以找出最有利于自身的联盟。

价值链的这种特点启发企业的管理者们形成了供应链管理这一企业管理新模式。

(3) 价值链的一个特点是企业的价值链是体现在一个更广泛的价值系统中。

构建供应链并实施供应链管理其实正是对企业与其供应商、用户的价值链的各个环节重新定位、相互融合的过程。只有通过对企业价值链的分析,才能准确地把握客户的需求和自身的位置,才能合理地构建供应链,实施高效的供应链管理。

---

① 资料来源:PORTER M E. Competitive Advantage[M]. New York: The Free Press, 1985.

1.2.3 传统管理模式存在弊端

在传统管理模式下，市场环境特征是以规模化需求和区域性的卖方市场为主；生产方式是少品种、大批量生产、刚性、专用流水线；管理组织呈现多级递阶控制的组织结构，管理跨度小、层次多的特征；管理思想和管理制度是集权式，以追求稳定和控制为主；竞争模式是以规模求效益，大规模生产需要大量土地和设备。劳动的特点是简单重复劳动。资本的高投入和教育、科技的低投入。以企业为中心，企业之间是纯粹的竞争关系。

在这种思想指导下，企业为了最大限度地掌握市场份额，必然要牢牢控制用于生产和经营的各种资源。在企业的运作模式上，采用了高度自制的策略，一个企业囊括了几乎所有零部件的加工、装配活动。不仅如此，还把分销甚至零售环节的业务也纳入自己的业务范围之内，最后形成了无所不包的超级组织。这就是人们说的："大而全、小而全"的"纵向一体化"(Vertical Integration)管理模式。

传统"纵向一体化"管理模式的主要弊端有：①增加企业投资负担；②承担丧失市场时机的风险；③迫使企业从事不擅长的业务活动；④在每个业务领域都直接面临众多竞争对手；⑤增大企业的行业风险。

1.2.4 管理模式的转变

有鉴于"纵向一体化"管理模式的种种弊端，"横向一体化"(Horizontal Integration)思想兴起。管理模式不断转变，出现了从"大而全、小而全"向"分散网络化制造"转化，从"封闭式"向"开放式"的设计、开发与生产转化，从"纵向一体化"向"横向一体化"转化。

从 20 世纪 80 年代中后期开始，在企业管理中形成了一种"横向一体化"的管理热潮。许多企业将原有的非核心业务外包出去，自己集中资源发展核心能力，通过和相关企业结成战略联盟占据竞争中的主动地位。"横向一体化"形成了一条从供应商到制造商再到分销商的贯穿所有企业的"链"——供应链，供应链上的节点企业必须达到同步、协调运行，才有可能使链上的所有企业都能受益——产生了供应链管理。

阅读案例 1-3

海尔无边界化的组织创新历程[①]

> 海尔是一个不断创新的企业，尤其是在组织领域。海尔是第一个在企业组织内部建立市场链的公司，将市场机制引入了传统的研发、生产、制造、销售环节。这些环节构成一个完整的价值链，而价值链上各相邻环节都存在市场关系，如图 1.5 所示。
> 在售中环节处于市场内时，企业内部同时也形成一条闭合的市场链。内部市场链的构建，使得上游员工与下游员工之间形成了市场交易关系。为推行企业内部的市场链，公司将传统的金字塔结构、等级制度和海尔孤立的结构转变成为网状结构，试图让海尔的组织结构更为扁平化。扁平化的组织结构减少了管理的层次，使得组织更加灵活，激发员工的创造性，对消费者需求的变化进行快速的反应。

---

① 刘旭,柳卸林,韩燕妮. 海尔的组织创新：无边界企业行动[J]. 科学学与科学技术管理(6), 2015: 126-137.

组织结构扁平化，让员工在市场链上的互动更为紧密。海尔独特的市场链驱动的创新模式，使得海尔与市场的互动更为频繁，海尔的产品紧紧围绕消费者的需求而设计。

【1-1 拓展期刊】

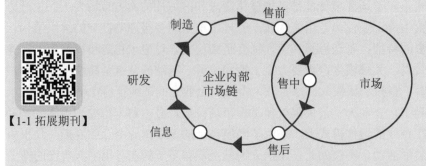

图 1.5　海尔的内部市场链

此后，海尔又引入自主经营单元的概念。2005—2012 年，在实施了以"顾客为导向"的市场链改革后，海尔追求建立以市场为导向，零距离满足客户需求的组织结构。这种"顾客至上"的组织结构，可以充分为顾客服务，并且能够最大限度地开发海尔员工的潜能。海尔希望不仅为客户提供完全个性化的产品，而且提供完美的服务。张瑞敏说，海尔正在由一家制造型企业向服务型企业转变，我们希望将顾客与服务紧密联系起来。

海尔在此阶段建立了自主经营单元。自主经营单元是有独立的运营机制的功能型团体，就像是在海尔内部成立公司。他们自负盈亏，会计独立，并且在雇佣员工上有完全的自主权，同时还可以制定开支、奖金的相关规定，更重要的是自主经营单元拥有完全独立组织可以有的经营决策权。海尔以顾客为导向的组织结构可以由倒三角模型来解释，顾客处于倒三角的顶端，是价值的接受者。第一层级是与顾客零距离的雇员，他们最清楚客户的需求。第二层级是提供资源的支持部门。第三层级是等级更高的管理者。海尔的倒三角组织架构，实现了"人单合一"管理模式的创新。"人单合一"是订单分配到相关员工，每个员工对自己的订单负责。通过这种方式把企业的目标分解到订单上。海尔的自主经营单元架起了雇员和客户的零距离沟通的桥梁。

但这种模式也有局限性：一是公司核心技术能力受到挑战。海尔是将产品围绕客户的需求来设计研发，更多地停留在局部式创新和渐进式创新；缺少把握白色家电前沿技术的能力，也没有对产品进行大量的研发投入，而是针对客户的需求对现有产品不断改进提高。二是家电产业已经遇到成熟期发展的困境，企业面临增长减缓的挑战。

多年来，海尔的组织模式保障了海尔仍然处在家电领军企业的位置，但海尔的利润率一直不高，从 2010 年起至企业无边界理论提出前的 2012 年，利润率有所下降。互联网的快速发展，电子商务企业不断侵占传统家电企业的市场，表现出更好的灵活性，迫使海尔加快转型。作为家电企业，面临产业处在饱和期，又受到互联网企业的挑战，因此，海尔需要在人单合一的基础上，进一步挖掘组织创新潜力，从而出台了基于互联网无边界企业的行动。张瑞敏再次把组织的创新放在第一位，要把海尔转变成一个既有大企业优势，又有小企业灵活性的新型企业。企业无边界正好符合他的改革新思维。

通过对比发现，海尔向无边界化的转型与 2000 年前后 IBM 转型面对的挑战是很相似的。第一，居于各自领域行业排名全球第一的领导者，面对产业增速放缓，需要与日益强大的竞争者们争食日趋缩小的市场"蛋糕"；第二，需要集中主要能力、公司的资源和市场影响力，还要有创业小公司特有的求生的渴望、灵活性和进攻性。拥有百年历史的 IBM 内生式的变革，与海尔转型实践采用的"企业无边界"方式，都是在资源和市场的"两极"进行社会化变革，二者的主要不同在于社会化程度、人才与激励。

在互联网时代，平台是做成大企业的关键，也是大企业获得市场竞争胜利的关键。平台成为承载许多不同类型企业共生的资源。搭建平台，既要有互联网式的治理结构、建立新的秩序，又要确保平台是开放的，能吸引更优秀的人进来，才能使各方利益最大化。海尔通过建立"大客户、小企业"的经营理念，依靠两千多家从海尔裂变出来的小微企业在技术与商业模式上的创新，满足不断变化的个性化消费需求。在平台上，有海尔自己的小微企业，也有供应链上的客户及用户。通过平台建设，海尔使大量自主的小微企业获得凝聚力和向心力，也实现了与客户的零距离，为用户创造了价值。平台模式如图1.6所示。

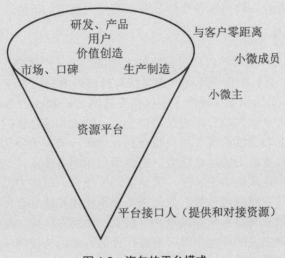

图1.6 海尔的平台模式

依托全球研发、设计、模块化，使智能化、柔性化制造资源在海尔资源云平台上共享。公司的开放性创新、模块化资源无障碍接入、用户参与设计，为精准、及时、个性化满足用户需求创造条件。合作伙伴、用户可以通过海尔官网、海尔用户社区、卡萨帝官网、海尔商城、海极网直接交互，供应商通过模块资源平台海达源参与前端设计，通过研发资源平台、海立方平台、众创汇、微信、微博等动态引入全球一流研发、设计、供应链等资源。

1.3 优秀供应链的特质与供应链管理的实施

20世纪80年代后期，通信产品制造巨头——朗讯通过集中采购零部件、组装和测试的方式在俄克拉荷马州建立了一条高效率、低成本的供应链。到20世纪90年代末，朗讯却陷入了危机。导致其陷入危机的因素很多，可究其根本是因为朗讯没能随环境变化适时调整它的供应链：此时亚洲已经成为世界上增长最快的市场，但朗讯却没有在远东建立新的供应链。朗讯的案例让人们意识到高效率、低成本的供应链并不等同于优秀而成功的供应链；企业建立了高效率、低成本的供应链，并不一定能获得持久的竞争力。[1]

---

[1] 包兴，肖迪. 供应链管理：理论与实践[M]. 北京：机械工业出版社，2011.

1.3.1 优秀供应链的特质

斯坦福大学供应链专家——李效良(Hau L.Lee)教授认为,一条优秀的供应链应具备"4A"特质[①]:①反应灵活的(Agile),能对市场供需状况的突然转变做出敏捷的反应;②适应力强的(Adaptability),能随着市场结构和策略的变化而进行调整;③利益一致的(Alignment),供应链中所有成员企业的利益趋于一致;④能构建价值的(Architecting Value),即企业要能根据不同的市场、不同的区域、不同的成本要求,设计出不同的、完整的供应链,从设计、制造、库存、物流等各个环节中都为供应链增加价值。

1. 培养供应链的敏捷力

20世纪90年代初,美国学者针对制造技术领域提出了"敏捷"概念,它体现了一种新型的战略管理思想,其目的在于提高制造系统对外部环境变化的应变能力。以此为基础,20世纪90年代末期,美国学者又提出了敏捷供应链(Agile Supply Chain)的概念。所谓敏捷供应链,就是指以核心企业为中心,通过对资金流、物流和信息流的控制,将供应商、制造商、分销商、零售商和最终消费者用户整合到一个统一的、无缝化程度较高的功能网络链条,以形成一个极具竞争力的战略联盟。它强调运用网络技术,与合作伙伴结成动态联盟,提高对多样化客户需求的响应速度,突出市场敏捷性、组织虚拟性和过程集成性等特点。敏捷供应链研究的主要问题包括:如何选择合作伙伴和建立合作伙伴关系,并组成动态联盟;怎样建立有效的利益共享和风险共担机制;如何对供应、制造和销售活动进行调度与协调;如何在不确定性的环境中对风险进行评估、分析与控制;怎样根据市场环境和产品变化来优化与重组供应链;以什么方式实现动态分布系统中的决策支持功能;怎样对敏捷供应链运营过程的绩效进行评价等。

企业面对原材料供应和市场需求的变化迅速采取应对措施的能力,对于企业获得长期的竞争优势非常重要。现在大多数行业中的供需波动比以前更频繁、幅度也更大,反应敏捷变得越来越重要。要建立一条敏捷供应链,企业需要坚持六点准则:①持续不断地向合作伙伴提供关于供应和需求变化的数据,使合作伙伴能够迅速做出反应;②与供应商和客户发展合作关系,同供应链上的企业携手合作,设计或重新设计流程、部件和产品并制订备份计划;③实行"延迟制造"战略;④利用廉价零组件来建立缓冲库存;⑤建立一个可靠的物流配送体系或与第三方物流供应商建立合作关系;⑥组建一个危机管理团队。

2. 提高供应链的适应力

自然界的"适者生存"法则,仍适用于企业的市场管理。国际知名的服饰生产商GAP公司在提高企业供应链适应性方面的做法值得我们借鉴。GAP公司采用"三管齐下"的策略提高供应链的适应力:Old Navy品牌瞄准那些成本意识强的顾客;GAP品牌瞄准那些追求时尚的顾客;Banana Republic品牌瞄准那些对衣服质量要求高的顾客。三个品牌使用不同的供应链:Old Navy品牌的原材料和制造是在中国,以确保低成本且高效;GAP品牌的供应链在中美洲,以确保产品的速度和灵活性;Banana Republic品牌放在意大利以确保质量。这三条供应链在紧急情况下可以互相作为备份,从而确保GAP的供应链对市场的适应性。

---

① LEE H L. The triple-A supply chain.[J]. Harvard Business Review, 82(10), 2004:102-12,157.

企业若希望供应链能够适应市场变化,那么可从以下几点出发来提高供应链的适应性:①时刻关注全球经济的发展状况,寻求新的供应基础和市场;②警惕牛鞭效应,面对"基础"消费者而不是面对"立即"消费者做出需求评估;③通过中介机构来发展新的、可靠的供应商;④明确企业在行业中的技术地位以及产品销售生命周期的长短;⑤树立能够适应多样化产品的设计和生产理念。

3. 增强供应链的协同力

企业的供应链管理涉及企业管理的诸多方面,大到企业的价值观和企业的文化,小到部门之间和企业之间的日常业务往来,一旦出现部门与部门、企业与企业之间严重的利益分歧,并且处理不妥当,则极有可能给企业带来毁灭性的灾难。因而,增强供应链的协同力就显得十分迫切。例如:国美电器和格力空调原本是在一条供应链上的合作伙伴,但2004 年国美、格力的"分手"事件却占据各大报纸的头条。国美凭借巨量订单要求格力向其直接供货并在价格、付款条件等方面给予特殊待遇。但格力仍坚持"股份制区域性销售公司模式",通过代理商向国美供货,在价格上不肯让步。2004 年 3 月,国美下达"清理格力空调库存",而格力也宣布退出国美所有门店。"斗则两损,和则双赢",国美与格力本应双赢的局面,终因经营理念和利益上的严重分歧损害了彼此的共同利益。

国美和格力之争反映了一个严重问题:"零供矛盾"实际上成为中国企业供应链管理最大的拦路虎,"零和博弈"大大削弱了供应链的协同力,从某种程度上伤害了国内企业的转型升级,将大量的市场拱手让与国外品牌。企业可以从以下三点着手来增强供应链的协同力:①与供应链上的合作伙伴自由地交换信息;②明确每一个供应商的角色、工作及职责;③公平地分摊风险、成本,也公平地分享实行新措施所带来的利益。

4. 增加供应链的价值

依据迈克尔·波特提出的"价值链"理论,可以将供应链的"价值增值"体系分为三部分,即上游的研发、采购和设计,中游的制造、加工和组装,下游的品牌、渠道、物流和金融服务等。根据附加价值高低和供应链中所处位置的不同,上述三部分呈现出一个明显的 U 形曲线——这就是著名的价值微笑曲线。20 世纪六七十年代供应链中游制造环节与上下游在附加值上相差并不大,但 20 世纪 90 年代后跨国企业将大量的制造环节外包给劳动力更为低廉的发展中国家,而更加注重上下游价值增值的最大化,微笑曲线的 U 形更为凹陷。

中国企业大部分处在全球供应链的中游,处于价值增值链的低谷。对中国企业而言,不能只是被动地等着买家下订单,买家需要什么,就提供什么。中国企业需要向供应链上下游企业拓展自身的价值增值环节,需要对产品和市场有更多的了解,可以为产品的设计、改良提供自己的意见和建议。企业可以在自身了解、熟悉、擅长的领域内,发掘出增加价值的机会。以成衣市场来说,一些国外的企业在设计上有着很强的竞争力,有许多中国企业成为它们的供应商,国内企业可以凭借对棉花等原料的了解,对衣料的改良,提升中国服装品牌知名度等来发现价值、增加价值。

比亚迪公司的供应链蜕变之路也许可以为中国企业提供一个很好的榜样。比亚迪公司原是手机电池制造领域的制造商,是国内外众多手机生产商锂离子电池最重要的供应商之一,占据了全球 15%手机电池的供应市场。

【1-2 拓展视频】

但比亚迪不愿意仅是国际供应链环节中的电池供应商。2003年，比亚迪跨行业收购西安秦川汽车有限责任公司成立了比亚迪汽车有限公司，利用自身在电池的研发和生产方面的优势向汽车电池和驱动技术进军。2008年9月27日，"股神"巴菲特投资比亚迪，加速了比亚迪的国际化道路，而其2010年推出的E6电动车已投入入批量生产，并于2012年在美国市场上与通用汽车的雪佛兰和特斯拉汽车的Roadster展开竞争。通过技术和品牌的升级，比亚迪成功实现了供应链价值的增值，现今已经成为新能源汽车行业的新贵。

1.3.2 供应链管理的实施步骤

企业要有效地实施供应链管理，首先，管理者和全体职工必须对供应链管理有充分的认识，使相关人员积极、主动地参与供应链管理。其次，必须成立强有力的专门领导机构和整合内部组织机构，具体制订合理的规划方案，指导整个实施进行。

1. 调查并分析市场竞争环境

调查并分析市场竞争环境是为了识别企业所面对的市场特征和市场机会。通过调查、访问和分析等手段，对供应商、客户、现有竞争者和潜在竞争者进行深入研究，掌握第一手的数据和资料。市场竞争环境调查与分析的质量一方面取决于企业经营管理人员的素质和对市场的敏感性，另一方面企业必须有相应的市场信息采集监控系统，以及对复杂信息的分析和决策系统。只有这样，企业才能在掌握详细的市场信息的基础上，做出正确的分析和判断。

2. 分析客户价值

按照营销大师科特勒的定义，客户价值是指客户从给定产品或服务中所期望得到的所有利益，包括产品价值、服务价值、人员价值和形象价值。供应链管理的目标就在于提高客户价值和降低总的交易成本，因此管理人员必须从客户价值的角度定义产品和服务，在提高客户价值的前提下，寻求最低的交易成本。分析客户价值就是发现市场机会，只有真正了解某种产品或服务在客户心目中的价值，从客户价值的角度定义产品或服务的具体特征，才能不断为客户提供超值的产品，满足客户的需求，拉动整个供应链运作。

3. 确定竞争战略

从客户价值出发找到企业产品或服务的定位之后，管理人员要在明确目标的基础上，确定相应的竞争战略，选择相应的合作伙伴及联盟方式。根据波特的竞争理论，企业获得竞争优势有三种基本战略：成本领先战略、差别化战略和目标集中战略。当企业确定应用成本领先战略时，就应选择与具有相似资源的企业结成联盟，以形成规模经济；当企业确定应用差别化战略时，就必须选择具有很强的创新能力和应变能力的企业作为自己的合作伙伴。

4. 分析核心竞争力

核心竞争力是指企业在研发、设计、制造、营销和服务等方面具有明显优于并且不易被竞争对手模仿的、能够满足客户价值需要的独特能力。核心竞争力是企业供应链管理的重点和核心，企业把内部的智能和资源集中在有核心竞争优势的活动上，将剩余的其他业务活动移交给在该业务上有优势的专业公司，以弥补自身的不足，从而使整个供应链具有竞争优势。为此，企业必须解决以下问题：①企业的资源或能力是否有价值；②资源和能力是否稀有，拥有较多的稀有资源才可以获得暂时的竞争优势；③企业拥有的稀有资源或能力是否易于模仿，只有拥有竞争对手难以模仿的资源和能力，才能使企业获得持续竞争优势；④这些资源或能力是否被企业有效地利用。

5. 重建企业业务流程和组织结构

如前所述，供应链管理与传统的企业管理存在很大的差异，它建立在整合的业务流程基础上。因此，企业要实施供应链管理，就必须重整业务流程，以核心业务为中心，改造原有的组织结构，使之符合业务流程的整体性要求。

6. 评估和选择合作伙伴

选择适当的合作伙伴是供应链管理中能否成功运营的最重要环节。合作伙伴不适当，供应链就无法正常运作，这不仅会降低企业的利润，还会使企业失去与其他企业合作的机会，从而无形中抑制了企业竞争力的提高。因此，企业必须建立有效的评估体系，从管理水平、生产研发能力、合作诚意、产品的交货时间、质量、售后服务和产品价格等方面全面对合作企业进行考核，选择真正具有合作诚意、能够与企业实现优势互补的合作伙伴。

7. 供应链运作

根据对市场竞争环境和客户机制的分析，企业确定了相应的竞争战略，并根据自己的竞争优势，对业务流程和组织结构进行重组，选择适当的合作伙伴，并在此基础上，企业开始具体的供应链运作。供应链运作属于战术层面的工作，其主要内容包括生产计划与控制、库存管理、物流管理与采购管理和信息技术支撑体系的建立等，涉及企业的各个层面，需要一定的人员整合和资金投入。

8. 打造现代供应链

从协同化、精益化、敏捷化、绿色化、智慧化等方面打造现代供应链。[①]"协同化"是指实现从原材料供应到产成品销售等各个环节在信息、资源、业务上的协调一致、无缝衔接；"精益化"是指能够以低成本进行产品创新与设计，并将原材料转换成零部件、半成品、成品，分销给客户并进行服务的一种动态过程；"敏捷化"是指要求在竞争、合作、动态的市场环境中，由若干供应商、客户等实体围绕主导企业构成的、快速响应市场环境变化的动态供需网络；"绿色化"是指把环保节能等"绿色"因素融入供应链各个环节，达到整个供应链资源效率最高和环境影响最小的目的；"智慧化"是指充分利用先进的物联网、互联网、人工智能等现代技术帮助企业在多变的市场环境下制订出灵活可控的计划。

9. 绩效评价和成员激励

为了不断提高供应链管理运作的效果，企业必须建立一系列评价指标体系和度量方法，对供应链的运作进行实时监测，发现问题及时解决。同时，企业还必须制订相应的激励措施，并建立有效的奖惩机制，激励供应链成员企业诚意合作，树立供应链整体价值观念，并以供应链整体价值增值为目标，组织完成各自的业务流程。

---

① 施先亮. 新冠肺炎疫情对中国物流与全球供应链的冲击与对策 [J]. 物流研究(1)，2020: 11-16.

10. 反馈和学习

反馈和学习对供应链节点企业非常重要，有效的供应链运作关系到每个节点企业的运作。相互信任和学习，从失败中吸取经验和教训，通过反馈的信息修正供应链，并寻找新的市场机会成为每个节点企业的职责。因此，企业必须建立一定的信息反馈渠道，且逐渐从根本上使企业演变为自觉的学习型组织。

1.4 供应链管理的新环境与发展趋势

当前，全球政治经济秩序加速变革，大国关系发生转折性变化，新一轮科技革命和产业变革改变了传统的生产方式、社会结构和生活方式，世界面临百年未有之大变局。[①]同时，百年未遇之新冠肺炎疫情持续对经济社会运行造成巨大冲击，并将加剧全球变局，对全球治理带来重要影响。2020年全球经济增长趋势放缓，贸易投资等遭受巨大冲击。同时，疫情也推动全球产业组织形式、产业链布局、治理方式发生重大变化，全球化进程和政治经济秩序、全球治理体系的变革将因疫情影响而加速。因此，产业链供应链的稳定与安全对于未来全球经济社会可持续发展的重要性凸显。

1.4.1 供应链管理的新环境

1. 全球贸易格局重构

全球宏观环境变化也在改变贸易格局，以致影响对供应链管理服务的需求。近年来，新中产阶层的兴起以及消费全球化的浪潮改变了传统"东方生产，西方消费"的模式。[②]据Euromonitor International预测，到2030年，印度将超越日本、德国和英国，成为世界第三大消费市场，[③]中产阶层成为主要增长动力。随着发展中国家，特别是"一带一路"沿线国家消费力量的迅速崛起，"全球生产，全球消费"的格局正逐渐形成。一些新兴、非经济合作与发展组织国家(如中国、印度等)正成为全球供应链不容忽视的重要消费来源，这将为全球的企业带来新的机遇和挑战。

另外，国际贸易争端令全球经济环境更难预测，将直接影响国际供应链环境。2016年签署的《跨太平洋伙伴关系协定》(TPP)因美国的退出而受挫，并由2018年签订的《全面与进步跨太平洋伙伴关系协定》(CPTPP)取而代之。近年来，世界贸易组织成员的贸易争端显著增加。贸易环境变得更加复杂，双边贸易协定和保障措施不仅增加了交易的障碍，更是扭曲了商品流，制造摩擦，降低灵活性，提高了生产成本和消费者最终支付的价格。

2018年起，全球两大经济体中国和美国之间贸易争端相持不下，美国对中国遏制逐渐升级，最直接的原因是中国经济总量同美国日趋接近。2019年，中国GDP接近美国的67%，

---

① 陈昌盛，许伟，兰宗敏，等. "十四五"时期我国发展内外部环境研究[J]. 管理世界，36(10)，2020: 1-14,40,15.

② 冯氏集团利丰研究中心. 创新供应链管理：利丰冯氏的实践[M]. 3版. 北京：中国人民大学出版社，2021：11-12.

③ Euromonitor International. Global Overview of Consumer Expenditure to 2030.(2018-01-23). https:/blog.euromonitor.com/global-consumer-expenditure/.

工业总产值已经超过美国。从历史上看，GDP超过美国60%是一道红线，苏联和日本GDP在超过美国60%后，美国都加大了遏制力度。2008年以来，以美国为代表的西方国家受金融危机影响，经济减速、政治动荡、社会撕裂更趋明显，民族宗教问题频发，美国还可能选择向外转移矛盾，中国在政治、经济、外交、舆论以至于军事等多方面将面临前所未有的压力。

随着贸易保护主义抬头和贸易大国之间的矛盾激化，原有的全球贸易规则和体系正在解体和重构，全球产业合作模式改变，必将推动全球供应链的深度变革。由此可见，全球消费市场的转变的确为企业带来了重大机遇，但是要有效进行跨国贸易，企业需要拥有跨国甚至全球供应链管理能力及经验，否则，企业难以盈利，业务难以持续发展。

2. 新冠肺炎疫情的蔓延与冲击

新冠肺炎疫情的蔓延，导致全球经济活动暂停乃至经济深度衰退，将引发国内外经济格局变动和结构调整，是未来一个时期经济社会发展最关键的变量之一。[①]

从挑战来看，为控制疫情的进一步蔓延，各国采取旅行禁令、居家隔离、关闭工厂、"封城"和"封国"等多种措施，致使全球经济和社会活动停摆，经济大幅衰退，深层次矛盾进一步积累。疫情可能会导致全球制造业供应链收缩，疫情短暂冲击可能演变成为持久性冲击。疫情加剧全球经济金融体系的脆弱性，需提前防范各国央行面临的债务激增、通货膨胀飙升和国际货币体系失衡及全球经济衰退等一系列问题，实体经济和生产力的恢复乏力，全球将长期面临"零利率"甚至"负利率"陷阱。

疫情虽然没有从根本上改变各国的成本结构和技术实力，但是疫情的突然暴发使各国开始关注全球化框架下自身生产制造的安全问题和成本问题。[②]欧美政策研究者及企业家正在重新思考如何从战略层面摆脱对少数国家的依赖，加速全球供应链多元化和本地化进程，具体表现为努力改变中国作为全球供应链体系中心的格局。如果欧美这样的供应链调整不是因疫情舆论压力导致的纸上谈兵，而是作为真正的国家级供应链战略实施，必然会对中国在全球供应链上的地位产生影响，是中国未来战略调整与政策部署最需关注的焦点问题。

从机遇来看，任何事物都是辩证的，只要充分发挥人的主观能动性，就能最大限度减少疫情带来的损失，还能以防疫斗争为契机，推动经济高质量发展。人类历史上多次经济高速增长都发生在经济社会危机之后，就是因为危机暴露了过去经济增长中的短板和弱项，疫情的冲击促进了技术和制度创新，催化了数字经济和线上模式的加速发展，实现了所谓"创造性破坏"。这次疫情给中国经济体系进行了一次全面的压力测试，对中国产业链的优势和短板、经济发展的稳定性协调性等都进行了更深入的评估，未来科技进步、企业投资、产业政策的方向都会更加精准。同时，疫情影响的供给和需求并没有消灭，而只是暂时被抑制了，疫情后中国可以顺势而为，化危为机，加速改革开放，加快提升经济发展的质量和效益，为中国经济发展打开更为广阔的空间。

---

① 陈昌盛，许伟，兰宗敏，等."十四五"时期我国发展内外部环境研究[J]. 管理世界，36(10)，2020：1-14,40,15.
② 施先亮. 新冠肺炎疫情对中国物流与全球供应链的冲击与对策[J].物流研究(1)，2020：11-16.

3. 科学技术的突飞猛进

科技创新的步伐加快,科学技术正推陈出新,世界已进入第七波科技浪潮。①大型主机与小型计算机掀起第一波变革,它们出现于 20 世纪 50-70 年代;第二波科技浪潮的战场集中在操作系统和台式计算机软件;第三波和第四波科技创新分别是第一代互联网和第二代互联网;第五波和第六波科技浪潮由大数据和物联网形成,互联网装置和传感器不断输出庞大数据。每波浪潮席卷而来,都乘着前波浪潮的力度,所以累积的能量与强度不断叠加。而最新的第七波浪潮与人工智能有关。大数据是世界第五波科技浪潮,大数据分析为商家提升商贸预测的准确性、清晰度和洞察力,同时促进跨供应链的信息共享。埃森哲的调查显示,有 41%的受访者认为,大数据正影响企业对供应链的反应时间;有 36%的受访者预见大数据可助供应链效率提高 10%或以上,并将为供应链带来更强整合能力。②

基于大数据展现的商业模式大概可分成三种:将既有数据变现,根据数据制定营销策略、改善产品;以数据提升企业竞争力和内部工作效率,或降低决策成本;以数据作为服务的基础与核心,用数据颠覆传统行业。世界第六波科技浪潮是物联网,相关技术正在颠覆供应链的管理模式。而世界第七波科技浪潮——人工智能已被视为影响全球发展最深远的科技之一。人工智能需要以庞大数据为基础进行运算,作出分析及判断,计算成本效益,为供应链管理者提供最省时、最便捷的方案。人工智能的应用如人脸识别及语音交互技术已得到广泛应用。

此外,越来越多企业探索把区块链用于供应链管理。区块链是一种电子数据库技术,可以提升供应链中所有参与者进行认证的数据通信效率。从原材料到制成品,每次流转和交易的资料都有记录,一目了然。区块链可用于提高整条供应链的透明度和可追溯性,并有助于提升供应链的效率。随着消费者日益重视产品的追本溯源,采用区块链技术是有效降低成本的供应链管理方式。③

由此可见,科技是供应链变革的核心和重要动因。各种科技互相配合,已渗透并应用于供应链的产品设计、制造、物流仓储和销售各环节,旧式的技术系统、低效率的人工操作流程已不合时宜。

4. 数字时代消费模式的变化

不少消费者现在浏览手机的时间比逛商场的时间更多,他们的喜好及购物模式的变化亦比过去任何时候更快,特别是"千禧一代"及"Z 世代",他们的消费行为及期望与"婴儿潮一代"和"X 世代"④都大不相同。新一代更看重购物的即时性、体验、互动和参与,他们希望与其他拥有相同兴趣及品位的人紧密联系,热衷参与心仪品牌的创作及设计过程。

---

① Daniel Franklin. 巨科技——解码未来三十年的科技社会大趋势[M]. 何承恩,李颖琦,张嘉伦,译. 台北:天下文化出版社,2018:102-118.

② Accenture. Big Data Analytics in Supply Chain:Hype or Here to Stay?(2014). https://www.accenture.com/t20160106t194441-w/fi-en/acnmedia/Accenture/Conversion-Assets/Dot Com/Documents/Global/PDF/Digital-1/Accenture-Global-Operations-Megatrends-Study-Big-Data-Analytics-v2. pdf.

③ Michelle Russell Sourcing: Supply Chain Mapping Using the Bitcoin Blockchain. (2015-07-31). https://www.just-style.com/analysis/supply-chain-mapping-using-the-bitcoin-blockchainid125834 aspx.

④ 根据威廉·施勒尔(William J. Schroer)的定义,"婴儿潮一代"生于 1946—1965 年,"X 世代"生于 1966—1976 年,"Y 世代"(千禧一代)生于 1977—1994 年,1995 年以后出生的年轻人被称为"Z 世代"。

同时，新一代不仅需要凸显个性的商品，更要求产品信息高度透明，例如产品在哪里及如何制造、材料来源于何处、产品是否符合环保原则等(见图 1.7)。这些消费需求的变化都从根本上改变了零售模式，改变了消费者与品牌之间的关系。

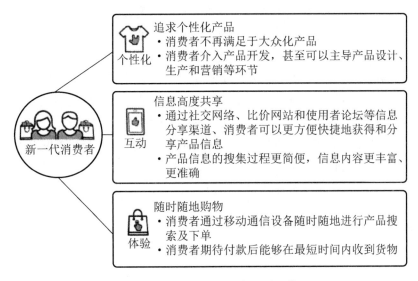

图 1.7　新一代消费行为的特征[①]

随着越来越多电商及创新企业加入零售市场，零售业的竞争加剧，加上跨境网购的流行，零售发展已不分地域和国界。今后，市场环境的变化会越来越快，传统龙头企业的运营模式需做出相应的改变。最近几年，传统零售业市场竞争激烈，不少零售商和品牌商相继破产或关闭门店，预期去库存和促销活动会在各个市场持续发生。

进入数字时代，企业必须以灵活的方案驾驭瞬息万变的市场。以消费者为中心、以数据驱动的新型零售形态和概念，例如阿里巴巴提出的新零售、京东的无界零售及苏宁的智慧零售，已为行业带来重大改变。未来将不会有线上或线下的零售业务单独存在，而是线上、线下加上物流的综合性零售业务。愈来愈多实体零售商正为构建全渠道零售做准备，许多纯电商公司也正在进行实体店布局，预期两者最终会融合成一个新的零售业态，并成为常态。

5. 新工业革命引领定制化来临

传统 B2C(Business to Customer)模式往往以上游企业为核心，商家连同厂家进行大规模及标准化的流水线生产，经过研发、采购、生产、物流服务等供应链环节，在最终零售端把货物卖给消费者。可是各环节之间往往缺乏协同，容易导致库存过剩或不足。随着消费需求和市场竞争的变化，B2C 转向 C2B(Customer to Business)，甚至是 C2M(Customer to Manufacturer)。数字时代下的 C2B、C2M，商家从消费者需求出发，掌握消费者数据，满足消费者个性化和定制化需求，大规模定制化模式会渐渐普及。

---

① 冯氏集团利丰研究中心. 创新供应链管理：利丰冯氏的实践[M]. 3 版. 北京：中国人民大学出版社，2021：7.

近年来,一些新兴的快时尚生产模式标志着少量多样定制化时代的来临。一些快时尚品牌商能有效地管理设计、生产及付运等供应链环节,在市场上不断推出新品吸引消费者。在这股快时尚热潮的影响下,消费者的口味变化越来越快,对产品个性化的需求越来越大。快时尚的"快"主要源于品牌采用数字平台驱动生产,无缝连接供应链上各成员,优化供应链的灵活性及增强调整能力,缩短生产流程,有能力处理小型订单,从而快速回应市场需要。

国际金融危机爆发后,世界各国重新重视实体经济尤其是制造业的发展,纷纷推行新工业革命"再工业化"战略。新工业化的重要变化是智能制造,智能制造涉及整个企业的生产物流管理,在工业生产过程中应用人工智能、人机互动及 3D 设计等技术。过去传统的自动化生产往往是人单向指令机器操作,现在的智能生产是人与机器的互动、物件跟物件或物件跟机器之间的联动。"再工业化"推动制造业进入新工业革命时代,改变产品传统的生产模式和销售模式,供应链体系也随之改变。

延伸阅读

各国"再工业化"战略[①]

美国	德国
战略名称:美国国家制造业创新网络计划 发布时间:2012 年 战略内容: • 计划建设由 45 个制造业创新中心和一个协调网络组成的全国创新网络 • 专注研究 3D 打印等有潜在革命性影响的关键制造技术 战略目标: • 成为世界先进技术和服务的区域中心 • 持续关注制造业技术创新 • 将技术转化为面向市场的生产制造	战略名称:德国工业 4.0 战略实施建议 发布时间:2013 年 战略内容: • 建设一个网络:信息物理系统网络 • 研究两大主题:智能工厂和智能生产 • 实现三项集成:横向集成、纵向集成、端对端的集成 • 实施八项保障计划 战略目标: • 通过信息网络与物理生产系统的融合来改变当前的工业生产与服务模式 • 使德国成为先进智能制造技术的创造者和供应者
英国	**法国**
战略名称:英国工业 2050 战略 发布时间:2013 年 战略内容: • 推进服务+制造 • 致力于更快速、更敏锐地响应消费者需求,把握新的市场机遇 • 可持续发展,加强培养高质素劳动力 战略目标: • 重振英国制造业 • 提升英国的国际竞争力	战略名称:"新工业法国"战略 发布时间:2013 年 战略内容: • 解决能源、数字革命和经济生活三大问题 • 确定 34 个优先发展的工业项目,如智能纺织等 战略目标: • 通过创新重塑工业实力,提升法国在全球的工业竞争力

---

① 冯氏集团利丰研究中心. 创新供应链管理:利丰冯氏的实践[M]. 3 版. 北京:中国人民大学出版社,2021:10.

> **中国**
> 战略名称：中国制造 2025
> 发布时间：2015 年
> 战略内容：
> • 发展新一代信息技术产业、高档数控机床和机器人、先进轨道交通装备、节能与新能源汽车、新材料、生物医药及高性能医疗器械等十个重点领域
> 战略目标：
> • 到 2025 年，迈入制造强国行列
> • 到 2035 年，中国制造业整体达到世界制造强国阵营中等水平
> • 到中华人民共和国成立一百年时，综合实力进入世界制造强国前列

特别提示

供应链管理面临着新的竞争环境，全球贸易格局重构、新冠肺炎疫情的蔓延和冲击、科学技术的突飞猛进、数字时代消费模式的变化、新工业革命引领定制化来临，这些环境的变化都会对供应链管理产生深远的影响。

1.4.2 供应链管理的发展趋势

随着供应链在社会经济活动中扮演着越来越重要的角色，理论界和实业界对供应链的认识在不断深化和拓展。供应链管理最初发源于制造业，经过 30 多年的发展及壮大，除供应链管理理论与方法本身得到了理论和实践上的长足进展外，供应链管理还上升到了国家经济建设体系的宏观战略层面。社会对供应链管理的认识，也从以核心企业为主导的体系，扩展到其他相关领域，使供应链管理在社会经济体系建设和发展中的价值更加突出。[①]

1. 供应链体系再认识

首先，根据组成供应链体系的要素所起的作用不同，可以将供应链体系分为供应链运营和供应链基础两大部分（图 1.8）。供应链运营是指围绕核心企业组成的企业群体开展的生产和销售活动，这是构成一个国家经济活动的主体，也是决定国家整体竞争力的基础，如工业、农业、流通业及各类服务性企业。供应链基础指的是为使供应链运营得以有效进行而提供的基础性资源支撑，包括支撑供应链运行的物流网络，如公路、铁路、航空、航运等基础设施及相关运营企业或政府主管部门等，构成畅通的供应链通道，为供应链主体企业的高效运营提供支撑；信息网络，如互联网、物联网、移动商务、公共信息共享等各类平台；支持供应链发展的宏观产业政策等。显而易见，供应链基础的建设离不开政府的大力支持。

其次，根据供应链运营的主体内容不同，可进一步将供应链运营分成产业供应链和服务供应链。如前所述，产业供应链是供应链体系的核心，如由各种工业企业、农业企业、流通企业及消费服务类企业组成的供应链；服务供应链，这里特指为产业供应链提供供应链管理服务的企业，还有金融、保险、第三方物流、物流平台企业等，它们共同为产业供应链运营的主体企业提供供应链管理服务，助推产业供应链提升其竞争力。

---

① 马士华，林勇，等. 供应链管理[M]. 6 版. 北京：机械工业出版社，2020：17-21.

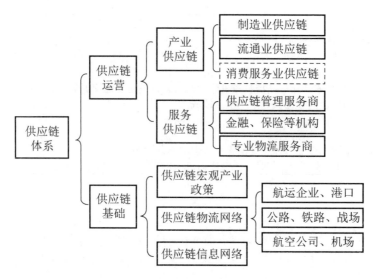

图 1.8　供应链体系构成示意图

2. 国家竞争力视角下的供应链管理

供应链的资源整合、协调运作和全球优化的思想在实践中取得了巨大的成效,人们认识到,供应链管理不仅是企业的竞争利器,同时还事关一个国家的全球竞争力。为此有些国家从国家竞争力的角度对供应链进行了宏观管理,如美国早在 2012 年就将供应链纳入政府管理的范围。2012 年 10 月 12 日,美国商务部发布新闻稿,宣布启动新的供应链竞争力咨询委员会,就行业问题向美国商务部、交通部和其他政府机构提供建议。该委员会将作为行业和政府之间的联络人,确保与制造商、分销商和出口商定期联系,委员会的建议将有助于制定助力供应链发展的国家政策,帮助美国企业提升其在全球的竞争力。

美国政府不仅关注企业在供应链体系建设上的问题,还从国家安全的角度加强对供应链的管控。2012 年,时任美国总统奥巴马签署了美国国土安全部公布的美国《全球供应链安全国家战略》,该战略设定了两个目标。

(1) 促进商品的高效和安全运输。促进合法贸易及时而高效地流动,同时维护和保障供应链,使之免受不正当的利用,并减少其在破坏面前的脆弱性。为了实现这目标,在货物通过全球供应链运输时,将加强其完整性,还将在这一过程中及早了解并解决各种威胁,加强实体基础设施、交通工具和信息资产的安全,同时通过提高供应链基础设施和流程的现代化水平充分发展贸易。

(2) 培养具有弹性的供应链。建立一个准备应对而且能承受不断变化的威胁和危害并且可以从中断中迅速恢复的全球供应链系统。

除此之外,美国政府其他部门也纷纷在供应链相关领域制定推进供应链发展的政策,试图在全球竞争中维护美国企业的竞争力。

中国政府也充分认识到供应链体系建设的重要性。为了加强中国企业在全球市场上的竞争力,塑造强大的供应链竞争力,中国相继出台了多项举措来推动我国企业的供应链建设。

2017 年 10 月 13 日，《国务院办公厅关于积极推进供应链创新与应用的指导意见》(国办发〔2017〕84 号)的发布，将供应链创新与应用从企业行为上升到整个国家的社会经济体系建设层面，赋予供应链创新更重要的职能。2018 年，商务部等 8 部门发布了《商务部等 8 部门关于开展供应链创新与应用试点的通知》(商建函〔2018〕142 号)，在全国选择 55 个城市和 266 家企业，分别作为供应链创新与应用的试点城市和试点企业，进一步推动 84 号文件落地生根。

供应链的高效运行离不开物流网络的支撑。为了给供应链运行提供优良的通道和网络基础，国家出台了加强物流基础建设的政策和规划。2018 年 12 月 21 日，中华人民共和国国家发展和改革委员会和中华人民共和国交通运输部印发了《国家物流枢纽布局和建设规划》，就是要解决部分物流设施运作相对独立、信息不透明、物流网络不健全、衔接不顺畅等问题，整合分散的物流基础设施资源，加强物流设施间的协同运作，为物流高质量发展、供应链高效运作提供有力支撑。

这几件推动供应链体系建设发展的大事，极大地调动了全国各行各业的积极性，许多企业已经逐步认识到供应链管理对企业的价值，主动从传统的管理模式迈向供应链管理模式。特别是在全球贸易充满不确定性的情况下，打造具有强大韧性的供应链，对企业的持续发展更是具有独特的价值。

3. 行业细分发展下的供应链管理

供应链企业在实践中不断面临新的挑战及需求，社会上出现了围绕供应链管理的服务性企业，逐渐形成了以现代服务为核心的、为产品制造或流通企业供应链提供管理服务的业态，最终得到了社会的认同，并成为国民经济中的一种统计类别。

中国政府主管部门认识到了供应链管理服务企业在提高工业、农业和流通业供应链整体竞争力方面的价值，在供应链管理服务企业的成长上给予了政策和市场发展的支持。例如，《国民经济行业分类》(GB/T 4754—2017)明确了"供应链管理服务"的地位，将其纳入"商务服务业—7224—供应链管理服务"，单列统计类别，这一举措为这类企业的发展创造了巨大的空间。

同时，《国民经济行业分类》(GBT 4754—2017)还明确了供应链管理服务的含义。该文件认为，供应链管理服务是指"基于现代信息技术对供应链中的物流、商流、信息流和资金流进行设计、规划、控制和优化，将单一、分散的订单管理、采购执行、报关退税、物流管理、资金融通、数据管理、贸易商务、结算等进行一体化整合的服务"。

以供应链管理服务企业为主体的业态的出现，对于尽快提高我国各个行业的供应链在国际市场上的竞争力具有积极作用。供应链管理服务企业通过创新的各种供应链管理服务模式，解决了供应链管理者面临的各种问题，使他们能够借助供应链管理辅助性业务外包，并且与供应链管理服务企业形成战略联盟，可以从整体上优化更加广泛的供应链运作所需的资源，发挥我国企业在科学管理上的后发优势，这对于提升中国企业在全球供应链上的话语权具有重要的价值。

延伸阅读

关于供应链创新与应用的有关文件

1.文件名：《关于开展供应链体系建设工作的通知》
发布部门：商务部办公厅、财政部办公厅联合发
发布时间：2017年8月
主要内容：
◆ 推广物流标准化，促进供应链上下游相衔接；建设和完善各类供应链平台，提高供应链协同效率；建设重要产品追溯体系，提高供应链产品质量保障能力。
资料来源：http://ltfzs.mofcom.gov.cn/article/ag/agzc/201708/20170802627302.shtml,2017-08-16.
2.文件名：《国务院办公厅关于积极推进供应链创新与应用的指导意见》
发布部门：国务院办公厅
发布时间：2017年10月
主要内容：
◆ 推进供应链协同制造。推动制造企业应用精益供应链等管理技术，完善从研发设计、生产制造到售后服务的全链条供应链体系。推动供应链上下游企业实现协同采购、协同制造、协同物流，促进大中小企业专业化分工协作，快速回应客户需求，缩短生产周期和上市时间，降低生产经营和交易成本。
◆ 促进制造供应链可视化和智能化。推动感知技术在制造供应链关键节点的应用，促进全链条信息共享，实现供应链可视化。推进机械、航空、船舶、汽车、轻工、纺织、食品、电子等行业供应链体系的智能化，加快人机智慧交互、工业机器人、智能工厂、智慧物流等技术和装备的应用，提高敏捷制造能力。
资料来源：http://www.gov.cn/zhengce/content/2017-1013/content-5231524.htm,2017-10-13.
3.文件名：《国务院关于深化"互联网+先进制造业"发展工业互联网的指导意见》
发布部门：国务院
发布时间：2017年11月
主要内容：
◆ 到2025年，基本形成具备国际竞争力的基础设施和产业体系。覆盖各地区、各行业的工业互联网网络基础设施基本建成。
◆ 到2035年，建成国际领先的工业互联网网络基础设施和平台，形成国际先进的技术与产业体系，工业互联网全面深度应用并在优势行业形成创新引领能力，安全保障能力全面提升，重点领域实现国际领先。
资料来源：http://www.gov.cn/zhengce/content2017-11-27/content-5242582.htm,2017-11-28.

本 章 小 结

供应链管理面临着新的竞争环境，全球贸易格局重构、新冠疫情的蔓延和冲击、科学技术的突飞猛进、数字时代消费模式的变化、新工业革命引领定制化来临，这些环境的变化都会对供应链管理产生深远的影响。

供应链是围绕核心企业，通过对信息流、物流、资金流的控制，将供应商、制造商、分销商、零售商直到最终用户连成一个整体的网链结构和模式。

供应链管理是指对供应链涉及的全部活动进行计划、组织、协调与控制。供应链管理的整体目标是使整个供应链的资源得到最佳配置,为供应链企业赢得竞争优势和提高收益率,为客户创造价值。

随着企业内外部环境的变化,受波特"价值链"理论的启示,企业管理模式因其原有的缺陷而难以适应新的市场环境,所以逐渐由"纵向一体化"转向"横向一体化"的管理模式,并向集成化的供应链管理模式发展。

优秀的供应链应具备"4A"特质,即反应灵活的(Agile)、适应力强的(Adaptability)、利益一致的(Alignment)和能构建价值的(Architecting Value)。所以企业必须摒弃一些传统观念的束缚,与上下游企业建立一种"双赢"的合作伙伴关系,站在企业发展战略的高度实施供应链管理。供应链管理在现代企业管理中具有重要的作用,管理者对此应有深刻的认识,在实践中遵循合理的实施步骤。

关键术语

供应链(Supply Chain)
供应链管理(Supply Chain Management)
核心企业(Core Company)
纵向一体化(Vertical Integration)
横向一体化(Horizontal Integration)

知识链接

国有企业供应链产业链数字化的基本内涵

——在第二届国有企业数智化采购与智慧供应链高峰论坛上的致辞
中国物流与采购联合会副会长
蔡进

"第二届国有企业数智化采购与智慧供应链高峰论坛"的主题是"数字赋能·智链未来",关键词是"数字化"。"数字化"在国有企业推进供应链和产业链创新发展的过程中具有重要的现实意义和战略意义。

1. 供应链、产业链数字化的战略意义

数字化是国有企业未来供应链创新发展的基础定位。未来央企、国企发展供应链产业链创新的新阶段就叫作"数字化供应链"。

回顾国有企业的供应链、产业链创新发展,经历了几个阶段:第一个阶段,供应链、产业链初步形成,企业以集中采购为抓手,整合采购资源、需求资源、供给资源,通过对价格、质量、时间的优化,提高效率降低成本。在这一阶段,国有企业做得卓有成效,几乎所有央国企在这方面都前进了一大步。

2017年10月,国务院办公厅发布了《国务院办公厅关于积极推进供应链创新与应用的指导意见》后,推动国有企业供应链、产业链创新进入第二个阶段。即供应链、产业链的优化协同阶段。在这一阶段,越来越多的国有企业突破了采购的边界,通过供应链创新,把采购、供应、物流、生产联通起来,甚至延伸到终端消费,实现了流程的优化协同。在这个优化协同的过程中,真正形成了更高效、稳定、安全的产业链。

发展到今天,供应链创新发展有了一个新的定位和方向,就是在优化协同的供应链、产业链的基础上,推动供应链和产业链数字化。这是产业链供应链现代化的重要标志。基于时代发展的变化、国际国内形势的变化，中央提出了产业链、供应链现代化的目标，而产业链、供应链现代化的一个重要标识就是数字化。

数字化是供应链、产业链发展到新阶段的必然趋势，也是在当前国内外形势变化下的必然选择。推进国有企业的供应链、产业链向数字化转型是有天时地利人和的。天时，就是我们具备的朝着数字化供应链发展的大环境。地利，就是我们具备的技术条件，包括人工智能、云计算、大数据、区块链等。人和，就是从中央到地方，尤其是国资委，近两年连续出台了许多推进国有企业数字化转型的相关政策，形成了政策基础。天时地利人和，推动国有企业的供应链创新进入了一个新的阶段，这个新阶段的定位和方向就是数字化，这也是党中央对国有企业提出的要求，广大国有企业承担着国家转型升级、真正朝着现代化国家发展的历史使命。

2. 供应链产业链数字化的目标

供应链数字化的目标是什么？这个目标在国务院国有资产监督管理委员会(下称国务院国资委)下发的《关于加快推进国有企业数字化转型工作的通知》中写得很明确，主要包括以下两方面。

第一，实现我国供应链产业链自主可控。现在我国供应链发展得很快，成效显著。但是和国外一些成熟的供应链体系相比，我国供应链还存在很多痛点。其中一个就是自主可控的能力不够。我们的产业基础能力和国外一些成熟的供应链体系还是有差距的。造成这个问题的原因之一是着眼点有问题。在产业发展过程中，我国很多企业的着眼点是市场需求，而不是产业稳定。因此企业发展随市场波动起伏很大。企业的发展往往是受市场左右，产业的自主可控能力很差。如果不是着眼于市场，而是着眼于产业的稳定，让供应链上下游彼此之间协同，促进供需精准匹配，减少信息错配，就不会出现大量企业盲目追崇市场，也就不会出现在某些原材料和零部件受制于人的局面。所以我们务必要把着眼点转移到保证产业链稳定自主可控上来。而保持产业稳定自主可控一个很重要的技术抓手就是数字化。全流程的数字化保证了上下游产业之间的协同。要实现供应链的现代化，当务之急是要实现供应链的数字化，通过数字化来实现供应链产业链的自主可控。

第二，实现供应链的价值创造能力。过去国企集中采购的模式更多是着眼于存量的优化，这个是必须要做的。但是供应链的本质是创新，要创造价值，而且这种创新不是在需求侧，而是从供给侧创新，提供让消费者更加满意的新产品。国有企业不仅要满足现有的需求存量，更要对供给的存量和供给侧结构进行调整优化，这也是数字化的本质目标。

3. 供应链、产业链数字化的基本内涵

国务院国资委下发的《关于加快推进国有企业数字化转型工作的通知》中，指明了供应链、产业链数字化的五点基本内涵。一是产品的数字化。产品的数字化就是全程可视化和监督。要通过产品的数字化生产数字化的产品，最典型的例子就是芯片以及更高端的产品，一定要国产化生产才能实现产业链的自主可控。二是生产的智能化。从供应链产业链的角度来看，生产车间的智能化只能算自动化的操作过程，不是全产业链的数字化过程。真正的生产智能化是生产环节与上下游的供应和物流环节无缝衔接的，是实时的全流程数字化管理。智能化的生产一定是在数字化供应链的基础上实现的。三是流程的可视化、可控化。流程可视可控要突破生产领域和采购领域的边界。国家电网的数字化进程就已经突破产业边界，实现了供应链全流程可视化，实现了整个产业链的全流程可控管理。四是服务的敏捷化。通过数字化提高服务能力与服务水平，变被动服务为主动服务。服务敏捷化之后是服务柔性化，服务柔性化之后是服务个性化，都要通过供应链数字化来实现。个性化服务关注的是每个客户的不同需求。广大国企央企都要服务千千万万个客户，既有个人客户，也有企业客户，没有数字化的供应链就实现不了服务的敏捷化、柔性化、个性化。《关于加快推进同有企业数字化转型工作的通知》中也将推进用户服务敏捷化列为产业数字化创新的重要方向之一。五是产业的生态化，这对供应链数字化尤为重要。很多企业都能做到自身的协同优化，但产业的生态化要实现企业之间、产业之间的优化协同和融合，形成一种生态。例如，国家电网的数字化就不仅是国网自己的事情，而是整个能源产业生态圈的建设。在生态圈发展的基础上，国家电网自己也能够更好地发展。未来央企、国企的供应链数字化发展、打造产业生态圈，是中央有关部门关注的重点。

4. 央企如何实现供应链数字化转型

第一，要充分融合先进科学技术和现代生产组织结构，做到技术赋能。并不是将技术应用到供应链的某一环节，而是通过科技推动整个产业链供应链转型升级、朝着数字化方向发展。有些企业已经将区块链技术应用到采购环节，挖掘交易中的大数据，但是仅仅在采购环节是不够的，还需要扩展到整个供应链上下游，打通供应链每个环节，包括供应商管理、计划、生产、预测等。第二，把企业采购平台变成数字化平台，突破采购边界，向上下游延伸，形成全产业链数字化平台。第三，挖掘数据资产价值。数据运营分三个层面，首先是数据定位。企业数据多种多样，需要将对企业有价值的数据挖掘出来，去掉无价值信息，才能充分发挥数据运营的作用和效果。其次是数据分析，把数据作为资源投入企业的全流程运营中，通过数据分析帮助企业决策，选择最优的解决方案。最后是形成数据资产，将数据上升为产品，作为企业资产经营，深度挖掘数据的潜在市场，才能真正实现数据的价值。第四，要不断提升数字化运营的能力与效率。这就需要我们不仅要有数据，更要形成科学的算法和高效的算力。

数字供应链有很多方面需要深度挖掘、创新和学习，希望各位来宾能在今天论坛上进行深入的讨论和交流，在"数智化采购"和"国企供应链数字化转型"等命题上达成一些共识，谢谢各位。

2021 年 5 月 21 日

(本文根据录音整理)

资料来源：《供应链管理杂志》微信版，2021 年 5 月 27 日．

综合练习

一、填空题

1. 供应链不仅是一条从供应商到用户的物流链、信息链、资金链、而且是一条_____。

2. 英国著名物流专家马丁·克里斯托弗说："21 世纪真正的竞争不是企业与企业之间的竞争，而是_____的竞争。"

3. 从供应链的结构模型可以看出，供应链是一个_____，由围绕_____的供应商、供应商的供应商和用户、用户的用户组成。一个企业是一个节点，节点企业和节点企业之间是一种_____关系。

4. 供应链原本是一个系统，是人类生产活动和整个经济活动的_____。

5. 供应链管理把供应链上的各个节点企业作为一个不可分割的_____，通过对节点企业的相关运营活动进行同步化、集成化管理，整合它们的竞争能力和资源，从而形成较强的竞争力，为_____。

6. 供应链管理的目标是_____。供应链管理所产生的价值是最终产品对顾客的价值与顾客需求满足所付出的_____之间的差额。

二、名词解释

供应链　　供应链管理

三、简答题

1. 简述供应链的特征。
2. 简述供应链管理的特征。
3. 简述供应链管理产生的背景。
4. 优秀供应链具有哪些特质？

四、思考讨论题

1. 如果到一家便利店购买一瓶矿泉水,请绘图描述供应链的不同阶段,并且说明所涉及的流程。结合以上流程,你认为如何控制矿泉水的卫生与安全。
2. 结合你所熟悉的行业或一个企业,进行一些力所能及的市场调研。就你的调查结果,谈谈目前该行业或企业的供应链管理现状,并提出相应措施。
3. 分析目前的企业竞争环境,说明我国企业供应链管理的重要意义。

京东商城的供应链管理分析[①]

在零售行业中,持续的现金周转率是零售企业在商业竞争中脱颖而出的关键。零售业的典范企业沃尔玛通过自身强大的信息系统将现金周转率控制到 30 天左右,国内连锁零售巨头苏宁和国美控制到 40 天左右,而京东商城目前可做到 10 天左右。京东之所以可以做到如此短的时间,得益于其将物联网技术应用于供应链管理中,井然有序的供应链管理让京东的现金周转率持续降低。下面具体从采购、仓储、配送分拣、运输等环节来具体分析一下京东商城是如何将物联网技术融入供应链管理环节的。

1. 采购环节

京东商城依靠其包含 RFID、EPC、GIS、云计算等多种物联网技术的先进系统对一个区域进行发散分析,从而了解客户的区域构成、客户密度、订单的密度等,根据这些数据提前对各区域产品销售情况进行预测,根据预测销售量备库,同时决定采购商品分配到哪些区域的仓库,以及各仓库分配数量。

物联网技术的应用可以使京东由产品销售总量的预测细化到各个区域,根据销售前端传来的详细信息,使采购人员做出更合理的采购决策。例如,在京东成熟的 3C 数码市场领域,其产品平均库存周转率约为 11.6 天,京东采购人员会对相关产品进行频繁采购,同时,开放平台的供应商可以在其后台即时查看产品销售情况并及时补货。

在这个环节上,物联网技术减少了用户在下订单时出现缺货现象的可能性,有利于顾客更快做出购物决策,增加购物的流畅感,提高了顾客的消费体验。

从成本管理角度分析,物联网技术可以帮助采购人员更合理地做出采购决策,加速了产品库存周转率,提高了产品合理分配仓库程度,节约了属于作业成本范畴的采购成本、库存成本、物流成本。销售数据及与供应商的直接交流,允许供应商自行补货,也降低了谈判成本、协调成本、信息成本。

2. 仓储环节

京东商城应用的主要是 RFID 技术、EPC 库存取货技术、库存盘点技术及智能货架技术,以此实现仓库自动化管理。京东商城将自身库房划分为三大区域,分别为收货区、仓储区、出库区。在收货区,京东商城首先对供应商送来的商品进行质量抽检,然后利用 EPC 和电子标签技术给每一件商品贴上条形码标签,作为该件商品的独一无二的身份识别证据,随后全部商品在仓储区域上架入库,每一货架均有唯一编号。上架时,京东仓库商品管理人员会利用 PDA(手持终端)设备扫描商品条形码,和商品进行关联后传入信息系统。这样,用户订单下达后,仓库商品管理人员可以依据系统记录直接到相应的货架取货,无须核对商品名称。

[①] 赵艳丰. 当"供应链管理"遇上"物联网技术"——京东商城的案例分析[J].信息与电脑(11), 2014: 57-60.

此外，京东商城根据历史数据计算结果，会及时将相关度高的商品摆放在一起，以提高库房完成订单效率。当在促销季节时，为配合网站商品促销，库存位置也同步会改变，以节约取货时间，提高商品出库效率。仓储系统管理包含的三大模块分别是入库管理模块、库存位置管理模块、出库管理模块，该系统负责出入库管理扫描、更新 EPC 标签信息以及确定商品储存库区和货架位置等。物联网仓储管理技术的运用使京东能更高效地摆放商品，更加及时地更新库存信息，实现了仓库内商品的可视化管理，提高了仓储环节的敏捷性和精确度，促进了京东商城服务水平的提高，为发/退货的正确和补货的及时性提供了保障，提高了客户满意度。

从成本管理角度来看，这些技术使仓储空间效用最大化，减少了商品库存，降低了存储成本，实现了储存、出入库、盘点等环节的自动化管理，节约了劳动力和库存空间，大幅度减小了供应链中由于商品位置错误等事故造成的损耗。

3. 配送分拣环节

京东商城同样应用的是 RFID、EPC 等技术。首先通过 ERP 系统确定订单所需商品发货库房，然后自动查询到商品在仓库中位置，信息将自动发送到库房管理人员随身携带 PDA 上，在工作人员分拣货物完毕后，货物将放在对应的周转箱上传送到相应的扫描台，确认无误后，打印发票清单送到发货区域准备进行运输。物联网技术的运用实现了商品的快速分拣，有助于提高分拣效率，有助于快速发货，减少顾客的等待时间，有助于顾客更早享受商品的价值。

从成本管理角度分析，这些技术的应用提高了商品分拣的自动化程度，少数的分拣人员即可高效完成工作，效率大幅度提高的同时，节约了大量的人工成本。

4. 运输环节

京东商城主要应用的是 GIS(地理信息管理系统)技术，这种技术是物联网技术应用的典型实例，京东商城通过和一家地图服务商合作，将后台系统和该公司 GPS(全球定位系统)进行关联，实现了可视化物流。京东商城在运送的包裹上和运货车辆上均装有 EPC 标签，包裹出库时将通过 RFID 技术进行扫描并和运送车辆关联起来，当货车在路上行驶时，其位置信息将通过 GPS 即时反馈到后台系统，并在网站地图上显示出来。京东商城的 GIS 可以使物流管理人员在系统后台即时查看物流运行状况，同时，车辆位置信息、停驻时间、包裹分配时间、配送员和客户交接时间都会形成海量原始数据。京东商城物流管理者通过大量分析这些数据，可以做出合理的人员安排计划，优化服务区域配送人员分配，缩短配送时间，优化配送流程。另外，该系统还可以使用户即时查询商品运输信息，提高了用户对商品的实体感知程度。从成本管理角度分析，该技术的使用优化了京东商城自身的配送计划，相当程度降低了在电子商务企业总成本占有极大比重的运输成本。

我国零售企业整体的供应链管理水平远落后于国外零售业巨头，主要表现在管理效率低下、物流成本过高、信息化基础薄弱等方面。物联网技术可以有效促进供应链各环节的资源和信息共享，进一步优化零售企业的供应链，零售商可以通过物联网技术打造出智慧的供应链，提升自身的供应链管理水平，从而可以更智慧地为消费者服务。京东商城运用先进的物联网技术大幅度提高了其自建物流体系效率，以期改善零售企业的供应链管理。

问题讨论：

1. 京东的供应链管理包括哪些具体环节和内容？京东是如何将物联网技术融入供应链管理中的？

2. 供应链管理在零售业成功经营中扮演着怎样的作用？京东的供应链管理有哪些值得在其他企业推广借鉴的经验？为什么？

第 2 章 供应链管理的战略问题

【学习重点】

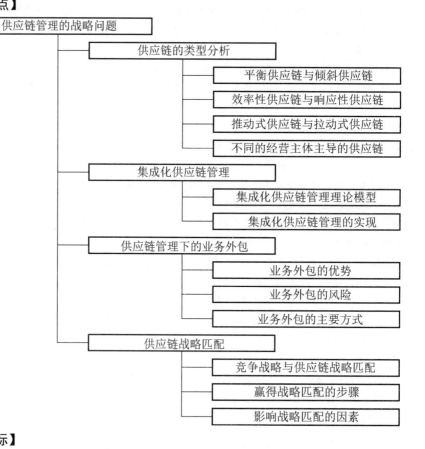

【教学目标】

通过本章的学习，使学生了解供应链的各种类型及其特征，熟悉集成化供应链管理的理论模型与实现过程，正确理解供应链管理下的业务外包，重点掌握如何赢得竞争战略与供应链战略的匹配。

利丰：杰出的供应链"指挥家"[1]

香港利丰集团(以下简称利丰)是一家历史悠久的全球著名供应链管理企业，已累积110多年的商贸经验。起初，集团旗下的贸易业务主要扮演赚取佣金的中间人角色，发展至今，利丰在全球50多个经济体管理10000家供应商，服务约200家零售伙伴，包括品牌商、专卖店、百货公司、大型零售商、电商、大卖场、折扣店和会员制商店等。

利丰作为供应链管理者，并不是简单地撮合买家和卖家，而是能够协调全球采购生产。利丰从不自己管理或监督每一个细微的过程，即使是对于少数几家一级供应商也是如此；利丰从不通过烦琐的文字合同或复杂的信息技术来控制供应链网络。利丰分拆每一项生产程序，深入参与、跟踪供应链的每一个阶段。对于每一个增值阶段，利丰公司只是提出对每项任务的具体要求，包括必须达到什么标准或成绩(但不会要求具体怎么去做)，供应商何时完成一项任务，以及转到下一个阶段的最后期限。这种管理模式，使得利丰公司既可以很好地控制供应商，同时又省去了对供应商企业进行改造的烦恼。利丰的做法是把决策权留给供应商，让它们自己决定通过哪种最有效的途径来进行生产，同时又满足了自己对产品和服务的需求。在此过程中，倘若出现了什么质量问题或遇到了物流运作方面的困难，此时，利丰足够灵活的供应链网络可以将它的商品快速地转移到另一条可选择的供应链或地点，使这些危机化险为夷。

在新时代下，利丰作为卓越的供应链服务商可以做到：①运用新科技服务客户。利丰正推动供应链全面数字化，通过数据分析及运算，洞悉客户核心需求，为客户提供合适的服务。从产品开发、样板制作，到产品生产及运送，利丰致力于将供应链上的主要程序数字化。端到端的数字平台能进一步顺供应链四流，提升每张订单的处理效率及增加成本效益。②为客户提供外包增值服务。零售商在考虑是否把供应链环节外包给利丰，抑或建立内部采购团队时，主要会计算成本和效益，考虑核心能力和企业发展方向。当零售商最终决定把业务外包给利丰时，其关键因素不仅是奉行专业的人做专业的事的商业逻辑，更重要的是利丰的服务确实能为客户带来附加值，帮助客户专注发展主业，互惠共赢。③与客户建立紧密的伙伴关系。企业与上下游公司之间不应只是"一纸合同"的关系，而是要追求紧密深厚的合作关系。企业各层次之间、人员之间建立深厚关系有助于提升流程效率，也有助于解决复杂的问题。例如，利丰旗下的 LF Cred it 为客户提供贸易融资服务，使其供应商可以提早获得资金用于运营周转，避免供应链因现金周转不灵而中断运作。基于利丰与客户已建立的信任及长期稳定的合作关系，LF Cred it 拥有优良的风控管理能力，一方面能弹性处理贸易融资服务的申请，另一方面能有效规避风险。④提供具有弹性的全方位供应链解决方案。利丰的价值主张是为客户提供全方位供应链解决方案，亦为客户提供量身定制的供应链增值服务。有别于一般供应链管理企业只专注提供各供应链环节中的某一项或几项服务，利丰凭借对各地市场的深入认识，已建立的灵活、多元化及业务发展成熟的全球网络，拥有提供全套从产品设计、原材料采购、生产及品质控制、分销到仓库管理，乃至最后一公里配送等供应链环节的管理能力。利丰能够为客户提供有针对性的供应链解决方案，也能帮助客户提升市场竞争力。多年来，利丰与国际客户群已建立起紧密的伙伴关系。

---

[1] 根据冯氏集团利丰研究中心. 创新供应链管理：利丰冯氏的实践[M]. 3版. 北京：中国人民大学出版社，2021：14-19. 《去中间化的争议》和马丁·克里斯托弗. 物流与供应链管理[M]. 何明珂，等译. 北京：电子工业出版社，2006：230-231.《利丰：杰出的供应链"指挥家"》改编.

利丰是中国香港历史最悠久的出口贸易商号之一，从一家传统贸易商成功转型为以供应链管理概念运作的现代跨国贸易集团。多年的企业实际运作经验，使利丰集团对供应链管理有深刻而独到的理解。利丰以客户的需求为中心，成为与上下游合作伙伴所构成的庞大网络的核心，管理、协调和监督这个创造价值的网络，整个供应链运作好像和谐优雅的"供应链交响乐"。①这种"合奏"的前提是各供应链参与者能达成共识，并共同致力于实现供应链最终目标，这意味着必须形成一个供应链战略。

2.1 供应链的类型分析

【2-1 拓展视频】

由于供应链对提升企业竞争力的明显优势，使得它在企业经营中起到的作用越来越重要，供应链已经形成了一系列具有明显特点的模式与结构。随着研究角度与着眼点的不断变化，人们对供应链管理问题认识逐步深入。从不同的角度出发，根据不同的标准，可以将供应链划分成不同的类型。

2.1.1 根据供应链容量与用户需求的关系划分

根据供应链容量与用户需求的关系可将供应链划分为平衡供应链和倾斜供应链。一个供应链具有一定的、相对稳定的设备容量和生产能力(所有节点企业能力的综合，包括供应商、制造商、分销商、零售商等)，但用户需求处于不断变化的过程中，当供应链的生产能力能和用户需求平衡时，供应链处于平衡状态，这种供应链被称为平衡供应链，如图 2.1(a)所示。平衡供应链可以实现各主要职能(低采购成本、规模效益、低运输成本、产品多样化和资金周转快)之间的平衡。当市场变化加剧，造成供应链成本增加、库存增加、浪费增加等现象时，企业不是在最优状态下运作，供应链则处于倾斜状态，称为倾斜供应链，如图 2.1(b)所示。

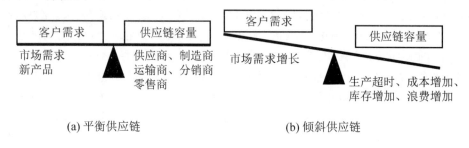

图 2.1 平衡供应链与倾斜供应链

2.1.2 根据供应链的功能模式划分

供应链的类型及特点与它所支持的产品在市场上的表现特点有很大关系，在实施供应链管理时，应该根据产品特点选择适当的供应链。根据供应链的功能可将供应链分为效率性供应链(Efficient Supply Chain)和响应性供应链(Responsive Supply Chain)。效率性供应链

---

① 克里斯托弗. 物流与供应链管理[M]. 何明珂，等译. 北京：电子工业出版社，2006：230-231.

主要体现供应链的物料转换功能,即以最低的成本将原材料转化成零部件、半成品、产品,以及在供应链中的运输等;响应性供应链主要体现供应链的市场中介的功能,即把产品分配到满足用户需求的市场,对未预知的需求做出快速反应等。两种类型供应链的比较见表 2-1。

表 2-1　效率性供应链与响应性供应链比较

项　　目	效率性供应链	响应性供应链
主要目标	以最低成本供应需求	对需求做出快速响应
产品设计战略	以最低成本产生最大绩效	利用模块化方法,通过延迟实现产品差异化
定价战略	因为价格是最主要的客户驱动力,所以边际收益较低	因为价格不是主要的客户驱动力,所以边际收益较高
制造战略	通过高利用率降低成本	维持生产能力的柔性来缓冲需求/供应的不确定性
库存战略	最小化库存以降低成本	维持缓冲库存来应对需求/供应的不确定性
提前期战略	缩短,但是不能以增加成本为代价	大幅缩短,哪怕是付出巨大成本
供应商战略	根据成本和质量选择	按速度、柔性、可靠性的质量选择

资料来源:改编自 FISHER M L. What is the right supply chain for your product?[J]. Harvard Business Review, 75(2), 1997: 105.

2.1.3　根据供应链驱动力的来源划分

根据供应链驱动力的来源可将供应链分为推动式(push)和拉动式(pull)。推动式的供应链以制造商为核心,产品生产出来后从分销商逐级推向客户,分销商和零售商处于被动接受的地位,各个企业之间的集成度较低,通常采取提高安全库存量的办法应付需求变动。因此,整个供应链上的库存量较高,对需求变动的响应能力较差。这种运作方式适用于产品或市场变动较小、供应链管理初期阶段。拉动式供应链的驱动力产生于最终客户,整个供应链的集成度较高,信息交换迅速,可以有效地降低库存,并可以根据客户的需求实现定制化服务,为客户提供更大的价值。采取这种运作方式的供应链系统库存量较低,响应市场的速度快。但这种模式对供应链上的企业要求较高,对供应链运作的技术基础要求也较高。拉动式供应链适用于供大于求、客户需求不断变化的市场环境。这两种模式的示意图如图 2.2 所示。

2.1.4　根据供应链的结构划分

根据供应链的结构不同,可以将供应链划分为分散型供应链(V 型供应链)、会聚型供应链(A 型供应链)和介于二者之间的(T 型供应链)。

V 型供应链是具有分散型结构的供应链。这种供应链以大批量物料存在方式为基础,相对于供应商,中间产品生产商拥有更多的客户,从而形成发散状的网络结构。例如,石油、化工、造纸和纺织等企业,原料经过中间产品的生产和转换,成为工业原材料,这些企业产生种类繁多的产品,满足众多下游客户的需求,从而形成了 V 型供应链。

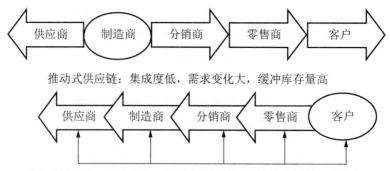

图 2.2 推动式供应链与拉动式供应链示意图

A 型供应链是指具有会聚型结构的供应链。它在结构上与分散型供应链相反，其突出特点是：供应链上的核心企业拥有大量供应商而面向数量较少的最终客户。整个链条自上而下呈现出不断收缩的会聚状态。例如，汽车业、航空业或机械制造业等行业的供应链都属于这种类型，其核心生产企业或装配企业需要从大量的供应商手中采购大量种类繁多的物料或零部件，然后生产或组装成较少数量的产品。由于这些行业在产品的制造过程中，使用大量的零部件，而产品寿命周期长，市场相对稳定，会使零部件的库存占用大量资金。因此，其供应链一般要加强供应商和制造商之间的密切合作，共同控制库存量，以降低供应链总成本。

T 型供应链。这种供应链介于 A 型和 V 型之间，它存在于接近最终客户的行业，如医药保健品、电子产品和食品、饮料等。T 型供应链涉及的产品种类繁多，管理上一般采取多点控制方法，如生产地的选择，促销活动的开展地区和时机，以及对分销成本的控制等，因此这种供应链的管理相对复杂。由于该供应链(食品、服装和医药等行业的供应链)所提供的产品寿命期短，市场环境变化迅速，市场变动非常频繁，因此供应链必须适应这种市场要求，在及时掌握市场信息的基础上，尽可能准确估计市场需求的变化趋势，根据市场的变化，及时做出反应，抓住市场机遇，合理安排生产和供应，保证连续的生产过程能够动态地适应不断变化的市场。

2.1.5 根据供应链的经营主体划分

经营主体一般包括生产商、批发商、零售商和各种形式的物流服务提供商，不同的供应链中，各种经营主体处于不同的地位，它们影响着供应链的模式和类型。根据供应链核心企业的经营主体，可以将供应链分为以生产商、批发商、零售商和第三方物流商为主体的供应链模式。

1. 以生产商为主体的供应链

以生产商为主体的供应链模式主要产生于中间商实力还比较小或生产企业的实力比较强大的情况下，其主要原因是生产企业内部资源的挖掘空间已相当小，同时企业产品的销售渠道又难以控制。在这种情况下，生产企业往往会建立自己的销售渠道或严格控制原有的渠道成员，后者就形成了生产企业为主导的供应链。这种供应链是在以生产为导向的大背景下出现的，其结构相对复杂。图 2.3 是这种模式的示意图。

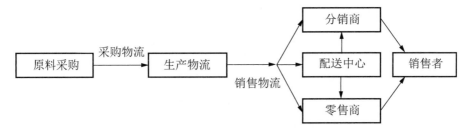

图 2.3 以生产商为主体的供应链模式示意图

2. 以批发商为主体的供应链

批发商在供应链结构中一般执行配送功能，其供应链结构取决于产品的特征、生产商所选择的渠道、消费者的购买渠道和批发商的营销策略。图 2.4 显示了消费品批发商的供应链结构的形式和变化。在所显示的 4 种结构中，对消费者来说最典型的是批发商—零售商—消费者结构，绝大多数批量生产的消费品都是这样到达市场的。图 2.5 所示是工业品批发商的供应链结构。在工业品市场中，绝大多数产品都是直接从生产者手中转移到消费者手中的，批发商往往只处理供应品，替换零件和小批量项目的订货。

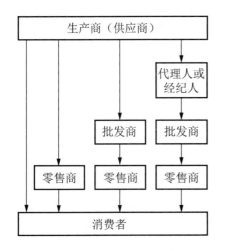

图 2.4 消费品批发商的供应链结构

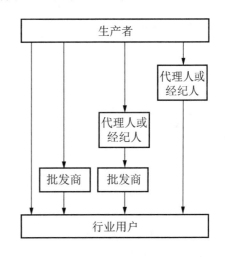

图 2.5 工业品批发商的供应链结构

3. 以零售商为主体的供应链

以零售商为主体的供应链模式是在以需求为导向、产品市场从卖方市场转变为买方市场的大背景下产生的。由于消费者的力量日益强大，制造企业又远离消费者，无法及时、正确地了解消费者的需求，而零售商特别是享有强大的品牌优势的零售商，由于贴近消费者，实力强大，可以通过自己的品牌优势来建立一个以自己为中心的供应链。沃尔玛就是这种模式的典型案例。这种模式如图 2.6 所示。

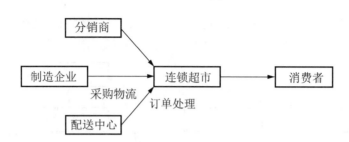

图 2.6　以零售商为主体的供应链模式示意图

4. 以第三方物流商为主体的供应链

专业的物流和供应链企业在参与供应链管理过程中，与供应链其他成员之间的合作不断加深，而将业务延伸出物流领域，并成为对整个供应链运作质量的真正控制者。这样就形成了以第三方物流商为主导的供应链模式，如图 2.7 所示。

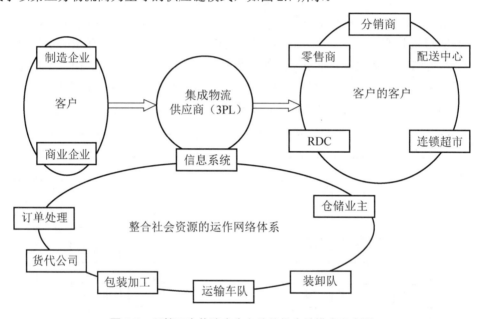

图 2.7　以第三方物流商为主体的供应链模式示意图

以第三方物流商为主体的供应链模式可以分为三个阶段。

(1) 第一阶段为初级阶段，主导供应链的物流和供应链企业完全或主要提供物流服务，并依靠物流服务来赢得消费者。这是最基本的模式，也是供应链形成的初级阶段。

(2) 第二阶段为发展阶段，主导供应链的物流和供应链企业既提供物流服务又提供供应链整合方案。它不再处于被动地位，而是借助自己特色服务的核心地位优势积极主动地组织和管理整个供应链，是在第一阶段的基础上不断发展起来的。

(3) 第三阶段为成熟阶段，主导供应链的物流和供应链企业专门提供供应链整合方案。公司通过运用各种先进的理论和信息技术，最大限度地发挥供应链的整合优势，实现供应链的无缝连接。在这一阶段真正实现了虚拟企业，也被称为第四方物流主导的供应链模式。

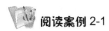
阅读案例 2-1

美的智能制造跨越式战略变革中的供应链集成[①]

美的成立于 1968 年，1980 年进入家电行业，现已成长为一家涵盖消费电器、暖通空调、机器人及工业自动化系统等板块的科技集团，2021 年营业总收入为 3434 亿元，在世界五百强企业中排名 245 位。在全球范围拥有约 200 家子公司、60 多个海外分支机构及 10 个战略业务单位，提供多元化的产品和服务，包括以厨房家电冰箱、洗衣机及各类小家电为核心的消费电器业务，以家用空调、中央空调、供暖及通风系统为核心的暖通空调业务，以德国库卡集团、安川机器人合资公司等为核心的机器人及工业自动化系统业务，及以安得智联为核心的智能供应链业务。

在面向智能制造变革前，美的制造模式一直是大规模制造，以此迅速占领市场，在国内家电市场的占有率从 20 世纪 90 年代的 5%增长到 2010 年的近 30%。然而，随着消费升级和市场需求的快速变化，以规模和价格为核心优势的粗放扩张战略不再有效，库存积压、产品滞销等问题日益凸显，2012 年美的总销售额下降至 1027 亿元，比 2011 年下降了 300 多亿元。对此，美的高层意识到必须进行转型升级，才能找到新出路。伴随新一代信息技术的发展，智能制造成为制造业发展的大势所趋，美的也将目标定在智能制造上。然而，美的面向智能制造变革需要解决的首要问题是智能制造技术需要企业具备数字化管理能力才能与之匹配，但美的管理基础薄弱，要如何跨越能力的障碍？

美的主要通过数字化加速学习机制实现从粗放式管理到数字化管理的能力跨越，一是资源实现数据化。为解决大规模制造模式下物料产品管理混乱等问题，美的于 2012 年开始实施信息化战略，旨在实现集团范围内制造资源的标准化和数据化，完成基础的数据积累。美的原有组织结构是"大事业部+小集团"模式，各事业部均有自己的标准和体系，各自为政。为保证实现制造资源的标准化和数据化，美的首先进行组织结构变革，打破事业部壁垒，转变为"大集团+小事业部"的组织结构，为资源数据化奠定组织基础。在战略层面，美的变革前以各事业部自主经营和管理为主，决策权和选择权都归属各事业部。为实现"一个美的、一个体系、一个标准"的业务战略，美的重构组织架构，将战略发展、精益制造、人力资源、企业营运、财务、流程 IT、审计、法务和市场 9 大职能收归总部，并设置 10 大平台支持机构，包括美云智数、客户服务中心、电商公司、安得物流、采购中心、美的国际、智慧家居、中央研究院、金融中心和机器人项目，强调各事业部都需遵循集团统一的战略变革方向。新组织结构的形成极大提升了集团的管控力，推动了各部门各层面的数据梳理工作。如智造云总经理所述："以前我们总是陷入一管就死、一放就乱的死循环里，特别苦恼，现在通过系统建立规范的管理规则，每个人都有不同的权限，就能做到管而不死、放而不乱了。"在运作层面，美的利用信息系统集成提升了制造资源的数据梳理及标准化的效率。在数据梳理方面，主要进行了 SKU[②]缩减。在变革前，各事业部均处于单打独斗的状态，对物料的编码标准不一，小到一个配件，大到一个成品，代码都不一样，形成了 60 多万个 SKU，极大加重了数据化的工作量。因此，美的通过系统的数据分析，根据产品销售数据和竞品市场数据，识别出规模小、经营欠佳的品类，将产品品类从 64 类缩减至 32 类，产品型号从 4000 个缩减至 2000 个，SKU 缩减至原来的 50%。在 IT 战略的推进下，6 大运营系统、3 大管理平台和 2 大技术平台相继建立，这些集成化系统和平台不仅使集团夯实了数据基础，实现了集中管理，还降低了沟通和协调成本，增强了整体管控能力。不到 5 年的时间，就实现了资源

---

① 根据"肖静华，吴小龙，谢康，等. 信息技术驱动中国制造转型升级——美的智能制造跨越式战略变革纵向案例研究[J]. 管理世界，37(03)，2021: 161-179, 225, 11."改编。

② SKU 是 Stock Keeping Unit 的缩写，库存进出计量的单位，现已被引申为产品统一编号的简称，每种产品均对应有唯一的 SKU 号，本文 SKU 指美的各品类产品型号。

从非数据化到数据化的跨越，完成了资源管理的数字化补课。二是流程实现互联化。为解决各事业部及各部门各自为政导致的协同困难、交易成本高等问题，美的进一步推进流程互联化，旨在实现从客户到供应商全流程的数字化和互联化。正如集团副总指出的："IT 是最好的抓手，倒逼业务去发现原来存在那么多问题，倒逼业务去补课。"在战略层面，美的通过 IT 战略推动了流程结构的变革，通过引入麦肯锡对流程进行了梳理和优化，从仅聚焦局部流程转变为拉通企业内部全流程及企业与客户、供应商的全流程结构，改变了变革前流程只适应局部效率、难以兼顾整体效率的情形。供应链经理总结说："原来的 JIT 其实是局部的 JIT，不能看做是整条供应链的 JIT。当时只是把压力转移给了供应商，其实最后还是损害了整个价值链。"在运作层面，美的通过系统集成和数据分析，上线能够实现产销无缝衔接的"排程易"系统和供应链全程透明协同的"协作云"系统，促进全流程的互联。

首先，根据互联化战略方向，自主研发能实现产销无缝衔接的"排程易"系统，促进流程在跨部门层面快速打通。美的根据信息系统的数据分析结果，对流程进行重新梳理，优化流程之间的衔接，促进流程各环节的协同。例如销售和生产之间总有矛盾，生产抱怨销售预测不准，销售抱怨生产柔性不足。通过流程优化，将生产各环节的时间进行测算，提供优化方案，形成流程规则。

其次，根据互联化战略方向，自主研发能实现供应链全程透明的"协作云"系统，打通与供应商的协同流程。在各个环节实现与供应商的对接，例如采购需求通过系统自动发送，供应商能实时跟进，美的也能实时监控供应商的进度，极大提升了从备料到排程的效率。通过与上万个供应商的流程互联，不仅提升了供应端的整体效率，而且让客户可通过移动端查看接单、报价、生产、配送等 14 个流程节点，极大提升了服务体验。通过 IT 战略推动流程结构性变革，使美的实现了跨部门、跨主体的流程协同，不到 5 年的时间，就实现了流程从孤立化到互联化的跨越，完成了流程管理的数字化补课。

特别提示

全球工业互联网发展正处于竞争格局未定的战略窗口期，智能制造成为世界大国和经济强国竞争的主战场，也是中国制造转型升级的重要战略方向，为中国制造加速追赶发达国家提供了契机。美的集团作为中国制造企业的代表之一，通过信息技术加速和重构组织学习，初步实现了从大规模制造到智能制造的跨越式战略变革，集成化供应链管理在其中起到了举足轻重的作用。

2.2 集成化供应链管理

要成功地实施供应链管理，使供应链管理真正成为有竞争力的武器，就要抛弃传统的管理思想，把企业内部及节点企业之间的各种业务看作一个整体功能过程，形成集成化供应链管理体系。通过信息、制造和现代管理技术，将企业生产经营过程中有关的人、技术、经营管理三要素有机地集成并优化运行，通过对生产经营过程的物料流、管理过程的信息流和决策过程的决策流进行有效的控制和协调，将企业内部的供应链与企业外部的供应链有机地集成起来，达到全局动态最优目标，以适应新的竞争环境下市场对生产和管理过程提出的高质量、高柔性和低成本的要求。

2.2.1 集成化供应链管理理论模型

集成化供应链管理的核心是围绕三个回路展开，形成相互协调的一个整体。这三个回路分别是：由顾客化需求—集成化计划—业务重组—面向对象过程控制组成第一个控制回路(作业回路)；由顾客化策略—信息共享—调整适应性—创造性团队组成第二个回路(策略回路)；在作业回路中每个作业形成各自相应的作业性能评价，并与相应的策略回路形成第三个回路(性能评价回路)。[①]集成化供应链管理理论模型如图2.8所示。

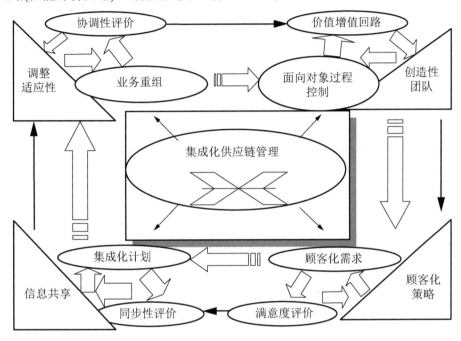

图2.8　集成化供应链管理理论模型

在作业回路、策略回路和性能评价回路三大回路的基础上，集成化供应链管理进一步分为四个小回路，将上述三大回路集成在一起，如下所述。

(1) 顾客化策略—顾客化需求—满意度评价回路，主要涉及的内容包括：满意策略与用户满意评价理论、面向顾客化的产品决策理论研究、供应链的柔性敏捷化策略等。

(2) 信息共享—集成化计划—同步性评价回路，主要涉及的内容包括：JIT供销一体化策略、供应链的信息组织与集成、并行化经营策略。

(3) 调整适应性—业务重组—协调性评价回路，主要涉及供需合作关系问题、战略伙伴关系、供应链(重建)精细化策略等问题。

(4) 创造性团队—面向对象的过程控制—价值增值回路，主要涉及面向对象的集成化生产计划与控制策略、基于价值增值的多级库存控制理论、资源约束理论在供应链中的应用、质量保证体系、群体决策理论等。

特别提示

> 集成化供应链管理的核心是围绕作业回路、策略回路、性能评价回路展开，形成相互协调的一个有机整体。

---

① 马士华，林勇，等. 供应链管理[M]. 6版. 北京：机械工业出版社，2020：41-46.

2.2.2 集成化供应链管理的实现

企业实施供应链管理通常会面对许多问题,诸如:供应链的高成本(占净销售值的5%~20%);库存水平过高(库存水平经常保持在3~5个月);部门之间的冲突;目标重构;产品寿命周期变短;外部竞争加剧;经济发展的不确定性增加;价格和汇率的影响;用户多样化需求,等等。要解决这些问题,真正实现集成化供应链管理,企业需要实现几个转变:企业要从供应链的整体出发,考虑企业内部的结构优化问题;企业要转变思维模式,从纵向一维空间思维向纵横一体的多维空间思维方式转变;企业要放弃"小而全、大而全"的封闭的经营思想,向与供应链中的相关企业建立战略伙伴关系为纽带的优势互补、合作关系转变;企业要建立分布的、透明的信息集成系统,保持信息沟通渠道的畅通和透明度;所有的人和部门都应对共同任务有共同的认识和了解,清除部门障碍,实行协调工作和并行化经营;风险分担与利益共享。企业从传统的管理模式转向集成化供应链管理模式,一般要经过从最低层次的基础建设到最高层次的集成化供应链动态联盟,具体包括5个阶段,如图2.9所示。

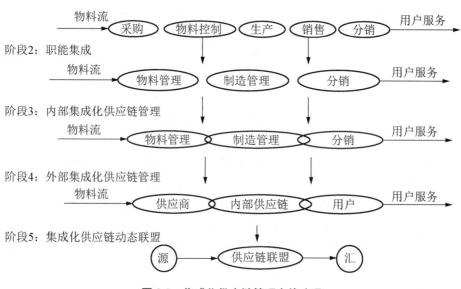

图2.9 集成化供应链管理实施步骤

1. 基础建设阶段

基础建设阶段是在原有企业供应链的基础上分析、总结企业现状,分析企业内部对供应链管理的有利影响和不利影响,同时分析外部市场环境,对市场的特征和不确定性做出分析和评价,最后相应地完善企业的供应链。

在传统型的供应链中,企业职能部门分散、独立地控制供应链中的不同业务。企业组织结构比较松散。这时的供应链管理主要具有以下特征。

(1) 企业的核心注重于产品质量,由于过于注重生产、包装、交货等的质量,可能导致成本过高，所以企业的目标在于以尽可能低的成本生产高质量的产品，以解决成本—效益障碍。

(2) 关于销售、制造、计划、物料、采购等控制系统和业务过程相互独立、不相匹配，因部门合作和集成业务失败导致多级库存等问题。

(3) 组织部门界限分明，单独操作，往往导致相互之间的冲突。采购部门只控制物料来源和原材料库存；制造和生产部门通过各种工艺过程实现原材料到成品的转换；而销售和分销部门只处理外部的供应链和库存，而部门之间的关联业务往往就会因各自为政而发生冲突。

处于这一阶段的企业主要采用短期计划，出现困难时需要一个一个地加以解决。虽然企业强调办公自动化，但这种情况往往导致整个供应链的效率低下，同时也增加了企业对供应和需求变化影响的敏感度。

2. 职能集成阶段

职能集成阶段集中于处理企业内部的物流，企业围绕核心职能对物流实施集成化管理，对组织实行业务流程重构。实现职能部门的优化集成，通常可以建立交叉职能小组，参与计划和执行项目，以提高职能部门之间的合作，克服这一阶段可能存在的不能很好满足用户需求的问题。

职能集成强调满足用户的需求。事实上，用户需求在今天已经成为驱动企业生产的主要动力，而成本在其次，但这样往往导致第二阶段的生产、运输、库存等成本的增加。此时供应链管理主要有以下特征。

(1) 将分销和运输等职能集成到物流管理中来，制造和采购职能集成到生产职能中来。

(2) 强调降低成本而不注重操作水平的提高。

(3) 积极为用户提供各种服务，满足用户需求。

(4) 职能部门结构严谨，有库存做缓冲。

(5) 具有较完善的内部协定，如采购折扣、库存投资水平、批量等。

(6) 主要将订单完成情况及其准确性作为评价指标。

在集成化供应链管理的第二阶段一般采用 MRP 系统进行计划和控制。由于无法准确理解用户的需求，导致计划不准确和业务的失误，所以在第二阶段要采用有效的预测技术和工具对用户的需求做出较为准确的预测、计划和控制。

但是，以上采用的各项技术之间、各项业务流程之间、技术与业务流程之间都缺乏集成，库存和浪费等问题仍会困扰企业。

3. 内部集成化供应链管理阶段

内部集成化供应链管理阶段要实现企业直接控制的领域的集成，实现企业内部供应链与外部供应链中供应商和用户管理部分的集成，形成内部集成化供应链。集成的输出是集成化的计划和控制系统。为了支持企业内部集成化供应链管理，主要采用供应链计划(Supply Chain Planning，SCP)和 ERP 系统来实施集成化计划和控制。这两种信息技术都是基于客户/服务(Client/Server)体系在企业内部集成中的应用。有效的 SCP 集成了企业所有的主要计划和决策业务，包括需求预测、库存计划、资源配置、设备管理、优化路径、基于能力约束的生产计划和作业计划、物料和能力计划、采购计划等。而 ERP 系统集成了企业业务流程中主要的执行职能，包括订单管理、财务管理、库存管理、生产制造管理、采购等职能。而 SCP 和 ERP 通过基于事件的集成技术连接在一起。

本阶段企业管理的核心是内部集成化供应链管理的效率问题，主要考虑在优化资源、能力的基础上，以最低的成本和最快的速度生产最好的产品，快速地满足用户的需求，以提高企业的反应能力和效率。这对于生产多品种或提供多种服务的企业来说意义更大，投资提高企业的运作柔性也变得越来越重要。在本阶段需构建新的交叉职能业务流程，逐步取代传统的职能模块，以用户需求和高质量的预测信息驱动整个企业供应链的运作，因满足用户需求而导致的高服务成本是此阶段管理的主要问题。此阶段的供应链管理具有以下特征。

(1) 强调战术问题而非战略问题。
(2) 制订中期计划，实施集成化的计划和控制体系。
(3) 强调效率而非有效性，即保证要做的事情尽可能好、尽可能快地完成。
(4) 从采购到分销的完整系统具有可见性。
(5) 广泛地运用 EDI 和 Internet 等信息技术支持与供应商及用户的联系和获得快速的反应能力。EDI 是集成化供应链管理的重要工具，特别是在进行国际贸易合作需要大量关于运输的文件时，利用 EDI 可以使企业快速获得信息和更好地为用户提供优质服务。
(6) 与用户建立良好的关系，而不是"管理"用户。

这一阶段可以采用 DRP 系统、MRP II 系统管理物料，运用 JIT 等技术支持物料计划的执行。JIT 的应用可以使企业缩短市场反应时间、降低库存水平和减少浪费。在这个阶段，企业可以考虑同步化的需求管理，将用户的需求与制造计划和供应商的物料流同步化，减少不增值的业务。同时企业可以通过广泛的信息网络(而不是大量的库存)来获得巨大的利润。

4. 外部集成化供应链管理阶段

实现集成化供应链管理的关键在于本阶段，将企业内部供应链与外部的供应商和用户集成起来，形成一个集成化供应网链。而与主要供应商和用户建立良好的合作伙伴关系，即所谓的供应链合作关系(Supply Chain Partnership)，是集成化供应链管理的关键之关键。

此阶段企业要特别注重战略伙伴关系管理。管理的焦点要以面向供应商和用户取代面向产品，增加与主要供应商和用户的联系，增进相互之间的了解(对产品、工艺、组织、企业文化等)，相互之间保持一定的一致性，实现相互之间信息共享等，企业通过为用户提供与竞争者不同的产品/服务或增值的信息而获利。供应商管理库存(Vendor Managed Inventory，VMI)和协同计划、预测与补给(Collaborative Planning Forecasting and Replenishment，CPFR)的应用就是企业转向改善、建立良好的合作伙伴关系的典型例子。通过建立良好的合作伙伴关系，企业就可以很好地与用户、供应商和服务提供商实现集成和合作，共同在预测、产品设计、生产、运输计划和竞争策略等方面设计和控制整个供应链的运作。对于主要用户，企业一般建立以用户为核心的小组，这样的小组具有不同职能领域的功能，从而更好地为主要用户提供有针对性的服务。

处于这个阶段的企业,生产系统必须具备更高的柔性,以提高对用户需求的反应能力和速度。企业必须能根据不同用户的需求,既能按订单生产(Make-Order)、按订单组装(Package-to-Order)、包装(Assemble-Order),又能按备货方式生产(Make-to-Stock),这样一种根据用户的不同需求对资源进行不同优化配置的策略称为动态用户约束点策略。延迟(Postponement)技术可以很好地实现以上策略。延迟技术强调企业产品生产加工到一定阶段后,等待收到用户订单以后根据用户的不同要求完成产品的最后加工、组装,这样企业供应链的生产就具有了很高的柔性。

为了达到与外部供应链的集成,企业必须采用适当的信息技术为企业内部的信息系统提供与外部供应链节点企业的良好的接口,达到信息共享、信息交互和相互操作的一致性。这需要采用 Internet 信息技术。本阶段企业采用销售点驱动的同步化、集成化的计划和控制系统。它集成了用户订购数据和合作开发计划、基于约束的动态供应计划、生产计划等功能,以保证整个供应链中的成员以一致的眼光来同步化地进行供应链管理。

> **特别提示**
>
> 外部供应链集成阶段将企业内部供应链与外部的供应商和用户集成起来,形成一个集成化供应网链,与主要供应商和用户建立良好的战略合作伙伴关系,是集成化供应链管理的关键之关键。

5. 集成化供应链动态联盟阶段

在完成以上四个阶段的集成以后,已经构成了一个网链化的企业结构,成为供应链共同体,它的战略核心及发展目标是占据市场的领导地位。为了占据市场的领导地位,随着市场竞争的加剧,供应链共同体必将成为一个动态的网链结构,以适应市场变化、柔性、速度、革新、知识等的需要,不能适应供应链需求的企业将被从供应链联盟中淘汰。供应链从而成为一个能快速重构的动态组织结构,即集成化供应链动态联盟。企业通过 Internet、商务软件等技术集成在一起以满足用户的需求,一旦用户的需求消失,它也将随之解体。而当另一需求出现时,这样的一个组织结构又由新的企业动态地重新组成。在这样一种环境中求生存,企业如何成为一个能及时、快速地满足用户需求的供应商,是企业生存、发展的关键。

集成化供应链动态联盟是基于一定的市场需求、根据共同的目标而组成的,通过实时信息的共享来实现集成的一个动态的网链结构。主要应用的信息技术是 Internet/Intranet 的集成,同步化的、扩展的供应链计划和控制系统是主要的工具,基于 Internet 的电子商务取代传统的商务手段。这也是供应链管理发展的必然趋势。

> **特别提示**
>
> 集成化供应链动态联盟是基于一定的市场需求、根据共同的目标而组成的,通过实时信息共享来实现集成的一个动态的网链结构,也是供应链管理发展的必然趋势。

阅读案例 2-2

灵巧汽车[①]

梅赛德斯-奔驰(Mercedes-Benz)公司的下属公司迷你型轿车(MCC)公司引进了一种新的汽车概念，称为灵巧汽车。这种汽车就是所谓的双座迷你型汽车(比菲亚特 500 更小)，主要为城市使用而设计。不论汽车本身还是生产，以及为最终客户配送所需的整个过程，都侧重于尽可能提高对客户需求的响应速度。通常，实际完成客户定制化涉及供应链的三个阶段。

首先，汽车的主体由位于法国埃萨斯—罗斯林(被称为精灵谷)的工厂进行组装。汽车基于一个整体的安全车架，在其上附带或装配各种模件。它由五个主要模块组成：平台、发动机、车门和车顶、电子设备及驾驶座，其中包括子模块和配件。这些模块按最终组装顺序由一小部分一级供应商提供，其中有七家完全与最终装配厂整合。这七家公司与 MCC 坐落于同一地区，并通过延缓性购买方法供应"超级模块"。最终装配过程(延缓购买)中所需的配件只在必要的情况下才由 OEM 购买。例如，整个汽车后座，包括轮子、悬挂装置和发动机，都是由一个供应商提前组装的，在组装线最终需要之前都由它储存。车门和仪表装置也是一样。这七家供应商提供的配件共占产品总价值的 50%。

为了在整个工厂中保持畅通的产品运输流，汽车沿着组装线中的工作站移动。生产线布局为十字形(见图 2.10)。这样，已经过整合的供应商就能够从自己工厂的车间直接向最终组装线提供它们已完成的产品。这样做所带来的效果是供应商的作用增大，MCC 可以在 4.5 小时内组装一辆汽车。除了缩短响应时间，产品设计和柔性生产系统的好处还在于各种配件可以被组装成不同的产品。

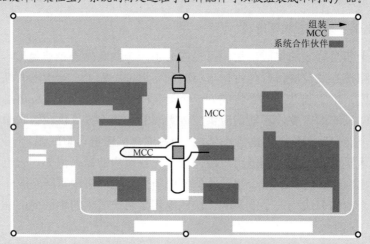

图 2.10　灵巧汽车的厂区布局

再有，很多以前被认为是生产商核心工作的活动，例如车体部件的冲压、喷漆过程，甚至是内部物流协调，都不再由 MCC 进行。供应商不仅密切地参与最终的汽车组装过程，同时还参与到产品的开发、计划和发布过程。外部生产元件和配件以及类似运输这样的辅助服务，以及生产大楼和场地管理也是如此。

作为供应链的第二阶段，销售系统对不断变化的客户需求做出快速响应。汽车在市区的购物中心和其他人们经常出入的地点进行销售，销售点布置得充满生活气息。这些特许经销商使用多媒体系统让客户在展厅"设计"自己的汽车，然后将汽车订单转给配送中心。这样客户就可以参与设计过程，

---

① 哈里森，范赫克. 物流管理[M]. 张杰，译. 北京：机械工业出版社，2006.

通过与客户本人的直接对话可以使销售变得更有针对性。对于提前期不到一天的订单,五家位于欧洲的地区配送中心可以及时地向经销商提供所需要的汽车。一些最终组装任务,如添加特殊属性或是简单的最终组合由这些配送中心完成。这就是一个推迟生产的例子。为了进行最后的组装,销售中心要储存汽车和可改变的模件。

最后,汽车的模件概念使客户能够在产品生命周期内通过添加产品特性和快速替换车体部件彻底更新并升级产品。这样,汽车就不仅仅是一项固定资产,而同时更是一件客户可以终生使用的消费品。

2.3 供应链管理下的业务外包

供应链管理注重的是企业核心竞争力,强调根据企业自身特点,专门从事某一领域、某一专门业务,在某一点形成自己的竞争优势。因此,在供应链管理环境下,企业成功与否是由企业积聚和使用的知识为产品或服务增值的程度来衡量。外包是指从外部提供者处购买一种创造价值的服务的行为。外包容许一个企业集中在它的核心竞争力上创造价值,企业利用外包是因为它们不拥有在所有主要和辅助业务中实现竞争优势所需要的资源和能力。[1]外包决策的制定基于对选择外包提供的供应链盈余的增加与导致的风险增加的权衡。当盈余增加较大而风险增加较小时,企业选择外包。

2.3.1 业务外包的优势

供应链环境下的资源配置决策是一个增值的决策过程,如果企业能以更低的成本获得比自制更高价值的资源,那么企业应该选择外包。业务外包的主要原因是,极少有企业拥有在所有主要与辅助业务中实现竞争优势所需要的资源与能力。通过外包企业自身缺少的资源与能力,企业可以专注于能创造价值的核心竞争力。例如,戴尔将大部分的生产和客户服务外包,专注于利用它的配送渠道来创造价值;耐克专注于设计与市场营销,几乎把所有的生产部分进行了外包。一般来说,业务外包能够给企业带来以下优势。

1. 分担风险,获得加速重构的优势

企业本身的资源、能力是有限的,通过业务外包,选择全球最好的企业,实现外向资源配置,形成强大的供应链,从而分散由政治、经济、市场、财务等因素产生的风险,与外部的合作伙伴分担风险。这样,企业会变得更有柔性,更能适应瞬息万变的外部环境。

企业重构需要花费企业很多的时间,并且获得效益也要很长的时间,而业务外包是企业重构的重要策略,可以帮助企业很快解决业务方面的重构问题。

2. 剥离企业难以管理或容易失控的辅助业务

企业可以将内部运行效率不高的辅助业务职能外包,以解决企业在这方面的管理难题。例如,Fender(Fender Musical Instruments Corporation)公司将供应链管理交由 UPS。Fender 公司 1946 年建立,其对现代音乐发展的贡献有目共睹。Fender 公司出品的乐器已经在爵士、布鲁斯、乡村、摇滚等许多流行音乐风格上留下了印记。Fender 公司在美国、墨西哥、英

---

[1] 希特,等. 战略管理——竞争与全球化[M]. 吕巍,等译. 北京:机械工业出版社,2003:116-117.

国、德国、法国和瑞典设有工厂。UPS 管理着 Fender 公司在世界各地的多式联运、商品的质量检查、库存管理、销售商与中间商的订单执行。这一供应链管理的好处是 Fender 公司可以更专注于其核心竞争能力。

3. 使用企业不拥有的资源

企业的主要资源，包括资金、技术、人力资源、生产设备、销售网络、配套设施等要素，是制约企业发展的主要"瓶颈"，特别是在当今时代，技术和需求的变化十分复杂，一个企业的资源配置不可能局限于本组织的范围之内。即使对于一个实力非常强大、有着多年经验积累的跨国企业集团来说，仅仅依靠自身的力量，也是不经济的。为此，企业应把自己的主要资源集中于自己擅长的主业，而把辅助功能留给专业的企业。比如，美国通用汽车的萨顿工厂通过与赖德专业物流公司合作，取得了良好的效益。但是，企业必须同时进行成本/收益分析，确认长期进行这种外包是否有利，由此决定是否应该采取外包策略。

4. 降低和控制成本，节约资本金

许多外部资源配置服务提供者都拥有能比本企业更有效、更便宜的完成业务的技术和知识，因而他们可以实现规模效益，并且愿意通过这种方式获利。企业可以通过外向资源配置避免在设备、技术、研究开发上的大额投资。如：企业自建物流需要投入大量的资金购买物流设备，建设仓库和建立信息网络等。这些投入对于缺乏资金的企业特别是中小企业来说是个沉重的负担。而如果将物流外包，不仅可以减少相关设施的投资，还解放了仓库和车队方面的资金占用，加速了资金周转。

2.3.2 业务外包的风险

虽然业务外包能为企业带来优势，增强核心竞争能力，但是当企业进行业务外包时，必须衡量以下风险。

1. 增加企业责任外移的可能性

业务外包一般可以减少企业对业务的监控，同时可能增加企业责任外移的可能性，有时甚至丧失内部控制能力。因此，企业必须不断监控外部企业的行为并与之建立长期稳定的联系，或者选择自己来做。例如，惠普和摩托罗拉将大部分制造业务外包给合同制造商，但是不愿意将采购与设计外包。由于零部件的通用性，合同制造商能够在采购与设计方面达到更高水平的聚集效应，同时权力丧失的潜在损失可能更大。

2. 流程分离，减少与顾客/供应商接触

企业将其功能外包时出现的最大问题是失去对流程的控制。将第三方引入一个分离的供应链流程只会使该流程更糟糕、更难控制。第一步应该是控制该流程，接着做成本/收益分析，然后才能决定是否外包。另外，企业引进第三方后可能会失去顾客/供应商接触。当那些向顾客直销的公司决定使用第三方来收集订单或发送产品时，顾客接触的丢失尤其明显。一个著名的例子是 Boise Cascade 公司，它将所有的对外配送都外包给第三方，导致了明显的顾客接触缺失。Boise Cascade 公司于是决定自己配送那些离配送中心较近的顾客的产品。由于配送中心周围的顾客密度很大，因此第三方可以提供的盈余增加相当小，但是自己做却增加了顾客接触,其好处是巨大的。

3. 协调成本的增加

外包时经常发生的错误是低估了执行供应链任务的多个实体间的协调成本。如果企业认为协调是它的核心优势之一,那么将功能外包给多个第三方是可行的(也可能是非常有效的)。思科公司就是一个优秀的协调者。但是,思科公司在 21 世纪初期也曾陷入困境,由于协调问题带来了大量剩余的库存。2000 年,耐克与 i2 Technologies 公司之间出现了协调问题。耐克责怪 i2 Technologies 公司提供的供应链计划软件致使它在库存管理上损失了 1 亿美元。而 i2 Technologies 公司却责怪耐克在软件的执行方面出现了问题。显然,两家公司之间的失调导致了合作的失败。

4. 泄露敏感数据和信息

业务外包需要企业与外部合作企业共享需求信息,有时还要共享知识产权。如果合作企业也服务其他竞争者,那么总会有泄露敏感数据和信息的危险。企业通常执意要求合作企业建造防火墙,但是防火墙增加了资产的专用性,限制了合作企业提供的盈余的增加。当泄露成为一个问题时,尤其对于知识产权而言,企业通常选择自己执行此项功能。

2.3.3 业务外包的主要方式

1. 研发外包

研发外包是利用外部资源弥补自己开发能力的不足。即使实现外包的企业,也应该设有自己的研发部门和保持相当的研发力量,因为企业要保持其技术优势,必须具备持续创新能力。

2. 生产外包

生产外包一般是企业将生产环节安排到劳动力水平较低的国家,以提高生产环节的效率。大企业将自己的资源专注在新产品的开发、设计和销售上,而将生产及生产过程的相关研究外包给其他的合同生产企业。

3. 物流外包

物流外包不仅降低了企业的整体运作成本,更重要的是使买卖过程摆脱了物流过程的束缚,企业摆脱了现存操作模式和操作能力的束缚,使供应链能够提供前所未有的服务。例如,"哈利·波特"系列图书的第一册曾经遇到的物流难题,被亚马逊称为"目前为止,最大的电子商务配送事件",这一事件预示着互联网开始对供应链管理进行革命。在该书公开发售前一周,超过 253 000 本书被预先订购,并于 2000 年 7 月 8 日发送,打破了亚马逊预订纪录。为了完成配送,联邦快递从亚马逊的 6 个配送中心运出图书,并使用了 100 个预订好的航班。当日,联邦快递超过 30 000 名员工参与这次大配送,这可能是网上购物历史上最大的一次 B2C 配送行动。

4. 脑力资源外包

雇用外界的人力主要是脑力资源,解决本部门解决不了或解决不好的问题。脑力资源外包内容主要有:互联网咨询、信息管理、ERP 系统实施应用、管理咨询等。

5. 应用服务外包

许多企业已经普遍将信息系统业务，在规定的服务水平基础上外包给应用服务提供商(ASP)，由其管理并提供用户所需要的信息服务。

6. 全球范围的业务外包

在全球范围内对原材料、零部件的配置正成为企业国际化进程中获得竞争优势的一种重要技术手段。全球业务外包也有它的复杂性、风险和挑战。国际运输方面可能遇到地区方面的限制，订单和再订货可能遇到配额的限制，汇率变动及货币的不同也会影响付款的正常运作。

特别提示

> 外包是指从外部提供者处购买一种创造价值的服务的行为。外包决策的制定基于对选择外包提供的供应链盈余的增加与导致的风险增加的权衡。当盈余增加较大而风险增加较小时，企业将选择适当的合作伙伴进行业务外包，从而现实外向资源配置，形成强大的供应链。

阅读案例2-3

波音全球供应链战略演变三大阶段[①]

波音公司曾经是高度纵向一体化的公司，供应商只限于提供原材料，而主要生产集中于公司内部。历经数十年的发展，波音将越来越多的业务外包，逐渐形成标杆式的全球供应链模式。

20世纪80年代以前，波音公司的零部件供应还是以自行研发和生产为主。例如，727项目只有2%的部分是由波音以外的供应商完成的。当时在启动新飞机项目时，波音公司自行承担设计、研制、工装和基础设施建设的资金，甚至要向其美国国内供应商提供生产设备来生产机体部件。

一、生产外包阶段

到20世纪80年代，美国机体制造商积极寻求生产上的海外合作伙伴，其原因主要有客机的购置与工业补偿贸易联系更加紧密，而且美国国内供新飞机上马的资金紧张，美国企业受到利用海外资金前景的吸引。另外，美国制造商明白美国飞机中有其他国家生产的部件，将更容易出口到相应的国家。

波音在这个时期也实行补偿贸易项目，向一些海外国家销售飞机的同时将生产(按图制造)转移到这些国家，主要是一些低端的零部件，这样既确保了飞机海外销售市场，又降低了自行承担的费用。这一时期波音的全球化主要是生产全球化，波音将总体设计图纸转交给全球各地的合作伙伴，由他们提供相关的材料部件。来自世界各地的工程师对所有部件进行工序烦琐的校验、装配、测试和改进，最后制造飞机的部件从四面八方运至西雅图的波音装配工厂。

二、跨国供应链阶段

20世纪90年代，经济全球化趋势展现。基于技术进步出现的国际分工进一步深化，从产业间、产品间分工发展到产品内分工，原有的完全占有制造资源、直接控制生产过程的纵向一体化管理模式已不能适应市场竞争。从20世纪80年代后期开始，利用企业外部资源以快速响应市场需求的横向一体化模式兴起，大体就在这个时期供应链的概念开始提出，供应链管理思想开始发展。

[①] http://www.chinawuliu.com.cn/xsyj/201507/13/303214.shtml，2015-07-13.

在民机制造领域，机体制造商的一些海外合作伙伴也开始从低端零部件生产商升级为专业化的供应商。实际上波音民机的生产全球化阶段持续时间并不很长，波音很快就开始将一些重要的零部件和分系统的研制工作转包给国外公司，这在波音767的研制中得到了体现。随着大型客机技术复杂性的增加，研制费用快速上升、财务风险扩大，尤其是新项目研制的高技术要求、高资金投入和高市场风险即使对于波音这样的巨头也难以独自承担。到20世纪90年代波音777项目研发时，其国外供应商参与份额跃升至30%，波音跨国供应链已形成规模。

三、全球供应链阶段

进入21世纪，生产组织模式有了更进一步的发展，供应链上的原材料、在制品、产成品在全球范围内流动，供应链上各主体之间的物流活动通过全球的进出口贸易实现，这种模式称为全球供应链。此时，供应商的角色和作用在产品供应链中已日显突出，供应商的角色由传统的零部件生产供应者转变为产品零部件总成的参与设计者，成为战略合作伙伴。网络化的产品开发数据管理平台也为供应商参与新产品的研发提供了信息技术的支持，使供应商参与产品开发不受地域的限制，同时保证了供应商与产品制造商技术资源的互补和共享。供应商参与新产品开发的模式也开始在民机产业中应用。

波音的战略由此从生产的全球化发展为研制的全球化，波音787则代表了目前民机产业研制全球化的最高水平。波音的全球供应链模式将设计和开发成本与全球合作伙伴分摊，与供应商建立了全球性的协作体系，充分利用全球资源，加快了市场反应速度，推动了波音飞机在全球的销售，提高了目标市场占有率。波音采用的全球供应链战略有助于其集中精力于自己的设计研发、总装、供应链管理、营销和品牌这些核心业务；有助于缩短飞机的开发周期，降低公司的供应成本，减少自身投资和削减成本，分散研制风险，提升生产效率，满足全球客户的需求。

2.4 供应链管理的战略匹配

在供应链上建立联盟最根本的原因是更好地服务于最终客户。如果供应链上各个成员有互不相同的竞争战略，可能形成冲突，就不能很好地服务于最终客户；相反，如果能有一系列共同而一致的竞争战略标准指导着供应链的各个环节，那么该供应链在市场上会处于更有利的地位。

2.4.1 竞争战略与供应链战略

企业竞争战略是由为满足顾客需求的产品和服务类型决定的。例如，戴尔强调以合理的价格提供个性化、多品种的产品，但其顾客却要等上大约1周时间才能得到产品。相反，顾客可以走进一家计算机零售店，并在售货员的帮助下，购买一台联想计算机。然而，零售商处的计算机品种和个性化产品的供给是有限的。可见，竞争战略都建立在顾客对产品成本、产品送达与反馈时间、产品种类和产品质量偏好的基础上。戴尔的顾客在网上购物，因而更多地强调产品种类和个性化。而在零售商处购买计算机的顾客，则更注重商家在挑选产品上给予的帮助及更快的反馈时间。因此，企业竞争战略的设计必须以顾客偏好为基础。竞争战略以一个顾客或多个顾客市场为目标，目的是提供能满足顾客需求的产品和服务。这是由价值链决定的，价值链始于新产品开发，创造了各种规格的产品。市场营销通过公布产品和服务能够满足的顾客偏好来启动需求，还将顾客的投入用于新产品开发。生产部门利用各种新产品，将投入转变为产出，来制造产品。配送或者将产品送达顾客，或者把顾客带来选购产品。服务是对顾客在购物期间或购物之后各种要求的反馈。这些都是成功销售所必须具备的核心职能。财务、会计、信息技术和人力资源为价值链的职能运作提供支持和便利。要执行企业竞争战略，所有这些职能部门都要发挥作用，并且每个职能部门都必须规划出本部门的战略。

供应链战略则是关注原材料的获取，物料的运进运出，产品制造或提供服务的运作，产品的配送，后续的服务以及这些流程是由公司自行解决还是外包。因为几乎没有组织是完全纵向一体化的，所以重要的一点是要认识到供应链战略不仅界定哪些流程应在组织内部处理为好，而且界定每个供应链参与实体所应当起到的作用。比如，思科的供应链战略要求外包大部分的零部件生产及组装，在这种情况下，思科的供应链战略不但要确定公司应该做好哪些工作，而且要确定承担供应链中外包任务的第三方的作用。供应链战略要求生产经营、分销和服务这些职能，无论是本公司履行还是外包，都要做得尤其出众。

2.4.2 竞争战略与供应链战略匹配

任何一家企业要想获得成功，其供应链战略和竞争战略一定要相互匹配。战略匹配意味着竞争战略和供应链战略要有共同目标。所谓共同目标是指竞争战略所要满足的顾客至上理念和供应链战略旨在建立的供应链能力之间的协同性与一致性。

价值链中的各个流程和功能是不可分割的整体，没有任何单个流程和功能可以决定企业的成功；相反，任何一个流程和功能出现问题都将导致整条链的失败。企业的成败与以下因素紧密相连。一是竞争战略要和所有的职能战略相互匹配以形成协调统一的总体战略。任何一个职能战略必须支持其他的职能战略，帮助企业实现竞争战略目标。不同职能部门必须合适地配置本部门的流程及资源以能够成功执行这些战略。二是整体供应链战略的设计和各阶段的作用必须协调一致，以支持供应链战略。供应链管理的首要任务是将供应链设计和其他所有核心职能战略与总体的竞争战略协调一致进而达到战略匹配。

戴尔的竞争战略是以合理价位提供多种定制化的产品，它的客户可以从数千种计算机配置中进行选择。关于供应链战略，计算机制造商可以采用高效率的供应链，专注于生产低成本计算机的能力，减少品种以利用规模经济；也可以采用高柔性、高响应性的供应链，生产多品种的产品。比较而言，强调柔性和响应性的供应链战略与戴尔所提供多品种的个性化产品的竞争战略有着更好的战略匹配。这种匹配的观念同样也可以延伸到戴尔的其他职能战略。比如，戴尔新产品开发战略强调应该设计出更容易个性化的产品，这可能包括设计不同产品通用的平台及采用通用的零部件。戴尔的产品使用通用的零部件而且设计成能够快速组装，这一特性使戴尔可以针对客户订单快速组装出个性化的产品。戴尔的新产品设计支持了针对客户订单快速组装出个性化计算机这一供应链能力，反过来，这一能力支持了戴尔向客户提供个性化产品的战略目标。戴尔明显在其不同职能战略和竞争战略中获取了强大的战略匹配，这种匹配观念可以延伸到戴尔供应链的其他环节。如果戴尔提供个性化程度很高的配置而同时要保持低库存运作，供应商和运输公司的响应性就至关重要。比如，运输公司有能力把戴尔的计算机和索尼的显示器快速组合在一起，戴尔公司就不用持有索尼显示器的库存。戴尔公司也正在努力达成供应链上各种能力的一致性。

如果缺乏战略匹配或其整体供应链的设计、流程和资源没有能力支持所期望的战略，企业将很可能因此导致失败。如果不能达到这种协调一致，公司中不同的职能目标间就会产生冲突，供应链不同环节的目标间也会产生冲突。这种冲突导致公司的不同职能之间以及供应链的不同环节之间对顾客需求的优先顺序的定位不一致。而这种公司内部或者供应链上的冲突进一步又导致供应链运作上的冲突。例如，营销部门正宣传能够快速地供应很多不同产品，与此同时，分销部门正把采用最低成本的运输方式作为目标。这种情况下，极有可能分销部门会因为节约运输成本，把多个订单组合起来运输或者用相对便宜但比较慢的运输方式，而延误订单。这个行为就与营销部门宣称的快速提供不同货品的目标相冲突。与此相类似，一个零售商决定提供高水准的产品多样性，同时还要保持低库存，但是它选择供货商和运输公司的基础是低价格而不是响应性。在这种情况下，零售商的最终结果可能就是使顾客不满，因为它的产品供应能力很差。

特别提示

> 竞争战略和供应链战略的相互匹配直接影响企业的成败。战略匹配是指竞争战略所要满足的顾客至上理念和供应链战略旨在建立的供应链能力之间的协同性与一致性。供应链管理的首要任务是将供应链设计和其他所有核心职能战略与总体的竞争战略协调一致进而达到战略匹配。

2.4.3 赢得战略匹配的步骤

企业要赢得竞争战略与供应链战略之间的匹配，必须保证其供应链能力会支持企业满足目标客户群的能力。具体可按以下步骤来实现。

1. 理解顾客需求的不确定性

理解顾客必须甄别所服务的顾客群的需求。我们通过比较 7-11 便利店和山姆会员店来分析顾客的需求。顾客走进 7-11 便利店买洗涤用品，是因为店就在附近，很方便，而不一定要找最低价的产品，顾客需要的是便利；相反，山姆会员店的低廉价格对顾客十分重要，顾客就可以忍受品种少，甚至买大包装产品，并且愿意花费时间获得价格低廉的产品。

通常不同顾客群的需求表现出以下几种不同属性。

(1) 每次购买需要的产品数量：订购修理生产线的材料的紧急订单可能会很小，而订购新建一条生产线的材料的订单会很大。

(2) 顾客愿意忍受的响应时间：紧急订单所允许的响应时间会很短，而建筑物料订单所允许的响应时间较长。

(3) 需要的产品品种：顾客通常会为紧急维修订购的产品支付给单个供应商更高的定金；而对建筑物料的订单则不会。

(4) 所需的服务水平：下紧急订单的顾客期望得到高水平的产品可获性。如果订单里的所有零件不是马上就能全买到，这个顾客可能另寻卖家。这种情况通常不会发生在建筑物料订单上，因为它多半有较长的供货提前期。

(5) 产品的价格：下紧急订单的顾客对价格的敏感度很有可能没有下建筑物料订单的顾客那么高。

(6) 产品预期创新速度：高端百货店的顾客期望商店的服装能有许多新款式，而沃尔玛的顾客对创新产品没么敏感。

每个顾客的需求可以转换成为潜在的需求不确定性。潜在需求的不确定性就是指要求供应链满足的需求部分存在的不确定性。表 2-2 列出了不同的顾客需求是如何影响潜在需求的不确定性的。

表2-2 不同的顾客需要对潜在需求不确定性的影响

顾 客 需 要	导致潜在需求不确定性
需求量增长	增大，因为要求的数量大幅度增加意味着需求变动增大
供货期缩短	增大，因为对订单的反应时间少了
要求的产品品种增多	增大，因为对每种产品的需求更加分散
获取产品的渠道增多	增大，因为顾客总需求分散给更多的供货渠道
创新速度加快	增大，因为新产品的需求会有更大的不确定性
需求的服务水平的提高	增大，因为公司不得不应付偶然出现的需求高峰

另外，不同类型的产品，顾客的需求特征是不同的。功能性产品一般用于满足用户的基本需求，变化很少，具有稳定的、可预测的需求和较长的寿命周期，但它们的边际利润较低；为了避免低的边际利润，许多企业会在式样或功能上革新以寻求消费者的购买，从而获得高的边际利润，这种创新性产品的需求一般不可预测，寿命周期也较短，具有高潜在需求不确定性。如图 2.11 所示，根据产品的功能与需求特征，我们可以创建一个产品的潜在需求不确定性连续带，不同的产品会落在该图中的不同位置。

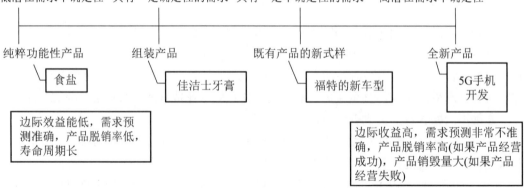

图 2.11 产品潜在需求不确定性连续带

2. 理解供应链能力

供应链主要有两类功能，即物理功能和市场中介功能。这两种功能影响供应链的响应性及效率。物理功能是指供应链能以最低的成本将原材料加工成零部件、半成品、产品并将它们从供应链的一个节点运到另一个节点。市场中介功能是指供应链能对市场需求做出迅速反应，确保以合适的产品在合适的地点和时间来满足顾客的需求。

这些能力与导致高潜在不确定性的需求和供应的许多特征类似。一个供应链具备这些能力越多，其响应性越强。比如，要想对大幅度变动的需求量做出响应，必须提高生产能力，这将增加成本，降低效率。因此，每个旨在增加响应性的战略选择都会产生额外成本，降低效率。

图 2.12 所示的成本——响应性效率边界曲线,是在特定的响应性下对应的最低可能成本。最低成本的界定是以现有技术为基础的,不是所有企业都能在效率边界上经营。效率边界代表的是最理想的供应链的成本——响应性的运行。不在效率边界上的企业可以向效率边界移动,提高其响应性和改善成本运营。相反,在效率边界上的企业只能通过增加成本或降低效率来提高响应性。这样的企业必须在效率与响应性间做出权衡取舍。当然,效率边界上的企业也在不断改善工艺,改造技术,并以此移动本身的效率边界。如果给定了成本与响应性之间的平衡,任何一个供应链的关键战略选择就是确定其要提供的响应性水平。

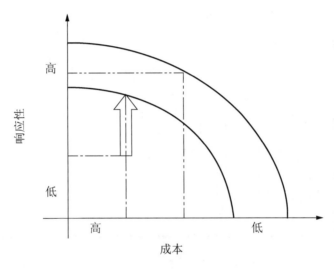

图 2.12 成本——响应性效率边界曲线

从强调响应能力的供应链到以最低成本进行生产和供货为中心的效率型供应链。图 2.13 显示了响应性连续带和各种类别供应链在响应性连续带上的位置。构成响应性的不同供应链能力种类越多,供应链的响应性就越强。例如,7-11 商店上午补充早餐产品,下午补充午餐产品,晚上补充晚餐产品,其结果是所供应的产品花色品种在不到一天的时间内就产生变化。7-11 商店对订单的响应速度极快,门店经理发出的补货订单在 12 小时内就能收到供货。这种惯例使其供应链具有高响应性。相反,高效率的供应链通过降低几种响应性来降低成本。比如,山姆会员店销售大包装产品,品种有限。这样的供应链能够做到低成本,并且将供应链重点聚集在高效率上。

图 2.13 供应链响应性连续带

3. 获取战略匹配

在准确理解顾客的不确定性后，不同种类供应链在响应性能力的基础上，赢得战略匹配的最后一个步骤就是要确保供应链响应性的程度与不确定性保持协调一致。目标就是给面临着高不确定性的供应链设定高响应性，而给那些面临低不确定性的供应链设定高效率，战略匹配区域如图 2.14 所示。

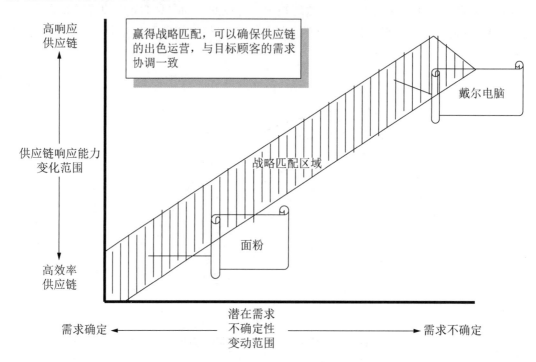

图 2.14　战略匹配区域

比如戴尔的竞争战略锁定这样的客户，他们比较重视能在几天内收到个性化配置的计算机。考虑到计算机的品种繁多，创新水平高，交货迅速，戴尔的客户需求可以定性为需求不确定性高。同时也存在某些供应不确定性，尤其是对于那些最新推出的配件而言。戴尔可以选择设计高效率的供应链，也可以选择设计高响应性的供应链。高效率的供应链可以采用速度慢、价格低廉的运输方式和生产制造的规模经济。如果戴尔做出这种选择，它将难以满足客户对快速交货和众多定制产品的渴望。但是通过建立一个高响应性的供应链，戴尔能够满足客户需求。综上所述，高响应性的供应链战略最适合满足戴尔目标客户的需求。

相反，一家面粉制造商，因为面粉这种产品的顾客需求量相对稳定，所以它的潜在需求不确定性较低，而供给也完全可以预测。面粉制造商就设计一个效率更高的供应链，将精力集中在降低成本上，这样它将处于有利位置。

可见，顾客潜在不确定性的增加，可以通过增强供应链的响应性来适应。企业要获得高水平绩效，应该沿着战略匹配区域调整其竞争战略和供应链战略。

特别提示

> 赢得竞争战略和供应链战略的匹配,首先要准确理解顾客需求的潜在不确定性,其次是理解供应链的能力,准确定位其在供应链响应性连续带中的位置,然后给高不确定性的供应链设定高响应性,而给低不确定性的供应链设定高效率。确保供应链响应性的程度与不确定性保持协调一致。

2.4.4 影响供应链战略匹配的其他因素

我们前面讨论的焦点是当企业服务于一个市场客户群时怎样赢得战略匹配问题。另外,还需要考虑多种产品、多个客户群和产品生命周期及竞争者行为变化等其他因素对战略匹配的影响。

1. 多种产品和多个客户群

大多数企业都生产多种产品销售给多个客户群,每个客户群都有不同的特征。一家百货商店会卖具有高需求不确定性的季节性商品,比如滑雪衫,同时还卖很多低需求不确定性的产品,比如标准男士衬衫。这两种情况的需求在不确定性连续带上所处的位置不同。当为这些情况制定供应链战略时,关键问题是要设计一个可以根据已有的产品组合、客户群组合及供货来源组合来平衡其效率和响应性的供应链。

企业有许多可供选择的途径来获得这样的平衡,其中之一是为每种不同的产品和不同的客户群建立独立的供应链。这种战略只有在每个客户群的规模都大到足以支持一个单独的供应链的情况下才可行。然而这种战略却不能利用公司的不同产品中通常存在的任何规模经济优势。因此,更值得选择的战略是将供应链"剪裁"为最能满足每种商品的需求的形式。

剪裁式供应链需要某些产品共享供应链上的某些环节,而在其他环节分离运行。共享这些环节的目的是要在赢取可能最大效率的同时,也为每个客户群提供适当水平的响应性。比如,一家工厂的所有产品可以在一条生产线上生产,但是需要高响应性的产品可以用快速的方法运输,如飞机,而那些不需要高响应性的产品可以采用较慢但成本较低的方式发送,如卡车、火车,甚至轮船。再比如,需要高响应性的产品可以采用灵活的生产工艺,而那些不需要高响应性的产品可以采用低响应性但是高效率的工艺,而两种情况所采用的运输方式可以相同。还可能的情形是某些产品存储于离客户比较近的区域仓库,而其他产品集中存储于远离客户的仓库。适当的剪裁式供应链使公司赢得不同水平的响应性还降低总成本。

2. 产品生命周期

随着产品经历的生命周期而改变,需求和供给特点也随着产品和生产技术的成熟而改变。所以要达到战略匹配,供应链战略就必须随着产品进入不同的阶段而发展。

产品在生命周期的初始阶段的特征是:需求非常不确定,供应不可预测;边际收益通常很高,就赢取销售量而言,时间至关重要;就占领市场而言,产品可获性至关重要,并且要考虑成本。例如,一家制药公司推出一种新药,最初的需求非常不确定,边际收益非常高,产品可获性是获取市场份额的关键。产品在生命周期的导入期,因为需求不确定性高,对产品可获性水平要求也高,所以其对应的是高潜在不确定性。在这种情况下,快速响应性成为供应链最重要的特征。

在产品生命周期的后期,当其成为日常产品时,需求特征和供应特征都有所改变。在此阶段,会出现以下显著状况:需求变得更加确定,供应可预测;由于竞争压力加大,边际收益降低;价格成为顾客做出选择的重要因素。以上述制药公司为例,随着专利保护到期,同类药品的推出,这些变化就会发生。在这个阶段,药品的需求稳定而边际收益萎缩,顾客会根据价格在众多产品中做出选择,制药技术发展成熟,供应可预测。这一阶段对应的隐含不确定性低,因此,供应链需要改变。在这种情况下,效率成为供应链最重要的特征。

综上所述,当产品趋于成熟时,对应的供应链战略要从高响应性移向高效率,如图2.15所示。

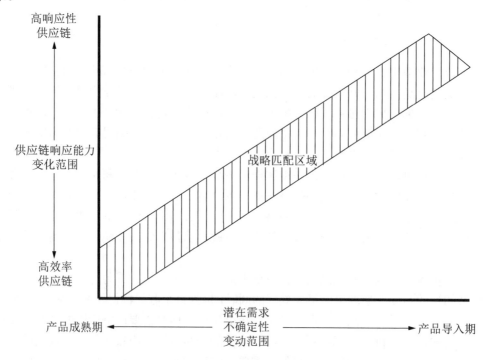

图2.15 产品生命周期中战略匹配区域

我们通过英特尔的例子进一步阐述这些观念。每次英特尔推出一款新的计算机处理器时,对这种新产品的需求极其不确定,因为其销售依赖于高端计算机的销售。而市场对这类计算机的接受度和需求是什么,都存在着极高的不确定性。因为产量低且极具可变性,所以供应无法预测。在此阶段,英特尔的供应链响应性要高,以便在需求增加时做出响应。当英特尔这种处理器变成主流产品时,需求开始稳定,产量增加,供应可以预测。在这一时间点,需求和供应通常都表现出较低的不确定性,价格成为决定销售量的较重要的因素。这时候,重要的是英特尔要为生产这种处理器配备高效率的供应链。

计算机制造商要遵循上述规律。当一种新型号推出时,边际收益高,但需求高度不确定。在这种情况下,高响应性的供应链最适合计算机制造商。当这个型号成熟时,需求稳定,边际收益萎缩。这时候,重要的是制造商要有高效率的供应链。苹果公司在1999年推出 G4 计算机时，需求远远超过处理器的供应，造成销量的严重流失，原因就是供应链没有展示出产品导入期的足够响应性。

在生命周期内需求和供应特征会发生变化，供应链必须随产品生命周期变化，这样才会继续赢得战略匹配。

3. 竞争者行为变化

在匹配供应链战略和竞争战略时，需要考虑的最后一个维度是竞争者行为的变化，这种变化源自市场的变化，或全球化程度的提高。像产品生命周期一样，竞争者也可以改变市场格局，这就需要公司的竞争战略做出改变。例如，20 世纪 90 年代以来，许多行业中大量定制的生产模式都在增加。随着竞争者的多样性产品涌入市场，消费者变得习惯于满足自己独特的需要。因此，今天的竞争焦点是以合理的价格生产出足够多的品种。随着更多的企业所提供产品更加多样化，供应链就被迫要增强其支持更多产品种类的能力。另一个巨大的变化是产品全球供货的增加，例如中国产的皮质躺椅在沃尔玛 199 美元就可以买到，这种压力迫使美国制造商要比以往有更强的响应性。成功的美国家具制造商的回应是提供足够多的品种，发挥可选择性的优势，同时缩短响应时间并控制价格。随着竞争格局的改变，企业被迫改变竞争战略。而竞争战略改变了，就必须改变其供应链战略来维持战略匹配。

本 章 小 结

从不同的角度出发，根据不同的标准，可以将供应链划分成不同的类型。根据供应链的功能可将供应链分为效率性供应链和响应性供应链；根据供应链驱动力的来源可将供应链分为推动式和拉动式供应链。

集成化供应链管理的核心是围绕作业回路、策略回路、性能评价回路展开，形成相互协调的一个有机整体。集成化供应链管理的实现分为五个阶段：基础建设阶段、职能集成阶段、内部供应链集成阶段、外部供应链集成阶段、集成化供应链动态联盟阶段。

供应链管理下外包决策的制定基于对选择外包提供的供应链盈余的增加与导致的风险增加的权衡。当盈余增加增大而风险增加较小时，企业选择外包。

竞争战略和供应链战略的相互匹配直接影响企业的成败。战略匹配是指竞争战略所要满足的顾客至上理念和供应链战略旨在建立的供应链能力之间的协同性与一致性。赢得战略的匹配需要准确理解顾客需求的不确定性和供应链的能力，确保供应链响应性的程度与不确定性保持协调一致。

效率性供应链(Efficient Supply Chain)
响应性供应链(Responsive Supply Chain)
推动式供应链(Push Supply Chain)
拉动式供应链(Pull Supply Chain)

【2-2 拓展视频】

集成化供应链管理(Integrated Supply Chain Management)
业务外包(Service Outsourcing)
战略匹配(Strategic Matching)

知识链接

大数据时代如何升级电商供应链管理创造更大利润[①]

大数据时代，创新供应链管理模式，打造以客户为中心、大数据驱动的智慧供应链，打造极致用户体验，成为锁定电商竞争优势的战略高地。

供应链协同大数据将成为市场核心驱动力，拓展未来电商价值空间。供应链管理能力是企业降低成本的第三利润源，并且已从后台转入与用户接触的前台，直接决定着用户体验。构建以客户为中心、大数据驱动下的智慧供应链是电商企业的战略目标。以京东为例，在数千万种SKU(在售商品)、118个仓库、2045个配送站、数亿名用户的背后，正是精准、强大的供应链管理支撑体系成为京东的生命线。

1. 三大维度驱动市场升级

典型自营B2C电商供应链通过"供应商管理、采购管理和库存管理"三大维度架设了供应商与买家之间端到端的"高速通道"，可提升运营效率，驱动消费升级。

电商的供应商管理利用开放的"平台思路"来与供应商协同，借此提升供应链效率、降低库存；在与供应商协同方面以"快速响应用户需求"为协同目标，并在计划、协同与补货方面进行深入的业务和技术融合。

采销一体化是采购管理模型的核心，采购管理是覆盖了商品寻源、供应商管理、选品与定价、采购计划、采购管理、仓库管理(调拨、内配、库存等)、支付与结算、配送与售后的采销一体化的全流程管理。从采到销的"一条龙"服务同时给采销带来了巨大的挑战，如何用有限的人员和精力管理大量的SKU采销成为高效管理的关键所在。如京东的图书采销需要一个人管理8万多个SKU。除采销本身的经验之外，系统工具是采销管理突破的关键，借助采购系统能将采销人员的能力值放大数倍，帮助采销人员轻松完成全流程"大采购"的管理，而其中大数据驱动采购管理是管理的关键。

仓库管理覆盖了从商品入库、出库、调拨等商品的库存管理，而其中的库存管理的核心指标"库存周转"和"现货率"也是电子商务供应链最为核心的两个指标；动态的库存周转是库存健康的标准，什么时间补货、什么时间促销、什么时间降价清仓，都在动态中调整和平衡，这个状态很像太极，阴阳平衡是健康的关键，保持一个最佳的平衡状态是库存健康的标准。

2. 大数据协同供应链管理

在企业运营的过程中积累了大量数据战略资产，如：市场趋势数据、用户行为数据、流量数据、订单数据、采购数据、库存数据等。电商平台的最大优势在于随时随地、持续大量地收集数据，为业务提供及时的、可视化的供应链数据，提升各流程环节绩效，实时优化流程、优化算法，并使未来销量计划及库存等可预测、可跟踪、可量化，从而提升整体供应链效率。同时企业也会抓取其他领域数据，包括微信、微博等社交数据，通过跨领域数据的融合产生乘法效应，发挥出最大商业价值。

电商智能供应链系统依托大数据平台基础，应用人工智能的深度学习算法驱动，具体包括销量预测与自动补货系统、促销预测系统、动态定价系统、智能选品系统、库存健康系统、采购管理平台、供应商协同平台等智能系统，覆盖零售平台，从选品、采购、补货、定价、结算各个供应链环节，为业务提供全供应链的智能解决方案，为库存周转负责。

---

① 大数据时代如何升级电商供应链管理创造更大利润 http://www.chinawuliu.com.cn/xsyj/201506/05/302107.shtml，2015-06-05.

(1) 销售预测与补货：预知市场，保证现货率。

供应链管理最难突破的就是计划管理，这是供应链的源头，善用数据，预测消费者动向，直接关系到供应链的反应速度。一份好的供应链计划需要经验丰富的采销管理人员根据个人对历史数据和未来数据的理解确定结果。当有上百个 SKU、几十个仓库的维度做 SKU 维度的采购计划时，真正的挑战就开始了。这时电商企业的供应链系统需要根据以往大量的用户数据、销售数据、采购数据、补货数据等，经过软件的数据清洗、数据建模等过程，并采用人工智能的相关算法，进行未来销量预测，并依此预测进行全国仓库的自动补货，并全自动地驱动仓库间的调拨和转运。系统能在消费者未下单前，就提前从供应商那里完成商品采购，并第一时间调拨到离消费者最近的仓库。

另一个计划层面的挑战是跨部门(采销与运营)的供、需平衡。当预测未来的销售额和销量时，仓库的管理能力与资源准备也是非常关键的。此时的供需平衡在系统的支持和帮助下，更依赖于采销与运营人员的角色、流程的协同来完成，内部协同成为关键，也就是"销售运营计划"，该技术是流程与系统的高度融合，是电子商务供应链计划制订与落地执行关键中的关键。

(2) 库存健康：优化库存，适时促销。

借助大数据优化库存结构和降低库存持有成本，通过"全库存模拟平台"模拟近半年的库存状态，并根据一些最优的算法进行数据"纠察"，通过大数据分析查找不健康的库存商品，并自动发起退货、促销建议给采销；智能地监控库存健康状态，提前预测滞销库存、预测未来某个时间点的库存周转和现货率，提前预测风险，提前预测收益。库存健康技术覆盖多个系统，是以提升库存周转率为核心目标的智能系统群。

库存健康的一个关键技术是"促销模拟与预测"。首先，运用大数据分析进行商品角色的分类，系统会知道哪些商品用来赚取毛利、哪些商品用来引流等；同时系统会根据以往的促销数据建模和分析，把多样的促销进行分类和评估，判断目前商品的库存和商品的生命周期。以这些分析为基础，最终促销预测系统会根据采销要求(提升销售或者提升毛利)提出未来促销的建议(促销选品、促销定价等)，以及未来此促销所带来的投资回报。促销的优化与预测是未来采销工作的有力工具，将有效地帮助采销业务人员做好促销。

(3) 智慧选品与定价：合理定价，收益最大化。

在动态定价方面，电商管理平台可以智慧选品和智慧定价，自动抓取全网的商品数据，根据此数据实时监控平台商品价格的有效性，并根据毛利率要求和库存要求提供自动调价功能和建议，以及实时动态调整价格；还可以提供动态定价的工具，同时也会实时提供价格的预期收益、价格的风险控制等强大功能。

电子商务的长尾理论[①]一直在发挥效应，处于长尾的商品才是电子商务竞争的核心，尤其是长尾商品定价策略是成败的关键。京东动态定价产品系统("慧定价")会根据流量、位置、商品、竞品等信息实时提供某个时刻的商品价格，并监控商品价格所带来的流量、销量的变化，动态地调整价格，以保障给消费者提供好的价格与服务，同时使公司的收益最大化。

自营 B2C 的供应链核心其实是管理商品，而选品就是准备采购什么商品，这就是买手要做的工作。买手不同于采购员，买手要了解行业动态、具备各类时尚信息的收集、流行趋势的洞察等能力，买手是自营 B2C 的灵魂。而在互联网高速发展的同时，买手获得信息的手段比以前有了很大的丰富，买手需要一个"智能买手"系统提供竞争对手信息、行业信息、微信与微博信息等。大数据下的智慧选品、智慧定价

---

① 长尾理论：只要产品的存储和流通的渠道足够大，需求不旺或销量不佳的产品所共同占据的市场份额可以和那些少数热销产品所占据的市场份额相匹敌甚至更大，即众多小市场汇聚成可产生与主流相匹敌的市场能量。也就是说，企业的销售量不在于传统需求曲线上那个代表"畅销商品"的头部，而是那条代表"冷门商品"经常为人遗忘的长尾。

平台(如京东"商品慧")就是采销"智能买手"工具,在选品方面会根据用户模型、品牌模型、用户价值模型、价格敏感度模型等进行综合计算并提供选品建议;提供智慧的选品需求信息、定价需要信息,让采销业务人员成为一个智慧的买手,工作更有重点。

(4) 供应商协同:深度整合,打通产业链。

电商供应链有着强大的整合能力,大数据下的供应商协同更加高效。电商平台可与供应商进行全方位地协同与配合,在计划、协同与补货方面全面合作,形成产业链发展共同体,打通供应链上下游。如京东供应商协同平台及京东 EDI 系统,销量预测与自动补货结果已经可以直接提供给供应商作为补货参考,下一步将实现 AUTO-PO 的自动补货下单,完全由系统来确定补货量并自动下采购单到供应商系统;通过与供应商系统的全线打通,目前可以全面共享供应商的库存并实现自营层面的"线上线下"的库存一体化。2015 年,京东还将重点打造供应商协同云,包括:与供应商在计划、订单、采购、发货、结算、补货等全流程协同;开放自营供应商 API,与 ISV(独立软件开发商) 一起打造供应商协同云,建立供应商协同云生态;正式开给供应商自营数据,与供应商在数据层面真正协同,帮助各行业供应商完善产品、生产、采购等。

为与供应商数据协同,"京东罗盘—供应商版"面向自营供应商,提供行业走势、市场的需求、自身的定位、对手的威胁等方面的主题分析,不仅能为决策层提供支持,也能服务于普通的业务人员;不仅能从整个战略层面进行综合分析,还能在具体的战术层面进行详细指导。除此以外,其功能涵盖了行业分析、品牌分析、商品分析、属性分析、用户分析、促销分析、专题模型,可为供应商的产品完善及市场定位提供有力的大数据参考,驱动行业的健康有序的发展。

3. 颠覆创新的未来

大数据协同的供应链管理,具有颠覆创新的潜力,将重塑市场边界、商业模式与用户体验,是企业战略制高点,未来将呈现如下发展态势。

首先,以大数据为根本驱动力,用户数据将走向供应链前台,形成用户需求驱动的、更加灵敏的供应链管理模式。电子商务个性化特性会更强,将驱动营销模式与供应链管理的大规模变革。与此同时,在大供应链网络中满足"小众"需求,将是电商面临的挑战。

其次,供应链管理的"协同与创新"是永恒主题。供应链本身就不是指的企业自己,也不是单指物流管理,它是一个产业链、一个价值链、一个生态链,与供应链各环节企业的深入协同发展,提升供应链效率,驱动消费市场升级,实现多方共赢才是硬道理。

最后,技术发展也将成为供应链变革的驱动力量。比如云技术、大数据技术、人工智能、物联网等,将让供应链变得更可视、更智能、更高效,供应链网络将会迎来真正的"神经网络"驱动下的供应链体系的变革。

综合练习

一、填空题

1. _____主要体现供应链的物料转换功能,即以最低的成本将原材料转化成零部件、半成品、产品,以及在供应链中的运输等;_____主要体现供应链的_____,即把产品分配到满足用户需求的市场,对未预知的需求做出快速反应等。

2. _____供应链的驱动力产生于_____,整个供应链的集成度较高,信息交换迅速,可以有效地降低库存,并可以根据_____实现定制化服务,为客户提供更大的价值。

3. 集成化供应链管理的核心是围绕_____、_____、_____展开，形成相互协调的一个有机整体。

4. 集成化供应链动态联盟是基于一定的市场需求、根据_____而组成的，通过实时信息共享来实现集成的一个动态的_____，也是供应链管理发展的必然趋势。

5. 外包决策的制定基于对选择外包提供_____的权衡。当盈余增加_____而风险增加_____时，企业将选择适当的合作伙伴进行业务外包，从而现实_____资源配置，形成强大的供应链。

6. _____是指竞争战略所要满足的顾客至上理念和供应链战略旨在建立的_____之间的协同性与一致性。_____的首要任务是将供应链设计和其他所有核心职能战略与总体的竞争战略协调一致进而达到战略匹配。

二、名词解释

V型供应链　　A型供应链　　业务外包　　战略匹配

三、简答题

1. 简述集成化供应链管理的思想。
2. 简述业务外包的优势。
3. 简述赢得战略匹配的步骤。

四、思考讨论题

1. 分析权衡业务外包的优势与风险，在供应链管理环境下，你认为企业应当如何选择适当的业务外包并进行风险防范？
2. 实现集成化供应链管理要解决哪些问题？如何分步骤地实现集成化供应链管理？
3. 深入分析并分组讨论：全球化经济环境下，为什么战略匹配对一个企业成功更加重要？
4. 你能为"沃尔玛在其竞争战略和供应链战略间赢得很好的战略匹配"给出一些论据吗？

日本 7-11 连锁便利店[①]

日本 7-11 公司成立于 1973 年，并于 1974 年 5 月在东京 Koto-ku 建立第一家店铺。1979 年 10 月，日本 7-11 公司在东京证券交易所挂牌上市，2004 年被伊藤洋华堂(Ito-Yokado)集团收购。该集团同时还拥有日本一家连锁超市，并拥有管理美国 7-11 的南陆公司(Southland)的大部分股权。2004 年日本 7-11 公司在运营收入和商店数量方面成为日本最大的零售商，顾客光顾 7-11 便利店的次数达到 36 亿人次，平均每个日本人每年光顾 30 余次。

---

① 乔普拉，迈因德尔. 供应链管理[M]. 3 版. 陈荣秋，等译. 北京：中国人民大学出版社，2008：64-72.

1. 公司历史和概况

伊藤洋华堂和日本 7-11 公司都是由伊藤先生(Masatoshi Ito)建立的。第二次世界大战后,他开创了他的零售帝国,那时他与他的母亲和哥哥一起在东京一家小服装店工作,1960 年,他实现了独资控制,当初的商店已经成长为价值 300 万美元的公司。1961 年,在结束了一次美国旅行后,伊藤意识到超级市场将是未来零售业发展的主流。那时,日本仍是以家庭店铺为主。他在东京的超市连锁店一经推出就大受欢迎,很快成为伊藤洋华堂的零售业务的核心。

1972 年,伊藤第一次与南陆公司洽谈关于在日本开 7-11 便利店的可能性。在拒绝了他的最初要求后,1973 年,南陆公司授予了他在日本的经营许可权,每年要上交总销售额的 0.6%。1974 年 5 月,日本第一家 7-11 便利店在东京开业。这种新的经营模式很快传遍整个日本,7-11 的业务有了巨大的增长。1979 年,日本已有了 591 家 7-11 便利店,1984 年增加到 2001 家,2004 年店铺数目已达 10356 家。

1990 年 10 月 24 日,南陆公司进入破产保护期,请求伊藤洋华堂的帮助。1991 年 3 月 5 日,日本 7-11(所占股份 48%)和伊藤洋华堂(所占股份 52%)联合成立了伊藤洋华堂控股公司。伊藤洋华堂以总价 4300 万美元拥有南陆 70%的普通股份。2004 年,伊藤洋华堂集团总收入的 48.2%和总合作运营收入的 90.2%来自日本和美国的 7-11 便利店。伊藤洋华堂集团的便利店的收入的 87.6%来自日本的 7-11 便利店。7-11 便利店已经成为伊藤洋华堂的主要盈利部分。

2. 日本 7-11 便利店的特许经营系统

日本 7-11 公司发展了巨大的特许经营网络并在网络的日常运营中起了关键作用。日本 7-11 网络包括公司自有的商店和由第三方所有的特许经营店。2004 年,特许经营佣金占了其收入的 68%以上。为保证效率,日本 7-11 公司将其基本网络的扩大战略建立在市场主导战略的基础之上。进入任何一个新市场,大概要建立由配送中心支持的密集式的 50~60 家便利店,这种密集式的便利店的开业,展示了 7-11 便利店的高密度的市场形象,也能够高效地利用配送中心。在 1994 年的年度报告中,日本 7-11 便利店列出了市场主导地位战略的六种优势:提升配送效率、增加品牌知名度、提高系统效率、提高支持特许经营的服务效率、提高广告影响力、防止竞争对手进入其主导领域。

与其统治战略相联系,日本 7-11 公司将其大多数新店开在现有商店集中的地区。例如,在 Aichi 行政区,日本 7-11 公司 2002 年开了第一家店,到 2004 年有了很大的增长,当年新开了 108 家,占 2004 年在日本新开商店的 15%。7-11 的选址位置是有限的,2004 年,公司在日本 70%的行政区(32/47)拥有商店。然而,在它们出现的行政区内,商店很密集,像 2004 年年度报告中所叙述的:"填满日本版图并不是我们的工作重点。相反,我们在 7-11 商店已经存在的地区寻找需求,基于我们的地区主导战略,即在某个地区集中开店。"

很多人想得到 7-11 的特许经营权,但只有不到 1%的申请被批准(对商店获利性进行测试),特许经营者需要有大量的资金,其中一半用来准备开店和培训,其余的用来购买商店最初的货物。1994 年,日本 7-11 收取每家店总毛利润的 45%,剩余的由店主保留,两方面承担的责任如下所述。

日本 7-11 便利店的责任: 发展供应商和提供商品,提供订货系统,承担系统运营费用,提供会计服务,提供广告服务,安装并更新设施,承担公用设施成本的 80%。

特许经营店主的责任: 运营和管理商店,雇佣员工并发工资,向供应商订购,维护店铺形象,提供客户服务。

3. 店铺服务

除了产品,日本 7-11 公司逐渐在其商店中增加一些顾客可在店铺内享受到的服务。1987 年 10 月加入的第一项服务是在店内代缴电费,然后公司将其扩大到可以在店内缴纳煤气费、保险费和电话费。由于它比银行和其他金融机构服务时间长,地理位置方便,缴费业务每年吸引上百万的顾客。1994 年 4 月,日本 7-11 公司开始作为信贷公司的代表接受分期付款。

1994年11月，日本7-11公司开始经营凭优惠券购买滑雪设备的业务。1995年，日本7-11公司开始受理邮寄目录的付款工作，并将业务扩展到网上购物。2000年8月，日本7-11公司成立一家食品快递服务公司Seven-Meal Service Co.Ltd为日本老年人服务。2001年，7-11与伊藤洋华堂合资成立伊藤洋华堂银行(IYBank)。到2004年4月，大约75%的店内安装了自动提款机，而它们的目标是安装率达到100%。

日本7-11便利店内提供的其他服务包括复印、售票和快递暂存处(他们不会在顾客不在家时将包裹放在外面)。提供这些服务的主要动力是使日本7-11便利店成为更加方便的购物场所。同时基于这些服务，公司开发了全面信息系统。

2000年2月，日本7-11公司成立了一家网上商业公司7dream.com，目的是更好地利用现有配送系统，让大多数日本人意识到商店是很容易进入的事实。便利店为网上订货的日本顾客提供收货和发货服务。eSBook(Softbank、日本7-11公司、日本雅虎公司和Tohan出版社所组成的合资企业)的一项调查发现，92%的顾客愿意在当地便利店取他们在网上订购的货物而不是将它们邮寄到家。这给了日本人更多的机会光顾本地的便利店，7dream希望利用这种偏好与现有的配送中心达成协同作用。

4. 7-11便利店的配送系统

7-11便利店的配送系统与所有产品的供应链紧密联系在一起，配送中心和信息网络起了关键的作用，主要目标是跟踪产品的销售情况，提供短期补货时间，这也使得店铺管理人员可以依据订单情况准确地预测销售收入。

1987年3月以来，米饭(快餐食品中销量最大的部分)一天进货三次，面包和其他食品一天进货两次。配送系统具有足够的灵活性以根据顾客需求的变化来调整进货次数。例如，在夏天，冰激凌按日来进货，其他时间是一周进货三次。对新鲜食品和快餐食品的补货缩短到12小时以内。商店在早上10点之前预订饭团，在晚餐高峰期前可以送达。

如前所述，商店管理者使用订货终端来下订单，所有的店铺都规定了早餐、午餐和晚餐产品的订单截止时间。当商店下订单时，信息直接传递给供应商和配送中心。供应商从所有的7-11便利店拿到订单，开始进货以完成订单。供应商利用卡车将所订商品送到配送中心。各家便利店的订单是分开的，配送中心可以很容易地根据订单信息将商品装运到发往不同店铺的卡车上。商店进货的关键是依托于组合的进货系统。在配送中心，来自不同供应商的产品(例如，牛奶和三明治)被装到温控车上。有四种温控车分别装运冷冻食品、冷藏食品、常温加工食品和熟食品。每辆车给很多零售店铺送货，每辆车送货的店铺数目取决于销售收入。所有的货品在非高峰期间送达，商店利用扫描终端来收货。系统的运行以信任为基础，当商店在扫描验货时，不需要送货人在现场，这就减少了各个店铺的送货时间。

配送系统的运行减少了7-11便利店各店铺对日送货车辆的需求量，虽然每件商品的送货频率很高。1974年，每天需要70辆送货车辆，1994年，仅需要11辆送货车辆，这大大降低了进货成本，并能够满足多种新鲜食品的配送要求。2004年2月，日本一共有290家制造商专门为7-11便利店生产快餐食品，产品被配送到293家配送中心以保证快速、可靠的进货。配送中心没有库存，它们的作用是将货品从供应商的卡车上转到7-11便利店的卡车上。日本7-11便利店的运输服务由Transfleet公司独家提供，该公司由三井有限公司(Mitsui and Co.)建立。

问题讨论：

1. 为了无论何时何地都能及时为顾客提供所需的商品，连锁便利店要提高响应性，你认为哪些方法可以使其供应链保持快速响应？

2. 7-11在日本的供应链战略是通过快速补货来平衡供给与需求，这一战略选择的优势与风险分别有哪些？

第 3 章　供应链的设计与优化

【学习重点】

- 供应链的设计与优化
  - 供应链设计的基本问题
    - 供应链设计的基本内容
    - 供应链的设计原则
    - 基于产品的供应链设计步骤
    - 基于产品的供应链设计策略
  - 网络设计决策的影响因素
    - 宏观经济与政治因素
    - 战略与基础设施因素
    - 技术与竞争性因素
    - 响应时间与物流总成本因素
  - 网络设计决策的框架与内容
    - 供应链的战略结构
    - 节点设施的功能与区位
    - 节点的容量与供给配置
  - 网络设计的优化模型
    - 相关数据收集
    - 优化模型的建立
    - 优化模型的分析与决策

---------- 供应链的设计与优化　第 3 章

【教学目标】

通过本章的学习，使学生了解供应链设计的基本内容与原则，熟悉基于产品的供应链设计步骤与策略，正确理解供应链网络设计决策的影响因素，重点掌握网络设计决策的内容与优化模型。

利丰全球网络的指挥及协调①

利丰的供应链网络遍及全球，奉行全球分散生产，从而降低全球供应链风险，同时协助制定行业标准和守则，确保产品质量。作为全球网络协调员，利丰掌握丰富的采购市场信息，履行以下三项任务：第一，设计流程及供应链的最佳路径，这部分讲求创造性；第二，分解完成订单所需的步骤，挑选合适的供应商，这部分讲求对全球市场和生产力的了解；第三，确保供应链流程的每一个环节都顺利开展，这部分讲求与供应链伙伴的默契和互相信任。

利丰采用分散生产模式，把不同的生产工序分配给世界各地最合适的供应商。这种生产方式需要精准设计整个供应链及管理各环节，通过网络协作提升供应链的整体价值。利丰在不少采购地已立足20～30年与当地政府、供应商和商业领袖保持良好关系。

凭借对全球采购市场信息的掌握，即使突发危机或自然灾害，利丰也可灵活地将订单从一个国家调配至另一个国家生产，从而消弭产能上的限制及满足客户的需求。即使不可控的外来冲击巨大，利丰也可重新布局，利用全球多元网络和专业知识，控制因市场情况变化带来的负面影响。例如，在应对新冠肺炎疫情时，利丰深知各地疫情形势严峻，零售业停摆极有可能触发制造业一连串破产及倒闭的危机，因此利丰配合国际商会提出具体可行的建议，谋求各国政府关注并采取行动，联手支援各地中小微企业及其员工，努力降低疫情对全球供应链乃至全球经济的冲击。

从案例中可以看出，利丰将不同能力的供应商聚集在一起管理及分配工作，就像乐队指挥把一群才华横溢的乐手团结在一起，根据乐章及每位乐手的专长分配任务。面对VUCA(变幻莫测的)时代的各种挑战，利丰之所以能够如此指挥若定，运筹帷幄，其背后的逻辑和支撑在于利丰构建了敏捷而富有韧性的供应链网络。在全球化发展过程中遇到的首要问题就是供应链体系的构建与优化。供应链在一定程度上决定着企业的成败，华为创始人任正非曾表示，供应链只有一个，关系着公司的生命，一旦出问题，就是满盘皆输。因此，供应链设计与优化是供应链管理中极其重要的问题之一。

3.1 供应链设计的基本问题

供应链设计决定了供应链的结构体系，直接决定着供应链的反应能力与赢利水平，也决定了供应链本身的价值。优良的供应链系统能够加速产品流通，满足顾客需求的同时实现供应链的增值。相反，没有一个科学、合理、优化的供应链体系结构，即使管理工作人

---
① 冯氏集团利丰研究中心. 创新供应链管理：利丰冯氏的实践[M]. 3 版. 北京：中国人民大学出版社，2021：92-93.

员使出浑身解数，也无法达到预期的效果，因为先天不足的供应链结构已决定了它的价值。因此，供应链设计是一项复杂而艰巨的工作，也是供应链管理的重要环节，它涉及供应链组织机制、供应链成员的选择、供应链成员之间的相互关系、物流网络、管理流程的设计与规划，以及信息支持系统等多方面的内容。供应链设计必须遵循一定的设计原则，运用科学、合理的方法步骤才能完成。

3.1.1 供应链设计的基本内容

1. 供应链成员和合作伙伴选择

每一个供应链都包括了从采购、供应、生产到仓储、运输、销售等多个环节的多家供应商、制造商和销售商以及专门从事物流服务的多家企业，供应链成员囊括了为满足客户需求，从原产地到消费地，供应商或客户直接或间接的相互作用的所有公司和组织。因此，供应链成员的选择是供应链设计的基础。供应链成员的选择是双向的。一般而言，参与供应链的成员在市场交易的基础上，为了共同的利益而结成相对稳定的交易伙伴关系。但供应链的主体企业，尤其是核心企业，主导整个供应链的存在和管理，因而在对供应链其他成员的选择上具有一定的主动性；其他非主体企业，规模和经济实力相对较小，在供应链上处于从属地位，往往无法主宰自己能否成为供应链成员。本书将在第4章对这一问题进行详细讨论。

2. 供应链网络设计

供应链网络设计是一个富有挑战性的问题，应综合应用定性与定量相结合的方法。首先需要全面分析供应链内外部驱动因素对网络设计的影响，而后依据科学的网络设计决策流程，明确供应链的战略结构、供应链上节点设施的功能配置、节点的区位选择、每一个节点的容量配置以及上下游节点之间的供给配置。借鉴数学模型和计算机求解进行定量分析研究，在同时满足供应链上各功能模块对应节点的建设成本、供需能力，节点之间的运输成本，可用资金等诸多约束条件下，求得一个供应链总成本最小的配送网络设计方案。供应链网络结构一般与供应链所处的行业有关。整个网络结构由供应链成员、成员间的联系和供应链间工序连接方式三方面组成，网络本身体现供应链成员及其分布和成员间的相互关系。供应链网络结构设计的中心是保证网络能合理利用和分配资源，提升物流效率，从而达到提高供应链整体价值的目的。

3. 组织机制和管理程序

供应链的组织机制和管理程序是保证供应链有效运营的关键。由于供应链涉及多家企业的多个业务环节，而这些企业都是独立的市场经济主体，在管理上自成体系，要实现供应链的无缝衔接，各个独立的企业必须在相关环节上达成一致，才能保证整体的协调性。供应链的组织机制和管理程序实际上是各成员企业相关业务组织机制和管理程序的集合。各成员企业必须从供应链整体出发，设计相关的组织机制和管理程序。尤其是核心企业，其组织机制和管理程序是整个供应链效率的关键。

4. 供应链运行基本规则

供应链上节点企业之间的合作是以信任为基础的。信任关系的建立和维系，除了需要各个节点企业的真诚的行为,还必须有一个共同平台,即供应链运行的基本规则,其主要内容包括协调机制、信息开放与交互方式、生产物流的计划与控制体系、库存的总体布局、资金结算方式、争议解决机制等。计算机系统、相应的软件和信息系统是供应链运营规则实施的必要的物质基础。

 特别提示

> 供应链设计决定了供应链的结构体系,直接决定着供应链的反应能力与赢利水平,也决定了供应链本身的价值。优良的供应链系统能够加速产品流通,满足顾客需求的同时实现供应链的增值。

3.1.2 供应链设计的相关问题

1. 供应链设计的整体系统性问题

供应链本身是一系列独立的、在业务上相互关联的企业在共同利益基础上结成的网络,供应链管理的突出特点是系统性,它体现了现代企业集成的管理思想和管理方法,具体表现在组织机制、管理方法和系统性的信息技术支撑。因此,各企业及其相关部门之间相互作用、相互影响、相互制约。要实现这些企业和部门的协作,设计供应链必须从系统性角度考虑问题,在开放的条件下,以构建供应链的目的为核心,从结构上合理安排核心企业和非核心企业;主体企业和非主体企业、供应商、制造商和销售商等,明确相互之间的层级关系,各企业及其相关部门之间的整体协调性。保证在成员企业有进有出的动态环境中,供应链系统能够有序运营,使物流、资金流、信息流在各企业和部门之间有序、顺畅流动。在此基础上,企业必须明确自己在供应链中的位置和角色,并据此制定相关的供应链战略,培养自己的核心业务,确保发挥企业优势,从而在供应链上与其他成员企业达到优势互补,共同为供应链创造价值增值。

2. 供应链设计与物流系统设计问题

集成化供应链设计是从企业整体角度出发的战略性问题。它包括物流系统设计、信息系统、组织系统和相应的服务体系的建设。因此,作为供应链通道的物流系统,是供应链的重要组成部分。物流系统设计是指原材料和外购件所经历的采购入厂—存储—投料—加工制造—装配—包装—运输—分销—零售等一系列物流过程的设计,也称通道设计(Channel Designing),是供应链系统设计中最主要的工作之一。合理的物流通道能够有效地降低库存、减少成本、缩短提前期、实施准时制(JIT)生产与供销、提高供应链的整体运作效率。所以,物流系统的设计是供应链设计中最重要的环节和步骤。

3. 供应链设计的环境因素问题

从理论上看,有些供应链可能设计得十分完美,但在实际运行中无法达到预想的效果,从而形成主观设想与实际效果的巨大差距,这往往是因为在供应链设计中忽略了环境因素的影响。地理、政治、文化和经济等环境因素对供应链的运行具有重要的作用,它们直接影响着市场状态、供应链成员间的相互关系、业务流程及业务流程所引起的物流、资金流和信息流的状态。一个供应链在一个国家或地区运行良好,而在另一个国家或地区则效果极差，甚至根本无法运行。因此，供应链的设计必须充分考虑其即将运行其中的环境因素。不仅如此，由于环境也存在着不确定性，会随着时间的推移发生变化。所以，为适应这种环境的不确定性，设计供应链还必须保持一定的柔性，以提高其对环境的适应性。

4. 供应链设计与企业再造工程问题

从企业的角度看，供应链的设计是按照新的集成化管理思想对企业的改造，这是分工和技术发展的结果，也是现代激烈的市场竞争的内在要求。现代社会分工越来越细密化，导致包括物流在内的新的产业部门的诞生，而信息技术、网络技术和计算机技术的发展，改变了原有的空间概念，企业可以在全球范围内实现分工和合作，这同时也导致了企业间更加激烈的市场竞争。因此，既能限制企业规模，从而降低管理成本，又能通过合作降低交易成本，同时还能够快速响应市场，实现速度经济的供应链管理成为适应时代的新战略。尽管业务流程重组（BPR）"教父"哈默和钱皮一再强调其彻底的、剧变式的企业重构思想，但实践证明，实施业务流程重组（BPR）的企业最终还是走向改良道路。因此，供应链的设计或重构并不是彻底推翻现有的企业模型，而是从管理思想革新的角度出发，改造和创新，用新的管理理念武装企业（如动态联盟与虚拟企业，精细生产）。它是基于系统进化思想的企业再造，即在原有管理体系和组织结构基础上，整合已有资源，发展合作伙伴，将发挥自我优势和充分利用外部资源，与关系企业共同创造价值增值，分享现代分工发展的好处。

5. 供应链设计与先进制造模式的关系问题

供应链设计既是从管理新思维的角度去改造企业，也是将先进制造模式有效地运用到企业和供应链的过程。如果没有全球制造和虚拟制造这些先进的制造模式的出现，集成化供应链的管理思想是很难实现的。正是先进制造模式的资源配置沿着"劳动密集—设备密集—信息密集—知识密集"的方向发展，才使得企业的组织模式和管理模式发生相应的变化，从制造技术的技术集成演变为组织和信息等相关资源的集成。因此，供应链设计应把握这种内在的联系，使供应链管理成为适应先进制造模式发展的先进管理思想。

特别提示

> 供应链本身是一系列独立的、在业务上相互关联的企业在共同利益基础上结成的网络，供应链管理的突出特点是系统性。各企业及其相关部门之间相互作用、相互影响、相互制约。要实现这些企业和部门的协作，设计供应链必须从系统性角度考虑问题。

3.1.3 供应链的设计原则

在供应链的设计过程中，为了使供应链管理思想得到切实的贯彻，实现供应链设计的目标，必须遵循一些基本的原则，这些原则主要体现在以下几方面。

1. 自顶向下和自底向上相结合的设计原则

在系统建模设计方法中，存在两种设计方法，即自顶向下和自底向上的方法。自顶向下的方法是从全局走向局部的方法，自底向上的方法是从局部走向全局的方法；自上而下是系统分解的过程，而自下而上则是一种集成的过程。设计一个供应链系统，往往是先由高层做出战略规划与决策,然后由下级部门执行;下级部门在执行过程中,将发现的问题及时反馈给高层,在双方交流中对设计的规划、目标和细节问题进行完善。

2. 简洁性原则

为了能使供应链具有灵活、快速响应市场的能力,供应链的每个节点都应是简洁的、具有活力的,能够实现业务流程的快速组合。因此,应尽可能减少各节点上的供应商,精心选择合作伙伴,建立长期的战略伙伴关系。同时,每一个业务流程都应尽可能简洁,从而避免无效的作业,有效地实施准时生产(JIT)的供应方式。

3. 集优化原则

集优化原则也称互补性原则。供应链上节点企业的选择应遵循优势互补、强强联合的原则,每个企业集中精力致力于各自核心的业务过程,就像一个独立的制造单元(独立制造岛)。这些单元化企业自我组织、自我优化、面向目标、动态运行和充满活力,能够实现供应链业务的快速重组,从而使各企业资源得到充分利用。

4. 协调性原则

供应链合作伙伴之间的协调程度将直接影响到供应链业绩的大小,因此设计供应链应能充分地发挥系统各成员和子系统的能动性、创造性和系统与环境的总体协调性,保证整体系统发挥最佳的功能。在组织机制和管理程序上,应从供应链整体角度考虑,避免各个节点企业狭隘的、利己的本位主义影响各个节点企业之间的和谐关系,确保供应链整体始终保持协调。

5. 动态性原则

市场是不确定的,因此,供应链必须根据市场环境的变化不断地调节。只有这样,才能保证供应链的高效性。否则,供应链的运作绩效将会受到影响。因此,进行供应链设计时,对于成员企业的进入和退出,以及作业流程安排等,应保留一定的柔性。同时,应加强成员企业之间的信息透明度,确保成员企业能够及时获取市场信息,并根据市场需要及时调整。只有这样,供应链才能动态地适应市场,确保供应链的整体活力。

6. 创新性原则

虽然供应链的设计存在一定的模式,并且这些模式依赖于一定的客观基础,但由于众多企业之间的关系千差万别,由不同企业组成的供应链不可能千篇一律。因此,进行供应链设计时,在基本模式基础上进行适当的创新是必要的。没有创新性思维,就不可能有创新的管理模式,也不可能取得满意的供应链设计效果。企业创新性地设计供应链,就是要在创新性思维的指导下,敢于用新的角度、新的视野审视原有的管理模式和体系,跳出本企业范围和视野,从企业合作的角度进行大胆地创新设计。进行供应链创新性设计必须注意以下几点:一是创新应与战略目标保持一致;二是要从市场需求的角度出发,综合运用企业的能力和优势;三是发挥企业各类人员的创造性,集思广益,并与其他企业共同协作,发挥供应链整体优势;四是建立科学的供应链和项目评价体系及组织管理系统,在经济分析和可行性论证的基础上进行创新。

7. 战略性原则

与业务伙伴结成供应链联盟,属于企业战略层面的问题。因此,供应链的设计应从企业战略发展的角度考虑,建立适应企业长远发展的稳定的供应链体系模型;供应链系统结构的发展应和企业的发展战略规划保持一致,并在企业战略规划的指导下进行。

3.1.4 基于产品的供应链设计步骤

菲舍尔(Fisher)认为,供应链的设计要以产品为中心,即应设计出与产品特性一致的供应链。基于产品(或服务)的供应链设计步骤,如图3.1所示。

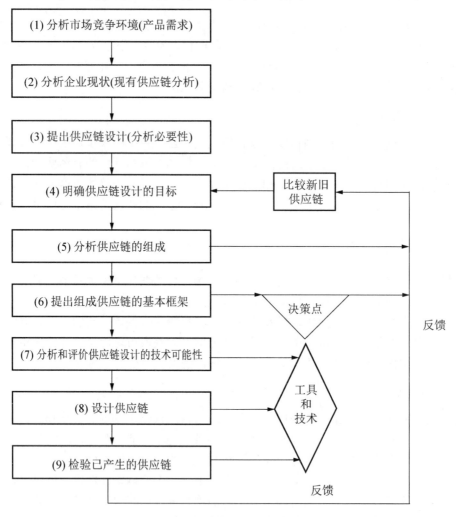

图 3.1 供应链设计的步骤

1. 分析市场竞争环境

分析企业特定产品和服务的市场竞争环境,了解市场需求什么样的产品和服务;市场各类主体,如用户、零售商、生产商和竞争对手的状况如何。通过专项调查,了解产品和服务的细分市场情况、竞争对手的实力和市场份额、供应原料的市场行情和供应商的各类状况、零售商的市场拓展能力和服务水准、行业发展的前景,以及诸如宏观政策、市场大环境可能产生的作用和影响等,分析和判断有关产品的重要性排列、供应商的优先级排列、生产商的竞争实力排列、用户市场的发展趋势,以确定哪些产品的供应链需要开发。

2. 分析企业现状

对企业现状的分析就是对企业现有的供应、需求管理现状进行分析和总结。如果企业已经建立了自己的供应链管理体系,则对现有的供应链管理现状进行分析,及时发现在供应链的运作过程中存在的问题,或者说哪些方式已出现或可能出现不适应市场发展的端倪,同时挖掘现有供应链的优势。分析的目的不在于评价供应链设计策略中哪些更重要和更合适,而是着重于研究供应链设计的方向或者说设计定位,同时将可能影响供应链设计的各种要素分类罗列出来。

3. 提出供应链设计

根据对市场环境和企业状况的分析情况,提出供应链设计的设想,分析其必要性。特别是对于原来的供应链,要认真分析是否进行重构。

4. 明确供应链设计的目标

基于产品和服务的供应链设计,其主要目标在于获得高品质的产品、快速有效的用户服务、低成本的库存投资或者低单位成本费用投入等目标,并在多个目标之间取得平衡,最大限度地避免这几个目标之间的冲突。除此之外,还需要对以下基本的具体目标进行分析:进入新市场或者拓展老市场,开发或调整产品,开发分销渠道,改善售后服务水平,提高用户满意程度,建立战略合作伙伴联盟,降低成本,降低库存,提高工作效率等,并分清主次,注意这些目标之间的平衡。

5. 分析供应链的组成

这一步主要分析制造工厂、设备、工艺和供应商、制造商、分销商、零售商和用户的选择及其定位,确定选择与评价的标准。并对供应链上的各类资源,如供应商、用户、原材料、产品、市场、合作伙伴与竞争对手的作用、使用情况、发展趋势等进行分析。在这个过程中要把握可能对供应链设计产生影响的主要因素,同时对每一类因素产生的风险进行分析研究,给出风险规避的各种方案,并将这些方案按照所产生作用的大小进行排序。

6. 提出组成供应链的基本框架

分析供应链上主要的业务流程和管理流程,描绘出供应链物流、信息流、资金流、作业流和价值流的基本流向,提出组成供应链的基本框架。在这个框架中,供应链中各组成成员如生产制造商、供应商、运输商、分销商、零售商及用户的选择和定位应予以确认,同时组成成员的选择标准和评价指标应该基本上得到完善。

7. 分析和评价供应链设计的技术可能性

供应链设计框架建立之后,需要对供应链设计的技术可行性、功能可行性、运营可行性、管理可行性进行分析和评价。在各种可行性分析的基础上,结合核心企业的实际情况以及对产品和服务发展战略的要求,为开发供应链中技术、方法和工具的选择提供支持。

同时，这一步还是一个方案决策的过程，如果分析认为方案可行，就可继续进行下面的设计工作；如果分析认为方案不可行，就需要重新进行设计。

8. 设计供应链

这一步需要解决以下关键问题：供应链的具体组成成员，如供应商、制造商、分销商、客户等的选择与定位；原材料的供应情况，如供应商、运输流量、价格、质量、提前期等方面的问题；生产设计的能力，如需求预测、生产运输配送、生产计划、生产作业计划和跟踪控制、库存管理等方面的问题；销售和分销能力设计，如销售/分销网络、运输、价格、销售规则、销售分销管理、服务等问题；信息化管理系统软、硬件平台的设计；物流通道和管理系统的设计等。在供应链设计中，需要广泛地应用许多工具和技术，如归纳法、流程图、仿真模拟、管理信息系统等。

9. 检验已产生的供应链

供应链设计完成以后，需要通过模拟一定的供应链运行环境，借助一些方法、技术对供应链进行测试、检验或试运行。如果模拟测试结果不理想，就返回第4步重新进行设计；如果没有什么问题，就可以实施。

3.1.5 基于产品的供应链设计策略

基于产品的供应链设计策略就是围绕市场的产品需要来设计供应链。首先，需要了解客户需求什么样的产品，这些产品的寿命周期、边际贡献、品种、提前期和服务的市场标准等，然后采取相应的设计策略。

1. 辨别产品类型

不同的产品类型对供应链设计有不同的需求。根据产品的客户需求模式分类，产品可以分为两类：功能性产品和创新性产品。两种不同类型产品的比较见表3-1。

表3-1 两种不同类型产品需求特征比较

需求特征	产品类型	
	功能性产品	创新性产品
产品寿命周期	超过两年	1～3年
边际贡献	5%～20%	20%～60%
产品多样性	低（每一目录10～20个）	高（每一目录上千个）
预测的平均边际错误率	10%	40%～100%
平均缺货率	1%～2%	10%～40%
季末降价率	0%	10%～25%
按订单生产的提前期	半年到一年	1～2天

资料来源：马士华，林勇. 供应链管理[M]. 2版. 北京：高等教育出版社，2006：79.

功能性产品具有变化小、市场需求稳定且可预测、生命周期长等特点，它主要以产品功能来满足消费者的基本生活需求，由于产品功能明确，变动性小，市场竞争充分，其边际利润较低。如日用百货，主要用于满足人们的基本生活需求，竞争来自产品质量和服务，需求量相对稳定，因而是可以预见的。生产这类产品的公司主要精力集中于使成本最小化，这样就使得整条供应链以降低物流运作成本为核心，各供应商、制造商和零售商通过协调行动，以最低的成本满足客户的需求。

创新性产品一般周期短、更新快，市场需求变化频繁，因而难以预测。如时装，产品的设计和生产跟随时尚潮流，周期非常短。一旦迎合了市场，就可以在短期内大量销售，并获得单位产品的高额利润。但这种赢利效应必然引起跟风仿造，导致基于创新的竞争优势在短时间内迅速消失，并引起新一轮的创新设计和生产。因此，创新产品的生命周期很短(通常只有几个月)。这种生命周期短、产品多样化的特点使需求变化大而迅速，难以预测，这样就增加了供求不平衡的风险。投入市场前期销售、以获得高利润的重要性会增加产品短缺的成本；而产品的短生命周期则增加了产品过时的风险和过度供应的成本。因此，对创新性产品而言，市场调节成本具有关键性的意义。对企业而言，最重要的是仔细研究新产品在整个周期内的销售量或其他市场信号并快速反应，供应链内部和反映市场变化的信息流就显得特别重要；对于存货和生产能力来说，其关键是确定存货和生产能力在供应链中的位置以迅速做出调整，应对不确定的需求；在选择供应商方面，要考虑的不是低成本，而是供货的速度和灵活性。

2. 设计策略

功能性产品和创新性产品的不同特点，决定了它们所选择和设计的供应链存在明显的差异性。功能性产品的低成本特性要求选择效率性供应链，而创新性产品的上市速度与灵活性则要求响应性供应链与之相匹配(见表3-2)。

表3-2 供应链设计与产品类型策略矩阵

供应链类型	产品类型	
	功能性产品	创新性产品
效率性供应链	匹配	不匹配
响应性供应链	不匹配	匹配

该矩阵显示了四种可能的产品与供应链组合，它清楚地说明产品与供应链匹配的最佳组合应该是：功能性产品对应效率性供应链，创新性产品对应响应性应链，即表中左上方与右下方内的组合。

右下方(响应性供应链，创新性产品)说明，市场反应速度快、适合于生产创新性产品的企业，在响应性供应链上的投资回报率要比在效率性供应链上的投资报率高得多。若企业采用响应性供应链来生产功能性产品(左下方)，即使增加投资，也可能获利较少，得不偿失。

创新性产品的需求不确定性，设计市场响应性供应链与之匹配时，应在以下几个方面做出努力：使不同产品拥有尽可能多的通用件，增强某些模块的可预测性，从而减少需求的不确定性；缩短提前期，增加供应链的柔性，使企业能按照订单生产，及时响应市场需求，在尽可能短的时间内提供客户所需的个性化的产品；当需求的不确定性被尽可能地降低或避免时，用安全库存或充足的生产能力来规避其剩余的不确定性。这样当市场需求旺盛时，企业就能尽快地提供创新性产品，从而减少缺货损失。

效率性供应链与功能性产品能够匹配，但企业利润率较低。因此，在供应链设计时，应特别注意以下几个方面：削减企业内部成本；加强企业与供应商、分销商之间的协作，从而有效降低整条供应链上的成本；降低销售价格，这是建立在有效控制成本的基础之上的。但一般不轻易采用，需要根据市场竞争情况而定。

右上方(效率性供应链，创新性产品)的组合也很常见。由于创新性产品可观的边际利润，尽管竞争日益激烈，越来越多的企业还是不断从生产功能性产品转向生产创新性产品，但其供应链并未发生改变。例如，一些个人计算机厂商在提供新产品时，过于注重成本，追求库存最小化和较低的采购价格，忽视供货速度和灵活性，因担心增加成本而不愿缩短提前期，从而造成交货速度太慢，不能及时响应日益变化的市场需求，缺货损失甚为可观。更糟的是被竞争对手抢先占领了市场，新产品还没有在市场上占有一席之地，就处于淘汰的境地，损失惨重。

如何改进右上方这种状况呢？一种方法是向左平移，将创新性产品变为功能性产品；另一种方法是向下垂直移动，实现从效率性供应链向市场响应性供应链的转变，这需要企业进行创新管理体系，投资改变软、硬条件。而正确的移动方向取决于创新性产品所产生的边际利润是否足以抵消采用市场响应性供应链所增加的成本。

生产功能性产品的公司不需要为建立响应性供应链而增加投入。如果产品一直是功能性的，那么，公司通常会愿意保持效率性供应链。因此，一般很少有公司处于矩阵的左下方。

总之，在为企业寻找理想的供应链之前，必须先确定市场需要的产品的类型和企业供应链的类型，并使两者合理匹配，从而实现企业产品和供应链的有效组合。

特别提示

功能性产品和创新性产品的不同特点，决定了它们所选择和设计的供应链存在明显的差异性。功能性产品的低成本特性要求选择效率性供应链，而创新性产品的上市速度与灵活性则要求响应性供应链与之相匹配。

阅读案例 3-1

全球酒精饮料生产商帝亚吉欧的网络优化[①]

帝亚吉欧(Diageo)是全球最大的蒸馏酒生产商，亦是知名的葡萄酒及啤酒生产商，总部位于英国，旗下品牌包括尊尼获加(Johnnie Walker)、健力士(Guinness)、添加利(Tanqueray)、斯米诺(Smirnoff)和百利(Baileys)。帝亚吉欧的酒精饮料在全球180个国家和地区销售，公司在伦敦和纽约证券交易所上市。

亚洲是帝亚吉欧最大的市场。2006年以前，供应亚洲的酒当中，92%都是在苏格兰生产，储存在欧洲仓库，当收到个别亚洲国家和地区的订单时，帝亚吉欧便会从欧洲把产品运送到当地市场。由于各地市场在质量标准、消费场合、法规和税务上的要求不同，货物在运抵市场出售前，都需要重新调整包装及标签。

---

① 冯氏集团利丰研究中心. 创新供应链管理：利丰冯氏的实践[M]. 3 版. 北京：中国人民大学出版社，2021：181-185.

这种运作模式存在不少问题。首先，前置时间太长，加上欧洲到亚洲各城市的路程远，导致安全库存过多，欧洲仓库积压严重；而且因为产地与销地距离远，厂商对市场需求的变化反应缓慢，有时一些货物已按需求预测提前包装，但由于某些不确定因素需要重新包装，费时费事；另外，亚洲消费市场崛起，时尚食府越来越多，对洋酒的需求也越来越大，而亚洲各市场的需求不均，可能出现因应对大订单客户而牺牲了准时配送给小订单客户的情况。因此，帝亚吉欧希望利丰物流能帮助找寻一种新物流方案，解决亚洲繁复的供应链问题，提高亚洲市场的销售量。

利丰物流分析了帝亚吉欧的亚洲供应链问题后，利丰物流提出一个供应链优化方案，具体内容分为以下两个部分。

(1) 选择最佳的亚洲物流枢纽中心位置，可供应给11个周边市场，包括新加坡、印度、印度尼西亚、澳大利亚、泰国、中国、日本、菲律宾及韩国等。

(2) 设计一套包装方案，包括产品在最终市场出售时的特别标签及包装。

1. 亚洲物流枢纽中心选址

在众多潜在物流选址当中，利丰物流认为新加坡位处东南亚的中心，地理位置一流，而且新加坡对进出口的酒类物品实施特别关税率，比不少周边城市的关税率更低。同时，新加坡口岸也是亚洲最有效率的口岸之一，它能有效处理大量的进出口集装箱，并能在一天之内完成清关手续。因此，在2006年，利丰物流为帝亚吉欧在新加坡开设物流中心。

新加坡物流中心的启用大大提升了帝亚吉欧的亚洲订单管理及物流操作水平，降低了整个地区的总库存量，缩短了亚洲每一个市场的存货周期，帮助减小了需求波动。这亦意味着每个市场的订货频率会增加但每次只会订购适度的货量，从单个市场的层面看，各地都可节省仓储成本。

另一个更显著的成效是亚洲订单的履约时间从以往的8个星期降至约2个星期。若有任一市场缺货，紧急补货可由欧洲出货改为新加坡物流中心出货，所需时间由一个月缩短到几天，大大减少了因缺货而导致的销售损失。此外，新加坡物流中心可以将亚洲市场的订单整合，通过拼柜减少航运成本及时间，总运输成本可节省20%。

2. 建设自动化系统

利丰物流在新加坡的物流中心拥有一个全自动仓储存取系统。使这套系统能够实现无人操作，从货品到达仓库开始，至储存于预先安排的货架到订单后自动提取指定货物，整个流程由自动化的机械及计算机操作。在库存层面，这个高度自动化系统消除了人为的错误；在信息化层面，容许100%的可视化操作，能在任何时候显示产品储存的确切地点；在管理层面，帝亚吉欧的后台系统直接连接了利丰物流的仓储系统，实时掌握亚太地区各市场的供应链状况。此外，这套系统还具有温度控制功能，严格管理及控制仓库的温度，令帝亚吉欧的酒类品质更有保障。

3. 增值服务——延后策略的实施

除此以外，利丰物流亦为帝亚吉欧提供一项增值服务，就是针对各销售市场以半自动化生产线进行高速包装服务，配合熟练的人手来处理复杂的包装操作，包装速度达到每分钟10瓶酒类产品。例如，当一个集装箱的威士忌从苏格兰运抵新加坡物流中心时，酒瓶瓶身是半空白，并未贴上文字标签。在物流中心收到来自中国市场的订单后，包装团队便会根据订单要求贴上符合中国政府规定的专用标签。这种延后包装策略，可弹性处理不同市场的需求及灵活调货，按需生产，有效解决帝亚吉欧一直以来的高库存问题。此外，该物流中心还提供以下服务：

(1) 为个别品牌进行具有节日特色的包装，如圣诞节和情人节的礼品包装；

(2) 进行货品检测，确保产品的质量、包装、标签均符合要求。

4. 帝亚吉欧与利丰物流共同成长

早在1999年，利丰物流就负责帝亚吉欧的第三方物流工作。之后，利丰物流知悉帝亚吉欧在东南亚遭遇困境，便帮助帝亚吉欧设计延后策略，2006年设立了新加坡物流枢纽中心，彼此的合作关系更加巩固，新物流方案的成功亦令双方的业务更上一层楼。之后，帝亚吉欧的业务扩展到泰国及菲律宾，利丰物流自然也成为帝亚吉欧在新市场的合作伙伴。

由于市场需求日益增大，新加坡物流中心的运力已接近饱和。2016年，利丰物流设立了新加坡全境最大且有温控设备的保税物流中心World Gateway，为帝亚吉欧及其他客户提供更全面的物流服务，提升在亚洲市场的竞争力。

新加坡拥有优越的地理位置，地处亚洲主要贸易路线的中心，是亚洲领先的物流枢纽之一，World Gateway是利丰物流在东南亚和南亚实现扩张计划的关键，能够满足利丰物流不断增长的区域枢纽服务需求，帮助客户提高电子商务和全渠道物流的竞争力。

利丰物流得到新加坡经济发展局的支持，获得30年的土地租赁权兴建物流中心。仓库楼高9层，面积近10万平方米，能够储存13万个托盘，处理运力达每小时550个托盘，可全面应对蓬勃发展中的亚洲电子商贸。

World Gateway设有全自动仓储存取系统、半自动化托盘穿梭系统仓储机器人、电子标签分货系统，拥有顶尖的电商物流解决方案。此外，World Gateway还附有温度调节功能，一半为空调仓库，以存放食物及酒类货物，而非空调的部分则存放服装鞋履等产品。运营仅仅一年的时间，已有超过60家跨国快消、电商品牌入驻World Gateway。除了拥有先进的智能系统方便操作，World Gateway的构建还考虑到物流对环境的影响，采用可持续发展和节能设计。

【3-1 拓展期刊】

3.2 网络设计决策的影响因素

3.2.1 宏观经济与政治因素

宏观经济因素包括税收、关税、汇率和其他一些经济因素，这些因素是独立于单个企业的外部因素。随着贸易的增长和市场的全球化，宏观经济因素对供应链网络的成败产生了很大影响。因此，这迫使企业在进行网络设计决策时必须考虑这些因素。

1. 关税和税收减让

关税是指当产品或设备经过国界、州界和城市边界时必须支付的税收。关税对供应链网络布局决策有很大影响。如果一个国家关税高，企业要么就放弃这个国家的市场，要么就在该国建设生产厂以规避关税。高关税导致供应链网络在更多的地方进行生产，配置在每个地方的工厂生产能力都较小。随着世界贸易组织的成立和地区性协议(如北美自由贸易协议和南美的南方共同市场等)的签订，关税已经下降，企业现在可以通过建立在一国以外的厂家向该国提供产品而无须支付高额的关税。因此，企业开始集中布局其生产和配送基地。对全球企业来说，关税降低导致了生产基地的减少和每一基地生产能力的扩大。

税收减让是指国家、州和城市的关税或税收的削减，以鼓励企业布局于某一区域。许多国家不同地区之间的税收减让不一样，以鼓励企业在发展水平较低的投资。对许多工厂来说，这种减让往往是布局决策的最终决定因素。例如，通用汽车在田纳西州建立的赛特恩(Satum)基地，主要是因为州政府提供的税收减让。宝马(BMW)公司在斯帕恩伯格建立的组装Z3的工厂，主要是因为南加州提供的税收减让。

发展中国家通常建立自由贸易区，在自由贸易区里只要产品主要用于出口，就免收关税，这大大地吸引了全球化企业在这些国家建立工厂，以充分利用这里的廉价劳动力。例如在中国，广州附近建立的自由贸易区就吸引了几家全球化公司在这里建立生产基地。

许多发展中国家在工人培训、吃住、交通运输等方面提供优惠，此外，还给予额外的税收减免，依据技术水平的不同制定差异性关税。如中国，为了吸引国外公司投资并引进其所没有的技术，对高技术产品完全免税。例如，摩托罗拉在中国建立了一个工厂，就利用关税减免政策和其他一些高技术产品获得税收减免。

许多国家和组织包括美国和欧盟，对进口的地方性内涵和限制有最低要求，这些政策使企业在当地建立许多生产基地，并从当地供应商那里获取原料。比如说，美国对来自不同国家的服装进口有限制，为此企业在许多国家建立工厂以避免可能的限制标准。对从不同国家进口的限制导致了供应链中生产基地的增多。

2. 汇率和需求风险

汇率波动对服务世界市场的供应链的利润有显著影响。例如，一家公司在美国销售其在日本生产的产品，就可能面临着日元升值的风险。在这种情形下，生产的成本用日元衡量，而收益却用美元衡量。因此日元升值将造成生产成本的增加，从而减少企业利润。20世纪80年代，日元升值时许多日本厂商都面临着这一个问题，那时它们的生产力大部分布局在日本并服务于广阔的海外市场。日元升值减少了它们的收益，利润也随之下降。为此，大多数日本厂商需要在世界各地建立生产基地，来对日元升值做出回应。

人们可以运用金融工具化解汇率风险，因为金融工具可以限制或规避汇率波动带来的损失。设计良好的供应链网络也可以提供利用汇率波动增加利润的机会；其中一个有效的方法是，在网络中多规划一部分生产能力，以使生产能力具有灵活性，从而能满足不同市场的需求。这种灵活性使企业可以在供应链中改变产品的流向，并在当前汇率下成本较低的基地生产更多的商品。

公司还必须考虑到由于经济波动而导致的需求波动。举例说，亚洲经济在1996—1998年增速放慢，在亚洲拥有生产基地的企业，如果供应链网络中毫无灵活性，这些企业在亚洲地区的大量生产基地就会闲置。而生产基地中具有较大灵活性的企业，却能利用这部分生产能力来满足其他地区的高需求。正如本章前面提到的1997年之前丰田在亚洲的装配线只能为当地市场提供产品。亚洲危机促使丰田让自己的生产基地能用来满足别国的市场需求。进行供应链设计时，企业必须使之具有高度的灵活性，以应付汇率波动和不同国家的需求波动。

3. 政治因素

政治因素是布局中需要重点考虑的。企业倾向于将生产基地布局在政局稳定的国家，这些国家的经济贸易规则较为完善，拥有独立和明确法制，使企业觉得在这些国家投资建厂是有保障的。政治因素很难量化，所以企业在设计供应链时只能进行主观的评价。

3.2.2 战略与基础设施因素

1. 战略因素

供应链战略与竞争战略匹配是企业成功的重要条件，也是供应链设计必须考虑的因素。

供应链网络设计决策需要从战略层面考虑供应链的反应能力与赢利水平的平衡，因为每一种提高反应能力的战略，都会付出额外的成本，从而降低赢利水平。一般意义上的供应链是在反应能力与赢利水平之间进行权衡。一个企业的竞争战略对供应链的网络设计决策有重要影响。强调生产成本的企业，趋向于在成本最低的区位布局生产设施；强调反应能力的企业，趋向于在市场区附近布局生产设施。例如，意大利的服装生产厂家已经开发了弹性生产设施，使他们能够迅速提供种类繁多的服装。注重反应能力的企业不惜以较高的成本，来购进意大利生产厂家的服装。便利连锁店力求接近消费者，这是其竞争战略的一部分。因此，便利店网络在区域范围内往往开有很多家商店，尽管每家商店都不大。相反，山姆会员店实施的是提供廉价商品的竞争战略，这类会员店往往辐射范围比较大，顾客到会员店的距离一般比较远。

特别提示

> 供应链网络设计决策需要从战略层面考虑供应链的反应能力与赢利水平的平衡，因为每一种提高反应能力的战略，都会付出额外的成本，从而降低赢利水平。一般意义上的供应链是在反应能力与赢利水平之间进行权衡。

2. 基础设施因素

良好的基础设施是在特定区域进行布局的先决条件，糟糕的基础设施使得在这一区域进行商务活动的成本增加。全球化的大企业在上海、天津和广州附近安家，尽管这些地区的劳动力成本不菲、地价较高，但这里基础设施较为完善。关键的基础设施因素包括：场地的供给、劳动力的供给、靠近运输枢纽、铁路服务、靠近机场和码头、高速公路入口、交通密集和地方性公用事业等。设计全球网络的过程中，明确每一设施的使命和战略作用也是非常重要的。弗尔道斯(Ferdows)将全球供应链网络中的不同设施分为以下几类。

(1) 沿海设施——以出口为目的的低成本生产工厂。对于布局有同样工厂的国外市场而言，沿海工厂起到了低成本供应源的作用。沿海工厂的区位选择，必须考虑劳动力和其他耗费的价格低廉，以进行低成本生产。

(2) 原料地设施——着眼于全球的低成本工厂。原料地设施的首要目标仍然是低成本，但其战略作用已经比沿海工厂扩大了。原料地工厂通常是整个全球网络的主要生产基地。原料地工厂倾向于布局在生产成本较低、基础设施较好且熟练劳动力充足的地方。良好的沿海工厂要经历一段时间才能演化为原料地工厂。例如，Nike在韩国和中国设立的工厂。两个地方起初都是由于劳动力成本低而设置的沿海工厂，经过一段时间后，随着新产品的开发和生产，产品销往世界各地，这些生产厂发展成为原料地工厂。

(3) 隔离性设施——地区性生产厂。隔离性生产厂的目标是为当地市场服务。隔离性设施出现的原因是税收减免、地方性需求的满足、关税壁垒或者从其他地区满足该地需求的高成本。20世纪70年代后期，日本铃木(SUZUKI)公司与印度政府合作建立了马鲁蒂公司。起初，马鲁蒂公司是作为一个隔离性生产基地建立的，只为印度市场生产汽车，该生产基地的产品使用铃木商标，规避了印度进口汽车的高额关税。

(4) 贡献者设施——拥有技术开发能力的地区性生产基地。贡献者设施服务于当地市场，但同时也承担着产品地方化、进行改进性加工、产品修正和产品开发的责任。大多数隔离性设施经过一段时间的发展后会成为贡献者设施。马鲁蒂在印度的工厂现在为印度和海外市场开发了许多新产品，已经从一个隔离性设施发展成为一个贡献者设施。

(5) 前哨性设施——为获取地方技术而建立的区域性生产基地。前哨性设施主要为了获取可能存在于区域内的知识和技术而布局的生产基地。考虑到它的选址，它也起着一个隔离基地的作用。其主要目标乃是作为整个网络的知识和技术的发源地。许多跨国公司不惜高成本在日本设立生产基地，就是因为其中绝大多数基地能起到前哨性生产基地的作用。

(6) 领先性设施——在技术开发和加工中起先导作用的生产基地。领先性设施为整个网络创造出新产品、新工艺和新技术。领先性设施通常布局在便于获取熟练劳动力和技术资源的地区。

3.2.3 技术与竞争性因素

1. 技术因素

产品技术特征对网络设计有显著影响。如果生产技术能带来显著的规模经济效益，布局少数大容量的设施是最有效的。电脑的芯片生产就是这样，它需要很大一笔投资。因此，大多数公司都建立数量极少但规模很大的芯片生产厂。相反，如果设施建设的固定成本较低，就应该建立为数众多的地方性生产设施，因为这样做有助于降低运输成本。比如说，可口可乐瓶的生产厂固定成本较低，为了减少运费，可口可乐在世界各地都建有可口可乐瓶的生产厂，每一生产厂能满足周围地区的市场需求。

生产技术的灵活性影响到网络进行联合生产的集中程度。如果生产技术很稳定，而且不同国家对产品的要求不同，产品就必然在每一个国家建立地方性基地为该国的市场服务。相反，如果生产技术富有灵活性，在较少的几个大基地进行集中生产，就显得简单易行。

2. 竞争性因素

设计供应链时，公司必须考虑到竞争对手的战略、规模和布局；一项基本的决策便是，企业是临近还是远离竞争对手布局。决定这一决策的因素包括：企业如何进行竞争及诸如原材料和劳动力等外部因素是否迫使其相互靠近等。

积极外部性是指许多企业邻近布局使他们均受益。积极外部性促使企业相互靠近布局。比如说，加油站和零售店倾向于靠近布局，因为这样做增加了总需求，使双方都受益。通过在一条商业街上集中布局相互竞争的零售店，方便了顾客，使他们只需要驾车到一个地方，就可以买到他们所需要的所有东西，这增加了这条商业街顾客到访的人数，增加了所有布局在那里的商店的总需求。另一个积极外部性的例子是，在一个待发展地区，一个竞争者的出现使得合适的基础设施得到发展。比如说在印度，铃木公司是第一家在此设立生产基地的汽车厂商，他们花费大量精力在印度建立起地方性供应网络。考虑到铃木公司在印度的良好供应基础，其竞争对手在那儿也建立了装配厂，因为他们发现在印度生产汽车比从国外进口更合算。

在积极外部性不存在时，企业也可以集中布局，以攫取最大可能的市场。当企业不能控制价格，而只是在与客户距离的远近上相互竞争时，它们就能通过相互接近的布局获取最大的市场份额。

3.2.4 响应时间因素

设计供应链网络时，企业必须考虑到客户要求的响应时间。企业的目标客户若能容忍较长的响应时间，那么企业就能集中力量扩大每一设施的生产能力。相反，如果客户群认为较短的反应时间很重要，那么它就必须布局在离客户较近的地方。企业就应当设有许多生产基地，每个基地的生产能力较小，由此来缩短对客户需求的反应时间，增加供应链中设施的数量。如图 3.2 所示。

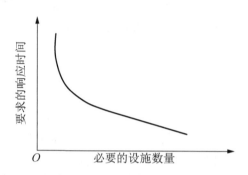

图 3.2 客户要求的响应时间与设施数量之间的关系

例如，如果便利店离顾客较远，顾客可能就不会光顾。因此，便利店最好能在区域内分散布局，以方便更多人购物。而需要购买较多东西的顾客可能会去超市，尽管去超市的距离比较远。因此。超级市场一般比便利店规模要大，而分布也不那么密集。

如果一家企业向顾客提供送货服务，选择快速运输方式可以使它只需建立少数几个生产基地和很短的反应时间，但这种方案增加了运输成本。而且，在一般情况下，与顾客接近的设施非常必要。比如说，一家咖啡店可能会吸引在周围生活和工作的顾客，快速的运输方式不能替代它，也不能用来吸引不在附近的顾客。

3.2.5 物流总成本因素

当供应链中的设施数量、设施布局和生产能力配置改变时，物流总成本就会相应改变。进行配送网络设计时，企业必须考虑运输、库存和运营成本，它们与设施数量的关系，如图 3.3 所示。

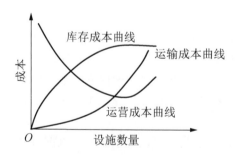

图 3.3 设施数量与成本的关系

进货运输成本是指向设施运进原材料时发生的成本。送货运输成本是指从设施送出货物时发生的成本。单位送货成本一般比单位进货成本高,因为进货量一般较大。例如,在进货方面,亚马逊公司的仓库收到整车装运的书,但送货时却只向顾客寄一个小包裹,一般只有几本书。增加仓库数量就能更接近顾客,从而减少送货距离。因此,增加设施数量就能减少运输费用,但如果设施数量增加到一定数目,使得批量进货规模很小时,设施数量的增加也会使运输费用增多。随着自身的发展,亚马逊网上书店已经在其供应链网络中增加了仓库的数量,以便节省运费,缩短反应时间。

如果随着加工过程的深化,原材料的重量和体积显著减小,那么靠近原材料供应点处布局生产点要比靠近消费者好。比如,为钢铁厂选址,因产品比原材料的体积和重量都小了很多,为了减少运输成本应将钢铁厂布局在原料供应地附近为宜。

相反,当供应链中设施数目增加时,库存及由此引起的库存成本与运营成本就会增加,为了减少库存成本与运营成本,企业经常会尽量合并设施以减少设施数量。可见,为了使供应链的物流总成本最低,网络设计需要综合平衡各种成本因素。

 阅读案例 3-2

供应链助力每日优鲜无人货架"便利购"①

每日优鲜,隶属于北京每日优鲜电子商务有限公司,专注于优质生鲜的移动电商。腾讯投资成员企业,致力于重构供应链,连接优质生鲜生产者和消费者,为用户提供精致的生鲜电商服务体验。2014年11月成立至今,已完成在水果、肉蛋、水产、蔬菜、乳品、饮品、零食、轻食、粮油9个品类的布局,并在北上广深等全国核心城市建立起"城市分选中心+社区配送中心"的极速达冷链物流体系,为全国数百万客户提供2小时送货上门的极速达冷链配送服务。

2017年10月31日,京城雾霾再次来袭,但望京南无界空间的每日优鲜办公室内,却仍然人来人往。每日优鲜副总裁、无人货架"便利购"项目负责人李漾正在办公桌前忙碌着,仔细敲定便利购扩展的每一流程。作为便利购优势竞争核心的供应链团队亦不敢放松,谨慎仔细梳理着商品上架名单,为即将到来的"百日会战"紧锣密鼓的筹备着。在这场竞争激烈的办公室"无人货架"战争中,作为有着核心供应链优势的参与者,他们都希望"便利购"能够脱颖而出……

1. 背景介绍

作为2017年的风口之一,无人零售尤其是无人货架受到了资本和巨头的青睐。这一针对办公室场景的零售模式一出,便引来了满城风雨。阿里投资的"盒马鲜生",新兴企业猩便利,无论电商行业巨头还是传统零售业商,都不希望错过"无人货架"这个万亿规模的市场,在线上市场已饱和的情况下,纷纷盯准办公室这一"空白"市场,投资挤占市场,以期在这一办公室大战中争得一席之地。

"便利购"是每日优鲜于2017年6月内部孵化出的项目,目标同样直奔"无人货架"这一市场而来。不过,李漾并不打算像其他的"无人货架"玩家一样,将精力过多地放到抢占市场份额上。按他的话来说,"诚然点位资源很重要,毕竟大的写字楼就那么多,每个公司容纳的货架也是有限的。别

---

① 本案例由青岛大学商学院的王崇锋教授、商学院学生许艳雪、刘慧卿、孟星辰撰写,作者拥有著作权中的署名权、修改权、改编权。本案例授权中国管理案例共享中心使用,中国管理案例共享中心享有复制权、修改权、发表权、发行权、信息网络传播权、改编权、汇编权和翻译权。由于企业保密的要求,在本案例中对有关名称、数据等做了必要的技术性处理。本案例只供课堂讨论之用,并无意暗示或说明某种管理行为是否有效。

人进入早不怕，三个月后谁能真正留存下来才是见实力的时候。"而为了顺利留存下来，"无人货架"背后的供应链管理不容忽视，而这也是"便利购"的优势之一。

2. 借助优势，主动出击

"现在大家回不去家了。"短暂休息时，李漾顺手在办公室"无人货架"上拿了一袋面包，边吃边对同事调侃说，"不过我们一定会赢的。"李漾的信心来源正是"便利购"所依托的每日优鲜完善的供应链体系。

会战伊始，李漾就表达了明确目标：借助供应链，扩展城市，人员升级。

"百日会战，我们开始做'便利购'无人货架，但便利购不只是无人货架，我们叫无人零售。无人货架只是便利购'全品类+全场景'的'双全'战略里的小宫格，全场景里包括办公室、写字楼、社区、园区、公共场所等，全品类包括长保食品、短保食品、早餐热食和其他。便利购是基于对建筑物级无人零售业态的打造，无人货架就是毛细血管，这对于我们物流体系、经营体系的打造很重要。"

其实，在上线"便利购"业务之前，每日优鲜就是做B2C的生鲜电商平台。生鲜不同于普通常温食品，由于难储存，其从生产到销售的时间必须尽量减少，因此对供应链管理的高要求不言而喻，而传统的"中心仓"模式由于距离远，在时效和成本方面的表现不尽如人意。

为了解决冷链物流问题，每日优鲜采取了"前置仓"模式，建立"城市分选中心+社区前置仓"的二级分布式仓储体系。在华北、华东、华南等地区建立城市分选中心，并根据订单密度在商圈和社区建立前置仓，每个前置仓覆盖周边半径3公里。商品经过城市分选中心品控、加工等环节，根据智能补货系统提供的补货系数，被分发到各个前置仓。配送员从前置仓提货，不需要冷媒来进行低温保鲜，避免货品过度包装，在商品品质、速度、成本等方面都占有优势。

"借助第三方物流的快递模式不仅做不到'极速达'，而且由于是合作关系会导致订单反馈慢，存在潜在隐患。但是我们用自有的冷链体系，不仅解决时效问题，还能提供多种生鲜产品，这是其他'无人货架'做不到的。"因此，每日优鲜毫不犹豫地成立"便利购"项目，由李漾负责，一个开始主攻办公室"无人货架"业务的百人团队成立了。

3. "百日会战"：从供应源头把控质量

业内普遍认为，无人货架领域拓展点位数是决定项目生死的"死穴"，而供应链能力是"生穴"。而对于李漾来说，相比纯数量的比拼，每日优鲜便利购以点位质量和服务提升的深耕细作更有意义。供应链是否能够匹配点位拓展速度，直接影响了无人货架能否具有持续发展的能力。

同时，在他看来，"客户第一、用户至上"是零售的初心，"无人货架"的本质依然是零售，更要坚持提供优质的商品。无人货架和供应链的长足发展必须坚持优质的质量，而质量要从源头把控。"我们更看重高品质的客户留存、高频次的客户复购，这些因素在点位优化升级的竞争中占据了更大优势。每日优鲜要做的是'无人零售领域的优质服务商'，从选品、补货上都要让用户满意，绝不仅仅是弄一个货架，随便拿一些商品堆上去就行。"

也因此，在备战"百日会战"之时，李漾重点强调了要从供应链源头把控商品质量，坚持优质供应商合作。良好的供应商是良好供应链的保证。

在"便利购"无人货架中，牛奶、水果等生鲜的比例不小，需求较大，加上原来的每日优鲜生鲜市场，其单品采购量极大，因此每日优鲜实施集中采购。单品的采购规模在200万以上，产地的分布除了国内，还有30多个海外国家进行海外直采，产地直采比例达到50%。虽然追求优质产品，但是由于采集规模大，相较于其他无人货架企业，"便利购"产品成本并没有提升太多。

为了跟产地建立更好的合作关系，每日优鲜创新地提出了"三0"政策：0 入场费和促销费，一次性把价格给到位；0 退货，验收合格，不会因为没卖掉、滞销做一些退货，但品控要求严格，只要品质优良便不会退货；0 账期，通过金融方案给供应商提供更快捷的付款支付，做到T+1的回款。

4. 几多欢喜几多愁

借助供应链优势，"便利购"团队成员开始了大规模点位扩张，"百日会战"进行得如火如荼，大家依然忙地热火朝天，却明显比前段时间轻松了许多。

"我们最近进展不错啊，因为能够在 2 平方米内布局全温区货架，SKU 达到近 100 个，又能提供优质生鲜，很多公司都看中了我们的商品种类多于别家，而且价格又明显便宜，所以很愿意用我们的货架啊。"午饭后间隙，便利购团队成员小张熟练地从公司内部"无人货架"上买了几包薯片，一边分给大家一边说道。

"那可不，尤其是无人零售讲求科技赋能，而我们的货架可以把所有的数据采集、收集整理且运用。补货算法依靠用户购买行为，同时依托前置仓，完全做到'日补'，单点用户体验完全领跑行业。优质供应商加前置冷链物流，恰恰是众多无人货架项目所不具备的。"负责物流的小赵接过薯片，附和道。

不远处李漾听到团队员工的讨论，结合这段时间"无人货架"使用反馈，心情却不似员工那般轻松。

他知道，零售的业态发生从大店到小店，从大仓到小仓这 4 个业态的转变，它有一个共通性，就是离人越来越近，颗粒度越来越细，给用户提供的即时类消费效率越来越高。所以，即使"便利购"无人货架的供应链上游和物流方面已经做得不错，但是在靠近用户的供应链尾端，李漾觉得依然有很大改进空间。

想到最开始要求"日补"的时候，因为快速迭代，人员没有完全补充上，偶尔出现补货不及时而遭到撤柜的问题，李漾仍感到后怕。也因此，"便利购"除了迅速补充人员，并且专门建立客户体验团队，提前跟客户做预沟通，提前做供需的预测外，还要不断改进"无人货架"后台拥有的库存体系和补货算法，以迅速得知用户需求。同时，由于大仓、微仓、基础建设都是和每日优鲜共用的，补货高峰期结合每日优鲜配送人员的配合，构成了"便利购"在无人货架供应链方面的高壁垒，使得他们具有了日补能力。

"配送人员每天 5 点就要起床进行配送，但是我们却必须这么做。当我们逼着自己做日补时，竞争对手会比我们更难受。"李漾这么对自己的团队说。

5. 尾声

"百日会战"初战大捷，可李漾并没有感到放松。无人货架是个看起来门槛低，实际门槛很高的行业。随着竞争的加剧，不具备供应链能力、高效运营能力和稳健拓展能力的团队逐渐退出，行业的热度看起来在降低，但对于持续发展中的每日优鲜便利购团队来说，挑战仍在加剧。"便利购"的供应链体系尾端还要继续优化；借助无人货架库存体系算法，针对供求信息进行优化；还有未来可能出现的一系列潜在问题⋯⋯

"下大雨了，站在一楼的人很担心会不会被淹，但是上到五楼的时候你会发现风景好美。"这是李漾最近从管理大师拉姆·查兰的《执行》中所学到的。虽然每日优鲜便利购借助完善的供应链优势，目前的市场成绩已经很好，不过望着公司的"无人货架"，想到在便利购所在的科技园社区对面大厅里摆着的那台猩便利无人货架，李漾还是颇感压力。面对已打到家门口的竞争对手，李漾感到硝烟渐浓⋯⋯

3.3 网络设计决策的框架与内容

3.3.1 网络设计决策的框架

供应链的目标是供应链整体价值最大化。供应链的价值是最终产品对顾客的价值与顾客需求满足所付出的供应链成本之间的差额。网络设计决定了供应链的总体配置并设置了约束条件,供应链的其他驱动因素只能在相应的约束条件内被用来降低成本或提高响应性,从而实现供应链的价值。①网络设计是在已有网络的基础上,考虑供应链的各种影响因素与供应链的整体性与协调性,让网络更好地服务于供应链的整体目标。网络设计决策过程是一个逐层分析筛选、循环反馈、优化整合的过程,网络设计决策框架如图3.4所示。

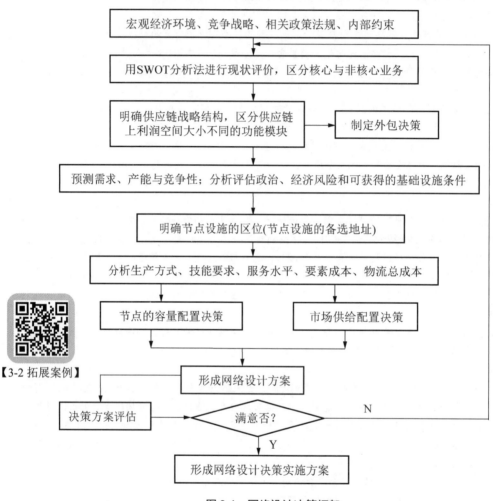

【3-2 拓展案例】

图 3.4 网络设计决策框架

3.3.2 网络设计决策的内容

供应链网络设计决策也称供应链设施决策,包括生产、储存或运输相关设施的区位及每种设备的容量和作用。科学的设计决策需要进一步明确网络设计的具体内容。

1. 供应链的战略结构

供应链是一个系统,其配送网络连接着整个系统。结构明确了系统分为哪几个模块,

---

① 乔普拉,迈因德尔. 供应链管理[M]. 3版. 陈荣秋,等译. 北京:中国人民大学出版社,2008:6-10.

以及各模块将实现的功能。供应链的战略结构决策是在供应链内外驱动因素分析和SWOT现状评价的基础上，清晰定义企业竞争战略与核心业务，区分供应链上创造利润大和利润小的功能模块，决定供应链的环节以及每一个功能是自己执行还是外包，在战略层面形成供应链整体框架结构。

2. 节点设施的功能

在供应链的战略结构明确以后，需要决策每个节点的设施功能。节点的设施功能决策是要解决"每一设施具有什么样的作用"和"在每一设施中将进行哪些流程"的问题。节点设施的功能不仅决定每一设施的具体功能与业务流程，也决定了供应链在满足客户需求中的灵活性大小，对供应链的反应能力与利润起着决定性的作用。

3. 节点设施的区位

设施区位决策是要解决"节点设施的选址"问题。设施区位决策对供应链的运营有着长期影响，废弃或迁移某一设施代价是十分昂贵的。因此，作为企业必须对供应链上每一节点的区位长远考虑。具体选择设施的区位时要考虑诸如土地的成本、交通的便利性、劳动力因素、与市场的距离等。好的区位决策能帮助企业在较低成本下保证供应链的运营。相反，区位设施决策的失误将给供应链的运营带来很大困难。

4. 节点的容量配置

容量配置决策是解决"每一设施应配置的最大能力"的问题。尽管容量配置比区位容易改变，但容量配置决策在供应链运营中同样重要。在一个区位配置过高的容量，会导致设施利用率低下，成本过高。相反，在一个区位配置过低的容量，又会导致对需求的反应能力过低，承担失去市场的风险。或者需求得不到满足时，需要由远处的工厂来满足，从而增加成本，利润下降。

5. 节点的供给配置

节点供给配置决策是解决"每一设施应服务于哪些市场"和"每一设施由哪些供给源供货"的问题。设施的供应源及市场配置直接影响着整条供应链的成本与反应能力，该决策需要反复研究、合理论证，使配置随市场状况或工厂容量的变化而变化。当在市场需要扩大、现有构架变得过于昂贵或反应能力低下时，企业不得不重新进行市场与供给配置调整；当两个公司合并时，网络设计决策同样显得重要。因为合并前后其市场格局发生变化，合并一些设施和将设施迁址，常常会降低供应链成本或提高其反应能力。

3.4 网络设计的优化模型

在综合考察以上所述和各种影响因素和具体设计内容的基础上，为了使得供应链上的总成本最小，可以通过0-1混合整数规划来建立优化模型，为网络设计提供辅助参考决策方案。在制定这一决策前，我们应当获取以下信息：①供应源和市场的位置；②潜在的设施地点的区位；③市场需求预测；④每一地点的设施成本、劳动力成本和原材料成本；⑤每两个设施布局地点之间的运输成本；⑥每一地点的库存成本及其与设施数量的关系。

3.4.1 优化模型的建立

每一设施中都将发生与设施、运输和库存相关的不变成本和可变成本。固定成本指与产量和货运量无关的成本耗费。可变成本则是指在给定设施中那些与产量和运量成比例变化的成本耗费。可变成本、运费和库存成本通常具有规模经济。随着工厂产量的上升，边际成本将会下降。但在我们考虑的模型中，所有可变成本随产量或运量线性变化，即不考虑规模经济。在这一模型中，我们假设计算单位被适当调整，因而来自供应商的每 1 单位的投入，能生产出 1 单位的最终产品。

这一模型要求输入以下数据：如果在一个供应链上，有 l 个供应商、n 个潜在的工厂、t 个潜在的仓库、m 个市场(或需求点)，S_h 为第 h 个供应商的年供应能力，K_i 为第 i 个工厂的潜在年生产能力，f_i 为工厂 i 的建设成本，W_e 为第 e 个潜在的仓库的年仓储能力，g_e 为 e 仓库的建设成本，D_j 为第 j 个市场的年需求量；$C1_{hi}$ 为从供应源 h 运送单位产品到工厂 i 的运输成本，$C2_{ie}$ 为工厂 i 生产单位产品并将之送到仓库 e 的运输成本，$C3_{ij}$ 为从仓库 e 运送单位产品到市场 j 的运输成本。

设：x_{hi} 为每年从供应源 h 运送到工厂 i 的原材料数量，y_{ie} 为每年从工厂 i 运送仓库 e 到货物数量，z_{ej} 为每年从仓库 e 运送到市场 j 的货物数，且运输成本与运量呈线性关系。

另外，引入 0-1 变量 u_i, u_e，并且规定

$$u_i = \begin{cases} 1, & \text{当在}i\text{点布局工厂时} \\ 0, & \text{当不在}i\text{点布局工厂时} \end{cases}$$

$$v_e = \begin{cases} 1, & \text{当在}e\text{点布局工厂时} \\ 0, & \text{当不在}e\text{点布局工厂时} \end{cases}$$

$$\text{Min}Z = \sum_{i=1}^{n} f_i u_i + \sum_{e=1}^{t} g_e v_e + \sum_{i=1}^{n}\sum_{e=1}^{t} C2_{ie} y_{ie} + \sum_{h=1}^{n}\sum_{i=1}^{n} C1_{hi} x_{hi} + \sum_{e=1}^{t}\sum_{j=1}^{m} C3_{ej} z_{ej}$$

s.t.

$$\sum_{i=1}^{n} x_{hi} \leq s_h \quad h=1,\cdots,n$$

$$\sum_{h=1}^{l} x_{hi} - \sum_{e=1}^{t} y_{ie} \geq 0 \quad i=1,\cdots,n$$

$$\sum_{e=1}^{t} y_{ie} \leq K_i u_i \quad i=1,\cdots,n$$

$$\sum_{i=1}^{n} y_{ie} - \sum_{j=1}^{m} z_{ej} \geq 0 \quad i=1,\cdots,n$$

$$\sum_{j=1}^{m} z_{ej} \leq W_e v_e \quad e=1,\cdots,t$$

$$\sum_{e=1}^{t} z_{ej} = D_j \quad j=1,\cdots,m$$

$$x_{hi} \geq 0, \ y_{ie} \geq 0, \ z_{ej} \geq 0$$

$$u_i \in \{0,1\} \quad v_e \in \{0,1\}，\text{对所有的}i\text{和}e$$

3.4.2 算例分析

算例：某一多元化制造企业准备进行海外扩张，已选定三家供应商和两个市场，需要在 A、B、C 三个备选区域进行工厂和仓库选址布局，要求仓库建设在新建工厂的区域，图 3.5 显示了各节点及运输成本(元/单位)。

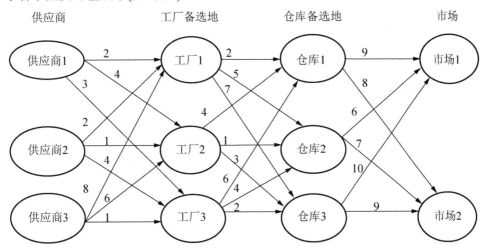

图 3.5 供应链网络潜在的节点及配送成本

供应链上各节点的供需能力见表 3-3，拟建工厂及仓库的建设成本见表 3-4。

表 3-3 供应链上各节点的供需能力

供 应 商	供应能力	工 厂	生产能力	仓 库	仓储能力	市 场	需 求 量
供应商 1	4500	工厂 1(A)	3000	仓库 1(A)	4000	市场 1	3500
供应商 2	1500	工厂 2(B)	5000	仓库 2(B)	6500	市场 2	5500
供应商 2	3000	工厂 3(C)	4000	仓库 3(C)	5500		

表 3-4 工厂及配送中心的建设成本 单位：元

工 厂	建 设 成 本	仓 库	建 设 成 本
工厂 1	450000	仓库 1	60000
工厂 2	650000	仓库 2	80000
工厂 3	700000	仓库 3	45000

现需要进行供应链网络设计，问工厂和仓库如何进行区位设置，节点之间怎样进行供给配置，才能保证市场需求的前提下，使供应链总成本最小？

基于前面的假设与引入的变量，该问题的数学模型为：

目标函数为：

$$\begin{aligned}\text{Min } TC =\ & 2x_{11} + 4x_{12} + 3x_{13} + 2x_{21} + x_{22} + 4x_{23} + 8x_{31} + 6x_{32} + x_{33} + \\ & 2y_{11} + 5y_{12} + 7y_{13} + 4y_{21} + y_{22} + 3y_{23} + 6y_{31} + 4y_{32} + 2y_{33} + \\ & 9z_{11} + 8z_{12} + 6z_{21} + 7z_{22} + 10z_{31} + 9z_{32} + \\ & 450000u_1 + 650000u_2 + 700000u_3 + 60000v_1 + 80000v_2 + 45000v_3\end{aligned}$$

约束条件是：

(1) 供应约束。

$x_{11} + x_{12} + x_{13} \leqslant 4500$

$x_{21} + x_{22} + x_{23} \leqslant 1500$

$x_{31} + x_{32} + x_{33} \leqslant 3000$

$y_{11} + y_{12} + y_{13} \leqslant 3000u_1$

$y_{21} + y_{22} + y_{23} \leqslant 5000u_2$

$y_{31} + y_{32} + y_{33} \leqslant 4000u_3$

$z_{11} + z_{12} \leqslant 4000v_1$

$z_{21} + z_{22} \leqslant 6500v_2$

$z_{31} + z_{32} \leqslant 5500v_3$

(2) 需求约束。

$z_{11} + z_{21} + z_{31} \geqslant 3500$

$z_{12} + z_{22} + z_{32} \geqslant 5500$

(3) 平衡约束。

$x_{11} + x_{21} + x_{31} = y_{11} + y_{12} + y_{13}$

$x_{12} + x_{22} + x_{32} = y_{21} + y_{22} + y_{23}$

$x_{13} + x_{23} + x_{33} = y_{31} + y_{32} + y_{33}$

$y_{11} + y_{21} + y_{31} = z_{11} + z_{12}$

$y_{12} + y_{22} + y_{32} = z_{21} + z_{22}$

$y_{13} + y_{23} + y_{33} = z_{31} + z_{32}$

(4) 选址约束(仓库建设在新建工厂的区域)。

$v_i \leqslant u_i \quad i = 1, 2, 3$

(5) 非负与 0-1 约束。

$x_{hi} \geqslant 0, \quad y_{ie} \geqslant 0, \quad z_{ej} \geqslant 0$

$u_i \in \{0,1\} \quad v_e \in \{0,1\}$，对所有的 i 和 e

此模型可以通过 Excel 的"solver"进行求解，求解结果表明最优决策为：在 B 和 C 两地各新建一个工厂和一个仓库，总建设成本为 1475000 元，总运输成本 102000 元，并给出具体的配送方案如图 3.6 所示。

在 Excel 下建立电子表格模型的最大优势不仅在于求解方便可得，更主要的是在 Excel 下建立电子表格模型是一个动态模型，可以在模型中相应的数据单元格，通过实际数据对模型进行反复检验、测试与求解，以保证模型对实际问题的表达充分精确。这一优势极大地方便了企业管理人员，是其他模型及算法无与伦比的。另外，市场的预测与估计、外界环境的变化，都会使参数估计存在一定的误差，到底参数的误差对模型的影响如何？或者当管理政策决策改变时，最优解是否改变？模型还是否可用？这些问题在正式决策之前务必解决。因此需要对模型进行敏感性分析检验。而 Excel 的"规划求解"中可以自动生成的敏感性分析报告不能用在整数规划问题中，与线性规划不同，当约束条件变化时，整数规划的目标函数值不会以预期的方式变化。① 只要在 Excel 中加载"solver Table"就可以对整数规划模型进行敏感性分析,比如:通过"solver Table"生产的敏感性报告就可以分析"当可利用的资金改变时,选址方案是否改变"等相关问题。这些分析为模型的优化和最终决策提供有力的证据。

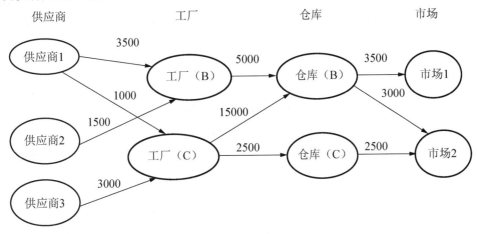

图 3.6 网络设计决策方案

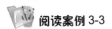

丰田汽车美国销售公司的配送网络②

1999 年,丰田汽车美国销售公司决定对美国配送网络进行调整。这一仓库网络已经存在了 30 年,在建立它的时候,日本的汽车制造商还在从海外获取零件,而服务的也仅是一个小型的美国经销商网络。

在现有系统下,这家位于加利福尼亚的公司通过一种双层结构向美国的 1200 家汽车经销商、200 家凌志豪华汽车经销商和 100 家叉车经销商提供售后支持。从 1978 年开始,丰田公司就没有进行过战略性的网络分析,然而从那时开始,经营情况已经出现了巨大变化。发生变化的关键领域包括:经销商网络的迅速膨胀、顾客基础和地理集中性的改变、更多从北美而不是日本获取零件以及新增加的凌志汽车的配送职责。

丰田将要面对的主要问题是:对于一家每个月在全国运送 800 多万件零件和附件的公司来说,什么才是最佳网络?为了回答这个问题,丰田求助于计算机建模,以及(尤其是)使用网络最优化软件。当第一次启动计算机模型时,显示出丰田需要在得克萨斯另设一个配送中心,服务于凌志车经销商。虽然凌志车的零件支持一直由堪萨斯城的配送设施处理,但能力过剩问题使得它在成本和服务方面处于不利位置。建模的结果显示,丰田公司可以通过减少凌志零件的地面加急运输和紧急空运节省 200 万美元。同时,一个专门的凌志零件配送设施可缩短零件交付时间,这样将会使得 88% 的零件订单可以在当天交付,剩下的 12% 留到第二天,从而改善向凌志车经销商提供的服务。

---

① 弗雷德里克·S.希利尔,马克·S.希利尔. 数据、模型与决策:运用电子表格建模与案例研究[M]. 2 版. 任建标,译. 北京:中国财政经济出版社,2004:354.
② 科伊尔,等. 企业物流管理——供应链视角[M]. 7 版. 文武,等译. 北京:电子工业出版社,2003:367-368.

总的来说,丰田这一配送系统再设计行动产生了很多期望的后果。同时,公司报告说获得了"拥有新型汽车的顾客对零件更换服务的期望与拥有旧款汽车的顾客不同"的认识。虽然公司确定了在得克萨斯设配送中心,但仍然有一个决定需要做出:那就是由自己管理配送中心还是要外包给第三方物流企业?

此外,对现存零件配送网络进行检查,使用一流的建模方式帮助丰田的管理人员认识到重新构建公司的美国配送网络可能获得的好处。这一项目的主要卖点是顾客服务将会得到极大改善,这一目标确实也达到了。

本 章 小 结

供应链设计决定了供应链的结构体系,也决定了供应链本身的价值。供应链设计是一项复杂而艰巨的工作,也是供应链管理的重要环节,它涉及供应链组织机制、供应链成员的选择、物流网络设计、管理流程的设计与规划,以及信息支持系统等多方面的内容。供应链设计必须遵循一定的设计原则,运用科学、合理的方法才能完成。

网络设计决定了供应链的总体配置并设置了约束条件,供应链的其他驱动因素只能在相应的约束条件内被用来降低成本或提高响应性,从而现实供应链的价值。网络设计是在已有网络的基础上,考虑供应链的各种影响因素与供应链的整体性与协调性,让网络更好地服务于供应链的整体目标。网络设计决策过程是一个逐层分析筛选、循环反馈、优化整合的过程。网络设计决策需要全面分析供应链的各种影响因素,明确网络设计的具体内容,在网络设计的框架下,通过优化模型进行辅助决策。

供应链设计(Supply Chain Design)
创新性产品(Innovative Products)
功能性产品(Functional Products)
网络设计(Network Design)
响应时间(Response Time)
优化模型(The Optimizing Model)

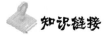

面向消费者与面向合作伙伴供应链的差异[①]

面向合作伙伴的供应链本质上强调的是企业间协同,侧重通过供应端的敏捷来实现对消费者的需求满

---

① 肖静华,谢康,吴瑶,等. 从面向合作伙伴到面向消费者的供应链转型——电商企业供应链双案例研究[J]. 管理世界(4),2015:137-154.

足。尽管有部分研究提出通过增加与消费者相关的活动和绩效考量提高供应链服务消费者的能力，但只是一种局部调整，无法满足电商环境下消费者作为供应链核心环节的要求。电商环境下面向消费者的供应链是指基于数据挖掘、智能分析和信息共享等信息技术，实现前端与消费者的协同互动、前端与后端的协同运作，以及后端与消费者的协同互动。无论是面向合作伙伴还是面向消费者的供应链，两者的根本目标和基础运作结构是相似的，但在核心价值、成本结构、协同主体和信息技术应用等方面则存在显著差异。

首先，由于在电商市场中企业的核心竞争力主要在于通过提升消费者的体验来形成口碑效应，因此，面向消费者的供应链的核心价值就是通过为消费者创新产品和服务来创造价值。而在传统市场中，企业的核心竞争力主要在于提高效率和降低成本，因此，面向合作伙伴的供应链核心价值主要在于通过降低协同成本、提高效率而带来价值。

其次，由于电商市场与传统市场成本结构正好相反，因此，不同的成本结构正好支撑了不同的供应链运作模式。在传统市场中，市场和消费者信息成本获取和渠道成本建设的高昂，使得在面向合作伙伴的供应链中，渠道商往往具有较大的权力，因为渠道商是获得市场和消费者信息最多的主体。而在电商市场中，供应链各节点的企业均能获得大量的市场和消费者信息，因此，渠道商的权力被弱化，消费者的权力得到不断加强，由此形成面向消费者的供应链。

再次，在传统市场中，消费者处于供应链的末端，与供应链企业间的联系极少，影响力很小，因此，面向合作伙伴的供应链的协同主体是企业，企业之间通过协同降低整体运作和交易成本，提升效率。但在电商市场中，消费者处于供应链的始端和末端，订单由消费者提交，产品的配送也直接到消费者，消费者成为供应链的核心，因此，面向消费者的供应链的协同主体是企业与消费者。

最后，在传统市场中，供应链合作伙伴之间的信息交互较少，大多是订单、库存和付款等基本业务信息，信息技术应用只是作为企业间业务运作的支撑。但在电商市场中，一方面，企业所有的业务都要基于互联网来开展，另一方面，企业需要通过数据挖掘、智能预测、数据营销等来应对个性化、多样性、大波动的电商消费需求，因此，信息技术应用形成供应链全方位的信息共享，并为精准决策提供支持。

综 合 练 习

一、填空题

1. 供应链设计是一项复杂而艰巨的工作，也是供应链管理的重要环节，它涉及供应链组织机制、_____、_____、_____、管理流程的设计与规划，以及信息支持系统等多方面的内容。

2. 供应链设计决定了供应链的_____，直接决定着供应链的反应能力与赢利水平，也决定了供应链本身的_____。优良的供应链系统能够加速产品流通，满足顾客需求的同时实现供应链的_____。

3. 供应链本身是一系列独立的、在业务上相互关联的企业在共同利益基础上结成的网络，供应链管理的突出特点是_____。各企业及其相关部门之间相互作用、相互影响、相互制约。要实现这些企业和部门的协作，设计供应链必须_____考虑问题。

4. 功能性产品和创新性产品的不同特点，决定了它们所选择和设计的供应链存在明显的差异性。功能性产品的低成本特性要求选择_____，而创新性产品的上市速度与灵活性则要求_____与之相匹配。

5. 供应链网络设计决策需要从战略层面考虑供应链的_____的平衡，因为每一种提高反应能力的战略，都会付出额外的成本，从而_____。

6. 增加设施数量就能_____运输费用，但如果设施数量增加到一定数目，使得批量进货规模很小时，设施数量的增加也会使_____；相反，当供应链中设施数目_____，库存及由此引起的库存成本与运营成本就会增加，为了减少库存成本与运营成本，企业经常会尽量合并设施以_____。

二、简答题

1. 简述供应链设计需要考虑的相关问题。
2. 简述供应链设计的步骤与原则。
3. 简述网络设计的主要内容。

三、思考讨论题

1. 选择一类你熟悉的产品，分析讨论如何进行供应链设计？并草拟设计方案大纲。
2. 以小组为单位，分工协作，就某一产品收集相关情报，进行数据整理，并应用优化模型进行网络优化设计。

惠普台式打印机供应链的构建[①]

惠普公司成立于1939年。惠普台式打印机于1988年开始进入市场，并成为惠普公司的主要成功产品之一。但随着台式打印机销售量的稳步上升(1990年达到600000台，销售额达4亿美元)，库存的增长也紧随其后。在实施供应链管理之后，这种情况得到改善。

DeskJet打印机是惠普的主要产品之一。公司有5个位于不同地点的分支机构负责该型号打印机的生产、装配和运输。从原材料到最终产品，生产周期为6个月。在以往的生产和管理方式下，各成品厂装配好通用打印机之后直接进行客户化包装，为了保证顾客订单98%的即时满足率，各成品配送中心需要保证大量的安全库存(一般需要7周的库存量)。产品将分别销往美国、欧洲和亚洲。

1. 面临的问题与任务

惠普打印机的生产、研究开发节点分布16个国家，销售服务部门节点分布110个国家，而其总产品超过22000类。欧洲和亚洲地区对于台式打印机电源供应(电压110伏和220伏的区别，以及插件的不同)、语言(操作手册)等有不同的要求。以前这些都由温哥华的公司完成，北美、欧洲和亚太地区是它的三个分销中心。这样一种生产组织策略，我们称之为工厂本地化(Factory Localization)。惠普的分销商都希望尽可能降低库存，同时尽可能快地满足客户的需求。这样导致惠普公司感到保证供货及时性的压力很大，从而不得不采用备货生产(Make-To-Stock)的模式以保证对分销商供货准时的高可靠性，因而分销中心成为有大量安全库存的库存点。制造中心是一种拉动式的，计划的生成是为了通过JIT模式满足分销中心的目标安全库存，同时它本身也必须拥有一定的零部件、原材料安全库存。

零部件原材料的交货质量(到货时间推迟、错误到货等问题是否存在)、内部业务流程、需求等的不确定性是影响供应链运作的主要因素。这些因素导致不能及时补充分销中心的库存，需求的不确定性导致库存堆积或者分销中心的重复订货。

[①] 马士华，林勇.供应链管理[M].2版.北京：高等教育出版社，2006：94-97.

需要用大约一个月的时间将产品海运到欧洲和亚太分销中心，这么长的提前期导致分销中心没有足够的时间去对快速变化的市场需求做出反应，而且欧洲和亚太地区就只能以大量的安全库存来保证对用户需求的满足。

占用了大量的流动资金；若某一地区产品缺货，为了应急，可能会将原来为其他地区准备的产品拆开重新包装，造成更大浪费。但是提高产品需求预测的准确性也是一个主要难点。

减少库存和同时提供高质量的服务成为温哥华惠普公司管理的重点，并着重于供应商管理以降低供应的不确定性，减少机器闲置时间。企业管理者希望在不牺牲顾客服务水平前提下改善这一状况。

2. 供应链优化方案

供应商、制造点(温哥华)、分销中心、经销商和消费者组成惠普台式打印机供应链的各个节点，供应链是一个由采购原材料、把它们转化为中间产品和最终产品、最后交到用户手中的过程所组成的网络。重新设计的供应链如图 3.7 所示。

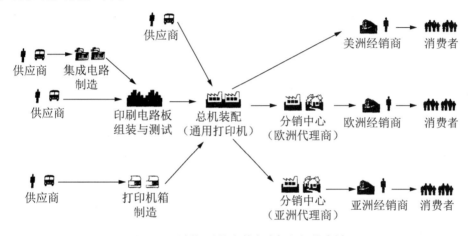

图 3.7　重新设计的惠普台式打印机供应链

在这个新的供应链中，主要的生产制造过程由在温哥华的惠普公司完成，包括印制电路板组装与测试(Printed Circuit Board Assembly and Test，PCAT)和总机装配(Final Assembly And Test，FAT)。

PCAT 过程中，电子组件(诸如 ASICs、ROM 和粗印刷电路板)组装成打印头驱动板，并进行相关的测试；FAT 过程中，电动机、电缆、塑料底盘和外壳、齿轮、印制电路板总装成打印机，并进行测试。其中的各种零部件原材料由惠普的子公司或分布在世界各地的供应商供应。在温哥华生产通用打印机，通用打印机运输到欧洲和亚洲后，再由当地分销中心或代理商加上与地区需求一致的变压器、电源插头和用当地语言写成的说明书，完成整机包装后由当地经销商送到消费者手中，通过将定制化工作推迟到分销中心进行(延迟策略)，实现了根据不同用户需求生产不同型号产品目的。这样一种生产组织策略，称之为分销中心本地化(DC-Localization)。并且在产品设计上做出了一定变化，电源等客户化需求的部件设计成了即插即用的组件，从而改变了以前由温哥华的总机装配厂生产不同型号的产品，保持大量的库存以满足不同需求的情况。为了达到98%的订货服务目标，原来需要 7 周的成品库存量现在只需要 5 周的库存量，一年大约可以节约 3000 万美元，电路板组装与总装厂之间也基本实现无库存生产。同时，打印机总装厂对分销中心实施 JIT 供应，以使分销中心保持目标库存量(预测销售量+安全库存量)。通过供应链管理，惠普公司实现了降低打印机库存量的目标，服务水平。通过改进供应商管理，减少了因原材料供应而导致的生产不确定性和停工等待时间。

3. 效果

安全库存周期减少为5周,从而减少了库存总投资的18%,仅这一项改进便可以每年节省3000万美元的存储费用。由于通用打印机的价格低于同类客户化产品,从而又进一步节省了运输、关税等项费用。除了降低成本,客户化延迟使得产品在企业内的生命周期缩短,从而对需求预测不准确性或是外界的需求变化都具有很好的适应性,一旦发现决策错误,可以在不影响顾客利益的情况下以较小的损失较快地加以纠正。

问题讨论:

1. 应用本章所学知识,分析惠普台式打印机供应链重构与优化面临的各种因素与策略选择。
2. 结合我国相关企业的供应链管理,谈谈惠普供应链优化的经验对我们有哪些启示?

第4章 供应链合作伙伴选择

【学习重点】

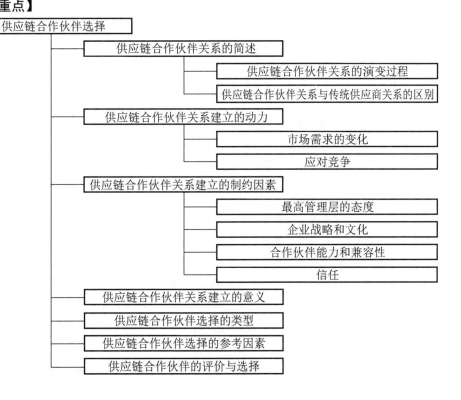

【教学目标】

通过本章的学习,使学生正确理解供应链合作伙伴关系的概念、建立的动力、制约因素及意义;重点掌握供应链合作伙伴的选择原则、步骤;熟悉供应链合作伙伴关系与传统供应商关系的区别;树立诚实守信、合作共赢的意识。

夏晖物流——与麦当劳"共生的鱼"[①]

夏晖集团(HAVI Group,以下简称夏晖)算是麦当劳"专用的3PL"冷链物流公司,其与麦当劳的合作已30多年。麦当劳没有把物流业务分包给不同的供应商,夏晖也从未"移情别恋",这种独特的合作关系,建立在忠诚的基础上,麦当劳之所以选择夏晖,是因为夏晖为其提供了优质的服务。

1974年,夏晖在美国芝加哥成立,是应麦当劳的需求而产生的公司,是世界上冷链物流及控温式配送中心的龙头企业。在供应链管理和冷链物流方面拥有领先的地位,借由与麦当劳数十年友好合作的伙伴关系,夏晖建立了在食品业提供完整供应链管理的能力。

夏晖在44个国家和地区拥有7600名员工,在美国、欧洲、中国及东南亚地区为8000多家麦当劳餐厅提供高质量的供应链管理服务,其中也包括多温层食品物流服务。在过去五年里,夏晖更将业务扩展到一流的连锁咖啡店、现购自运式卖场、酒类、高级食品及其他的快餐连锁系统。公司主要客户还有必胜客、星巴克、海底捞等。且在2008年承接了第29届北京奥运会所有食品存储和配送的业务。

夏晖拥有世界领先的多温度食品分发物流中心,配备专业的三温度(冷冻、冷藏、常温)运输车辆。中心内设有冷藏库、冷冻库及干货库,各个库区都有极其严格的温度、湿度的要求,进而保证了产品的品质。

为了满足麦当劳冷链物流的要求,30多年来,夏晖主要为麦当劳提供一站式综合冷链物流服务,包括运输、仓储、信息处理、存货控制、产品质量安全控制等,并且根据麦当劳的店面网络建立了分拨中心和配送中心。

麦当劳利用夏晖设立的物流中心,为其各个餐厅完成订货、储存、运输及分拨等一系列工作。并通过它的协调与连接,使每一个供应商与每一家餐厅达到畅通与和谐,为麦当劳餐厅的食品供应提供最佳的保证。设立至今,麦当劳的近60家供应商的商品都是通过夏晖建立的物流体系分发到各个门店。

例如,为了满足麦当劳冷链物流的要求,夏晖在北京投资5000多万元,建立了一个占地面积达12000平方米、拥有世界领先的多温度食品分发物流中心,在该物流中心配有先进的装卸、储存、冷藏设施,5到20吨多种温度控制运输车40余辆,中心还配有计算机调控设施用以控制所规定的温度,检查每一批进货的温度。

多年来,麦当劳没有亏待它的合作伙伴,夏晖对麦当劳也始终忠心耿耿。有时长期不赚钱,夏晖也会毫不犹豫地投入,因为市场需要双方来共同培育,而且这点损失在其他市场上也会被补回来。

案例中夏晖物流与麦当劳之间"共生的鱼"关系体现在哪些方面?这与传统的企业与供应商之间的关系有何不同?这种合作关系又能为企业带来哪些利益?如何建立起这样的关系?通过本章的学习大家会对这些问题有进一步的认识。

4.1 供应链合作伙伴关系概述

在经济全球化的大背景下,企业所处的竞争环境已经发生了根本性的改变,复杂多变的个性化市场需求对传统的企业竞争关系提出严峻的挑战。企业单枪匹马、独闯江湖的时

[①] https://wenku.baidu.com/view/6fac59c41ae8b8f67c1cfad6195f312b3169eb0b.html,有改动,2022-08-02.

代已经结束，当今的竞争已经由"点"和"点"的竞争变成了"链"与"链"的竞争。而供应链管理的理念是把位于供应链上的原材料零部件供应商、制造商、分销商、零售商、物流服务提供商和用户看作一个集成组织，通过链上各企业间的合作和分工，共同促进整个链上物流、信息流和资金流的合理流动和优化，提高整体竞争能力。其核心思想是供应链节点企业集中精力做自己的核心业务，而把非核心的业务外包给其他企业，从而做到供应链所有企业都专注各自擅长的业务，这样就能够给整个供应链链条创造更高价值，减小总体库存，降低总成本和快速响应客户需求。这就要求供应链中企业相互信任、风雨同舟，建立合作关系，加强企业间的协同经营，共同营造供应链整体竞争优势。供应链合作伙伴之间是互惠互利、合作共赢的利益共同体。

4.1.1 供应链合作伙伴关系的简述

1. 供应链合作伙伴关系的含义

供应链合作伙伴关系(Supply Chain Partnership，SCP)一般是指：在供应链内部两个或两个以上独立的成员之间形成的一种协调关系，以保证实现某个特定的目标或效益。对于某个具体企业而言，它既包括企业与上游供应商的关系、企业与下游客户的关系，同时也包括企业和第三方物流的关系。

从以上定义来看，对于供应链合作伙伴关系的理解要把握住以下几点。

首先，供应链合作伙伴之间是长期稳定的合作，强调高度信任和战略合作，而不单是操作层面的合作。因此，相互信任的重要性是不言而喻的。它是构建和维系供应链合作伙伴关系的基础，是伙伴间稳定合作的必要保障。

其次，合作伙伴之间彼此交换的不仅仅是有形的物质，还包括研发、信息、物流以及技术、生产、管理等方面的相互支持和帮助。供应链合作伙伴之间，不只注重物品的供求及价格问题，更要注重合作后服务水平的提高。因此它意味着合作方要在新产品、新技术的共同研发和数据和信息的共享等方面做出共同努力。

最后，供应链合作伙伴关系建立的目的是双赢(win-win)。企业是以追求利润为经营目的，参与到供应链中的根本目的也是提高企业自身利润。因此建立合作伙伴关系要保证合作双方的利益，甚至是合作各方的共同利益，这样才能激发企业合作的积极性。

供应链合作伙伴关系的建立和管理直接影响着供应链的稳定和整体竞争能力的提高。建立供应链合作伙伴关系可以提高合作双方信息共享水平，减少不确定性，降低整个供应链产品的库存总量，降低成本，提高整个供应链的运作绩效，从而实现"双赢""共赢"的目的。因此，供应链合作伙伴关系的建立是供应链管理的基础与核心，没有稳定和坚实的合作关系就无法实现供应链的正常运作，也就谈不上供应链的管理了。

但供应链合作伙伴关系的潜在效益，往往不会在建立之初马上显现出来，而是要在建立后三年左右甚至更长的时间，才能转化成实际利润或效益。因此企业只有着眼于供应链管理的整体竞争优势的提高和长期的市场战略，才能从供应链的合作伙伴关系中获得更大效益。

2. 供应链合作伙伴关系的演变过程

可以讲，供应链在物物交换之时就已存在，随着社会形态的变化和经济的发展，供应链的作用日益凸显，开始逐渐被人们所认识。时至今日，供应链已经引起了全世界的关注。从这个角度来说，供应链上的合作伙伴关系也就有了漫长的演进过程。我们可以大致将这个过程划分为以下三个阶段(见图4.1)。

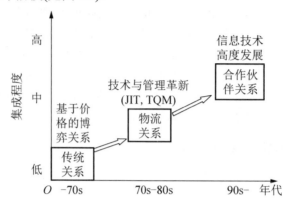

图 4.1　供应链合作伙伴关系演进过程

(1) 传统关系。

20世纪70年代以前，企业之间是以传统的产品买卖为特征的短期合同关系。这种关系是基于价格的博弈关系，企业之间基本上是处于讨价还价的竞争状态，因此这一阶段，更准确地讲，企业之间是竞争关系。在买方市场下，买方可以在卖方之间引起价格的竞争并在卖方之间分配采购数量来对卖方加以控制。而在卖方市场下，卖方是利用有限的产品来控制买方。

(2) 物流关系。

20世纪七八十年代，随着竞争环境和管理技术的不断发展，供应链上企业关系发生了变化，即由传统关系转变为物流关系。在此阶段，企业之间关系以加强基于产品质量和服务的物流关系为特征，将物料从供应链上游到下游的转换过程进行集成，注重服务的质量和可靠性，在产品质量、柔性、准时等方面对供应商的要求较高。

在此演变过程中，JIT和TQM等管理思想起了催化剂的作用。为了达到准时化生产，要求企业内各部门之间、企业之间的沟通与合作更为方便、透明，因此从技术上要求伙伴之间在信息共享、协同作业、并行工程方面相互沟通和协作，这种伙伴关系都是建立在技术层面上的，以物流关系为纽带。

(3) 合作伙伴关系。

随着竞争的日益激烈，竞争日益表现为供应链与供应链之间的竞争，这就产生了基于战略联盟的伙伴关系的企业模型。到了这一阶段，供应链上的企业之间在信息共享、服务支持、并行工程、群体决策等方面合作，强调基于时间(time-based)和基于价值(value-based)的供应链管理，体现了供应链上各节点企业之间的资源集成与优化。从产品的研发、生产、配送、交付等整个供应链环节实现企业之间的协作，企业之间进行流程优化、业务重组，这是一种最高级别的企业关系模式。随着动态联盟、虚拟制造等思想的应用，企业之间的这种强强联合的伙伴关系更加紧密。基于这种伙伴关系，市场竞争的策略就是基于时间的竞争和价值链的价值让渡系统管理，或基于价值的供应链管理。

3. 传统供应商关系与供应链合作伙伴关系的区别

通过以上内容的介绍,我们可以看出传统供应商关系与供应链合作伙伴关系是有着很大差别的。

【4-1 拓展案例】

首先,传统的供应商关系大多局限于制造商与供应商,制造商与分销商、零售商之间;而供应链上的合作伙伴不仅有供应商和制造商,分销商、零售商、终端客户甚至第三方物流企业等都是属于供应链的组成部分。因此从关系对象上,就存在数量上的区别。

其次,企业之间关系也有极大不同,传统供应商关系是建立在买卖基础上的短期或者临时的合同关系,因此双方的主要精力都集中在价格的竞争上;而供应链合作伙伴关系则是建立在长期合作基础上的互相支持、互相扶助以取得双赢局面的关系。

从双方的交换对象上看,传统供应商关系下,双方只是进行有形商品的交换;而供应链合作关系下,双方不仅限于物质的交换,更重要的是信息、服务、研发、技术以及物流等方面的交换。

传统关系下,企业对于供应商的选择标准主要是集中在价格上,在此基础上企业才考虑供货质量和时间的问题;而供应链合作关系下企业选择供应商除了要考虑价格和供货质量外,还要考虑多种因素,包括供应商的供货能力、经营业绩、发展潜力等,以保证与供应商的长期稳定合作。

从供应商数量来看,传统关系下企业供应商数量较多,更换频繁,稳定性差;供应链合作关系下,企业会选择少量甚至是唯一的供应商建立长期合作,具有较强的稳定性。当然我们也要认识到单一供应源对于企业是存在较大风险的。

传统关系下,企业与供应商之间信息不对称,双方都会为了各自的利益隐瞒部分信息;供应链合作关系下,企业之间信息共享程度较高。传统关系下质量控制发生在事后,企业只能通过到货验收掌握;供应链合作关系下企业可以全程参与和监控供应商研发和生产,从而保证质量。

除了以上方面,传统供应商关系与供应链合作伙伴关系还有在其他方面的区别,详见表 4-1。

表 4-1 传统供应商关系与供应链合作伙伴关系的区别

比较要素	传统供应商关系	供应链合作伙伴关系
相互交换的主体	物料	物料、服务、技术等核心资源
供应商选择标准	价格,投标	多标准评估(交货的质量、准时性、可靠性、服务等)
稳定性	变化频繁	长期、稳定、互信
合同性质	单一	开放的长期合同
供应批量	小	大
供应商数量	多	少
供应商规模	小	大
供应商定位	当地	无界限(国内和国外)
信息交流	信息专用、严格保密	信息共享
技术支持	不提供	提供
质量控制	输入检验控制	制造商的标准管理和供应商的全面质量管理
选择范围	投标评估	广泛评估可增值的供应商

4.1.2 供应链合作伙伴关系建立的动力

供应链合作伙伴关系建立的动力是指驱动企业寻找合作伙伴构建供应链的内在和外在因素,归根结底,主要在于企业对不断变化的市场需求的响应和对竞争的应对。

满足市场需求是企业获得利润的源泉。市场需求在不断地发生变化,因此响应日益复杂化的市场需求是企业建立合作伙伴关系的直接动力之一。而企业要想生存并不断壮大就必须具备应对竞争的能力。在愈演愈烈的竞争中要获得一席之地,企业必须具有自己的核心竞争力。为了提升自身的核心竞争力,企业趋向于外包非核心业务,这必然推动企业寻求合作伙伴。

1. 市场需求的变化

市场需求是企业经营活动的驱动源。企业一切经营活动的目的都是为了满足市场需求。而当市场需求变得越来越多样化、复杂化、个性化时,企业就需要在最短的时间内响应市场需求,这样才能提高自身的竞争力并赢得顾客。而要想更快更好地满足市场需求,企业也必须选择恰当的合作伙伴,并通过与合作伙伴的战略合作、信息共享为满足市场需求而共同努力。

市场需求的变化表现为顾客期望的不断提高,具体表现在以下几方面。

(1) 个性化的产品设计。

买方市场的到来,使顾客需求水平不断提高。顾客不再满足产品功能的简单实现,而是越来越注重差别化、个性化的产品。个性化的产品设计是由顾客直接确定最终产品的特征,根据顾客的要求修正产品设计。根据顾客的需求量身定做已经成为企业争得市场份额的有效途径之一,但同时它也对企业的柔性化生产提出了更高的要求。

(2) 广阔的产品选择范围。

顾客购买商品时,希望有更大的选择余地,有更多的比较,以便从中选择到最能满足自己需求的产品。为赢得市场,企业必须努力增加产品研发力度,不断推出新的产品,以满足顾客的需求。但随着科学技术的进步,产品差异化的优势越来越难以持续,这为企业的生产带来了越来越大的压力。

(3) 优异的质量和可靠性。

产品的质量和可靠性是产品的最基本要求。如今顾客对于产品的质量和可靠性的关注程度已经越来越高。而质量和可靠性的提高也是一个系统工程,要从原料的选择、产品的设计、生产工艺和质量检查等多个环节入手来实现,因此需要供应链上各个环节企业的努力。

(4) 快速满足顾客要求。

在产品差异化越来越难以持续的今天,快速地满足顾客要求也是赢得市场的最佳方式之一。快捷的反应,可以使顾客对产品或服务印象深刻、提高满意度,从而实现差别化。快速响应不但可以更好地满足市场需求,而且可以降低企业投资风险、提高竞争优势,因此为企业带来的好处是显而易见的。但这也要求企业的产品研发设计、生产技术、物流管理等多方面都具备较高的水平。

(5) 高水平的顾客服务。

顾客服务是为了满足供应链最终顾客的需求,满足渠道中各成员所有的订单条款、所有的运输、所有的货物、所有的托运、所有的产品维修控制等各项活动的需求,同时获得来自下游企业的必要的信息。顾客在购买商品时,通常不仅注重产品自身,更注重与产品相关的服务,如售前服务、售中服务和售后服务等。因此高水平的顾客服务是提高顾客忠诚度的重要手段。这同样也对企业提出了更高的要求。

市场需求的不断变化为企业经营活动带来了越来越大的压力和挑战,因此也推动了企业寻求合作伙伴来共同化解这些压力和挑战,更好地满足顾客的需求。

2. 应对竞争

企业要应对竞争并在竞争中取胜,必不可少的一件法宝就是核心竞争力。而要强化核心竞争力,企业必须将有限的资源和精力投入核心业务上,对于非核心业务,企业就需要选择外包。因此应对竞争这一动力就进一步分解为核心竞争力的提升和业务外包。

(1) 核心竞争力的培育和提升。

核心竞争力是建立在企业核心资源的基础之上的企业技术、产品、管理、文化的综合优势在市场上的反映。核心竞争力是一个组织内部具有的一系列互补的技能和知识的结合,既有一项或多项业务达到竞争领域一流水平的能力又为顾客提供某种特殊的利益。它是企业所独有的,且不易被其他企业模仿的一种能力或优势。在竞争日益激烈的今天,企业核心竞争力的培育和提升是取得竞争胜利的保证,是企业借以在市场竞争中取得并扩大优势的决定性力量。

核心竞争力具有价值优越性、难替代性、差异性、可延伸性等特点。比如苹果产品设计创新能力,宝洁、百事可乐的品牌管理及促销能力,丰田的精益生产能力,戴尔的定制化产品提供能力等都是核心竞争力。

与其他企业建立合作伙伴关系是保持核心竞争力的有效手段,企业的非核心业务由合作伙伴来完成,那么企业就能将有限的资源集中在自身核心竞争力的培养上。因此供应链伙伴关系既是保持和增强自身核心竞争力的需要,也是企业在其他领域利用其他企业核心竞争力从而提高竞争实力的途径。

提升核心竞争力是目标,而实现此目标的手段就是将企业的非核心业务外包,因此外包与核心竞争力的提升是分不开的。它也是建立合作伙伴关系的间接动力。

(2) 业务外包。

业务外包是指企业专注于核心竞争力的构建,而将非核心业务外包给其他企业。企业要强化自身的核心竞争力,就必然要将自己有限的资源投入核心优势上,而将不擅长的业务外包出去。因为业务外包可以帮助企业集中优势资源,从而以更低的成本、更快的速度满足顾客。外包是一种长期的、战略的、相互渗透的、互利互惠的业务委托和合约执行方式,可以借助合作方的专业化和规模效应降低企业成本、提高产品和服务质量、增加企业柔性并有效提升核心竞争力。

【4-2 拓展视频】

在实施业务外包活动中,确定核心竞争力是至关重要的。因为在没有认清什么是自身的核心竞争优势之前,从外包中获得的利润几乎是不可能的。核心竞争力首先取决于知识,而不是产品。企业可采取的具体外包形式包括以下几种。

① 研发外包。所谓的研发外包就是将企业价值链上研究开发这一个环节外包给外部做研发更优秀的企业、科研组织或学校去完成，以达到合理利用资源、增强企业竞争力的目的。采用研发外包的方式可以分担风险、节约成本、缩短研发周期，使得产品快速上市占得先机。但即使实现研发外包的企业，也应该设有自己的研发部门和保持相当的研发力量。

② 生产外包。生产外包一般是企业将生产环节安排到劳动力成本较低的国家，以提高生产环节的效率。许多国际性的大企业都将自己的资源专注在新产品的开发、设计和销售上，而将生产及生产过程的相关研究外包给其他的合同生产企业。例如，苹果公司专注于产品研发设计环节，而生产环节则大多外包给全球劳动力成本较低的国家如印度、越南等地的企业。

③ 物流外包。所谓物流业务外包，即制造企业或销售等企业为集中资源、节省管理费用、增强核心竞争能力，将其物流业务以合同的方式委托给专业的物流公司(第三方物流)运作。物流外包不仅降低了企业的整体运作成本，更重要的是使买卖过程摆脱了物流过程的束缚，企业摆脱了现存操作模式和操作能力的束缚，使供应链能够在一夜之间提供前所未有的服务。

④ 应用服务外包。应用服务外包是通过网络向委托方提供应用软件的租赁、外包服务的一种外包形式，委托方只需付出少量的租用成本就可以进行数字化管理，并获得ASP厂商的专业技术支持。许多企业已经普遍将信息系统业务，在规定的服务水平基础上外包给应用服务提供商，由其管理并提供用户所需要的信息服务。

特别提示

> 供应链合作伙伴关系建立的根本动力是市场需求的变化和竞争的应对，具体表现为顾客期望的不断提高、核心竞争力的培育和提升以及业务外包策略的选择。

阅读案例 4-1

唯品会与顺丰"组队"，互做加减法①

2019年11月25日，电商平台唯品会宣布，即日起，平台将终止旗下自营快递品骏的快递业务，并委托顺丰提供配送服务。同时，唯品会还将保留物流仓库等核心资产。

在品骏快递已实现连续盈利的情况下，唯品会为何还要终止其业务?

一、降低履约成本

按照唯品会方面的说法，受限于单平台效应以及高于行业平均水平的物流成本是其做出这一选择的主要原因。

公开资料显示，唯品会全资控股的品骏物流成立于2013年，是一家集快递、干线运输、航空货运、仓配一体化、货到付款等业务为一体的大型综合物流服务商，注册资本10亿元。也因为成立品骏快递，布局自营物流，唯品会还在当时被业内称为"小京东"。

---

① https://new.qq.com/omn/20191125/20191125A0I2HI00.html，2019-11-25.

根据唯品会的财报，最近四个季度，履约费用率从去年第三季度的 9.9%下降至今年第三季度的 8.1%。其物流履约费用虽然一直同比在下降，但依然高于行业平均水平。

唯品会的履约成本也高于同样自建物流的京东。京东今年第三季度的财报显示，由于规模效应扩大，平台履约费用率继续下降，从去年同期的 7.4%下降至 6.4%。

京东从 2006 年开始自建物流业务，2016 年起物流业务开放给第三方，直到今年第二季度才实现营收平衡。但相比苦熬出头的京东物流，品骏快递的命运就显得没有那么幸运。

除此之外，抛离自营物流也与唯品会战略定位的改变有关。近年来，唯品会提出"重返品牌特卖，聚焦核心特卖业务"的战略。在如今电商激烈竞争的态势下，对比模式类似的京东物流此前连续十多年的亏损，以及原凡客诚品旗下如风达的遭遇卖身，此次唯品会终止品骏快递这一非核心资产，似乎也是顺势而为。

唯品会将一部分业务交给顺丰后，顺丰优惠的电商价格将帮助唯品会降低物流履约成本，而顺丰的高口碑，也将改善用户对唯品会订单配送服务的印象。

二、唯品会对顺丰的诱惑

来自唯品会上亿的订单量也有望缓解顺丰的订单焦虑。

根据顺丰官方数据，2019 上半年，顺丰的业务量仅为 20.17 亿票，行业排名第五，同比去年增加了 8.54%，相当于业务量第一的中通快递的 37%，比第四名的申通快递少了 10 亿件。相比之下，上半年全国快递行业的业务量增长达到 25.7%。

唯品会在与顺丰达成合作之后，平台的订单将基本上由顺丰和韵达进行配送。而根据唯品会的财报，2018 年平台的总订单量为 4.374 亿元。2019 年 6 月，唯品会将 30%至 40%的订单量分配给韵达。这意味着，未来唯品会将有超过 2 亿的订单量等待着顺丰来承接。

与唯品会合作，也显示出顺丰再度拥抱电商件业务的态度转向。

此前因为电商件业务带来的利润下滑，顺丰一度放弃了这一市场。根据顺丰上市之初披露的数据，在公司主推电商件的 2014 年，公司的营收虽然增长了 112 亿元，但归属于母公司的净利润却减少了 8.6 亿元，同比上一年几乎腰斩。随后，顺丰决定减少对电商件的扶持，重新聚焦中高端业务。2015年，顺丰的净利润再次回到 2013 年的水平，但毛利率依然比 2013 年少了 5 个百分点。

然而从 2019 年开始，顺丰重拾电商件业务。5 月，顺丰推出针对特定市场和客户的电商特惠产品。广州天河区某快递网点的负责人 11 月 25 日向时代财经介绍说，目前顺丰电商特惠件的单价在 5 元左右。此前申通、韵达等通达系同类型的业务从 5 元调整至 3 元左右，顺丰也紧跟着调整，从 8 元降至 5 元。

顺丰 2019 年全面开拓电商物流市场，主要有两个原因：一方面，随着通达系等竞争对手服务的升级，顺丰在品质快递市场不再高枕无忧，必须降低身段，开拓电商件市场；另一方面，目前社会消费转移到线上，电商物流市场是下一轮数字物流竞争的主战场，规模业务必然带来数据积淀，杀入电商市场，也能让顺丰得到相应的数据。

对于电商业务态度的转向，也的确让顺丰尝到了甜头。

顺丰 2019 年第三季度财报显示，公司推出的电商特惠件填补了大量的业务空白，业务量连续 5 个月增长，三季度营业收入创新高，达到 286.95 亿元，同比增加 25.36%；净利润同比增长 54.01%至 11.46 亿元。

随着快递业集中度进一步上升，顺丰必须在电商件业务上进行卡位。虽然需要用低价策略来培养电商件市场，牺牲一定的利润，但不这么做，就有可能沦为电商物流市场的"局外人"。

4.1.3 供应链合作伙伴关系建立的制约因素

在内在、外在动力的驱使下,企业开始构建供应链并选择恰当的企业与之建立合作伙伴关系,但在此过程中,还会受到许多因素的制约和影响。

1. 最高管理层的态度

最高管理层的态度在很大程度上决定了供应链合作关系的建立。首先合作双方最高层领导要认同合作伙伴关系建立的必要性,重视合作程度对于维持供应链稳定性的作用,并有意愿在深层次上进行长期密切合作、建立共同发展、实现"双赢"的战略伙伴关系。其次只有最高层领导认同合作伙伴,企业之间才能保持良好的沟通,建立相互信任的关系,从而建立稳定、长期、良好的合作关系。

2. 企业战略和文化

战略是企业的神经,文化是企业的灵魂,二者是供应链合作伙伴关系建立过程中不可忽视的因素。企业战略和文化的冲突和矛盾会最终导致合作关系的破裂。因此要了解合作伙伴的企业战略和文化,解决社会、文化和态度之间的障碍,并适当地改变企业的结构和文化,在合作伙伴之间建立统一一致的运作模式或体制,解决业务流程和结构上存在的障碍。

3. 合作伙伴能力和兼容性

在选择合作伙伴时,总成本和利润的分配、文化兼容性、财务稳定性、合作伙伴的能力和定位、自然地理位置分布、管理的兼容性等方面都是需要参考的因素,只有在以上方面满足企业要求,才能够保证合作关系的建立。

4. 信任

在供应链战略合作关系建立的实质阶段,相互之间的信任是最关键的,它是维护供应链合作伙伴关系的基础。信任是供应链合作伙伴在理性分析基础上对合作方的肯定、认同和信赖,也是供应链合作伙伴关系成功的基础和关键。合作伙伴之间的相互信任能够使双方实现真正意义上的信息共享,利用他们互补的优势和技能减少交易成本,迅速适应市场的变化。

特别提示

> 最高层领导的态度、企业战略和文化、合作伙伴的能力和兼容性以及相互的信任等因素会直接影响和制约供应链合作伙伴关系的建立。

4.1.4 供应链合作伙伴关系建立的意义

供应链合作伙伴关系的建立是供应链构建以及供应链管理的重要基础,具有重大意义。

1. 减少不确定因素，降低库存

企业的生存环境中到处充斥着不确定因素，这些因素使企业的经营和管理难度加大。建立供应链合作伙伴关系，可以实现需求与供给信息的共享，能使许多不确定因素明确，从而减少或消除供需关系上的不确定因素，进一步加强供应链的协调性。不确定性的减少可以缓解供应链上需求变异放大现象，从而降低各环节的库存水平，进而降低供应链的总体成本。

2. 加强企业的核心竞争力

企业的资源和精力是有限的，因此随着社会分工的不断细化，企业必须将自己有限的资源和精力集中在核心业务上。以战略合作关系为基础的供应链，能使企业将资源集中在核心业务上，而将非核心业务外包给以此为核心业务的合作伙伴，从而使供应链上的各企业都集中力量于自身的核心竞争优势，充分发挥"强强联合"的整体优势，提高供应链整体的竞争实力。

3. 快速响应市场

一方面，需求与供应信息的有效共享，可以使供应链上的企业迅速开展新产品的设计和制造，甚至一些环节企业可以实现并行作业，从而使新产品响应市场的时间明显缩短；另一方面，供应链上各企业都集中资源于自身的核心业务，因此实现了优势互补，从而提高供应链整体的反应能力和响应速度。

4. 增加用户满意度

在产品设计过程中，通过销售环节企业的信息，制造商可以更准确地把握市场需求，从而研发设计出更符合市场需求的产品。在制造过程，供应商及时、准确、高质量的供应可以缩短生产周期，提高产品质量，从而以优质的产品更快地响应市场。通过供应链上企业的同心协力，顾客对产品的反馈信息可以及时在企业间共享并得到解决，因此使售后服务得到保证。产品和服务质量的提高，必然增加用户满意度。

4.2 供应链合作伙伴关系管理的理论基础

4.2.1 委托-代理理论简介

委托-代理理论是过去 50 多年里契约理论最重要的发展之一。它是 20 世纪 60 年代末 70 年代初一些经济学家深入研究企业内部信息不对称和激励问题发展起来的。委托-代理理论的中心任务是研究在利益相冲突和信息不对称的环境下，委托人如何设计最优契约激励代理人。

委托-代理理论的主要观点认为：委托-代理关系是随着生产力大发展和规模化大生产的出现而产生的。其原因一方面是生产力发展使得分工进一步细化，权利的所有者由于知识、能力和精力的原因不能行使所有的权利了；另一方面专业化分工产生了一大批具有专业知识的代理人，他们有精力、有能力代理行使好被委托的权利。但在委托-代理的关系当中，由于委托人与代理人的效用函数不一样，委托人追求的是自己的财富更大，而代理人追求自己的工资津贴收入、奢侈消费和闲暇时间最大化，这必然导致两者的利益冲突。在没有有效的制度安排下代理人的行为很可能最终损害委托人的利益。不管在经济领域还是社会领域都普遍存在委托代理关系，股东与经理、经理与员工、选民与人民代表、公民与政府官员、原(被)告与律师，甚至债权人与债务人的关系都可以归结为委托人与代理人的关系。所以为了预防和惩治代理人的败德行为，委托人有必要采取"胡萝卜与大棒"政策：一方面是对其代理人进行激励，力求实现激励相容；另一方面对代理的过程实行监督，充分发挥"经理人市场"的作用。这样使得代理人的行为符合委托人的效用函数。

4.2.2 供应链合作伙伴的委托代理问题分析

1. 供应链上企业间的委托代理关系

供应链合作伙伴关系包括企业与上游企业、下游企业以及第三物流企业的合作关系。在此我们以制造企业为例，分析其与供应链合作伙伴中的委托代理关系。

制造企业的合作伙伴包括上游的零部件、原材料供应商和下游的经销商，以及第三方物流企业。制造企业(委托人)想使上游供应商、下游经销商及第三方物流企业(代理人)按照前者的利益选择行动，但制造企业不能直接观测到供应商、经销商和第三方物流企业选择了什么行动，能观测到的只是另一些变量，这些变量由代理人的行动和其他外生的随机因素共同决定，因而充其量只是代理人行动的不完全信息。委托人的问题是如何根据这些观测到的信息来奖惩代理人，以激励其选择对委托人最有利的行动。

2. 供应链上的委托代理风险

由于供应链环境下各成员企业是以动态联盟的形式加入供应链，并以"委托-代理"的合作关系存在。因此委托代理机制所带来的风险也必然存在，最突出的是信息不对称带来的风险，一般来说委托人往往比代理人处于更不利的位置。所谓信息不对称是指一方拥有另一方所没有的信息，拥有信息的一方称为代理人，缺乏信息的一方称为委托人。作为独立的市场主体，供应链各节点企业都有追求自身利益最大化的本能，其生存和获利在一定程度上又是依赖于信息不对称，因此信息不对称是节点企业之间普遍存在的现象。

信息不对称的普遍存在以及供应链系统本身缺乏有效的监督和控制机制，必然会导致某些企业冒道德风险，隐藏信息，通过损害上下游企业的利益来达到自身利益的最大化，而这种现象往往又难以发现，有时即使发现了也因为契约的不完善和缺乏有效的惩罚机制而免受处罚。根据信息不对称发生的时间(签约)及内容来划分，可分为事前信息不对称导致的"逆向选择"风险和事后信息不对称的"败德行为"风险。

(1) 逆向选择风险。

【4-3 拓展视频】

逆向选择风险是指在签约前由于信息的不对称，代理人掌握了委托人所不知道的并且不利于委托人利益的信息，签订了有利于自身利益的契约，并且可能致使委托人受到损害，即委托人选择了不适合自身情况的代理人而发生的风险。

供应链上由于代理人拥有私人信息，而委托人无法获得这些信息，因此，委托人与代理人间信息的不对称诱发了代理人的"机会主义"倾向，进而产生逆向选择行为。比如供应链上核心企业在选择供应商时，客观上应减少供应商数目。供应商为了加入供应链体系，建立与核心企业持久的供求关系，就必须展开竞争，以获得为数不多的供应资格。而供应链核心企业(可以是某个制造商或零售商)面对众多供应商，其之间存在着信息不对称。供应商具有更多的私有信息，比如自己的生产能力、质量、运送服务等，核心企业很难了解甚至无法了解供应商的供应实力、质量、运送时间等私有信息，这里供应商是"代理人"，核心企业是"委托人"。供应商是独立法人机构，受追求自身利益最大化欲望的驱使，利用这一信息优势采取不利于核心企业的行为，在现实中通常表现为：提供虚假资信证明来以劣充优、做空头承诺以获取投标等行为，最终损害了买家利益，这就是供应商的逆向选择。供应商的逆向选择严重干扰了核心企业的采购和生产活动乃至影响了整个供应链的业绩，还导致了"劣质供应商驱逐优质供应商"的现象。供应商的逆向选择使得核心企业选择合格供应商变得十分困难，其对供应链管理是不利的。

(2) 道德风险。

道德风险也称败德行为风险，是指签约后由于双方掌握信息的不对称，使得委托人不能完全观察到代理人的行为或由于外部环境的变化仅为代理人所观察到，在有契约的保障下，代理人采取了一些不利于委托人的行为，进而使其受损的风险。道德风险是发生在委托代理关系建立之后的。当代理人的行为与其结果具有不确定性，而委托人既难以观测到代理人的隐藏行动又难以从结果精确地推断代理人的实际行为，从而给代理人以偷懒之机。

在供应链企业间道德风险问题也是存在的。当供应商按自身利益行动时，有时会给采购商带来损失，如供应商采用低劣的原材料以获得成本降低的好处；特别是产品存在经验属性，产品的质量在短期内难以辨别时供应商更有可能采取这种方式。供应商不愿意加班而采取延迟交货，因为加班可能增加额外的成本；在供不应求时供应商故意隐藏其技术和质量水平，不愿意为改进质量做出努力等。

根据信息非对称的内容划分，供应链中的道德风险主要包括以下两类。

① 隐藏行动的道德风险。引发这种道德风险的前提是：代理人行动的努力程度和一系列不受委托人和代理人控制的外生变量，如自然环境、经济环境、社会环境、技术环境、市场环境等共同决定代理行动的结果。如果在供应链协议签订以后，委托人只能观测到结果，而不能直接观测到代理人的行动和外生变量，代理人就可能实施对委托人不利的行动，一旦委托人追究责任，代理人往往将结果的不理想归咎于外生变量。如供应商将供货的延误归咎于国家经济政策的变化造成原材料供应紧张，而不是自身生产组织不力；经销商将销售业绩的不理想归咎于市场环境的变化，而不是自己促销不到位；物流服务提供商将中间产品配送的延误归咎于气候条件的影响，而不是配送计划与实施的不合理等。

② 隐藏知识的道德风险。引发这种道德风险的前提是：外生变量首先决定代理人的行动选择，代理人不同的行动选择决定不同的行动结果。如果在供应链协议签订之后，委托人不但能够观测到代理人的行动结果，而且能够观测到代理人的行动，但却不能观测到外生变量的实际发生情况，代理人就可能截留有关外生变量的知识，选择有利于己乃至有损于委托人的行动。例如，制造企业制订了针对最终顾客的促销赠品政策，即顾客购买超过一定的数量即可获得相应的赠品，并向经销商配发了足够数量的赠品，以扩大产品的市场占有率。由于制造企业不清楚每一位最终顾客的实际购买量，经销商就可能利用一些顾客的不知情而不按要求向他们发放赠品，从而影响促销效果。制造企业派驻在经销商处的代表看到的是赠品都已发放的事实，却不清楚有一部分赠品已被挪作他用。

知识链接 4-1

【4-4 拓展视频】

浅谈逆向选择与道德风险[①]

"逆向选择"现在已经成了十分时髦的词汇之一，几乎在所有关于经济改革的文章中都可以找到，但是，它们的定义却不是很明确。许多教材和论著只将其大致定义为：信息的不对称所造成的事前和事后的机会主义行为。实际上，"逆向选择"的经济学现象不仅存在于二手商品交易中，在现实生活中同样存在一些和常规不一致的现象，比如一个漂亮而又有才华的女孩，会被很多男孩暗恋，但是往往由于她的条件太好，反而让很多男孩望而却步、不敢表白。因为他们可能会想："这么漂亮的女生，又这么有才气，哪轮得到我来追呢！"于是便会退而求其次。可是他们却都忽略了女孩本人的真实想法，说不定，这个漂亮女孩正因为大家对她的望而却步还需要再单身数载。这个和常规不一致的现象其实也可以解释为经济学中的"逆向选择"。

"逆向选择"是美国著名经济学家阿克洛夫提出的。当时，他对旧车交易进行了深入仔细的研究，随后在1970年提出了著名的"旧车交易模型"，从而开创了"逆向选择"理论的先河。

在现实的经济生活中，存在着一些和常规不一致的现象。本来按常规，降低商品的价格，该商品的需求量就会增加；提高商品的价格，该商品的供给量就会增加。但是，由于信息的不完全性和机会主义行为，有时候，降低商品的价格，消费者也不会做出增加购买的选择，提高价格，生产者也不会增加供给的现象。所以，叫"逆向选择"。"逆向选择"的含义与信息不对称和机会主义行为有关，却绝不是这两者所能够涵盖得了的。

讲逆向选择，经常举的例子就是二手车市场。二手车交易市场上，买主和卖主所掌握的有关车子质量的信息是极不对称的。因为卖者知道自己所要出售的车子的真实质量，而买家在一般情况下对车子的真实质量是难以判断的，所以只能通过仔细观察外观、听卖家的介绍和进行简单的现场测试来了解车子的质量信息，但这些信息是极其有限的。在这种情况下，买家就只愿意根据平均的质量水平来支付价格。而一些好车由于质量好、价格又高，买家会自动地望而却步，转而去寻找其他价格相对较低的车子。而往往质量越差的车子价格才会越低，价格越低的车子也越容易吸引买家的目光，最终达成交易。这样，劣质品会卖得越来越好、越来越有规模，而优质品却会被驱逐出市场。

道德风险是代理人签订合约后采用隐藏行为，由于代理人和委托人信息不对称，给委托人带来损失。保险市场上的道德风险是指投保人在投保后，降低对所投保项目的预防措施，从而使损失发生的概率上升，给保险公司带来损失的同时降低了保险市场的效率。

基于理性人假设，个人努力追求自己的效用最大化，由于任何预防性措施的采取都有代价，同时保险公司承担了保险的全部风险，所以理性的投保人不会在预防措施上投资，这样增加了风险发生的可能性，给保险公司带来了损失。更为极端的是个人会促使损失的发生，从而获得保险公司的理赔。保险公司预计到投保人投保后的这种行为，就会要求投保人交纳更多的保险金，这样降低了保险市场的效率。投保人相对于采取预防措施下的收益也会降低。此外，保险公司为了激励投保人采取预防措施，可以采用设置免赔额，并且要求投保者也承担一定比例的损失的方式保护自己的利益，能够收到一定的效果。

道德风险并不等同于道德败坏。道德风险是20世纪80年代西方经济学家提出的一个经济哲学范畴的概念，即"从事经济活动的人在最大限度地增进自身效用的同时做出不利于他人的行动"。或者说是：当签约一方不完全承担风险后果时所采取的自身效用最大化的自私行为。

[①] http://wenda.tianya.cn/wenda/thread?tid=0efef1e776c6f8d7, 2009-03-20.

在经济活动中，道德风险问题相当普遍。获 2001 年度诺贝尔经济学奖的斯蒂格里茨在研究保险市场时，发现了一个经典的例子：美国一所大学学生自行车被盗比率约为 10%，有几个有经营头脑的学生发起了一个对自行车的保险，保费为保险标的 15%。按常理，这几个有经营头脑的学生应获得 5% 左右的利润。但该保险运作一段时间后，这几个学生发现自行车被盗比率迅速提高到 15% 以上。何以如此？这是因为自行车投保后学生们对自行车安全防范措施明显减少。在这个例子中，投保的学生由于不完全承担自行车被盗的风险后果，因而采取了对自行车安全防范的不作为行为。而这种不作为的行为，就是道德风险。可以说，只要市场经济存在，道德风险就不可避免。

4.2.3 供应链上委托代理问题对策

1. 激励机制、约束机制

激励机制、约束机制的建立主要是通过某些手段，调动委托人和代理人的积极性，兼顾合作双方的共同利益，消除由于逆向选择和败德行为带来的风险，使供应链的运作更加顺畅，实现供应链企业共赢的目标。

激励机制的核心是设计一套完善的利润分配机制，并制定一套行之有效的行为规范：利润分配制度将产生道德风险问题的因素与供应链的整体目标联系起来，即达到特定的供应链目标的绩效标准将会得到相应的利润分配；行为规范规定各成员企业以一定的路径来达到供应链的目标。为了避免道德风险造成的损失，在签订合约时委托人要考虑在合约中制定一套完善的激励制度，使上下游合作者能分享自己的经营成果，鼓励其自觉采取符合企业最大利益的行动，从而达到"双赢"的效果，并进而有效地控制道德风险行为的产生。

(1) 价格激励。

在供应链环境下，各个企业在战略上是相互合作关系，但是各个企业的利益不能被忽视。供应链的各个企业间的利益分配主要体现在价格上。价格包含供应链利润在所有企业间的分配、供应链优化而产生的额外收益或损失在所有企业间的均衡。供应链优化所产生的额外收益或损失大多数时候是在相应企业承担，但是在许多时候并不能辨别相应对象或者相应对象错位，因而必须对额外收益或损失进行均衡，这个均衡通过价格来反映。

(2) 订单激励。

企业获得更多的订单是一种极大的激励，在供应链内的企业也需要更多的订单激励。一般来说，一个制造商拥有多个供应商。多个供应商竞争来自制造商的订单，多的订单对供应商必然是一种激励。

(3) 商誉激励。

商誉是一个企业的无形资产，对于企业极其重要。商誉来自供应链内其他企业的评价和在公众中的声誉，反映企业的社会地位(包括经济地位、政治地位和文化地位)。委托-代理理论认为：在激烈的竞争市场上，代理人的代理量(决定其收入)决定于其过去的代理质量与合作水平。从长期来看，代理人必须对自己的行为负完全的责任。因此，即使没有显性激励合同，代理人也要积极、努力地工作，因为这样做可以提升自己在代理人市场上的声誉，从而提高未来收入。

(4) 信息激励。

信息对供应链的激励实质属于一种间接的激励模式，但是它的激励作用不可低估。在供应链企业群体中利用信息技术建立起信息共享机制，其主要目的之一就是为企业获得信息提供便利。如果能够快捷地获得合作企业的需求信息，本企业能够主动采取措施提供优质服务，必然使合作方的满意度大为提高。这在对合作方建立起信任关系方面有着非常重要的作用。信息激励机制的提出，也在某种程度上克服了由于信息不对称而使供应链中的企业相互猜忌的弊端，消除了由此带来的道德风险。

(5) 淘汰约束。

优胜劣汰是世间事物生存的自然法则，供应链管理也不例外。为了使供应链的整体竞争力保持在一个较高的水平，供应链必须建立对成员企业的淘汰机制，同时供应链自身也面临淘汰。淘汰弱者是市场规律之一，保持淘汰对企业或供应链都是一种约束与警告。对于优秀企业或供应链来讲，淘汰弱者使其获得更优秀的业绩；对于业绩较差者，为避免淘汰的危险它更需要求上进。

当在供应链中发现道德风险的问题时，其最直接的方式就是将有道德风险的企业从供应链中剥离出去，从众多有关企业中选择符合供应链发展，并有良好商誉的优秀企业加盟。这样可以大大提高供应链在市场中的竞争实力。

(6) 新产品/新技术的共同开发。

新产品/新技术的共同开发和共同投资也是一种激励机制，它可以让供应商全面掌握企业新产品的开发信息，有利于新技术在供应链企业中的推广和开拓供应商的市场。

2. 监督机制

监督机制不同于单纯协调机制，其包括对供应链运行整体过程的监控，及时发现和预防问题，还包括对冲突的事前控制和事后控制，以及对供应链运行的指导和评价。供应链监控机制是一种开放的、动态的、一体化的供应链管理模式。

供应链上各个企业有进行合作的意向是建立监督控制机制的基础。各企业虽然有合作的强烈愿望，但是在最终利益分配时，由于没有有效的监督和控制，不免为了自身利益的最大化，采取有意屏蔽相关信息或伪造信息等的败德行为，这对供应链的危害是不言而喻的。由于供应链的矛盾是永远存在的，因此作为一个长期合作和整体发展的供应链，各成员需要共同在供应链上架构一个第三方机构，通过这个机构行使对整个供应链监督和控制的权力，以能够不断地解决发展过程中出现的问题，保证供应链关系处在健康的状态。这种机构可以是供应链体系中各个企业一起组织起来的一个独立管理机构，也可以是聘请具有较高资质的第三方管理企业。

特别提示

信息不对称使供应链上合作伙伴之间存在着委托-代理问题，即逆向选择和道德风险。因此要避免委托-代理问题带来的风险，企业需要建立有效的激励机制和监督机制。

4.3 供应链合作伙伴的选择

4.3.1 供应链合作伙伴选择的类型

供应链的构建主体即合作伙伴选择的主动方通常是由供应链上的核心企业来扮演。核心企业可能是制造企业或零售企业。

根据企业对供应链的增值能力和影响能力，可以把供应链合作伙伴划分为四种类型：普通合作伙伴、有影响力的合作伙伴、竞争性/技术性合作伙伴和战略合作伙伴(见图 4.2)。

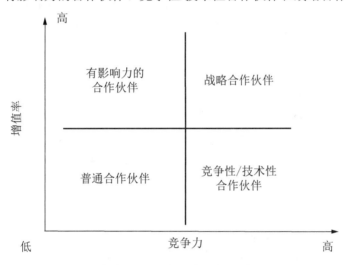

图 4.2 供应链合作伙伴类型

在图 4.2 中，纵轴代表的是合作伙伴在供应链中增值的作用，对于一个合作伙伴来说，如果他不能对增值做出贡献，他对供应链的其他企业就没有吸引力；横轴代表某个合作伙伴与其他合作伙伴之间的区别，主要是设计能力、特殊工艺能力、柔性、项目管理能力等方面的竞争力的区别。

在实际运作中，企业应根据不同的目标选择不同类型的合作伙伴。对于长期需求而言，要求合作伙伴能保持较高的竞争力和增值率，因此最好选择战略合作伙伴；对于短期或某一短暂市场需求而言，只需选择普通合作伙伴满足需求即可，以保证成本最小化；对于中期需求而言，可根据竞争力和增值率对供应链的重要程度的不同，选择不同类型的合作伙伴(有影响力的或竞争性/技术性的合作伙伴)。

4.3.2 供应链合作伙伴选择的参考因素

随着市场需求不确定性的增强，合作各方要尽可能削弱需求不确定性的影响和风险。因此供应链合作伙伴的选择不仅需要考虑企业之间的交易价格，还有很多方面值得双方关注。比如，制造商总是期望他的供应商完善服务，搞好技术创新，实现产品的优化设计等。

在选择合作伙伴时首先必须要考虑以下三个最基本的因素。

第一，成本

企业选择合作伙伴的一个关键的目的是要降低成本，因此企业要对各备选合作伙伴的成本进行核算，以保证降低成本，增加利润，即实现供应链总成本最小化，实现多赢的战略目标。这要求伙伴之间具有良好的信任关系，从而降低成本。

第二，核心竞争力

企业寻找合作伙伴的根本原因是要集中资源培养和提升自身的核心竞争力，同时将自己的非核心业务外包给擅长做这些业务的企业，从而实现优势互补，提升整条供应链的竞争力。因此这就要求合作伙伴必须拥有各自的核心竞争力，同时这种核心竞争力又是企业实施供应链管理所需要的。这是建立合作伙伴关系的必要条件。

第三，价值观

价值观和战略思想是企业一切经营活动的灵魂和导向，合作伙伴与企业拥有一致的价值观和战略思想，才可能建立合作伙伴关系。比如当企业注重的是顾客的服务质量，那么它与单纯追求低成本的供应商就无法实现合作。

以上三个因素是建立合作伙伴关系的前提条件。只有满足这三条，才有建立合作伙伴关系的必要和可能。在此基础上，企业还要依据以下因素进行具体选择。

1. 工艺与技术的连贯性

合作伙伴与企业间生产工艺和技术要具有连贯性，这样才能保证供应链合作伙伴关系建立和维系。因为如果合作伙伴与企业在工艺与技术方面存在较大的差异和断层，必然会制约合作后企业先进技术的引进和运用，最终影响供应链的整体运作。

2. 企业的业绩和经营状况

合作伙伴的业绩和经营状况可以反映其综合能力和整体运作情况，而且在一定程度上还可以反映出企业的发展潜力和前景，因此是企业的重要参考因素。通过对合作伙伴的业绩和经营状况的了解，企业可以了解合作伙伴的整体运作情况

3. 信息交流与共享

供应链管理的有效实施是以信息及时、准确地传递甚至是共享为基础的。因此为了保证供应链上信息的有效传递，在选择合作伙伴时，还要确认其是否有信息交流和共享的意愿以及是否具备相应的信息技术和设备等以满足供应链上信息的有效交流和共享。

4. 反应能力和响应速度

企业面对的市场环境在不断发生变化，而供应链管理的一个主要目标就是把握快速变化的市场机会，因此要求各个伙伴企业具有较高的敏捷性，要求对来自供应链核心企业或其他伙伴企业的服务请求具有一定的快速反应能力，从而提高整个链条的反应能力和响应速度。

5. 风险性

由于供应链自身的结构特征就决定了供应链的运营要比单个企业的经营具有更高的风险性。例如，市场风险依旧存在，只不过在个体伙伴之间得到了重新分配，因为伙伴企业面临不同的组织结构、技术标准、企业文化和管理观念，所以必须认真考虑如何通过伙伴的选择，尽量回避或减少供应链整体运行风险。

6. 合作伙伴数量与质量

合作伙伴越多，企业管理难度越大，相应的管理成本也越高，而且不利于合作的稳定性和长期性。因此合作伙伴的选择要注重质量而非数量。尽量选择少数优秀的合作伙伴并建立稳定长期合作，这样可以保证供应链的整体水平。但也要注意避免某一环节上只有一个合作伙伴，因为如果某一环节只有单源供应，一旦合作伙伴出现问题，那么整条供应链都可能会中断甚至破裂。

 特别提示

选择供应链合作伙伴时，除了要考虑成本、核心竞争力、价值观等基本因素，还要参考工艺与技术的连贯性、企业的业绩和经营状况、信息交流和共享、反应能力和响应速度、风险性、合作伙伴的数量与质量等因素。

4.3.3 供应链合作伙伴的评价与选择

自 20 世纪 80 年代末供应链管理兴起，"合作""共赢"的思想受到越来越多企业的关注。而随着供应链协同管理的兴起，合作伙伴关系成为新的重点，对合作伙伴的选择更因其在构建供应链时的重要性与现实性成为重中之重。

选择适当的合作伙伴是供应链管理成功运营的关键环节。合作伙伴选择不当，供应链就无法正常运作，这不仅会降低企业的利润，还会使企业失去与其他企业合作的机会，从而无形中抑制了企业竞争力的提高。因此，企业必须建立有效的评估体系，从管理水平、生产研发能力、合作诚意、产品的交货时间、质量、售后服务和产品价格等方面全面对合作企业进行考核，选择真正具有合作诚意、能够与企业实现优势互补的合作伙伴。

1. 供应链合作伙伴选择的方法

供应链合作伙伴选择方法可以分为定性方法、定量方法、定性与定量相结合三大类。定性方法的基本原理是根据以往的经验和与合作伙伴的关系进行主观判断。这类方法简单易行、费用低，但易产生逆向选择，仅适用于备选者不多时对次要合作伙伴的选择。具体方法主要包括以下几种。

(1) 直观判断法。

直观判断法是选择供应链合作伙伴最简单的方法。一般用于企业非关键性合作伙伴的选择。它是根据征询和调查所得的资料并结合分析判断，对合作伙伴进行分析、评价的一种方法。这种方法主要是倾听和采纳经验丰富的采购人员的意见，或者直接由采购人员凭借经验做出判断。

(2) 招标法。

当订购数量大，合作伙伴竞争激烈时，通常采用招标法选择合作伙伴。招标法是招标方公开或向若干备选对象发出招标信息，投标方按照招标条件、要求提供相关资料参加竞标，最终由招标方做出决定，选择最能满足自己要求的企业并签订合同或协议，作为合作伙伴。

招标法可以是公开招标，也可以是指定竞标。公开招标对投标者的资格不予限制；指定竞标则由企业预先选择若干个可能的合作伙伴，再进行竞标和决标。招标方法竞争性强，企业能在更广泛的范围内选择适当的合作伙伴，以获得供应情况有利的、便宜而适用的物资。但招标法手续较繁杂，时间长，不能适应紧急订购的需要，而且招标法订购机动性差，有时订购者对投标者了解不够，双方未能充分协商，造成货不对路或不能按时到货。

(3) 协商法。

协商法是企业先选择几家条件比较有利的备选对象，再分别同他们进行协商，最终确定适当的合作伙伴。协商法选择范围相对较小，因此可能选择的合作伙伴不是最优秀的。但与招标法相比，供需双方可以进行充分协商，在质量、交货期、售后服务等方面可以较有保障。但由于选择范围有限，不一定能得到价格最合理、供应条件最有利的供应来源。因此较适用于时间紧迫、投标单位少、竞争程度小、物资规格和技术条件复杂的情况。

由于单一的定性方法缺少科学依据因此局限性较大，而定量方法的应用则可以提高合作伙伴选择的合理性和有效性。定量方法主要包括以下几种。

(1) 采购成本比较法。

采购成本一般包括售价、采购费用、运输费用等支出。采购成本比较法是通过计算分析各个备选对象的采购成本，最终选择成本最低的作为合作伙伴。当备选对象的质量、供货期等方面条件基本相当时，比较适合选用这种方法。

(2) ABC 成本法。

20 世纪 90 年代中期，产生了基于活动的成本法(Activity Based Costing，ABC)，其基本思想是通过计算备选合作伙伴的总成本选择最佳者。

鲁德霍夫和科林斯在 1996 年提出基于活动的成本法，通过计算合作伙伴的总成本来选择合作伙伴，他们提出的总成本模型为：

$$S_i^B = (p_i - p_{\min}) \times q + \sum c_j^B \times D_{ij}^B$$

式中：

S_i^B——第 i 个合作伙伴的成本值；

p_i——第 i 个合作伙伴的单位销售价格；

$p_{\min}$——合作伙伴中单位销售价格的最小值；

q——采购量；

c_j^B——因企业采购相关活动导致的成本因子 j 的单位成本；

D_{ij}^B——因合作伙伴 i 导致的在采购企业内部的成本因子 j 的单位成本。

这个成本模型用于分析企业因采购活动而产生的直接和间接的成本的大小。企业将选择 S_i^B 值最小的合作伙伴。

但面对客观存在的难以定量化的因素，纯粹的定量方法在实际操作中还存在一定的局限性，因此定性与定量结合的方法更为科学、实用。

(1) 层次分析法。

层次分析法是一种定性与定量相结合的工具，在许多领域都有应用，20世纪70年代由著名运筹学家萨蒂提出。韦伯等提出利用层次分析法进行合作伙伴的选择。其基本原理是根据具有递阶结构的目标、子目标、约束条件、部门等来评价的方案，采用两两比较的方法确定判断矩阵，然后把判断矩阵的最大特征相对应的特征向量作为相应的系数，最后综合给出各方案的权重(优先程度)。由于该方法让评价者对照相对重要性函数表，给出因素两两比较的重要性等级，因而可靠性高、误差小，不足之处是遇到因素众多、规模较大的问题时，该方法容易出现问题，如判断矩阵难以满足一致性要求，往往难于进一步对其分组。

(2) 神经网络算法。

神经网络算法兴起于20世纪80年代后期，可以模拟人脑的某些智能行为，具有自学习、自适应和非线性动态处理等特征。这里将神经网络算法应用于供应链管理环境下合作伙伴的综合评价选择，意在建立更加接近于人类思维模式的定性与定量相结合的综合评价选择模型。通过对给定样本模式的学习，获取评价专家的知识、经验、主观判断及对目标重要性的倾向，当对合作伙伴做出综合评价时，该方法可再现评价专家的经验、知识和直觉思维，从而实现了定性分析与定量分析的有效结合，也可以较好地保证合作伙伴综合评价结果的客观性。

目前，数据挖掘、智能推理、神经网络、群体决策等更加先进的定性与定量分析相结合的方法被用于合作伙伴选择研究中。

2. 供应链合作伙伴评价与选择的步骤

供应链合作伙伴选择流程图如图4.3所示。

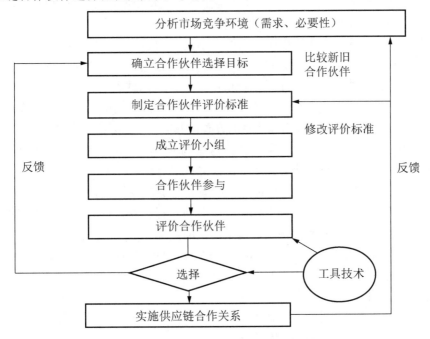

图4.3 供应链合作伙伴选择流程图

步骤 1：分析市场竞争环境。

分析市场竞争环境的目的是了解市场需求从而确认是否有建立合作伙伴关系的必要性。市场需求是企业一切活动的驱动源，因此建立基于信任、合作、开放性交流的供应链长期合作关系，首先要分析市场竞争环境。通过收集有关顾客的需求、产品的类型和特征及竞争对手情况等各种市场信息，以确认是否有建立供应链合作关系的必要。如果已建立供应链合作关系，则根据需求的变化确认供应链合作关系变化的必要性，从而确认合作伙伴评价选择的必要性。同时分析现有合作伙伴的现状，分析、总结企业存在的问题。

步骤 2：确立合作伙伴选择目标。

企业必须确定合作伙伴评价程序如何实施、信息流程如何运作、谁负责，而且必须建立实质性、实际的目标。其中降低成本是主要目标之一，合作伙伴评价、选择不仅仅只是一个简单的评价、选择过程，它本身也是企业自身和企业与企业之间的一次业务流程重构过程，实施得好，它本身就可带来一系列的利益。

步骤 3：制定合作伙伴评价标准。

合作伙伴综合评价的指标体系是企业对合作伙伴进行综合评价的依据和标准，是反映企业本身和环境所构成的复杂系统不同属性的指标，按隶属关系、层次结构有序组成的集合。根据相应的原则，建立集成化供应链管理环境下合作伙伴的综合评价指标体系。不同行业、企业、产品需求不同环境下的合作伙伴评价应是不一样的，但不外乎都涉及合作伙伴的业绩、设备管理、人力资源开发、质量控制、成本控制、技术开发、用户满意度、交货协议等可能影响供应链合作关系的方面。

在评价和选择合作伙伴时，应建立有效、全面的综合评价指标体系。综合评价指标体系的设置应遵循以下原则。

(1) 系统全面性原则。评价指标体系应能全面系统地反映出合作伙伴目前的综合水平，还应包括企业发展前景的各方面指标。

(2) 简明科学性原则。评价指标体系的大小也必须适宜，亦即指标体系的设置应有一定的科学性。如果指标体系过大，指标层次过多、指标过细，势必将评价者的注意力吸引到细小的问题上；而指标体系过小，指标层次过少、指标过粗，又不能充分反映供应商的水平。一般情况下，相对值指标优于绝对值指标，客观评价指标优于主观评价指标。

(3) 稳定可比性原则。评价指标体系的设置应具有一定的稳定性，即不会因评价对象、评价时间等变化而发生较大变动。同时还应考虑到易与国内其他指标体系相比较。且所设计的评价指标必须能够在同一企业的不同组织之间进行比较。

(4) 灵活可操作性原则。评价指标体系应具有足够的灵活性，以便企业能根据自己的特点和实际情况，对指标灵活运用。同时还要具有可操作性，即指标可量化，数据的收集和评价指标的计算方法要有明确规定，便于评价的实施。

结合以上原则，还要考虑评价指标必须与企业目标相适应，且每一个评价指标的目的要明确，被评估的组织单位可以控制评价指标，在设计过程中还应与所涉及的人员共同讨论共同设计评价指标。

根据企业调查研究，影响合作伙伴选择的主要因素一般可以归纳为四类：企业业绩、业务结构与生产能力、质量系统、企业环境。

步骤 4：成立评价小组。

企业必须建立一个小组以控制和实施合作伙伴评价。组员以来自采购、质量、生产、工程等与供应链合作关系密切的部门为主，组员必须有团队合作精神、具有一定的专业技能。评价小组必须同时得到制造商企业和合作伙伴企业最高领导层的支持。

步骤 5：合作伙伴参与。

一旦企业决定进行合作伙伴评价，评价小组必须与初步选定的合作伙伴取得联系，以确认他们是否愿意与企业建立供应链合作关系，是否有获得更高业绩水平的愿望。企业应尽可能早地让合作伙伴参与到评价的设计过程中来。然而，因为企业的力量和资源是有限的，企业只能与少数的、关键的合作伙伴保持紧密合作，所以，参与的合作伙伴不能太多。

步骤 6：评价合作伙伴。

评价合作伙伴的一个主要工作是调查、收集有关合作伙伴的生产运作等各方面的信息。在收集合作伙伴信息的基础上，就可以利用一定的工具和技术方法进行合作伙伴的评价了。

在评价的过程后，有一个决策点，根据一定的技术方法选择合作伙伴，如果选择成功，则可开始实施供应链合作关系，如果没有合适合作伙伴可选，则返回步骤 2 重新开始评价选择。

步骤 7：实施供应链合作关系。

在实施供应链合作关系的过程中，市场需求将不断变化，可以根据实际情况的需要及时修改合作伙伴评价标准，或重新开始合作伙伴评价选择。在重新选择合作伙伴的时候，应给予老合作伙伴以足够的时间适应变化。

3. 建立供应链合作伙伴关系注意的问题

在建立合作伙伴关系过程中，要注意以下问题。

(1) 选择合作伙伴不只是选择战略合作伙伴。

综上所述可知，根据在供应链中的增值作用及其竞争实力，合作伙伴分成普通合作伙伴、有影响力的合作伙伴、竞争性/技术性合作伙伴和战略合作伙伴四种类型。而供应链战略合作伙伴关系的建立，可以降低供应链总成本、降低供应链上的库存水平、增强信息共享水平、改善相互之间的交流、保持战略伙伴相互之间操作的一贯性，最终产生更大的竞争优势，进而实现供应链节点企业的财务状况、质量、产量、交货、用户满意度及业绩的改善和提高。因此，许多企业认为只有战略合作伙伴才是真正的合作伙伴，选择合作伙伴就是选择战略合作伙伴。然而，不同的供应链目标需要选择不同类型的合作伙伴，而非一概建立或选择战略合作伙伴。这是一个需要注意的问题。

(2) 并非所有的客户都应该成为合作伙伴。

供应链合作伙伴关系对供需双方来说具有重要意义，会形成一个双赢的局面，因而，许多企业会认为应该与所有的客户都建立合作伙伴关系。事实上，有许多看似确实不错的合作伙伴关系，最后获得的成效甚至无法弥补建立合作伙伴关系所花费的成本与精力。换言之，当企业关系只涉及非常单纯的产品服务的传递，或是当基本的运送目标非常标准且固定时，合作伙伴关系的缔结就没有任何意义可言。毕竟，建立合作伙伴关系是一种高风险的策略，一旦失败将会导致大量的资源、机会与成本的浪费，比传统的供应商关系更加糟糕。因此，企业必须有选择性地运用伙伴关系策略。

(3) 合作伙伴不仅包括供应商。

在涉及供应链合作伙伴选择的问题时，许多企业只是把供应链的上游企业——供应商列入合作伙伴的范围，而往往忽略了供应链的下游企业——分销商或者第三方物流企业。事实上，分销商更贴近用户，更知道用户的喜好，从而能在新产品的需求定义方面提出更为恰当的建议，使得产品的设计能做到以用户需求来拉动，而不是传统地将产品推向用户。而第三方物流企业是企业原材料和产品流通的重要保障，会直接影响到企业的生产和销售化解。因此，在选择供应链合作伙伴时，切不可忽视分销商的选择问题。不但如此，还要与分销商建立合适的合作伙伴关系，保证企业的产品有畅通的出口，进而确保供应链的成功。

(4) 合作伙伴选择不是一种阶段性行为。

供应链合作伙伴关系一般都有很好的延续性和扩展性。这就需要企业在进行供应链合作伙伴选择之前就应该对整个供应链有一个宏观和长期的规划，也就是说要考虑得尽量全面、具体，并要充分照顾到供应链未来的发展以方便合作伙伴关系的升级，这也是企业供应链的可持续发展问题。因为供应链合作伙伴的选择是一项复杂的系统工程，对于可以进一步合作的伙伴简单地弃之不用，不仅会浪费企业的投资，还会造成时间、人工等资源的巨大浪费。因此，基于时间要求、资源利用和发展要求等因素，企业在进行供应链合作伙伴选择时应当首先做好总体规划，然后在此前提下再分步实施，把那些迫切需要加强合作的合作伙伴关系提前建立起来，把可以迟一步考虑的合作伙伴放在以后再建立关系。

(5) 合作伙伴的数量并非越少越好。

有些企业在选择供应商时，趋于采用更少甚至单一供应商，以便更好地管理供应商，与供应商建立长期稳定的供需合作关系。从理论上说，企业可以通过减少供应商的数量，一方面可以扩大供应商的供货量，从而使供应商获得规模效益，企业和供应商都可以从低成本中受益；另一方面有利于供需双方形成长期稳定的合作关系，质量更有保证。但是，采用更少甚至单一供应商，一方面由于发生意外情况、缺乏竞争意识，供应商可能中断供货，进而耽误企业生产；另一方面由于供应商是独立性较强的商业竞争者以及不愿意成为用户的一个原材料库存点，往往使企业选择单一供应商的愿望落空。因此，企业在选择供应商时，不能简单地认为选择越少(甚至单一供应商)的供应商越好，一定要结合双方的情况而定。

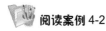

阅读案例 4-2

中国一汽与中兴通讯签署深化战略合作协议[①]

2021年7月15日，中国一汽与中兴通讯在长春签署深化战略合作协议，双方将在汽车电子、5G行业、产品服务、数字化及品牌建设五大业务领域展开深入合作，加快5G新应用的研发和商业化进程，共同打造5G行业应用示范。

随着能源、交通及智慧城市的进一步融合，中国提出了2030年碳达峰和2060年碳中和的宏伟目标，汽车工业正在逐步形成电动化、智能化、网联化、共享化的核心能力，中国汽车工业正处于补链、

---

① https://www.zte.com.cn/china/about/news/20210715C2.html，2021-07-15.

强链并形成具有国产自主的全产业链的发展过程中。

　　新一轮科技革命在引发全球制造业进入广度、深度和速度空前加强的转型升级期,汽车产业是实现工业化和信息化深度融合和制造业转型升级的突破口,智能汽车代表着汽车产品向网联化、智能化的演进趋势,不仅在于汽车产品与技术的升级,更有可能成为汽车及相关产业全业态和价值链体系重塑的重要组成,将推动人类社会迈入全面智能化的时代。

　　根据中国一汽与中兴通讯签署的深化战略合作协议,双方将加强在核心技术,尤其是芯片领域以及基础软件进行合作,重点探索整车智能座舱、自动驾驶等领域,从芯片定义、架构设计、算法与IP嵌入、测试验证、车用操作系统、虚拟化软件、软件中间件等多方面展开合作,构建软件定义汽车时代的产品竞争力。在5G行业领域,利用中兴通讯在5G技术、产品方面的优势以及合作伙伴在行业理解方面的优势,共同研究探索5G业务应用场景,基于5G网络建设、5G的创新应用场景、方案研究及相关标准、课题的申报等方面进行深度合作,加快5G新应用的研发和商业化进程,共同打造5G行业应用示范。双方依托企业数字化转型方面积累的实践和经验,加强在数字化领域的经验共享与合作,优势互补,筑路数字经济,拥抱新四化,开启新征程。

本 章 小 结

　　供应链合作伙伴关系一般是指在供应链内部两个或两个以上独立的成员之间形成的一种协调关系,以保证实现某个特定的目标或效益。

　　供应链合作伙伴关系建立的动力在于市场需求的变化以及竞争的应对。伙伴关系建立要受到高层领导的态度、企业的战略和文化、合作伙伴的能力与兼容性以及合作双方的信任等因素的制约。建立合作伙伴关系有助于减少不确定因素、降低库存、快速响应市场、加强核心竞争力、提高用户满意度。

　　委托-代理理论是管理合作伙伴关系的理论基础。根据委托-代理理论的观点,对于供应链合作伙伴间的委托-代理问题即逆向选择和败德行为,应采用"胡萝卜与大棒"政策即监督与激励机制加以约束。

　　供应链合作伙伴应参考成本、核心竞争力、价值观、工艺与技术的连贯性、企业业绩和经营状况、信息交流与共享、反应能力和响应速度、风险性、合作伙伴的数量与质量等因素,按照科学、合理的评价指标体系进行评价与选择。

 关键术语

供应链合作伙伴关系(Supply Chain Partnership)
顾客期望(Expectations of Customers)
核心竞争力(Core Competitiveness)
外包(Outsourcing)
委托-代理(Principal-Agent)

综 合 练 习

一、填空题

1. 供应链合作伙伴关系一般是指在供应链内部两个或两个以上独立的成员之间形成的一种_____，以保证实现某个特定的_____。
2. 供应链上企业间的关系的演变经历了_____、_____、_____三个阶段。
3. 供应链合作伙伴关系管理的理论基础是_____。
4. 供应链上企业间的委托-代理问题包括_____和_____。
5. 在供应链合作伙伴关系建立的实质阶段，相互之间的_____是最关键的。
6. 根据企业对供应链的增值能力和影响能力，可以把供应链合作伙伴关系划分为四种类型：_____、_____、_____和_____。
7. 选择合作伙伴时首先必须考虑的三个最基本的因素是_____、_____、_____。
8. 评价和选择供应链合作伙伴过程中，_____的目的是了解市场需求，从而确认是否有建立合作伙伴关系的必要性。

二、名词解释

供应链合作伙伴关系　　核心竞争力　　外包

三、简答题

1. 简述供应链合作伙伴关系建立的意义。
2. 简述供应链合作伙伴选择的参考因素。
3. 简述供应链合作伙伴选择的方法。
4. 简述选择供应链合作伙伴时综合评价指标体系的设置原则。

四、思考讨论题

1. 供应链合作伙伴关系与传统供应商关系有何不同？
2. 供应链合作伙伴关系建立过程中应注意哪些问题？

案例分析

一汽与宝钢供应链协同创新模式案例研究[①]

汽车工业按照本身的生产与市场的发展规律，形成了自己行业的体系结构，即汽车行业供应链由整车制造商、原材料及零部件供应商、整车与零部件经销商、物流服务商等环节构成。因此，所谓汽车供应链协同创新，是指以适应市场变化、快速响应客户需求为出发点，以供应商、制造商、销售商、物流服务提供商和客户在汽车产品设计、制造、运输、市场营销等方面全方位的协同创新为手段，以提高成员企业的利益为最终目标，从而提高整个供应链创造力和竞争力的创新活动过程。

---

① http://www.chinawuliu.com.cn/xsyj/201505/19/301485.shtml，2015-05-19。

汽车供应链协同创新之所以能够快速响应客户需求，提高整个供应链的创造力和竞争力，其关键之处在于协同创新强调各创新环节的并行化、创新资源的集成化、成员企业创新行为的协同化。

由于科学的发展和技术的进步，供应链的节点企业还应获取相关环节各种技术的最新发展信息，掌握新的技术能力来提高各个协同创新环节的效率，并根据新的市场需求信息和新的技术能力来制定和修正协同创新的目标，确保创新想法切实可行。汽车供应链企业间协同创新的流程即是上述过程的循环往复、逐步发展，从而确保协同创新能够持续进行。

总而言之，汽车供应链企业间的协同创新是以市场需求为出发点，以新技术的应用为支撑，通过各个环节的协同创新来开拓和激活潜在的市场需求，并满足客户不断变化的各种需求，从而提高整个供应链的创造力和竞争力。

1. 一汽与宝钢开展"先期介入"研究模式

汽车产品的开发是一个系统工程，需要零部件企业共同参与，因此就目前我国汽车零部件的整体水平而言，要开发整车，首先要提升零部件质量。整车制造企业在产品设计阶段就应该选定供应商并使之"先期介入"研究开发过程，担负起设计零部件或工程系统的责任，"先期介入"模式一般是在用户新产品开发的初期就进入，与用户协同创新。

在宝钢与一汽协同创新的实践中，当一汽尚在车型开发阶段时，宝钢科技人员就参与到他们新车型的设计、制造和选材等工作中，开展了零件冲压成型仿真分析、模具调试用材的合理选择，参与了调模试冲、修模方案分析、工艺参数制定和坯料尺寸设计等工作。帮助用户缩短了新产品的开发时间，降低了新产品开发的风险。

例如，车架是影响重型卡车承载能力的重要构件，国内一般使用普通16锰钢做大梁，与国外一流重型卡车相比，在强度和重量上都要相差很多。在开发奥威的过程中，一汽与宝钢、鞍钢联合开发，让他们在设计阶段就参与进来，使用全新的材料和结构，开发出了高强度车架。这种新材料，屈服强度比传统材料高出50%，承载能力大大加强，而重量大大减轻。

2. 宝钢协同一汽进行产品更新

一汽生产的CA1092系列载重车，因为自身重量太重而带来成本高、油耗多的缺点。宝钢科研人员根据一汽选材优化要求，选择1550mm的冷轧高强度板替代原来的材料，将驾驶室44个主要零件以宝钢新试高强度冷轧板替代钢板制造，达到了降低材料消耗和减轻汽车自重、减少油耗和废气排放的目的。44个主要零件全部制造成功，5台样车台架具备批量生产条件。

3. 加强信息共享，促进协同创新

一汽逐步实现与宝钢等供应商之间在技术、标准、数据等方面的信息共享以促进协同创新，供应商要与一汽集团采购部、一汽大众采购部和一汽技术中心进行计算机信息网络的连接，为同步开发做准备。通过实施TEEMS系统，一汽既可以实现企业内部业务的电子化、管理创新和业务优化，也可以与供应商、客户、合作伙伴建立电子交易系统，实现电子贸易、电子交易、电子服务，优化整个供应链并建立整个价值链的竞争优势。

实施电子采购，可以实现产品开发过程的高效率协作。一汽逐步实现有序的信息共享，对信息进行安全性管理，跟踪问题，进行智能化分析。例如，一汽已经开始尝试换代车和供应商同步开发，在概念车设计时将各个产品的三维数据通过网络发送给供应商，供应商设计方案，大家通过在网上进行三维数据交换，协同创新。

4. 组建"跨职能团队"，增强协作关系

一汽聘请了供应商方面的工程师与本公司的工程师并肩工作，这有助于即时性的交流与协作。例如，公司让宝钢的技术人员深入一汽的生产现场，组成跨职能团队，这样做就把为本企业解决问题进一步发展成为与宝钢共同学习与协作，使协同效果更加明显。

问题讨论：
1. 结合一汽与宝钢的实例阐述供应链合作伙伴关系与传统供应商关系相比有哪些变化。
2. 通过以上案例分析协同供应链的构建需要具备哪些条件？

第 5 章 供应链的需求预测与资源规划

【学习重点】

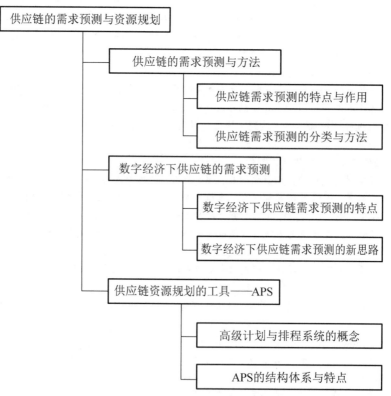

【教学目标】

通过本章的学习，使学生正确理解供应链中预测的作用，重点掌握供应链需求预测的方法，包括定性预测、因果分析和时间序列等方法；了解数字经济时代下的预测新思路；学习供应链资源规划的工具——APS 的概念以及特点；引导学生思考数字化经济下,供应链人的责任、担当和使命,激发学生对供应链人的敬意,更帮助学生树立起正确的理想信念以及价值观、人生观。

 **导入案例**

数字化供应链的现状与未来[①]

数字化供应链的本质是"供应链管理+数字化"。随着经济全球化的发展,供应链也逐渐趋向复杂。

一、传统供应链面临挑战

1. 需求的快速变化与不确定性

供应链做的事情就是需求和供应。这种需求和供应也分两种,一种 to B,一种 to C。to B 是面对企业,to C 是面对消费者。在这两个情况里,都有需求变化,都有不确定性,比如 to B 的需求变化。

过去企业产品多以硬件为主,现在很多企业在慢慢转向软件。哪怕有硬件,也不是以销售硬件为主。思科以前做路由器、交换机等大型产品,都是按硬件卖的,现在越来越多的硬件设备或租或送,他们只是按月按软件使用收费,这种产品架构的变化对传统供应链就产生了很大挑战。

2. 供应链的预测与响应能力

过去交货是送出去就行,送的越早越好。而现在的收货时间,我们都叫 JUST IN TIME。也就是在一个时间段,东西必须送到。早了不行,晚了也不行。这就在考验供应链的反应能力,考验供应链的柔性有多大。这对企业来说就是一个很大的挑战。

3. 企业成本与风险控制能力

对新零售企业来说,成本最大的地方是什么?物流。尤其是"最后一公里"的物流成本最高。此外,还有风险控制能力。三星为什么突然从中国消失,电池爆炸事件是一个很重要的原因。如何控制这种风险也是一个很大的挑战。

4. 全球化的外部协作能力

对于传统工业来说,全球化协作就是一个很大的挑战。

二、什么是数字化供应链?

中国的传统经济是制造业。中国曾经是现在也是世界上最大的制造工厂,为什么中国能够在传统经济里拔得头筹,成为世界性工厂?就是因为中国有劳动力红利。劳动力红利不单单是工人,还包括我们的技术人员,我们每年毕业的大学生。这方面,很多国家不能跟我们相比。

数字经济是伴随工业 4.0 出现的,它有几个明显的特点:第一,必须要有数字;第二,必须要有网络;第三,要智能。这三点缺一不可。

数字经济红利是数字消费者红利。全世界有 38.9 亿网民,中国就有 7.51 亿网民,这些网民中有 7.24 亿都使用手机。为什么中国的数字经济一定会超过美国,因为美国没有这么多数字消费者。美国的数字消费者一般都在东部西部等一些大城市,其他地区几乎没有这种所谓的数字消费者,所以他们的数字消费者红利有限,数字经济肯定会被中国赶上。

"双 11"是中国数字经济一个很明显的表现。

2018 年"双 11"当天,天猫的成交额为 2135 亿元。可以说,数字经济在中国已经到了一种登峰造极的地步。

但是数字经济对我们的供应链也造成了很大的压力。原本在传统工业里,工业的预测响应能力就很难做,数字化经济来了,压力就更大了。

[①] https://mp.ofweek.com/iot/a856714297087,2020-12-17。

随着市场环境的改变，从以前由生产制造商支配与引导市场和消费者选择商品，转变为由零售商和最终用户来引导市场，制造企业如何适应"推动"生产到"拉动"生产的转变，如何满足顾客需求的不确定性，如何合理开展供应链需求管理，如何保证预测的准确性等都是企业必须面对的问题。

5.1 供应链的需求预测与方法

5.1.1 供应链需求预测的特点与作用

1. 供应链需求预测的特点

企业和供应链管理者应当了解预测具有如下特点。

(1) 预测总是不精确的，因此预测应包括两方面的内容，也就是预测的期望值和预测误差的测量。为了说明预测误差的重要性，让我们来看两家汽车经销商的例子。其中一家经销商预计销售量为 100~1900 辆，而另一家经销商预计销售量为 900~1100 辆。虽然两家经销商预测的平均销售量都是 1000 辆，但由于预测精度不同，两个经销商的采购政策必然大不相同。因此，对于大多数供应链决策来说，预测误差(或需求的不确定性)都是一个关键输入信息。但遗憾的是，大多数企业并没有对预测误差进行任何估计。

(2) 长期预测的精度往往比短期预测低。也就是说，长期预测的标准差相对于均值而言比短期预测要大些。日本 7-11 便利店正是利用预测的这种性质来改善其运作绩效的，该公司实施的补货流程能在数小时内对订单进行响应。例如，如果商店经理在上午 10 点前下订单，那么当天晚上 7 点所需货物就可以交付。因此，商店经理对第二天晚上的销售情况进行预测时，预测时点比实际销售时点仅需提前不到 12 小时。较短的提前期使得经理能够更加准确地掌握诸如天气之类的影响产品销售的当前信息。这就比提前一周预测需求要准确得多。

(3) 综合预测往往比分解预测更精确。因为相对于均值来说，综合预测的标准差较小。例如，在 2%的误差范围内预测美国一年的国内生产总值并不困难，然而在 2%的误差范围内预测一家企业的年收入就要困难得多，在相同的精度下预测某一具体产品的收益就更困难了。这三种预测的关键不同点就在于预测的综合程度。国内生产总值是所有企业收入的总和，企业收入又是企业内所有产品线收入的总和。所以综合性越高，预测的精度也就越高。

(4) 一般来说，企业越靠近供应链的上游(或者离消费者越远)，其接收到的信息失真就越大。这方面的一个经典例子就是牛鞭效应。也就是说在供应链的上游，离最终顾客越远，订货量的波动幅度越大。因此，企业越处于供应链的上游，预测误差也就越大。基于最终顾客的实际需求进行协作预测能够帮助上游企业降低预测误差。

2. 供应链需求预测的作用

需求预测是所有供应链计划的基础。请大家回想一下第 1 章中讨论的供应链的推/拉观点。供应链中的所有推动流程(Push Process)都是根据对顾客需求的预测来进行的，然而，所有拉动流程(Pull Process)都是根据对市场需求的响应来进行的。对于推动流程，供应链管理者必须对生产、运输或任何其他需要计划的活动预期水平进行计划；对于拉动流程，供应链管理者必须计划的是可获得的产能和库存水平，而不是执行的实际数量。但是，不管是推动式供应链还是拉动式供应链，供应链管理者必须做的首要工作都是对未来顾客的需求进行预测。

一间销售油漆的家得宝门店通过对顾客订货的预测来采购底漆和染料，然后根据顾客的实际需求进行油漆的最后调色。家得宝公司正是通过对未来需求的预测来决定底漆和染料库存的(这是一个推动的过程)。追溯到供应链的上游，油漆生产企业同样需要进行需求预测以确定它们的产量和库存水平。基于同样的原因，油漆生产企业的供应商也需要进行需求预测。当供应链中的每一环节都独立进行预测时，这些预测值之间往往存在很大差异，从而导致需求与供给不匹配。而当供应链的各个环节合作进行协作预测时，预测结果将会准确得多。精确的预测可以使供应链更好地响应并有效地服务于顾客。从电子产品的制造商到销售包装食品的零售商，很多供应链的领导者都是通过协作预测来提高供给与需求匹配能力的。

我们来看协作预测对可口可乐公司及其装瓶商的价值。可口可乐公司往往依据下一季度的需求预测来确定进行各种促销活动的时间，然后结合促销决策来对需求预测进行修正。这个新的预测值才是装瓶商制定产能和生产决策的基础。如果不是按照考虑促销并校正过的预测值进行运作的话，那么装瓶商将不太可能提供足够的供给来满足可口可乐的需求，从而影响供应链的收益。像牛奶、纸巾这样拥有稳定需求的成熟产品最容易进行需求预测。但是，当原材料供给或者成品需求非常难以预知时，进行预测和作出相关管理决策就十分困难了。时尚商品和许多高科技产品就属于这类难以预测的产品。但是，对于任何产品，在进行供应链设计和计划如何响应时，对预测误差进行估计都是非常关键的。

5.1.2 供应链需求预测的分类与方法

1. 供应链需求预测的分类

在商业预测中，对不同的市场需求情况进行预测时，预测结果的准确性和可靠性与预测期限有关，因而按照预测期限的长短可以分为以下几类。

(1) 长期预测。长期预测一般为三年到五年，主要是根据企业的长远发展战略和市场的需求发展趋势进行预测分析。长期预测由于预测期较长，不确定因素较多，因而预测结果和实际情况的误差较大。一般来讲，它只能对预测对象做一个大致的、粗略的描述。

(2) 中期预测。中期预测一般期限为一年到三年。主要是围绕企业的经营战略、新产品的研究与开发等方面进行预测。中期预测由于预测期不长，不确定性因素较少，相关的数据资料也较完整，因而预测的结果也较准确，能够避免长期预测带来的某些局限性。

(3) 短期预测。短期预测一般是以月为时间单位，大致为三个月至一年，主要是确定某种产品季节或季度的市场需求量，从而调节企业自身的生产能力。

(4) 近期预测。近期预测一般以周、旬为时间单位，主要是对企业内部的各个环节进行预测，确定物料或零部件的需求量，以保持生产过程的连续性和稳定性。近期预测的目标一般比较明确，不确定性因素较少，因为可预见性较强，预测结果也比较准确。

2. 供应链需求预测的方法

选择合适的方法对企业进行需求预测来说至关重要，很多供应链管理者会陷入这样一个误区——最复杂、最昂贵的预测方法通常会产生最好的预测结果。其实这个观点并不正确，简单的预测方法可能会产生好的效果；同样，复杂的方法也可能得到糟糕的结果，所以应该具体问题具体分析。在现实的企业实践中，常用的需求预测方法大致有以下几种。

(1) 定性分析法。

定性分析法依赖于人的主观评估和判断，预测的有效性也取决于预测者的经验、技巧和逻辑分析能力。影响预测的相关信息通常是非量化的、模糊的、主观的。当可获得的数据十分有限、不可得或不直接相关时，就需要采取定性的预测方法对需求进行一个大致的判断。例如，当企业预测新产品的需求情况时，并没有历年数据可以作为参考，此时定性法是较为可行的方法。该方法的特点是简单易行，不需要经过复杂的运算过程，但同样也存在时间长、费用高、不能够提供精确的预测数值等缺陷。通常在中期或长期预测中更多地选此方法。常用的定性方法包括德尔菲法、小组集体讨论法、类比法、头脑风暴法等，以下讲述其中两种。

① 德尔菲法：又称专家调查法，通过对专家背靠背的匿名征询方式进行预测的一种方法。在使用德尔菲法进行预测时，专家的选择非常重要，所选的专家必须具有代表性，熟悉和精通预测对象的各个方面，专家人数一般控制在10～50人为宜。每次对专家调查结束后，都要进行统计工作，然后对统计结果进行评价。如果统计结果显示专家的意见差距较大，就要重新设计调查表；如果统计结果较集中，就会得到最后的预测结果。

② 类比法：又称比较类推法，这种方法一般根据经验判断，通过比较类推，得出预测结论，可以分为纵向类推预测法和横向类推预测法两种。纵向类推预测法是指在不同时间段里的预测，也就是通过将当前的市场需求情况和历史上曾经发生过的类似情况进行比较来预测市场未来情况的方法。横向类推预测法是指在同一时期内，对某一地区的某种产品的市场情况与其他地区的市场情况进行比较，然后出未来本地区的市场前景。

(2) 因果分析法。

因果分析法假定需求预测与某些内在因素或周围环境的外部因素有关。例如，如果已知客户服务对销售有积极影响，那么根据已知的客户服务水平就可以推算出销售水平，我们可以说服务和销售是"因果"关系。该方法的主要问题在于真正有因果关系的变量常常很难找到，即使找到，它们与预测变量的关系也常常很弱。

回归分析法是一种常用的因果分析法，可用于长期预测。在回归分析法中，所选用的因变量是指需要求得预测结果的那个变量，即预测对象；自变量是指影响预测对象变化的、与因变量有密切关系的变量。在实际操作中，选择一个变量为因变量，而将其余的变量作为自变量，然后根据有关的历史统计数据，研究测定因变量与自变量之间的关系，根据这些变量之间的相互关系拟合一定的曲线，这条曲线就叫回归曲线，表达这条曲线的数学公式就叫回归方程。回归分析法包括一元线性回归法、多元线性回归法等，其中，用途最为广泛的是一元线性回归和多元线性回归方法。本书在此仅详细介绍一元线性回归法，有关其他回归分析法请参见相关统计学书籍。

一元线性回归模型中只有一个影响因素,需求量与该影响因素之间的关系可以用一条直线近似表示,其计算公式如下

$$\overline{Y} = a + bx$$

式中,$\overline{Y}$ 是预测值或因变量;x 为自变量;a 为直线在轴的截距;b 为直线的斜率。

对于已知的 n 组数据 (x_i, Y_i),可由下式求得偏差平方和

$$\sum_{i=1}^{n}(Y_i - \overline{Y})^2 = \sum_{i=1}^{n}(Y_i - a - bx_i)^2$$

根据极值定理,令一阶偏导等于零,即可求得 a 和 b 的值

$$a = \overline{Y} - b\overline{x}, \quad b = \frac{\sum xY - n\overline{x}\overline{Y}}{\sum x^2 - n\overline{x}^2}$$

根据 a 和 b 的值即可求得未来的需求预测值。

(3) 时间序列法。

将某变量的数据按时间排成序列,根据时间序列中的数值变化的基本类型,选用数学模型来描述它们的变化;利用这个数学模型,根据过去的需求变化规律向未来延伸,进行未来状况的预测。如果有许多可靠的历史数据而且被预测的市场是稳定的,同时几年来市场需求模式没有什么大的变化时,这些办法是最好的。它有三种基本类型:一是简单移动平均法;二是加权移动平均法;三是指数平滑法。

① 简单移动平均法:就是从时间序列的第一项数值开始,选取一定的项数求得序时平均数,即可以得到一个下期的预测值。其计算公式如下

$$F_{t+1} = D_{t-n+1} + D_{t-n+2} + \cdots + D_t = \frac{1}{n}\sum_{i=t-n+1}^{t} D_i$$

式中,n 为用于需求预测的历史数据长度;F_{t+1} 为第 $t+1$ 期的需求预测值;D_i 为第 i 期的实际需求量。

② 加权移动平均法:简单移动平均法中认为每一期历史数据对未来的影响是相同的,但现实情况并非如此。加权移动平均法,是考虑了历史各期数据对未来需求影响程度不同的情况,其计算公式如下

$$F_{t+1} = w_{t-n+1}D_{t-n+1} + w_{t-n+2}D_{t-n+2} + \cdots + w_t D_t = \sum_{i=t-n+1}^{t} w_i D_i$$

式中,n 为用于需求预测的历史数据长度;F_{t+1} 为第 $t+1$ 期的需求预测值;D_i 为第 i 期的实际需求量;w_i 为第 i 期需求量的影响权重($\sum w_i = 1$)。

③ 指数平滑法:是一种特殊的加权平均法,引入一个移动加权系数,α 越大,相当于在移动平均中所用样本数越少,近期数据对预测结果的影响程度越大;反之,α 越小,相当于在移动平均中所用的样本数越多,近期数据对预测结果的影响程度就越小。其计算公式如下

$$F_{t+1} = \alpha D_t + (1-\alpha)F_t$$

式中，F_{t+1} 为第 $t+1$ 期的需求预测值；F_t 为第 t 期的需求预测值；D_i 为第 i 期的实际需求量；α 为移动加权系数（$0 \leqslant \alpha \leqslant 1$）。

(4) 智能预测法。

随着计算机性能和软件的大幅提升，诸如神经网络、模糊数学、混沌理论等方法也应用到企业的需求预测之中。这些智能模型能够进行极强的非线性数学分析，而这一特性也非常符合市场需求非线性变化的特点，因此往往能够获得更好的预测结果。

无论使用什么预测方法，当进行预测并评估预测结果时，还需要注意以下几点问题：首先，短期预测一般比长期预测更加准确；其次，总量预测比单个产品或是细分市场预测更加准确；最后，预测通常都有或多或少的误差。很少有企业仅仅用上述方法中的一种进行预测。大多数企业用几种方法做出几种预测，然后把这些不同的预测结果综合起来，形成实际的预测结果，再根据这些结果制订经营计划。研究表明，利用多种方法进行预测，然后再将这些预测结果综合起来得出最终结果，这种预测的过程得出的结果比单独使用一种方法得出的结果更加准确。

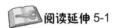

阅读延伸 5-1

个性化时代，复杂供应链如何创新预测？[①]

传统上，制造企业通过提高库存，增加供应端的敏捷度来满足小批量多品种的订单，但随着近年来国内企业经营环境的不断变化，这些方法很可能已经无法继续取得更大的业绩。需求预测是构成企业竞争力的一项重要能力。需求预测不仅是消除多品种、小批量的供应链低效的关键环节，而且能够在公司内部起到各种各样的作用。对未来需求的准确预测，可以决定原材料数量、成品库存数量、需要产品数量、雇佣人员数量、工厂位置、规模等，直接决定企业经营绩效，从而反映出经营管理团队的能力，进而决定团队成员的市场价值。

遗憾的是，传统的需求预测并不能够很好地达成这一使命。

虽然传统的需求预测系统有 20 多种不同的统计方法，但它们主要集中在与趋势、周期和季节性有关的模式上，趋势、周期和季节性包含在历史需求中并假设这些模式将持续到未来。传统的需求预测，主要基于过往历史销售数据，由专家按照某种模型生成预测基线，再进行直觉判断操控，需求模型则建立在不断变化的销售历史基础之上，模型假设下月/周将要发生的事情或多或少会与上月/周发生的事情相似，这样的模型只能感知那些与趋势、周期和季节性相关的需求信号，剩下的则一概被称为"不可解释"。直觉判断操控预测，则大多依据与业务目标相关的假设条件而不是根据当前的市场状况，显然，当加入太多的主观判断时，这种模式的可信度就会受到严峻的挑战。此外，这里的数据一般以月计，最多按周计，并非真正的客户需求精确视图。即便这数据使用的是发货记录，也远不是需求的精确表达，因为当时可能存在许多内部因素，比如有限的供应和/或内部员工绩效需求。

公司需要将注意力从简单的需求信号，如趋势和季节性，转向更动态地感知需求信号，基于销售、营销战术来塑造未来需求，并将需求转化成更为准确的需求响应。

首先，需要一个高度一体化的、整合了客户细分、产品系列和模块化的策略。此策略需要能利用现有品牌影响细分客户群，从而"拉动"产品需求。脱离客户导向，产生不了有价值的产品需求。为

---

① https://www.sohu.com/a/216663922_291099，有改动，2018-01-14。

了促进营收和利润双增长，公司需有意识地关注感知、塑造需求的框架以及跨产品、地域、渠道和客户的需求计划。

其次，需要理解传统的需求预测和计划系统产生于交货期比较稳定、供应链相对简单以及商机转换不快的时期，这些系统是专为补货的目的而设计的。好的需求管理不仅包括预测，还包括了对需求的感知、塑造，能够将需求响应转化成决策流程，这个决策流程由需求驱动，综合利用数据、分析方法、技术和业务知识，基于 KPI 进行持续调整。

最后，需要设计和部署一套更完整的、专注的、由分析驱动的需求管理系统，这个系统需要能够捕获市场的动态信息。这指的是按小时、日，最多按周计的需求信号。动态信息令企业了解卖出了什么、谁购买了产品(服务)以及购买的数量。一般来说，它使用下游数据(用于需求模式识别)。这需要具备收集和分析跨市场渠道、地理区域等数据的能力。如果不能充分感知它，就不能及时塑造和引导需求，企业就会面临市场地位严重损失的威胁。

结语

使用传感器数据、市场数据、时态数据(如天气、交通等)可以提高供应链反应速度。社交网络、移动终端、数字技术与电子商务的融合正在改变着供应链的"心脏"，供应链管理领域的领先公司正在引进新技术，构建大数据平台实现协同和分享，重新定义数据，将交易型数据与非结构化数据结合起来进行分析，以实时地感知市场内外的变化，为他们的组织及其伙伴带来更多价值。

落后者必将感到来自供应和需求两端的压力。那些仅依靠历史预测方法的公司，将无法立足于明天的市场竞争中，并将缺乏市场有效竞争所必需的差异化能力。公司需要从传统的基于历史的需求预测实践，转向需求驱动的结构化过程。那些积极行动的公司将超越竞争对手，获得真正的市场竞争优势。

5.2 数字经济下供应链的需求预测

5.2.1 数字经济下供应链需求预测的特点

随着移动互联网、物联网、3D 打印、云计算、智能技术等的蓬勃发展，当前商务管理的环境正在发生巨大的变化，据 IDC 预测，全球数据量的总和将从 2018 年的 33ZB 增长到 2025 年的 175ZB，人类社会正在进入一个以数字化为表征的新时代。数字化是当今经济的推动力，在未来经济中将发挥更大的推动作用。数字化及相关技术将不仅仅提高效率，更可能创造出新的商业模式，定义新的竞争范式，进而颠覆现有的企业运营管理流程，带来运营管理模式的创新。例如，大数据的出现可以更好地测量经济效果和结果，使得跨领域的新研究设计成为可能。为应对数字化环境的变化，海尔的"人单合一"模式基于组织、竞争、制度和技术环境进行了颠覆性、系统性的持续动态变革，形成了互联网企业创新模式。在数字化时代，企业甚至比顾客更了解其自身的需求，并据此创造新的需求。例如，谷歌利用大量人群在其网站上的搜索数据，能够提前并准确地预测出流感暴发的趋势，为卫生部门控制流感疫情提供帮助。[①]

需求预测是企业运营管理的基础。进入数字化时代，供应链需求预测呈现出新的特点：

---

① 陈剑，黄朔，刘运辉. 从赋能到使能——数字化环境下的企业运营管理[J]. 管理世界，36(02)，2020：117-128.

首先，消费者需求与过去相比变化速度更快、需求的个性化特征更为明显。其次，企业可以获取的数据类型和数据量都远比过去丰富。以亚马逊公司为例，除了交易数据，还可以将用户浏览、购买、使用、评价等数据都记录下来，包括搜索的关键词、页面的停留时间等。这些行为特征往往是用户偏好及其个性化需求的直接表现，加上强大的数据分析能力，可以更加准确地预测顾客的需求，为提高运营管理绩效打下良好的基础。例如，在推荐应用程序下载时系统考虑下载和浏览行为，基于"涉入理论"(Involvement Theory)，可以更好地了解客户需求、进行精准推荐。基于微博和第三方数据组合的模型，可以更准确地预测票房收入。进一步地，在将基于数据的预测结果应用于促销、订货等运营管理决策时，还需注意决策变量对结果变量的影响，直接基于历史数据的相关性挖掘很多时候并不能保证能得到优良的决策或预测表现，需要通过学习决策变量和结果变量之间的因果关系才能有效地制定干预性的决策。Bertsimas 和 Kallus 将机器学习和运营管理问题整合，提出应该从预测分析(Predictive Analysis)到规范分析(Prescriptive Analysis)。最后，数字使能创新中的需求创造——从随需而变到创造需求。数字化环境中，企业能够更加精准地了解消费者的潜在需求，并通过自动化、智能化的工具提供支撑，将消费者的潜在需求转化为真实需求。比如，通过大数据计算，亚马逊可以为顾客提供"购买此商品的顾客也买了"等信息，这一个性化推荐可以更好地挖掘客户的潜在需求，有效提高商品的销量。更进一步，传统意义的需求是指消费者购买的产品(或服务)的数量，然而消费者购买产品，最终目的是获得使用产品带来的价值，产品的使用价值才是消费者的真正需求。基于数字化及相关技术，企业能够更深入透彻地理解消费者深层次需求，通过创造新的产品价值创造新的需求。例如，全球第二大食品公司卡夫通过大数据工具对 10 亿条零碎信息进行内容分析，发现消费者关心的重点是健康、素食和安全 3 个方面。尤其在健康方面，如对孕妇十分重要的产品是叶酸。基于这一系列大数据分析，卡夫推出了面向孕妇消费者市场的全新产品，创造了新的产品需求。这种对需求的重新定义在服务行业中也有类似的体现。在医疗服务行业的健康管理领域，身体健康异常和重大疾病风险传统上主要是通过定期体检来监测，而可穿戴式设备的出现，则可以通过持续采集个人的心率、脉率等体征数据实现实时的监测和分析，通过产品创新和大数据技术结合，创造了新的服务需求。开展基于同步发现和应用是其中一个重要方向。

5.2.2 数字经济下供应链需求预测的新思路

数字化及相关技术在企业的供应链管理创新中发挥了重要的作用，这既体现在流程日趋智能化，又体现在供应链上下游之间决策越来越多地依赖于数据分析做出。首先，制造业正在变得越来越智能，越来越多地使用传感器和无线技术来捕获生产环节中的各种数据，再传递回智能设备以指导生产，工厂由集中控制转变为分散式自适应的智能网络。例如，一台机器检测出流水线上可能存在的故障时，可以直接关闭其他可能受损的设备，并引导维修人员解决问题。数字化及相关技术彻底地改变了制造环节设备维护的模式，在降低成本的同时有效提高了设备的可靠性。类似地，数字化技术还可以用于监控和分析整个生产流程，发现能耗异常，从而在生产过程中实现实时优化。

其次，在互联网时代，越来越多的供应链管理中的零售环节开始采用全渠道零售模式，即零售商通过线上及线下等多种渠道进行销售。中国一家领先的在线零售商于 2017 年 10

月在北京推出了首家线下"无收银员"零售店，2018年又新增了30家线下"无收银员"零售店。新的零售店在购物体验和运营管理方面都与传统零售店有很大差异。例如，零售店要求消费者在进店时扫描在线购物应用程序，以便零售店掌握消费者的在线标识信息；结账过程实时完成，不需要排队等候；物流方面，依托在线零售商的先进物流，线下零售店不需要考虑附属仓库的问题，相反，可以更频繁和灵活地补货，从某种程度上扩大了实体店的空间。通过线上的销售数据还可以帮助零售商更好地对线下零售中遇到的问题进行决策，特别是通过全渠道收集的数据多于传统数据，指导操作更具参考性，如选品问题、货架库存问题及选址问题等。在多渠道运营的企业不可避免地会遇到渠道与产品属性的匹配问题。有些属性消费者可以通过访问网站获得，有些属性则涉及体验或是个性化目标，消费者必须要到线下门店才能得到。顾客渠道选择、线上线下同价和不同价两种策略对消费者行为的影响、消费者的导流问题等都是需要深入研究的关键问题。

最后，在供应链风险和金融领域，数字化技术也发挥了重要作用。来自各个领域的大数据使得提供金融服务时不再仅仅依据财务报表，而是基于多维度的数据评估目标企业的信用，降低供应链金融风险。通过分析企业内部数据、个人数据、政府数据、社交网络数据、第三方数据和利益相关者数据，可以更全面地刻画供应商的内外部风险。然而，供应链金融领域也有新的问题出现。为了缓解卖家的资金约束问题，近年来，一些大型电子商务平台主动向其提供一定的资金支持，如亚马逊推出的 Amazon Lending 与阿里巴巴的阿里小贷。研究发现，对竞争企业提供慷慨的贷款将导致两败俱伤的囚徒困境，这是由于在市场竞争的引导下，卖家将选择更加激进的借款策略，从而提高整个市场的产出水平，但与此同时，单位产品利润下降。

> **特别提示**
>
> 数字化环境中，企业能够更加精准地了解消费者的潜在需求，并通过自动化、智能化的工具提供支撑，将消费者的潜在需求转化为真实需求。

 阅读延伸 5-2

助力企业数字化转型，联合通商需求预测准确率高达 85%
——暨"第七届供应链经理年度大会"参会实录[①]

> 随着数字经济的蓬勃兴起，数字化升级日益被企业所重视。而作为企业运营的重要一环，供应链的数字化转型同样也更为迫切，因此供应链的变革与转型，正在成为企业转型的重中之重。然而多数企业却并不了解应该如何着手推动这一变革。那么，如何才能不让数字化供应链仅仅停留在纸上谈兵的层面呢？2018年11月24日，由 SCOM(中国供应链与运营管理人俱乐部)主办的"第七届供应链经理年度大会"给出了一些切实的参考。SCOM 是由俞志敏(Martin Yu)先生创立于2011年。目前会员人数已超过4万，已成为中国人数最多、影响力最大的供应链与运营经理人学习与分享社区之一。

---

① 资料来源：http://www.ebizprise.com.cn/news_detail.aspx?id=235，2018-11-28。

本次大会以"转型、转向、转变"为主题，汇聚了约400位行业知名专家、学者和大咖以及来自食品、饮料、日化、零售、电商、医药、制造业等行业的供应链经理人。大家共同聚焦供应链行业发展现状及趋势，围绕贸易战下的供应链战略、智慧供应链等热点话题，进行了深入的交流分享与探讨，其中供应链数字化转型升级受到了与会嘉宾的重点关注与热议。

联合通商科技(eBizprise) DP事业群资深总监张珂雯女士获邀出席了下午的圆桌论坛，同与会人员围绕"供应链数字化"分享了她独到的观点和感想。张珂雯女士在分享中介绍说，实施供应链数字化必须从企业实际需求出发："目前很多企业都急于想要将供应链与数字化系统相结合，盲目购买各种软件，上各种项目，结果就是企业在具体的运营过程中，出现较多的问题，其原因就在于企业不明确自身所处的数字化阶段，甚至对于企业上数字化项目的真正目的和需求并不明确，从而导致项目收效甚微，甚至失败。因此想要实施供应链数字化必须从企业的实际状况出发，并在此前提下制定出合理的战略规划和实施策略。"

最后，联合通商科技eBizprise作为滚动式需求预测与供应链大数据分析专家，开创性地提出"未来数据"概念，并基于"未来数据分析"这一核心竞争力，面向大型企业，以销售预测系统(Sales Forecast System，SFS)，即私有云为主，提供基于协同预测和共识的"需求计划解决方案"，为客户打造大数据驱动的智能供应链。面向大企业个人、部门和进取型组织，以RollingDemand_滚需预测云平台，即轻量弹性化模式，提供"预测数据解决方案"，为客户提供精准与差异化的"数据决策分析"。

5.3　供应链资源规划的工具——APS

5.3.1　高级计划与排程系统的概念

供应链是十分复杂的，而现实中需要处理的每个细节不一定都出现在计划和计划过程中。因此，就有必要从实际中抽象出一些东西，运用简化的现实模板(或模型)作为制订计划的基础。预测和仿真模型力图预测未来发展，解释复杂系统中投入和产出之间的关系。但是，它们无法从大量的可行方案中根据预设的标准挑选出一个或几个好的方案。在供应链上每时每刻都必须做出成百上千个决策，这些决策的重要性不同。有的相当简单，如"某台机器的下一个任务是什么"，也有的非常重要，如"是否新开或关闭一家工厂"。越重要的决策，就越应该好好进行准备。这种准备工作就是计划。计划通过找到未来行动的各种方案，并挑选出比较好甚至是最好的方案来支持决策。

最简单的一种计划方法是考察不同的方案，根据既定的标准进行比较，然后选出最佳方案。但是，大多数情况下，这种简单做法将会遇到一些难题。例如，客户服务应该是越高越好，而与此同时库存应该最小化。在这种情况下就不存在能够使两个目标同时达到最高水平的"最优"方案。解决多目标决策问题的普遍做法是除了需要优化的函数外，分别对其他每个目标设定最低或最高的满意水平。在上述情况下，一种做法是在保证最高客户服务水平的基础上将库存最小化。另一种解决多目标问题的办法是对所有目标定价，确定其货币价值，然后利用收益或成本来使边际利润最大化，但不是所有的目标(如客户服务水平)都能表示成货币值。再一种常用的办法是设定每个目标的权重或分值，并加权求和。这种办法的缺点是受人为权重的影响严重，可能产生虚假的"最优"方案。

基于约束的高级计划与排程(Advanced Planning and Scheduling，APS)技术是真正供应链优化的重要引擎，可帮助企业快速反应与适应激烈竞争且变化多端的市场。APS 是随着计算机应用技术的飞速发展而建立起来的，它基于约束理论，在编制计划时采用一些复杂的数学模型和运算法则，其中包括优化模型与优化技术，所以它能为复杂的生产和供应问题找出优化解决方案。①

在 19 世纪末 20 世纪初，人们就开始使用如今 APS 中常用的工具甘特图(见图 5.1)。

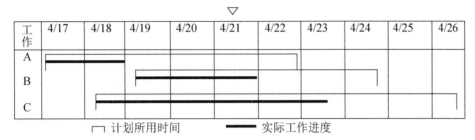

图 5.1 作业进度甘特图

20 世纪 60 年代中到 20 世纪 70 年代初，随着科学技术的进步和计算机的发展，人们有能力可以考虑整个制造工厂和设置在最小化成本的运作且最大化利润。20 世纪 80 年代初，有限能力排产系统(Finite Capacity Scheduling，FCS)和最优技术(Optimized Production Technology，OPT)为 APS 的发展注入了新的血液，拓展了其技术领域。20 世纪 80 年代后期，约束规划及图形式的人机接口为 APS 带来了技术上的革新。20 世纪 90 年代中后期，许多 ERP 厂商意识到了 APS 巨大的市场潜力，纷纷进军 APS 市场或将 APS 的功能集成到自己的 ERP 软件当中，从而推动了 APS 市场的蓬勃发展。APS 是支持 SCM 进行供应链各个环节之间的计划和协同的最主要手段。没有 APS，供应链管理就只能作为一种管理理念，而不可能成为计划和协同的工具，更不可能形成可推广的软件。由于 APS 是一种在资源约束前提下的优化技术，既可用于单个企业内部的短期的计划与排产，又可用于在已知条件下的长期预测和在企业间进行计划，成为改进和优化企业供应链管理的有力工具，所以自 APS 成熟之日起，就将它的应用范围与供应链联系在一起。另一方面，长期以来只有概念而缺少有效工具的供应链管理在 APS 的支持下，得到迅速发展。

APS 覆盖了供应链管理战略层、战术层及操作层 3 个计划层次。其中战略层包括供应链战略、供应链计划，战术层包括需求计划与预测、制造计划、操作计划、分销计划，操作层包括可承诺能力、车间作业排产、运输计划、承诺可供货量。APS 的主要目标是某一指标的总优化。这需要预先假定供应链的结构和其各种不同的资源和边界情况(例如能力限制)。

5.3.2 APS 的结构体系与特点

1. 高级计划与排程的结构与功能

APS 的结构体系如图 5.2 所示。从图 5.2 中可以看出，它可以用来制订企业和供应链上各个业务环节的计划，以及排程、排产和调度。这些计划既可以是短期的，也可以是中期或长期的。由于 APS 具有优化的功能，因此这些计划和调度都含有优化的结果，能够帮助

---

① 丁斌，陈晓剑. 高级排程计划 APS 发展综述[J]. 运筹与管理(3)，2004：155-159.

企业解决瓶颈问题，增强对供应链上需求变化的预见性，并且在计划实施的同时，对业务流程还具有改善作用。

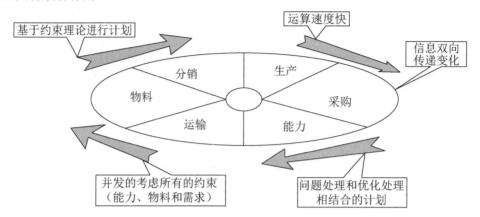

图 5.2　APS 的结构体系图

从 APS 的结构体系图中，可以发现它有如下基本功能。

(1) 基于约束理论进行计划。在制订计划时考虑了所有的约束因素，如物料、设备、人员、场所、时间和技术等资源，使做出的计划更加准确和可行。能够将供应链上的某些稀缺资源预先分派给具有高优先级别的某个具体客户或分销渠道的需求，以避免其他需要此资源的客户与它们争夺该资源。实时地、智能地实现需求、供给和供应链约束之间的重新同步。一旦当意外的事件破坏了需求供给之间的平衡，APS 就会接收到一个预警信号，利用这些并发的信息，APS 执行相关逻辑性的操作，就会使供需之间重新恢复平衡。

(2) 信息双向传递变化，扩大了计划范围。在供应链上向上游和下游双向传送变化信息，充分显现变化的影响。比如，当计划人员决定将一个生产订单延期执行时，这个信息就会同时向双向传递，该结果会影响到下游的活动，如产品完工和最终交付给客户的计划有效性；同时也会影响上游的活动，如其他生产订单延迟的可能性，部件库存水平和未来的采购需求等。可以对供应链和全企业的各项业务进行计划，并一次性地考虑了业务流程的纵向和横向的协调，由于采用了同步计划，不需要一个一个地依次制订计划。

(3) 应用了优化的数学模型和技术。它采用了线性规划、人工智能、启发式算法、遗传算法和其他的优化技术，使计划更具有可行性和优化功能。它的优化是有目标的，不同的目标需要通过不同的规则来解决，不同的规则就决定了上述算法的优化目标函数。而且不仅对单一目标进行优化，还可以实现多目标优化。

(4) 采用先进的计算机技术实现实时重排计划。它常驻于内存，将所有相关的数据读入计算机内存，避免频繁读硬盘，比 ERP 运算速度约快 300 倍。它既可以由计划人员根据需要在 APS 的帮助下进行重排，也可以通过自动化解决问题流程来实现。在这两种情况下，重排计划流程考虑到所有的约束和供应链上的现有经营规则，例如，变化的资源或物料，用户的优先权，等等。可以实现一个可持续转变的流程，使得重排计划能够在每一次意外变化发生时进行随时处理。

(5) 动态计算提前期实时承诺性。在 APS 中，提前期是动态地进行计算，它考虑了在供应链活动中由软、硬两种约束所造成的可能的延迟。APS 的"期限承诺"标准能为客户实时地提供交货的准确日期。对包括供应商和服务商在内的资源进行动态地分析和物理检查，对客户做出交货期限的承诺。同时，在商谈订单的第一时间就确定该订单是否可以获利，是否需要接受该订单。

(6) 基于计划时段进行计划并评价计划成本。APS 的"计划时段"标准可以在不同的时间段内(分、小时、天、周、月、季、年等)编制计划。它是在一个灵活的时段环境下，采取并行的方式支持计划编制(可以是倒排、顺排或中间排)，并采用综合的方法，将所有的供应链计划融入一个过程中，甚至是全球供应链计划过程中。根据 APS 的"评价计划成本"标准，可以对所做的计划进行成本评估，并与企业的财务指标进行对比和衡量，进一步核实其可行性。而这在 ERP 的计划制订过程中是不可能实现的。

2. 高级计划与排程的特点

(1) 综合性。

APS 是整个供应链的综合计划，从企业、企业的供应商、供应商的供应商到企业的客户、客户的客户。计划范围不限于生产，还包括采购、分销、销售等一系列计划。这些计划分为长期、中期和短期 3 种，分别对应战略计划、战术计划和执行计划。APS 协调各种计划，保证供应链有关各企业、部门的正常运行。

(2) 最优化。

APS 定义了各种计划问题的选择、目标和约束，采用线性规划等数学模型，使用精确的或启发式的优化算法，保证计划的优化。供应链计划的可行方案数量巨大，想通过简单枚举来找到最优方案是不可能的，甚至要找到一个可行的方案都很困难。在这种情况下，可应用运筹学的数学方法来支持计划流程。线性规划或网络流算法能找到精确的最优解，然而，大多数组合问题只能通过启发式算法来计算近似最优解(局部最优)。

APS 计划的优化思想和企业资源计划(ERP)有很大不同。ERP 强调计划的可行性，只限于生产和采购领域，只考虑能力约束而不做优化，在大多数情况下甚至不考虑目标函数，因此是一个运作层面的连续计划系统。而 APS 试图在直接考虑潜在瓶颈的同时，找到跨越整个供应链的可行最优计划。

(3) 同步性。

APS 系统的同步计划指根据组织所设定的目标(如最佳的顾客服务)，同时考虑组织的整体供给与需求状况，制订组织的供给计划与需求计划。即在进行需求计划时，须考虑整体的供给情况，也就是考虑由需求满足和订单承诺模块产生的结果；而进行供给计划时亦应同时考虑全部需求的状况。APS 系统的同步计划能力，不但使得计划结果更具备合理性与可执行性，亦使组织能够真正达到供需平衡。

(4) 层次性。

供应链最优计划涉及不同的时间跨度(长期、中期、短期)，不同的业务流程(采购、制造、分销等)甚至不同的供应链成员企业，由于需求的不确定性，不可能一次优化所有的计划。而层次计划折中考虑了实用性和计划任务之间的独立性，对于不同的计划采用分层次优化的方法。

层次计划的主要思想是把总的计划任务分解成许多计划模块(即局部计划)，然后分配给不同的计划层，每一层都涵盖整个供应链，但层与层之间的任务不同。在最顶层只有一个模块，是企业范围的、长期的、粗略综合的战略发展规划。层次越低，计划涵盖的局部受到的限制越多,计划时间跨度越小,计划也越详细。在层次计划系统的同一计划层中,供应链各局部计划之间通过上一层的综合计划来协调。各计划模块被水平信息流和垂直信息流连接在一起,上层计划模块的结果为下层计划设定了约束,而下层计划也将有关性能的信息(如成本、提前期、使用率等)反馈给上一层次的计划。

(5) 平衡性。

需求的不确定性使计划与现实之间存在偏差,因此必须进行控制,如果偏差过大,计划就需要重新修改。APS 计划从不同的纬度描述相互补充的功能性计划,APS 计划模型通过年度、月度、周、日直至小时、分的多层计划,综合考虑战略计划、战术计划和运作计划,力图减少不确定性对计划的影响。

特别提示

> APS 是随着计算机应用技术的飞速发展而建立起来的,它基于约束理论,在编制计划时采用一些复杂的数学模型和运算法则,其中包括优化模型与优化技术,所以它能为复杂的生产和供应问题找出优化解决方案。

阅读延伸 5-3

i2 Technology 公司的 APS 模块

位于得州达拉斯的 i2 Technology 公司(以下简称 i2)通过它的 Rhythm 软件包提供各种 APS 软件模块。i2 成立于 1988 年,i2 的解决方案汇聚所有动态价值链互动流程,包括客户关系管理、供应链管理和供应商关系管理。图 5.3 是 i2 根据供应链计划矩阵给出的部分 APS 模块,不同模块之间通过 RhythmLink 协调和集成,物料需求计划的任务则由其他 ERP 系统完成。

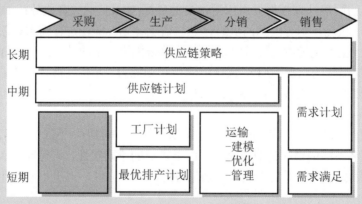

图 5.3　i2 的部分 APS 模块

1. Supply Chain Strategist(供应链战略)

支持整个供应链上的"what-if"战略分析,决定生产地点、分销中心和其他设施的最优组合和定位，根据不同方案建立有关成本和约束的物流模型。

2. Demand Planner(需求计划)

提供各种统计方法，随机因素的包含，以及不同组织单位的多输入管理。提供 POS(Point Of Sales)数据集成并能以不同方式查看需求信息。此外，OLAP(在线分析处理)工具能有效存取有关数据，PRO(产品关系对象)模块支持相关预测的生成。相关预测是指通过对产品组的预测来导出单个产品的预测。

3. Supply Chain Planner(供应链计划)

根据物料、能力、运输和顾客服务的约束建模和优化供应链。SDP(策略驱动计划)模块允许计划人员定义问题类型和应用适当的算法(如线性规划、启发式推理和基因算法)进行优化。

4. Demand Fulfillment(需求满足)

生成约束驱动计划，提供所有分销和生产地点的成品、半成品、原材料和资源能力在整个供应链范围的可视性。

5. Factory Planner(工厂计划)

根据需要日期向后排产或当考虑物料和能力约束时从当前日期向前排产来生成最优生产计划。在生成无限能力计划之后，有限能力计划由 i2 的专利产品 Constraint Anchored Optimization(约束优化模块)决定，不过计划人员也可以通过分析能力短缺和执行"what-if"分析施加影响。

6. Optimal Scheduler Planner(最优排产计划)

建立基于遗传算法的加工工序和排产计划。约束定义和优化算法的分开允许处理大量约束，这些约束包括车间能力、工作负荷平衡、物料可用性等，此外，交互排产编辑器允许手动更改。

7. Transportation Modeler, Optimizer and Manager(运输建模、优化和管理)

这是支持分销计划流程的工具。运输建模帮助企业有效地利用它的运输网络，实际数据被用来做"what-if"分析。运输优化根据交付、设备和人力约束自动建立和发送货物，决定装货和交付时间，此外，它也考虑了自动选择接驳(cross-docking)机会。最后，运输管理器执行和管理从订单到顾客服务和财务结算的整个运输流程活动。

i2 在全球供应链管理市场的占有率超过 70%，凭借优越的实施能力及最具发展潜力的远景，蝉联供应链管理领域里的冠军宝座。i2 的优势体现在以下两方面。

(1) 可量化的客户回报：i2 智能商务流程解决方案已为现有客户创造了超过 80 亿美元的收入。通过完善在供应链系统中的关键环节，i2 的软件提高了企业的客户服务水平、获利能力和资源配置能力，巩固了其在竞争中的地位。i2 的客户平均在 3~6 个月的时间内就可以看到量化的商业成果，在 1 年内能够得到全面的价值回报。

(2) 再续投资：i2 的哲学是在研发方面大力投资、拓展基础建设，并吸引产业界最有头脑的人才。i2 的知识资本代表了相当于 4000 多个工作年份积累的专业技能，并在创新的文化氛围和对客户的承诺之下不断地发展和繁荣。

财富 500 强企业中的 80%都采用 i2 的解决方案来加强其供应链管理。利用自身在不同行业的专长、市场领导地位及丰富的经验，i2 正勇敢地面对动态价值链管理中的挑战与机会。

本 章 小 结

准确的需求预测可以在商业竞争中带来更好的计划和资源的充分利用，预测是需求管理中的重要组成部分，因为它对将来的需求提供估算，这是制订计划和商业决策的基础。

供应和需求的不匹配会导致库存积压和货物短缺,丧失利润和商誉。通过定性和定量的方法可以帮助企业进行更好的预测。APS 是供应链资源规划有力的工具,本章介绍了 APS 的概念、结构体系和特点。

需求预测(Demand Forecast)
定性预测(Qualitative Forecast)
高级计划与排程(Advanced Planning and Scheduling,APS)

丰田供应链销售与营运计划[①]

1. 丰田简介

丰田汽车公司简称"丰田"(TOYOTA),是世界十大汽车工业公司之一,日本最大的汽车公司之一,创立于 1933 年。丰田汽车公司的三个椭圆的标志是从 1990 年初开始使用的。标志中的大椭圆代表地球,中间由两个椭圆垂直组合成一个 T 字,代表丰田汽车公司。它象征丰田汽车公司立足于未来,对未来的信心和雄心。丰田汽车公司总部在日本东京,现任社长丰田章一郎。其年产汽车近 500 万辆,出口比例接近 50%。

丰田汽车公司早期以制造纺织机械为主,创始人丰田喜一郎于 1933 年在纺织机械制作所设立汽车部,从而开始了丰田汽车公司制造汽车的历史。1935 年,丰田 A1 型汽车试制成功,第二年即正式成立汽车工业公司。但 20 世纪三四十年代该公司发展缓慢,第二次世界大战后,丰田汽车公司才加快了发展步伐。丰田通过引进欧美技术,在美国的汽车技术专家和管理专家的指导下,很快掌握了先进的汽车生产和管理技术,并根据本国特点,创造了著名的丰田生产管理模式,并不断加以完善提高,大大提高了工厂生产效率和产品质量,丰田汽车在 20 世纪 60 年代末大量涌入北美市场。到 1972 年,该公司累计生产汽车 1000 万辆。

20 世纪 70 年代是丰田汽车公司飞速发展的黄金期,从 1972 年到 1976 年的四年间,该公司就生产了 1000 万辆汽车,年产汽车超过 200 万辆。进入 20 世纪 80 年代,丰田汽车公司的产销量仍然直线上升,到 20 世纪 90 年代初,它年产汽车已近 500 万辆,超过福特汽车公司,汽车产量位居世界第二。20 世纪六七十年代是丰田汽车公司在日本国内的自我成长期,20 世纪 80 年代起,它开始了全面走向世界的国际战略。丰田汽车公司先后在美国、英国及东南亚地区建立独资或合资企业,并将汽车研究发展中心合建在当地,实施当地研究开发设计生产的国际化战略。

丰田汽车公司有很强的技术开发能力,而且十分注重研究顾客对汽车的需求。因而在它发展的各个不同历史阶段开发出不同的名牌产品,而且以快速的产品换型击败美欧竞争对手。早期的丰田牌、皇冠、光冠、花冠汽车名噪一时,近来的克雷西达、雷克萨斯豪华汽车也极负盛名。

[①] 艾弗,色沙德利,瓦沙. 丰田供应链管理:透视丰田产业链制胜的秘密武器[M]. 高懿,等译. 北京:机械工业出版社,2010:40-56.

2008年，丰田汽车公司超过通用成为最大的汽车制造商，打破了通用77年的纪录。

2. 丰田销售与营运计划方式

销售和营运计划(Sales & Operations Planning, S&OP)是供应链计划流程中重要的环节之一。它连接了上游的混合计划流程和下游的生产计划流程。S&OP 的目标是制订一种可以既保持赢利，又能平衡需求和供应的生产计划。该流程的终点就是制定具备完整规格、即将计划投入生产的汽车的订单。

为了理解丰田的销售和运营计划方式，要先了解供应链中哪个部门负责提交车辆订单。简言之，这并不是经销商负责的。在丰田，区域办公室每个月提交一次车辆订单。每个月丰田都会使用月度分配流程为经销商分配计划生产的车辆。换句话说，丰田使用了自上而下的方式。而很多其他的汽车公司都是用自下而上的方式制订生产计划的，也就是说，收集从经销商提交的所有订单，制订生产计划。两种方式各有缺点，自上而下的方式对丰田很有效，能使丰田保证最终生产计划的稳定和可靠。

3. 丰田销售与营运计划步骤

丰田的销售和运营计划有两个步骤：年度计划和月度订单。

(1) 年度计划。

年度计划流程的目标是建立一种三年波动式的销售和生产预测。该流程每半年重复一次，这样，预测数据能够依据最新的市场和经济状况及时更新。年度预测可以用于公司项目赢利、制定资产和运营预算、评估工厂和供应商产能需求、与供应商进行年度价格回顾和影响市场营销策略的制定。

年度计划流程需要销售和生产部门的合作。销售部门要做的就是掌握市场和经济状况，预测竞争对手产品计划和促销策略，了解新产品上市和促销计划，并制定出年度和月度销售预测。生产部门的责任是决定每个车型和每家工厂的运营能力，评估不同车型组合结构的方案，确定由于车型计划更改而导致的生产日程的高峰期和低谷期。

这个流程每年两次，每次持续几周时间。这是一种推拉式动力：销售部门提交各车型每年及每个月的需求，同时，生产部门也要尝试在各工厂内部混合搭配不同的车型数量。一般情况下，销售需求、产能或生产目标之间存在差异，所以就更加需要部门间合作。典型的销售目标是保持灵活度，迅速响应市场变化，在销售车辆时限制激励措施的使用。一些生产部门的核心目标就是完成产能运营，生产出高利润的车辆。因为大多数工厂都生产多种车型，就要考虑到无数个方案。推拉式动力导致销售和生产部门发生的冲突也需要得到妥善解决。这种合作过程关注的是调整可能被用来填补差距的可变因素。一些销售和运营计划的调整如下：①销售部门可以通过计划，有选择性地采取激励措施，确定滞销车型和即将做重大改动的车型需求；②销售部门可以调整市场策略，给选定车型做促销。例如，生产特别款车型，改善某一车型的销路。这种策略往往使用在某一车型成熟期(大多数汽车车型在主要车型改动之前，都早已生产约 5 年)；③生产部门可以更新设备，提高某些选定车型的产能；④生产部门可以调整速度或整装工厂的"节拍时间"，提高或降低产量；⑤生产部门可以在工厂内改变车型组合；⑥生产部门可以改变事先计划的加班安排(如在周六安排加班)。

加利福尼亚州的丰田工厂，就有因销售部门和生产部门合作而带来巨大利润的案例。带天窗的丰田卡罗拉(Corolla)汽车有 20%出自该工厂，同时这种车型也在多伦多的丰田工厂生产，那里的设备足以支撑生产。

美国西海岸对带天窗卡罗拉汽车的需求很高，无奈加利福尼亚州的丰田工厂产量不足无法满足需求。因此，只能将加拿大工厂生产的卡罗拉车销往美国海岸，这个流程给汽车配送带来很大的负面影响。车辆配送小组宁愿把在加利福尼亚州生产的卡罗拉汽车运送给密西西比河西部地区的经销商，把在加拿大工厂生产的卡罗拉汽车运输给密西西比河东部地区的经销商。这样做的原因很明显：物流成本更低，工厂到达经销商的空间距离近了，运输时间也相应缩短。

西部经销商对这种带天窗的卡罗拉汽车的需求量超过 40%。加利福尼亚州丰田工厂无法生产足够的卡罗拉满足高需求，后果是很多加拿大产的带天窗卡罗拉汽车经海运，抵达美国西海岸；而很多加利福尼亚州产不带天窗的卡罗拉汽车却被运输到东部地区。在年度计划会议上,销售部门认为需要改变这种情况,要求加利福尼亚州丰田工厂增加额外的设备,增加产量,满足需求。该工厂管理层有着很强的成本概念,不愿意投资数百万美元来安装新设备。直至最近销售部门和工厂通过详细分析、计算出销售部门及工厂受到的影响,才使得双方多年的僵持局面得到缓解。经分析计算,带天窗的卡罗拉汽车通常利润更高,而不带天窗的卡罗拉汽车的利润就少很多。此外,通过响应销售需求,将加利福尼亚州丰田工厂生产的带天窗汽车组合从20%增加到40%,该工厂就能够在几个月之内收回几百万美元的资金。当工厂经理意识到这个措施的获利机会时,他迅速同意安装必要的设备。

丰田年度计划流程中的灵活处置可在2008年7月的新闻报道中找到了佐证:2008年7月10日,在肯塔基州,丰田通过调整3家工厂的生产结构,响应了消费需求,提高了北美运营区域的生产效率和稳定性。这些改变包括普锐斯(Pius)混合动力车在北美上线。其具体措施包括以下几点。①普锐斯汽车将在密苏里州的工厂制造。生产计划于2010年下半年开始。普锐斯将和肯塔基州生产的凯美瑞一起,成为丰田北美市场第二大丰田混合动力车,这也使得丰田更好地响应混合动力车的消费需求。②原来计划在密西西比州生产的丰田汉兰达中型越野车,也将于2009年秋转移到印第安纳州的普林斯顿新工厂生产。③丰田全尺寸苔原皮卡,目前在印第安纳州和田纳西州生产,也将于2009年春移至圣安东尼奥工厂生产。

这就是丰田在相对短的时间内,灵活地改变其生产计划的成功例子。

(2) 月度订单。

在丰田,有一种从全球各销售公司接收销售订单的月度流程。这一流程在各个丰田整装工厂和机组都被诠释为生产计划。丰田的生产计划不仅依靠计算机系统经过严密计算得出,还要经过销售和生产这些跨职能部门经理的审阅和讨论。经过反复讨论最终出台一份丰田全球整装工厂和机组的3个月滚动式生产计划。销售和生产部门对月度订单的密切关注,使得各个方面得到平衡,并保证了决策逻辑的清晰。

月度订单流程是一个由丰田汽车集团管理的全球性流程。各制造工厂都制订了初步的运营计划,展示了即将投入生产的车型数量,包括如发动机和传输设备在内的关键配件。除此之外,每个单元工厂还需要制订运营计划,标明发动机、传输设备和其他配件的产量。全球范围内所有需求也要和每家工厂的初步运营计划进行比较。下一个步骤就是去平衡销售需求和生产运营建议,来决定最佳的销售和运营计划。各工厂的产量和车型组合都被分配到全球各销售区域。

每家销售公司都会接收到各个车型的生产份额,丰田汽车公司旗下每家组装工厂也会收到一份为期3个月的滚动式订单。这样,各销售公司(如丰田汽车销售美国公司)必须要提交一份月度订单和2个月预测。公司将订单月指定为"N"月,第1个预测月就是"N+1"月,第2个预测月就是"N+2"月。因此,如果7月份是订单月"N"月,那么8月份就是"N+1"月,9月份就是"N+2"月。

每家销售公司都要把其产量分摊到各个销售区域或国家。例如,在美国,产量被分摊到12个销售区域;在欧洲,产量被分摊到25个以上的国家。在各个区域,分区域分车型分摊车辆的数量,会根据销售业绩和销售目标有所不同。最后,每家销售公司总部都要整合各区域的订单,再把信息传达给丰田汽车公司。在整理订单的过程中,销售总部必须最后确认全部的订单是否与丰田汽车公司的指导方针相一致。

4. 丰田方式和其他计划方式比较

在很多公司,销售和运营计划流程的重点是受产能限制的物料规划,不同公司采取不同的流程。另外,一些公司也使用配送或销售需求计划,从工厂将货物运输到不同区域或仓库。这一流程一般始于12~18个月前的销售预测。要在这个流程中规划好是增加还是降低库存水平和资源。对增长量也有一些限制,比如说,3个月或以上的量。一般情况下,每个月都要审阅一下计划并做适当修改。在传统的生产计划文献中,这一步叫作"整合生产计划"。这些计划按类似产品划分为不同组群,称为"家族"。这些生产流程中要考虑到的成本有用于保管库存、提高工人水平和加班成本。和丰田流程一样,这样做的目的是决定整体销售比率、生产比率、整合库存和存货。

事实上，很多作者都强调了成功执行S&OP所需的组织机构变化。因此，近几年，在引进高端销售和名为"执行S&OP"的运营计划流程时，就已经明确解决了缺乏协调这一大弊端。例如，SAP系统就提供了两种S&OP的组合方式：针对执行S&OP的SAP SOP，以及针对短期S&OP的SCM。而且S&OP被认为是协调供应、需求和财务计划的商业流程。因而销售和运营计划传统意义上指的是平衡需求和供应整合的决策流程。这是一种以执行为中心的活动，其含义已经包括了产品和客户订单水平的详细计划。计划流程没有受到超越利润最大化和成本最小化这个"整体"指导方针的限制。在丰田，这些"整体"指导方针也控制着全流程，关注流程的整体稳定性，并保持防患未然的周密性；在改变之前衡量预测的准确性，并在内部达成共识。这些指导方针强调了要考虑公司或职能部门之外的影响。因此，丰田的这些明确的S&OP指导方针和其他公司有很大区别。然而，要衡量计划与计划流程的业绩是否符合谨慎甄选的标准，绝不可以出现含糊其词或自相矛盾的表达。

综 合 练 习

一、填空题

1. 在美国生产与库存控制协会(American Production and Inventory Control Society，APICS)的术语中，所有定性的预测技术称为臆测而非预测，是狭义的预测技术。主要的定性预测方法有：_____、小组集体讨论法、类比法、头脑风暴法等。

2. 时间序列法的三种基本类型：一是_____；二是加权移动平均法；三是指数平滑法。

3. 按照预测期限的长短可以分为以下几类：_____、中期预测、短期预测、近期预测。

二、名词解释

定性预测   德尔菲法

三、简答题

1. 供应链需求预测的特点与作用。
2. 简述高级计划与排程的特点。
3. 数字化时代，供应链需求预测的新特点有哪些。

案例分析

如何提高供应链的能见度[①]

美国真值公司是一家由全球最大零售商所组成的五金批发合作社。负责该公司物流与供应链管理业务的高级副总裁史蒂夫·波普拉夫斯基称，"光靠工具解决不了供应链问题，解决供应链问题的关键要取决于人、程序和工具"。

---

① http://www.sinotf.com/GB/SupplyChain/1085/2009-06-10/wMMDAwMDAyODgwMg.html，2009-06-10.

真值公司,作为一个组织,对工具当然有自己的理解。那么,它对工具的作用到底是如何看待的呢,我们可以从该公司的年度报告中找到一些答案。报告称,当人们购买0.635厘米的钻头时,并不是因为他们想要钻头本身,而是因为他们想要0.635厘米的"钻洞"。就供应链而言,波普拉夫斯基认为,这个0.25英寸的"钻洞"是一项共同的使命。他说,实现这一共同使命的标准应该是,"在合适的地点、合适的时间,以合适的条件和合适的价格推出合适的产品";但他指出,无论你从事的是配送业务、运输业务和策划业务,还是其他任何一种特定业务,这项共同使命都不会改变。

波普拉夫斯基称:"你必须明确,如何把一件工具融入你的业务程序当中。"在回想起当初创办一项库存补充物流业务时,他说,当他试图使各个业务职能部门按相同的方式工作时,他发现,人们实际上对供应链上、下游程序并不理解。他说:"我们过去并未朝着那个方面发展,我们当时只能算是一些策划人员,或者说运输业务人员。"波普拉夫斯基意识到,每个人都必须承担这一共同使命,只有这样,所用的工具才能有助于他们实现更大的目标。

供应链管理是一项通过加强业务能见度来管理供应链的业务。他说:"你要实实在在地查找问题,从而使你的供应链得到长期改善。只有这样,人们购买某个产品(工具)后才不会感到失望,才能够达到他们预期的效果。"在零售供应链方面经历了过去的摸爬滚打以后,波普拉夫斯基意识到了拥有合适工具、并对业务程序和人员进行优化组合的重要性。他指出:"我们在业务前端程序中所拥有的前置时间非常短。如果某个商店要求在星期五交货,我们在星期三下午就应该了解他们的需求量。因此,我们现在一般要对总批发量进行预测,当然,这种预测批发量并不是短期订单周期中的真正的消费需求量。这是一个'冷酷无情'的供应链。"

成为合作社的一部分并不意味着忠诚度就有了保证,因此,这个供应链也面临着压力。波普拉夫斯基解释说,该公司许多成员/客户都是一些便利五金店,这些商店的货架上不能断货。波普拉夫斯基的业务网络由12个配送中心组成,作为库存地点,这些配送中心实际上就是零售商的后台仓库。他指出,这些零售商的规模较小,基本上没有仓储设施。有时,他们的库存水平只能持续两个星期。如果赶不上第一班货车,他们就只能眼巴巴等着。这就意味着,必须对供应链加以严格管理,并提高其能见度。

真值公司的"遗留系统"

波普拉夫斯基清楚,他并不想同等对待供应链上的每个人。当他与Sterling Commerce公司的人员进行座谈时,他们说,公司的收货员或收货经理正在寻找的不是策划信息或库存补充信息,而是其他信息。每个人都通过相同的数据库来开展工作,但其职能和工作要求却不相同。

真值公司的"遗留系统"(legacy system)可以提供关于一个变量的信息。他说:"我不可能说,'让我看看这个地区和这些承运人最近的所有采购订单'。"波普拉夫斯基需要的不是一个在问题出现时能及时做出反应的"灭火工具",他需要的是一种能够帮助他尽快发现供应链问题的工具,这种工具能够提高业务的灵活性,对出现的问题做出积极反应,并且成本也较低。

波普拉夫斯基称,真值公司的成员及他们的客户都喜欢品牌产品,其采购的产品中,有很大一部分是来自那些进口产品的生产商;但真值公司并不直接购买进口产品,而是通过供应商的国内配送中心来补充库存。当然,真值公司也从事一些直接进口业务,并且在上海和亚洲其他城市开展拼箱业务(在美国国内有相应的拆箱业务)。波普拉夫斯基说:"这样做是为了保持其中整个过程的能见度。"

在真值公司提供专有标签产品的地区,它有可能充当着一个直接进口商的角色。这种变化的订单履行模式表明,真值公司正在对自己及其供应商国内配送网络的货运业务进行跟踪,同时还偶尔对货运代理商、海关代理行和某些海外拼箱代理人的业务进行监督。

在进口方面,真值公司开辟了五条特定的流通线路。在某些线路上,产品需要直接用集装箱装运;而在其他线路上,则需要把产品首先运到拼货中心,与其他货物拼箱装运,抵达美国后再在拆箱中心拆箱。

波普拉夫斯基解释说,产品运抵美国后,便运往全国的5600个地点,其中有一些地点位于相对偏僻的农村地区。与那些每星期用卡车向商店直接发运货物的大型零售商不同的是,真值公司可能会采取"送牛奶"的方式，为 10~12 家商店送货。这些交货方式往往是针对那些没有仓储设施的商店而采取的，所以，波普拉夫斯基使用了一个高效率、低成本的私营车队。而对于大型货物的运输业务或远程运输业务，真值班公司则能够通过合同方式来运送。当然，除线路外，波普拉夫斯基同时还提到了货物种类的复杂性，比如，有时需要把鱼叉、弓字耙、浴缸和油漆一起装运。

增值网络助交流和沟通

他们一般都要在装运前一天晚上进行策划。能见度问题不仅仅是一个重要问题，而是一个关键性的问题。因此，Sterling Commerce 公司为各类交易伙伴提供了一个增值网络，帮助他们交流和沟通。Sterling Commerce 公司的理查德·道格拉斯先生和乔什·哈迪先生说，供应链的复杂性及其变化使得企业系统和遗留系统很难跟上形势的发展。所以，其随选系统和增值系统的目标之一就是把各类交易伙伴聚在一起，为其提供综合管理服务和多渠道、多级别的申请服务，从而填补"空白空间"。

Sterling Commerce 公司的全球行业营销业务经理道格拉斯说："你肯定听到很多关于'完美'订单的讨论，然而，尽管许多公司能够做到按时完整地交货，但在履行有利可图的订单业务过程中仍然面临着困难。比如说，尽管能够按时发货，但在交货过程中，为了达到各方面的期望值而做出的各种努力却往往降低了业务的赢利率。因此，正如真值公司的波普拉夫斯基所指出的那样，供应链的能见度有利于人们确定问题出在哪里，从而使交易伙伴能够采取积极的应对措施。

供应链的实施是获得成功的关键，而且这种成功也往往青睐于最佳供应链，这种说法或许是一种陈词滥调，但 Sterling Commerce 公司的哈迪先生和道格拉斯先生指出，商业关系和贸易伙伴管理也是这些强大供应链取得成功的关键要素。以制造业领域为例，哈迪和道格拉斯建议，交易伙伴中应主要包括四个方面：供应商和客户、第三方物流公司(3PL)、货运代理商和其他服务商、合同制造商(生产外包)，另外还应包括从订单到现金过程中所涉及的金融机构。

Sterling Commerce 公司的高管们称，制造商都有自动交易系统，但在一般情况下，使用自动交易的只是少数供应商。有些供应商可能还是通过传真或书面文件来传递信息。在这种情况下，他们还要把信息重新录入电脑，以提高信息的能见度、时效性和准确性。

Sterling Commerce 公司是一家提供能见度改善方案的供应商。其建立的系统应用与支持网络可以满足供应链上各交易伙伴的系统技术水平，比如，除了其自己的增值网络外，其网络还可以通过传真、电子数据交换系统、XML 系统及其他不同网络接收数据。哈迪先生和道格拉斯先生说，Sterling Commerce 公司有 1.9 万家合作伙伴，其中有 9000 家运输企业在使用其运输管理系统，另外还与 90 家互联接入系统进行合作，大约可提供 27 万个电子数据交换邮箱。

总之，波普拉夫斯基针对同一使命而对人员、程序和工具所采取的整合方式确保了其供应链的高效运作。

问题讨论：

1. 讨论真值公司可以使用哪些方法来进行需求预测？
2. 真值公司如何提高供应链的能见度？有哪些经验值得在其他企业中推广？为什么？

第6章 供应链管理环境下的采购管理

【学习重点】

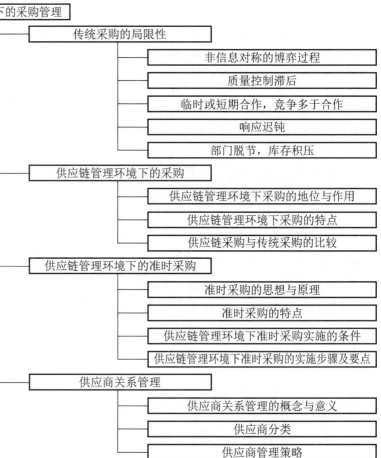

供应链管理环境下的采购管理　第 6 章

【教学目标】

通过本章的学习，使学生正确理解供应链管理环境下采购的地位、作用、特点及其与传统采购的区别；重点掌握供应链管理环境下的准时采购的思想与实施；熟悉基于供应定位模型的供应商分类方法及管理策略；了解传统采购的局限性；明确采购中对供应商信誉度与社会责任感的关注。

阿里全球采购全力助战抗疫[①]

2020 年 1 月 25 日，阿里巴巴宣布设立 10 亿元医疗物资供给专项基金，从海内外直接采购医疗物资，定点送往武汉及湖北其他的医院。

阿里国际站携手 LAZADA、天猫国际、菜鸟网络、AE、考拉、天猫海外，展开"全球寻源"，在数十个国家实地采购口罩、防护服、护目镜等重点物资。

在韩国、俄罗斯、以色列、日本和德国等国家，大批货源已完成验资、采购等程序，整装待发。3 天内，超过 650 万件医疗物资，通过阿里全球直采送达武汉。

海内外各方予以大力支持。在印尼，专人护送阿里采购的首批物资到雅加达机场；在上海，中国海关提供了绿色通道。这批 N95 口罩将通过菜鸟绿色通道，今日运抵武汉。

30 日上午 11 时许，阿里巴巴全球采购的首批 N95 口罩等医疗物资，由东方航空旗下东航物流承运，从印度尼西亚运抵上海浦东国际机场。

同日，从韩国首尔起飞的东航 MU5042 航班，载运着阿里巴巴采购的 11180 千克、70 余万件医疗物资，于 13 时 50 分落地上海浦东。

东方航空与阿里巴巴全面合作，在印度尼西亚、韩国、以色列、俄罗斯等 14 个国家，形成医疗物资全球采购与全球运输的无缝对接。东航物流积极调配客机腹舱、全货机等资源，全力支持保障阿里巴巴的海外采购快速、安全地到达中国。

除了全球采购，阿里巴巴还协助大量社会救援物资以最快速度输入湖北、浙江等地。5 天时间，菜鸟"绿色通道"已将约 200 万只口罩、50 多万双手套、4 万多套防护服、2 万多副护目镜等大批医疗物资，紧急运至湖北武汉、黄石、黄冈等十余个地市。一位在浙江的 97 年四川小伙和朋友筹集到了 25 万只口罩，通过阿里公益和菜鸟"绿色通道"，加急送至武汉大学人民医院等机构。

采购在企业经营活动的起点，其成本和效率直接影响着企业的经营成本和响应速度。不论对于供应链上的供应商还是制造商，或者经销商，采购活动都具有举足轻重的作用。因此对于采购的有效管理是至关重要的。本章主要介绍供应链管理下采购管理的相关内容。

---

① https://3w.huanqiu.com/a/72d6dc/3wpQ2qDT73A?agt=8，有改动，2020-01-30.

6.1 供应链管理环境下的采购

6.1.1 传统采购的局限性

采购在企业的经营活动中始终占据着重要地位。但在传统观点下，企业通常只将关注的重点集中在生产环节或流通环节，而忽视采购的重要性，认为采购只是企业经营活动中微不足道的一个环节，采购的目标也就是以最低的价格购买生产所需的原料。采购行为被看作是一种事务性的或者低层次的管理活动，其责任仅仅是执行和处理公司其他部门所制定的订单，购买更便宜的物料及以更低的成本供应物料，其主要功能是降低成本。采购管理工作的重心是与供应商之间的商业交易活动，虽然质量、交货期也是采购过程中的考虑因素，但对这两者都是通过事后把关的方式来进行控制，如到货验收等，交易过程的重点放在价格的谈判上。因此随着市场需求和企业竞争环境的变化，传统采购的局限性越来越凸显出来。具体而言，传统采购具有以下局限性。

1. 非信息对称的博弈过程

在传统的采购活动中供应方与采购方都是为了追求自身的利益最大化而进行决策。采购方为了能够从多个竞争性的供应方中选择一个最佳的供应方，往往会保留私有信息，因为如果给供应方提供的信息越多，供应方的竞争筹码就越大，这样对采购方不利。而供应方为了在竞争中胜出，也会隐瞒对自己不利的一些信息。这样，采购、供应双方都不进行有效的信息沟通，这就是非信息对称的博弈过程。博弈结果对于双方而言必定不是最优的。

2. 质量控制滞后

除了价格，质量与交货期是采购方要考虑的另外两个重要因素。但是在传统的采购模式下，质量和交货期控制是在采购行为之后，即收到购买的货物时才能进行，因此存在滞后现象。而且采购方很难参与供应商的生产组织过程和有关质量控制活动，相互的工作是不透明的。因此需要通过各种有关标准如国际标准、国家标准等，进行检查验收。缺乏合作的质量控制会导致采购部门对采购物品质量控制的难度增加。

3. 临时或短期合作，竞争多于合作

在传统的采购模式中，买卖双方的供求关系是临时性或者短期性的合作，双方更注重自己的眼前利益，因此二者之间竞争多于合作。由于缺乏合作与协调，采购过程中双方将重点集中放在讨价还价上，很多时间消耗在解决日常问题上，没有更多的时间用来做长期性预测与计划工作。供应与采购双方这种缺乏合作的情况增加了许多运作中的不确定性。

4. 响应迟钝

由于供应与采购双方在信息的沟通方面缺乏及时的信息反馈，在市场需求发生变化的情况下，采购方也无法按照变化修改已有的订货合同，因此在需求减少时采购方库存可能增加，需求增加时，又可能出现供不应求。重新订货需要增加谈判过程，因此供需之间对用户需求的响应不能同步进行，缺乏应付需求变化的能力，从而导致响应迟钝。

5. 部门脱节，库存积压

在传统的采购模式下，企业架构多是按职能划分，因此采购部门与生产部门是两个部门，这样就造成部门间存在脱节现象，各部门只关心自己的业务，而不会从全局进行计划。在这种条件下，采购部门通常只是按照自己的计划进行采购，因此经常会造成原料库存积压，占用企业资金。

正是由于传统的采购模式和采购管理思想存在以上诸多问题，因此已经不能适应企业所处的市场环境的变化。供应链管理思想的产生和发展给采购管理提供了一个新的理论平台。

小结

> 在传统观点下，企业只将关注的重点集中在生产环节或流通环节，忽视采购的重要性，因此传统采购存在着非信息对称的博弈、质量控制滞后、临时或短期合作、竞争多于合作、响应迟钝、部门脱节、库存积压等局限性。

6.1.2 供应链管理环境下的采购

采购管理是供应链管理的重点内容之一，它在供应链企业之间原材料和半成品生产合作交流方面架起一座桥梁，沟通生产需求与物资供应的联系。为使供应链系统能够实现无缝连接，并提高供应链企业的同步化运作效率，就必须加强采购管理。

一般来说，生产型的企业至少要用销售额的 50%来进行原材料、零部件的采购。采购成本的高低和质量的好坏会直接影响到企业最终产品的定价情况和质量，进而影响整个供应链的最终获利情况。采购的速度、效率、订单的执行情况会直接影响到本企业是否能够快速灵活地满足下游客户的需求，在一定意义上是企业的成本之源、质量之源和效率之源，将来也必将成为企业的创新之源。

1. 供应链管理环境下采购的地位与作用

供应链管理环境下，采购的地位发生了巨大的变化。在供应链上，企业既是需求者，又是供应者。处于供应链上的企业都是通过满足最终用户的需求而获得利润。而采购处于企业与供应商的连接界面，它在供应链上的企业之间，为原材料、半成品和产成品的生产合作交流架起一座桥梁，沟通生产需求和物资供应的联系，是提高供应链上企业同步化运作效率的关键环节，同时也是与其他供应链竞争的重要途径和手段。

供应链环境下的采购模式对供应和采购双方是典型的"双赢"，对于采购方来说，可以降低采购成本在获得稳定且具有竞争力的价格的同时，提高产品质量和降低库存水平，还能取得更好的产品设计和对产品变化更快的反应速度；对于供应方来说，在保证有稳定的市场需求的同时，由于同采购方的长期合作伙伴关系，能更好地了解采购方的需求，改善产品生产流程，提高运作质量，降低生产成本，获得比传统模式下更高的利润。

2. 供应链管理环境下采购的特点

供应链管理思想下，采购的驱动力、管理的对象以及与供应方的关系都出现了新的特点，具体表现在以下几方面。

(1) 订单驱动采购。

在传统的采购模式中，采购的目的只是为了补充库存，即为库存而采购。采购部门并不关心企业的生产过程，不了解生产的进度和产品需求的变化，因此采购过程缺乏主动性，采购部门制订的采购计划很难适应制造需求的变化。在供应链管理模式下，采购活动是以订单驱动方式进行的，即用户需求订单驱动制造订单，制造订单驱动采购订单，采购订单再驱动供应商。这种准时化的订单驱动模式，使供应链系统得以准时响应用户的需求，从而降低了库存成本，提高了物流的速度和库存周转率。

订单驱动的采购方式具有以下特点。

① 由于供应商与制造商建立了战略合作伙伴关系，签订供应合同的手续大大简化，不再需要双方对价格进行反复协商，交易成本也因此大大降低。

② 在同步化供应链计划的协调下，制造计划、采购计划、供应计划能够并行制订，缩短了用户响应时间，实现了供应链的同步化运作。采购与供应的重点在于协调各种计划的执行。

③ 采购物资直接进入制造部门，减少采购部门的工作压力和不增加价值的活动过程，实现供应链精细化运作。

④ 信息传递方式发生了变化。在传统采购方式中，供应商对制造过程的信息不了解，也无须关心制造商的生产活动。但在供应链管理环境下，供应商能共享制造部门的信息，提高了供应商应变能力，减少信息失真。同时在订货过程中不断进行信息反馈，修正订货计划，使订货与需求保持同步。

⑤ 实现了面向过程的作业管理模式的转变。订单驱动的采购方式简化了采购工作流程，采购部门的作用主要是沟通供应与制造部门之间的联系，协调供应与制造的关系，为实现精细采购提供基础保障。

(2) 外部资源管理。

传统的采购管理由于与供应商缺乏信任和合作，导致采购行为缺乏柔性和快速的响应能力，采购企业和供应商的业务不能实现无缝对接。供应链管理思想下采购已经不再是去市场简单购买所需的原料，而是把一个组织的制造能力扩展到外部资源——供应商上。为了实现供应链企业的同步化运作，企业和供应商必须建立新的供需合作模式，把对采购的事后控制转变为对采购过程的事中控制，也就是要实现管理的延伸，将对本企业内部的采购职能的管理转变为对外部资源的管理，这也是实施精细化生产、零库存生产的要求。

要实现有效的外部资源管理，采购方的采购活动应注意以下要点。

① 和供应商建立一种长期的、互惠互利的合作关系，使供需双方能够有合作的诚意和参与双方共同解决问题的积极性。

② 通过提供信息反馈和教育培训支持，在供应商之间促进质量改善和质量保证。传统采购管理的不足在于没有给予供应商在有关产品质量保证方面的技术支持和信息反馈。在顾客化需求的今天，产品的质量是由顾客的要求决定的，而不是简单地通过事后把关所能解决的。因此，质量管理的工作需要下游企业提供相关质量要求的同时，把供应商的产品质量问题及时反馈给供应商，以便其及时改进。对个性化的产品质量要提供有关技术培训，使供应商能够按照要求提供合格的产品和服务。

③ 参与供应商的产品设计和产品质量控制过程。采购方应该参与供应商的产品设计和

质量控制过程，共同制定有关产品质量标准等，使需求信息能很好地在供应商的业务活动中体现出来，为供应链的同步化运作提供支持。

④ 协调供应商的计划。一个供应商有可能同时参与多条供应链的业务活动，在资源有限的情况下必然会造成多方需求争夺供应商资源的局面。在这种情况下，下游企业的采购部门应主动参与供应商的协调计划，在资源共享的前提下，保证供应商不至于因为资源分配不公而出现供应商抬杠的情况，保证供应链的正常供应关系，维护企业的利益。

⑤ 建立一种新的、有不同层次的供应商网络，并通过逐步减少供应商的数量，致力于与供应商建立合作伙伴关系。

同时，供应商也需要与采购方积极配合，如帮助拓展用户(下游企业)的多种战略，保证高质量的售后服务，并对下游企业的问题做出快速反应，及时报告所发现的可能影响用户需求的内部问题，还要基于用户的需求不断改进产品和服务质量，在满足自己的能力需求的前提下提供一部分能力给下游企业。

(3) 战略协作伙伴关系的建立。

在传统的采购模式中，采供双方是简单的对抗性的买卖关系，因此无法解决一些涉及全局性、战略性的供应链问题，而基于战略伙伴关系的采购方式为解决这些问题创造了条件。这些问题包括以下几类。

① 库存问题。在传统的采购模式下，供应链的各级企业都无法共享库存信息，各级节点企业都独立地采用订货点技术进行库存决策，不可避免地产生需求信息的扭曲现象，即出现"牛鞭效应"，导致整个供应链上库存重复、产品积压、成本增加。但在供应链管理模式下，通过双方的合作伙伴关系，供应与需求双方可以共享需求和库存数据，从而减少了需求信息的失真现象。

② 风险问题。供需双方通过战略性合作关系，可以降低由于不可预测的变化带来的风险，比如运输过程的风险、信用的风险、产品质量的风险等。

③ 采购流程问题。通过建立合作伙伴关系使双方能够为制订战略性的采购供应计划进行协商，不必为日常琐事消耗时间与精力。使双方从简化的采购供应流程中受益，从烦琐的事务性工作中解放出来，集中力量制订战略性的采购供应计划。

④ 采购成本问题。通过合作伙伴关系，双方减少了许多不必要的手续和谈判过程，因此降低了采购过程的交易成本。同时也可以避免信息不对称决策可能造成的成本损失，从而进一步降低企业的采购成本。

⑤ 组织障碍问题。战略性的伙伴关系消除了供应过程的组织障碍，为实现准时化采购创造了条件。

3. 供应链采购与传统采购的比较

供应链采购是指供应链内部企业之间的采购。供应链内部的需求企业向供应商企业采购订货，供应商企业将货物供应给需求企业。供应链管理环境下的采购管理则以采购的过程为管理对象，通过对过程中的资金流、物流和信息流的统一控制，以达到采购总成本和总效率的最优匹配。

供应链采购与传统的采购相比，物资供需关系没变，采购的概念没变，但是由于供应链各个企业之间是一种战略伙伴关系，采购是在一种非常友

【6-1 拓展案例】

好合作的环境中进行，所以采购的观念和采购的操作都发生了很大变化，见表 6-1。

表 6-1 供应链采购与传统采购的比较

项目	供应链采购	传统采购
基本性质	基于需求的采购	基于库存的采购
	供应方主动型、需求方无采购操作的采购方式	需求方主动型、需求方全采购操作的采购方式
	合作型采购	对抗型采购
采购环境	友好合作环境	对抗性竞争环境
信息关系	信息传输、信息共享	信息不通、信息保密
库存关系	供应商掌握库存	需求方掌握库存
	需求方可以不设仓库、零库存	需求方设立仓库、高库存
送货方式	供应商小批量多频次连续补充货物	大批量少频次进货
双方关系	供需双方关系友好	供需双方关系敌对
	责任共担、利益共享、协调性配合	责任自负、利益独享、互斥性竞争
货检工作	免检	严格检查

特别提示

　　供应链管理环境下采购与传统的采购相比，物资供需关系没变，采购的概念没变，但是由于供应链各个企业之间是一种战略伙伴关系，采购是在一种非常友好合作的环境中进行，所以采购的驱动力、管理的对象以及与供应方的关系等方面都发生了很大变化。

6.2 供应链管理环境下的准时采购

　　准时采购是实现供应链管理的重要途径之一。下面我们就对准时采购的相关知识做系统的介绍。

6.2.1 准时采购

1. 准时采购的思想与原理

　　准时采购也叫 JIT(Just In Time)采购，它是准时化生产在采购中的应用。准时化生产起源于 20 世纪 60 年代的日本的丰田汽车公司，因而曾被称为"丰田生产方式"。这种方式对丰田公司渡过 1973 年之后的第一次能源危机起到了重要的作用，后来引起其他国家生产企业的重视，并逐渐在欧洲和美国的日资企业及当地企业中推行开来。

　　随着这种生产方式的独特性和有效性被越来越广泛地认识、研究和应用，人们开始称之为 JIT。准时化生产方式的基本思想是"杜绝浪费""只在需要的时候，按需要的量、生产所需要的产品"。这也就是 JIT 的基本含义。这种生产方式的核心，是追求一种无库存生产系统，或是库存量达到最小的生产系统。为此包括"看板"在内的一系列具体方法被开发出来，并逐渐形成了一套独具特色的生产经营系统。JIT 是一种浓缩了精华的哲理，它是在重复制造的生产环境下发展起来的一种先进的管理思想、管理方法及管理模式，可以用于任何类型的企业业务中任何具有重复性的部分。近年来，JIT 不仅作为一种生产方式，也作为一种通用管理模式在物流、电子商务等领域得到推行。

(1) 准时采购的思想。

JIT 的基本思想是：把合适的数量、合适质量的物品、在合适的时间供应到合适的地点，最好地满足用户需要。即将必要的零件以必要的数量在必要的时间送到生产线，并且只将所需要的零件、只以所需要的数量、只在正好需要的时间送到生产线。这是为适应 20 世纪 60 年代消费需要变得多样化、个性化而建立的一种生产体系及为此生产体系服务的物流体系。

准时采购和准时生产一样，它不但能够最好地满足用户需要，而且可以极大地消除库存，最大限度地消除浪费，从而极大地降低企业的采购成本和经营成本，提高企业的竞争力。正是因为 JIT 采购对于提高企业经济效益有着显著的效果，20 世纪 80 年代以来，西方经济发达国家非常重视对 JIT 采购的研究与应用。据资料统计，到目前为止绝大多数的美国企业已经开始全部或局部应用 JIT 采购方法，并取得了良好的应用效果。

要进行准时生产必须有准时的供应，因此准时采购是准时生产管理模式的必然要求。它和传统的采购方法在质量控制、供需关系、供应商的数目、交货期的管理等方面有许多不同，准时采购包括供应商的支持与合作以及制造过程、货物运输系统等一系列的内容。其中关于供应商的选择(数量与关系)、质量控制是其核心内容。准时采购不但可以减少库存，还可以加快库存周转、缩短提前期、提高购物的质量、获得满意交货等效果。

(2) 准时采购的原理。

与传统采购面向库存不同，准时采购是一种直接面向需求的采购模式，它的采购送货是直接送到需求点上，其原理主要表现在以下几方面。

① 用户需要什么，就送什么，品种规格符合客户需要。
② 用户需要什么质量，就送什么质量，质量符合客户需要，拒绝次品和废品。
③ 用户需要多少就送多少，不少送，也不多送。
④ 用户什么时候需要，就什么时候送货，不晚送，也不早送，非常准时。
⑤ 用户在什么地点需要，就送到什么地点。

以上几方面就是 JIT 采购的原理，它既做到了很好地满足企业对物资的需求，又使得企业的库存量最小，只需在生产线边有一点临时的存放，一天工作完，这些临时存放就消失了，库存完全为零。依据 JIT 采购的原理，一个企业中的所有活动只有当需要进行的时候接受服务，才是最合算的。

 知识链接 6-1

准时化生产简介[①]

【6-2 拓展视频】

在 20 世纪后半期，整个汽车市场进入了一个市场需求多样化的新阶段，而且对质量的要求也越来越高，随之给制造业提出了新课题，即是如何有效地组织多品种小批量生产。生产过剩所引起的不只是设备、

---

① http://www.hroot.com/wiki/article/2003-8-29/200882994655.htm，2003-08-29。

人员、库存费用等一系列的浪费，还会影响到企业的竞争能力乃至生存。

在这种历史背景下，1953 年，日本丰田公司的副总裁大野耐一综合了单件生产和批量生产的特点和优点，创造了一种在多品种小批量混合生产条件下高质量、低消耗的生产方式——准时生产(Just In Time, JIT)。现在这一方式与源自日本的其他生产、流通方式一起被西方企业称为"日本化模式"，其中，日本生产、流通企业的物流模式对欧美的物流产生了重要影响。

JIT 生产方式以准时生产为出发点，首先暴露出生产过量和其他方面的浪费，然后对设备、人员等进行淘汰、调整，达到降低成本、简化计划和提高控制的目的。在生产现场控制技术方面，JIT 的基本原则是在正确的时间，生产正确数量的零件或产品，即准时生产。它将传统生产过程中前道工序向后道工序送货，改为后道工序根据"看板"向前道工序取货，看板系统是 JIT 生产现场控制技术的核心，但 JIT 不仅仅是看板管理。

JIT 的目标是彻底消除无效劳动和浪费，具体要达到以下目标。

(1) 废品量最低(零废品)。JIT 要求消除各种引起不合理的原因，在加工过程中每一工序都要求达到最高水平。

(2) 库存量最低(零库存)，JIT 认为，库存是生产系统设计不合理、生产过程不协调、生产操作不良的证明。

(3) 准备时间最短(零准备时间)。准备时间长短与批量选择相联系，如果准备时间趋于零，准备成本也趋于零，就有可能采用极小批量。

(4) 生产提前期最短。短的生产提前期与小批量相结合的系统，应变能力强，柔性好。

(5) 减少零件搬运，搬运量低。零件送进搬运是非增值操作，如果能使零件和装配件运送量减小，搬运次数减少，可以节约装配时间，减少装配中可能出现的问题。

(6) 机器损坏低。

(7) 批量小。

为了达到上述目标，JIT 对产品和生产系统设计考虑的主要原则有以下三个方面。

(1) 在当今产品寿命周期已大大缩短的年代，产品设计应与市场需求相一致，在产品设计方面，应考虑到产品设计完后要便于生产。

(2) 尽量采用成组技术与流程式生产。

(3) 与原材料或外购件的供应者建立联系，以达到 JIT 供应原材料及采购零部件的目的。

在 JIT 方式中，试图通过产品的合理设计，使产品易生产，易装配，当产品范围扩大时，即使不能减少工艺过程，也要力求不增加工艺过程，具体方法有：①模块化设计；②设计的产品尽量使用通用件，标准件；③设计时应考虑易实现生产自动化。

JIT 的基础之一是均衡化生产，即平均制造产品，使产品在各作业之间、生产线之间、工序之间、工厂之间平衡、均衡地流动。为达到均衡化，在 JIT 中采用月计划、日计划，并根据需求变化及时对计划进行调整。

JIT 提倡采用对象专业化布局，用以减少排队时间、运输时间和准备时间，在工厂一级采用基于对象专业化布局，以使各批工件能在各操作间和工作间顺利流动，减少通过时间；在流水线和工作中心一级采用微观对象专业化布局和工作中心型布局，可以减少通过时间。

JIT 可以使生产资源合理利用，包括劳动力柔性和设备柔性。当市场需求波动时，要求劳动力资源也做相应调整。如需求量增加不大时，可通过适当调整具有多种技能操作者的操作来完成；当需求量降低时，可采用减少生产班次、解雇临时工、分配多余的操作工去参加维护和维修设备。这就是劳动力柔性的含义；而设备柔性是指在产品设计时就考虑加工问题，发展多功能设备。

JIT 强调全面质量管理，目标是消除不合格品，消除可能引起不合格品的根源，并设法解决问题。JIT 中还包含许多有利于提高质量的因素，如批量小、零件很快移到下道工序、质量问题可以及早发现等。

JIT 生产管理方式在 20 世纪 70 年代末期从日本引入我国，中国一汽最先开始应用看板系统控制生产现场作业。到了 1982 年，中国一汽采用看板取货的零件数，已达其生产零件总数的 43%。20 世纪 80 年代初，中国企业管理协会组织推广现代管理方法，看板管理被视为现代管理方法之一，在全国范围内宣传推广，并为许多企业采用。

近年来，在我国的汽车工业、电子工业、制造业等实行流水线生产的企业中应用 JIT，获得了明显效果，例如中国一汽、东风汽车、上海大众汽车有限公司等企业，结合厂情创造性地应用 JIT，取得了丰富的经验，创造了良好的经济效益。

JIT 以订单驱动，通过看板，采用拉动方式把供、产、销紧密地衔接起来，使物资储备，成本库存和在制品大为减少，提高了生产效率，这一生产方式在推广应用过程中，经过不断发展完善，为日本汽车工业的腾飞插上了翅膀，提高了生产效率。这一生产方式亦为世界工业界所注目，被视为当今制造业中最理想且最具有生命力的新型生产系统之一。

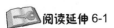阅读延伸 6-1

JIT 带来的思想变革——精准医疗[①]

JIT 在生产领域的成功给很多领域带来的巨大的变革，包括接下来给大家介绍的 JIT 带来医疗领域的思想变革——"精准医疗"。

2015 年 1 月底，美国总统奥巴马在 2015 年国情咨文演讲中宣布了一个生命科学领域新项目——"精准医疗计划"，致力于治愈癌症和糖尿病等疾病，目的是让所有人获得健康个性化信息。全球科技界、卫生界和工业界无不为之震动。按照美国国立卫生研究院(NIH)对"精准医疗"的定义："精准医疗"是一个建立在了解个体基因、环境以及生活方式基础上的新兴疾病治疗和预防方法。2016 年，美国将在"精准医疗计划"上投资 2.15 亿美元，从超过百万名美国志愿者那里收集数据，找寻科学证据，将"精准医疗"从概念推进到临床应用。不难看出，所谓"精准医疗计划"，实际上就是将遗传和基因组的信息作为临床治疗出发点的一个行动计划。

【6-3 拓展视频】

如果人们能够深刻了解自己的遗传和基因组学信息，那么对疾病的预测，特别是疾病易感性的预测将得以实现。首先，人们会被告知未来可能患有某些疾病，以便更好地进行预防。其次，一旦患有了某种疾病，其诊断将会非常容易；诊断后的用药，将针对个体对药物的敏感性而制定，每个病人将得到最合适的药，并在最佳剂量和最小副作用，以及最精准用药时间的前提下用药；对疾病的护理和治愈后的效果也将得到准确的评估和指导。

用奥巴马的话来讲，"精准医疗"就是"要在正确的时间，给正确的人以正确的治疗。而且要次次如此。"而这与 JIT 思想不谋而合。他描述的这种场面是目前的医疗体系无法实现或者很难实现的，实现它的过程也将从根本上改变目前的医疗模式，因此，说"精准医疗"是一场"变革"并不为过。

2. 准时采购的特点

准时采购的特点主要体现在以下几个方面。

(1) 采用较少的供应商，甚至单源供应。

传统的采购模式一般是多头采购，供应商的数目相对较多。从理论上讲，采用单供应源比多供应源好，一方面，管理供应商比较方便，也有利于降低采购成本；另一方面，有

---

① 田埂. "精准医疗"引发医学革命[J]. 中国经济报告(6)，2015：112-114.

利于供需之间建立长期稳定的合作关系，质量上比较保证。但是，采用单一的供应源也有风险，比如供应商可能因意外原因中断交货，以及供应商缺乏竞争意识等。

在实际工作中，许多企业也不是很愿意成为单一供应商的。原因很简单，一方面供应商是独立性较强的商业竞争者，不愿意把自己的成本数据披露给用户；另一个原因是供应商不愿意成为用户的一个产品库存点。实施准时化采购，需要减少库存，但库存成本原先是在用户一边，现在转移到了供应商。因此用户必须意识到供应商的这种忧虑。

(2) 综合评估、选择供应商。

在传统的采购模式中，供应商是通过价格竞争而选择的，供应商与用户的关系是短期的合作关系，当发现供应商不合适时，可以通过市场竞标的方式重新选择供应商。但在准时采购模式中，由于供应商和用户是长期的合作关系，供应商的合作能力将影响企业的长期经济利益，因此对供应商的要求就比较高。在选择供应商时，需要对供应商进行综合的评估，在评价供应商时价格不是主要的因素，质量是最重要的标准，这种质量不单指产品的质量，还包括工作质量、交货质量、技术质量等多方面内容。高质量的供应商有利于建立长期的合作关系。

(3) 交货准时性要求高。

准时采购的一个重要特点是要求交货准时，这是实施精细生产的前提条件。交货准时取决于供应商的生产与运输条件。作为供应商来说，要使交货准时，可从以下两个方面着手：一方面是不断改进企业的生产条件，提高生产的可靠性和稳定性，减少延迟交货或误点现象。作为准时化供应链管理的一部分，供应商同样应该采用准时化的生产管理模式，以提高生产过程的准时性。另一方面，为了提高交货准时性，运输问题不可忽视。在物流管理中，运输问题是一个很重要的问题，它决定准时交货的可能性。特别是全球的供应链系统，运输过程长，而且可能要先后经过不同的运输工具，需要中转运输等，因此要进行有效的运输计划与管理，使运输过程准确无误。

(4) 信息交流要求准确、及时。

准时采购要求供应与需求双方信息高度共享，保证供应与需求信息的准确性和实时性。由于双方的战略合作关系，企业在生产计划、库存、质量等各方面的信息都可以及时进行交流，以便出现问题时能够及时处理。

(5) 小批量采购策略。

小批量采购是准时采购的一个基本特征。准时采购和传统的采购模式的一个重要不同之处在于，准时生产需要减少生产批量，直至实现"一个流生产"(即各工序只有一个工件在流动，使工序从毛坯到成品的加工过程始终处于不停滞、不堆积、不超越的流动状态，是一种工序间在制品向零挑战的生产管理方式)，因此采购的物资也应采用小批量办法。当然，小批量采购自然增加运输次数和成本，对供应商来说，这是很为难的事情，特别是供应商在国外等远距离的情形下，实施准时化采购的难度就更大。解决的办法可以通过混合运输、代理运输等方式，或尽量使供应商靠近用户等。

特别提示

> 准时采购也叫 JIT(Just In Time)采购，它是准时生产在采购中的应用。它的特点包括采用较少的供应商甚至单源供应；综合评估、选择供应商；交货准时性要求高；信息交流要求准确、及时；采用小批量采购策略。

6.2.2 供应链管理环境下准时采购实施的条件

1. 距离越近越好

准时采购要求在客户要求的时间准时将货物送达目的地,因此距离越近就越有助于实现供应商及时、高频率地供货,从而实现真正意义上的准时采购。

2. 制造商和供应商建立互补合作的战略伙伴关系

JIT 采购策略的推行,有赖于制造商和供应商之间建立起长期的、互利合作的新型关系,相互信任、相互支持,共同获益。

3. 基础设施的建设

良好的交通运输和通信条件是实施 JIT 采购策略的重要保证,企业间通用标准的采用对 JIT 采购的推行也至关重要。所以,要想成功实施 JIT 采购策略,制造商和供应商都应注重基础设施的建设。诚然,这些条件的改善,不仅仅取决于制造商和供应商的努力,各级政府也须加大投入。

4. 供应商的积极参与

JIT 采购不只是企业物资采购部门的事,它离不开供应商的积极参与。供应商的参与,不仅体现在准时、按质按量供应制造商所需的原材料和外购件上,而且体现在积极参与制造商的产品开发设计过程中。与此同时,制造商有义务帮助供应商改善产品质量,提高劳动生产率,降低供货成本。

5. 建立实施 JIT 采购策略的组织

企业领导必须从战略高度来认识 JIT 采购的意义,并建立相应的企业组织来保证该采购策略的成功实施。这些组织的构成,不仅应有企业的物资采购部门,还应包括产品设计部门、生产部门、质量部门、财务部门等。其任务是提出实施方案,具体组织实施,对实施效果进行评价,并进行连续不断地改进。

6. 制造商向供应商提供综合的、稳定的生产计划和作业数据

综合的、稳定的生产计划和作业数据可以使供应商及早准备,精心安排其生产,确保准时、按质按量交货。否则,供应商就不得不求助于缓冲库存,从而增加其供货成本。有些供应商在制造商工厂附近建立仓库以满足制造商的 JIT 采购要求,实质上这不是真正的 JIT 采购,而只是负担的转移。

7. 重视教育与培训

通过教育和培训,使制造商和供应商充分认识到实施 JIT 采购的意义,并使他们掌握 JIT 采购的技术和标准,以便对 JIT 采购进行不断的改进。

8. 加强信息技术的应用

JIT 采购是建立在有效信息交换的基础上的,信息技术的应用可以保证制造商和供应商之间的信息交换。因此,制造商和供应商都必须加强对信息技术,特别是 EDI 技术的应用投资,以更加有效地推行 JIT 采购策略。

6.2.3 供应链管理环境下准时采购实施的步骤及要点

1. 供应链管理下准时采购的实施步骤

供应链管理下准时采购要按照以下步骤实施。

(1) 组建 JIT 采购团队。

要实施 JIT 采购，首先要组建采购团队。JIT 采购团队有三个责任：寻找货源、商定价格、发展与供应商的协作关系并不断改进。因此专业化的高素质采购队伍对实施准时化采购至关重要。JIT 采购团队要制订 JIT 采购的操作规程，协调企业内部各有关部门的运作、协调企业与供应商之间的运作等，即全面处理 JIT 采购的有关事宜。团队除了包括企业采购供应部门有关人员之外，还要有本企业以及供应商企业的生产管理人员、技术人员、搬运人员等。一般应成立两个团队：一个是专门处理供应商事务的团队，该团队的任务是培训和指导供应商的 JIT 采购操作、衔接供应商与本企业的操作流程、认定和评估供应商的信誉、能力，与供应商谈判、签订准时化供货合同，向供应商发放免检签证等；另一个团队是专门协调本企业各个部门的 JIT 采购操作、制定作业流程、指导和培训操作人员、进行操作检验、监督和评估。团队成员应充分了解和认识 JIT 采购思想和具体方法，必要时要对其进行专门的培训。

(2) 制订计划。

企业首先要明确采购目标，要有针对性地制定采购策略，制订具体的实施计划，分阶段改进当前传统采购的措施，包括减少供应商的数量、供应商的评价、向供应商发放签证等内容。在这个过程中，企业要与供应商一起商定 JIT 采购的目标和有关措施，保持经常性的信息沟通。

(3) 选择供应商。

供应商和企业之间互利的伙伴关系，意味着双方充满了一种紧密合作、主动交流、相互信赖的和谐气氛，共同承担长期协作的义务。在这种关系的基础上，发展共同的目标，分享共同的利益。企业可以选择少数几个最佳供应商作为合作对象，抓住一切机会加强与他们之间的业务关系。选择供应商应从这几个方面考虑：产品质量、供货情况、应变能力、地理位置、企业规模、财务状况、技术能力、价格、与其他供应商的可替代性等。

(4) 进行试点工作。

企业可以先从某种产品、某条生产线或是某些特定原材料的试点开始，进行 JIT 采购的试点工作。在试点过程中，取得企业各个部门的支持是很重要的，特别是生产部门的支持。通过试点总结经验，为正式的 JIT 采购实施打下基础。

(5) 培训供应商，确定共同目标。

JIT 采购是供需双方共同的业务活动，单靠采购部门的努力是不够的，需要供应商的配合，只有供应商也对 JIT 采购的策略和运作方法有了认识和理解，才能获得供应商的支持和配合，因此，需要对供应商进行教育和培训。通过培训，大家取得一致的目标，相互之间就能够很好地协调做好采购的准时化工作。

(6) 给供应商颁发产品免检证书。

在实施 JIT 采购策略时，核发免检证书是非常关键的一步。颁发免检证书的前提是供应商的产品 100%的合格。为此，核发免检证书时，要求供应商提供最新的、正确的、完整的产品质量文件,包括设计蓝图、规格、检验程序和其他必要的关键内容。经长期检验达到目标后,所有采购的物资就可以从卸货点直接运至生产线使用。

(7) 实现配合节拍进度的交货方式。

向供应商采购的原材料和外购件,其目标是要实现这样的交货方式:当生产线正好需要某种物资时,该物资就到货并运至生产线,生产线拉动它所需的物资,并在制造产品时使用该物资。

(8) 继续改进,扩大成果。

JIT 采购是一个不断完善和改进的过程,需要在实施过程中不断总结经验教训,从降低运输成本,提供交货的准确性,提高产品质量、降低供应库存等各个方面进行改进,不断提高 JIT 采购的运作绩效。

实行 JIT 采购效益非常好,操作也非常简单,但对企业管理基础和信息化建设基础要求较高,因此,国内许多企业尚未采用。但是,JIT 采购作为一种先进的采购方法,能为企业带来显著的经济效益,已经引起了越来越多国内企业的了解和重视,推广和应用已是国内企业发展的必然需要和大势所趋。国内企业要开展 JIT 采购,只有尽快了解和探索 JIT 采购的原理和方法,从基础工作抓起,逐步创造条件,一旦实施起来才能达到事半功倍的效果,早日为企业创造经济效益,提高企业的竞争能力。

2. 供应链管理下准时采购的实施要点

要实施准时采购法,以下三点是十分重要的。

(1) 选择合适的供应商,并对供应商进行有效的管理是准时采购成功的基石。

合适的合作伙伴是影响准时采购的重要因素,如何选择合适的供应商、选择得是否合适就成了影响准时采购的重要条件。在传统的采购模式下,企业之间的关系不稳定,具有风险性,影响了合作目标的实现。供应链管理模式下的企业是协作性战略伙伴,因此为准时采购奠定了基础。

(2) 供应商与用户的紧密合作是准时采购成功的钥匙。

因为准时采购成功的关键是与供应商的关系,而最困难的问题也是缺乏供应商的合作。供应链管理所倡导的战略伙伴关系为实施准时采购提供了基础性条件,因此在供应链环境下实施准时采购比传统管理模式下实施准时化采购更加有现实意义和可能性。但是在实际运作中要保证供应商与企业的合作,成功实施准时采购,必须建立完善、有效的供应商激励机制,使供应商和用户一起分享准时采购的好处。

(3) 卓有成效的采购过程质量控制是准时采购成功的保证。

产品的质量问题关乎企业的生命,而其中采购环节的质量控制是关键一步,它是准时采购的质量保证。这包括了企业按照双方协定的标准和程序对供应商质量保证能力的监控、对供应物资定期不定期的抽查检验以及建立相应的奖惩机制激励和约束供应商等。

因此可见,准时采购不单是采购部门的事情,企业的各部门要实现准时生产,首先要为准时采购创造有利的条件,为实施准时采购共同努力。选择合适的供应商并对其进行有效的管理是基础、与供应商紧密合作是关键,卓有成效的采购过程、严格控制质量是保证,只有这样才能真正确保准时采购的成功实施。

对于供应链管理下采购管理的一个重要内容是供应商管理,本书将在第 10 章中做具体介绍,此处不做赘述。

特别提示

选择最佳的供应商，并对供应商进行有效的管理是准时采购成功的基石；供应商与用户的紧密合作是准时采购成功的钥匙；卓有成效的采购过程质量控制是准时采购成功的保证。

阅读案例 6-1

中国一汽的 JIT 采购[①]

中国一汽利用看板对其生产作业进行调整，实现了在制品零库存的极限。早在 1982 年用看板送货的零部件就已达到总数的 43%，并在此基础上，又实行了零部件直送工位制度。中国一汽与周边 15 个协作厂，就 2000 种原材料签订了直送工位的协议，改变了厂内层层设库储备的老办法，从而取消了 15 个中间仓库。例如刹车蹄片，过去由石棉厂，每月分 4 次送往供应处总仓库，再由总仓库分发到分仓库，再从分仓库分发到生产现场，现改为直送生产现场，减少了重复劳动，当年就节约了流动资金 15 万元。

橡胶厂供应的轮胎过去集中发货，最多时一次发货 20 火车皮，使轮胎库存竟高达两万套。现在实行多批分发，使轮胎储备从过去的 15 天降到现在的两天，共节约流动资金高达 190 万元。

轴承座生产线的 7 道工序，现只由 1 个人操作，把扎在生产线第一道工序上的信号灯作为看板，每当后一道生产线取走一个零件时，信号灯显示为绿色，工人即按步骤地进行生产。该生产线 7 道工序除了工序上加工的工件外，只有一个待加工工件，工序件的在制品基本为零。

知识链接 6-2

准时采购的质量控制[②]

企业要进行准时生产，必须要有准时的供应。准时采购是准时生产管理模式的必然要求，在供需关系、质量控制等方面的管理，与传统的采购方法有许多不同。

1. 新型的供需关系

传统的采购模式的供需关系是价格驱动下的竞争模式。一般是多头采购，通过价格竞争选择供应商，因此供应商的数目相对较多；与企业之间的关系是短期合作的关系，当发现供应商不合适时，可以通过市场竞标的方式，重新选择供应商；传统的采购模式为保证生产的正常进行，订购时批量很大，造成企业库存大量的物资；在质量控制方面则采用加强进货检验的方式进行，需要大量的人力资源、空间及测试设备，不仅费用昂贵而且浪费时间，接踵而来的是物资遭受等待检验以及物资不合格的延迟。

准时采购的供需关系是合作伙伴关系，又叫互利共赢关系。强调供需双方共同分享信息，通过合作和协商相互的行为，达到互利共赢的目的。每种物资的供应一般选择两至三个供应商，一方面管理供应商比较方便，有利于降低采购成本，另一方面有利于建立长期稳定的供需之间的合作关系，质量上比较有保证。在选择供应商时不需要竞标，而是通过对供应商进行综合的评估，在评价供应商时价格不是主要的因素，

---

① http://www.wenku1.com/view/5E3E68C25A6A5795.html，2014-06-16.
② http://www.56885.net/lw_view.asp?id=1367，2006-08-20.

质量是最重要的指标,这种质量不单指产品的质量,还包括技术质量、交货质量和服务质量等方方面面的内容。准时采购要求供需双方的信息能高度共享,即及时交流企业的生产计划、库存、质量等方面的信息,保证供应与需求信息的准确性和实时性,以便出现问题时能够及时处理。

2. 供需双方的契约

供应商所提供的物资质量水平的高低、质量的好坏直接影响到企业产品的质量和企业的品牌形象,由于供应商所涉及的专业十分复杂,数量较多,对供应商实施直接的质量控制比较困难,契约化控制就成了目前对供应商进行控制的有效方法之一。

企业与供应商之间的契约一般包括企业的产品技术信息、质量协议、基本供货协议和技术协议四个类型,内容涵盖从产品开发、试制、检验、包装运送到不合格品处理及售后服务的全过程,所以说契约可以包含多个层次,多个部门间的内容。

契约有效性反映在三个方面:一是契约的合法性,内容上不得与现有的法律、法规、规章制度或标准相背,出现相背情况时应及时提出修改;二是契约的可操作性,反映着其执行的有效性,缺乏可操作性的契约起不到应有的作用;三是契约的激励性,契约中应明确供需双方的权利和责任,同时也应规定必要的奖惩性条款,一方面约束供应商的质量行为,另一方面鼓励供应商不断提高产品质量。

(1) 产品技术信息。产品技术信息是供应商加工产品的技术依据,也是企业验收产品或出现质量纠纷进行确认的依据,企业应尽可能地向供应商提供详细的技术信息,供应商也应对接受的技术信息进行评审,确保设备、工艺、人员等生产要素满足企业生产产品的要求。该部分契约应由企业的技术部门负责与供应商签署。

(2) 质量协议。质量协议是企业对供应商质量控制中最关键的契约,规定了双方在产品质量上的权利与义务,总体上包括:质量管理、质量管理监督、验收检验程序、不合格品的处理方式、过程控制、质量保证和责任区分、质量指标约定及违约、争议的处理等。目的是通过协议内容明确供应商的质量职责,促使其自觉进行质量管理,确保供应商交付的物资质量符合企业的要求,质量协议的内容没有固定的模式,根据供需双方的实际状况和所提交的产品的性质和加工复杂程度而定。该部分契约应由企业的质量部门负责与供应商签署。

(3) 基本供货协议。规定双方物资流通计划,供应商对供货的实施,违约责任及经济索赔标准。物资运输、交付程序及部分质量约定。该部分契约应由企业的采购部门负责与供应商签署。

(4) 技术协议。主要规定对零部件的检验方式、抽检方案、样品的检验及封存、检验流程与不合格品的判断以及相关的质量证明的确认。该部分契约应由企业的采购质量以及技术部门协商后,与供应商签署。

以上四种契约,如由各部门独立与供应商签署,应独立归档;考虑到供应商管理归口企业的采购部门,也可由采购部门牵头,协同企业技术部门、质量部门三方根据以上四种契约内容起草一份综合内容的行之有效的"质量、技术和服务协议",来保证供应商的产品质量。契约由质量部门归档,以便检验人员发现问题,及时依据协议的要求处理不合格品并向供方索赔。

3. 准时采购物资的质量控制

(1) 监控供应商的质量保证能力。

企业在与供应商合作的过程中,为确保供应商所提供物资的质量,防止供应商的质量保证能力出现下降,以及与供应商共同发现改进的机会,寻找质量改进的切入点,在更高层次上创造价值,企业应对供应商的质量保证能力实施必要的监控。为了使监控有效,企业应就此与供应商达成一致,并遵循协商一致的标准和程序进行。比如,为保证产品质量的一致性,规定某新开注塑模具每生产 5 万件产品后,应检查修理模具一次。

(2) 企业的质检管理。

① 样品的封存。大批量供货前,审核供应商产品时,确认合格的样品有些有必要封存。目的在于建立质量平台,保证进货检验时,对质量有争议时,起到物证质量依据。对于很大的产品,可以缩样或取小

样,如热镀锌的表面质量,可以封存一块 200mm×200mm 的样件。

② 过程考察。过程考察是指企业不定期地突击走访供应商。目的在于抽样检查供应商对产品的关键要素和过程是否有良好的控制。比如,依据契约,某注塑件不允许加入回收旧料,企业的突击性走访就能考察到供应商是否信守承诺。企业实施过程考察应由两个以上部门的人员一同前往,严禁某一部门人员单独造访。

③ 进货检验。企业的进货检验是对供应商的检验工作进行适当的评价和控制。对于批量正常的进货检验,应重视供应商提供的质量证明文件,并在此基础上进行核对性的检查。

由于供应商的供货活动时连续性,可以选择合适的统计抽样检验标准如适用于连续批交验的GB/T 2828,验收进货物资的质量,既省时省力又行之有效。对于关键部件或体积庞大的物资,企业也可根据需要派出检验人员对供应商进行巡回检验。

④ 检验数据的处理。质量管理的关键在于驾驭质量信息。在实际工作中,把检验记录数据进行必要的处理,就能观察到质量变化的趋势。比如,选用统计技术中假设检验监控保温芯材的密度均匀性。由于芯材的密度总体分布的标准差 σ 未知,对公差中心 μ 的假设检验采用 t 检验。

随机抽取芯材样本量 $n=9$ 块,测量其密度 d 分别为:19.3、19.6、19.4、19.2、19.0、19.5、19.3、19.2、19.4;其公差范围为±1.0,公差中心 $\mu=20.0$(密度单位为 kg/m^3),可以看到样品的密度均符合其公差要求。通过假设检验计算样本均值、样本标准差等统计量后,发现公差中心 $20.0kg/m^3$,偏离至 $19.3kg/m^3$。

经查阅 t 值分布表,得到其临界值并判定本批芯材的密度有显著性变化。需通知供应商查明生产变异情况,将不合格原因消除在萌芽状态。

(3) 检验工作的管理。

为确保检验的真实性和准确性,应该实行"封闭"检测,技术部门、物资部门及其他部门不应行政干预。供方在没有需方的物资或技术部门人员陪同下,不应和检验人员单独接触,也是"封闭"检测管理的一个方面。

当供应商所提供物资出现不合格时,技术部门签署的同一种物资的让步接收、超差代用的次数不得超过三次;超过三次以后,应更改技术要求,并通知供应商,所供应物资的技术要求已经适当放宽,以后的进货检验将依据更改后的技术要求进行。

技术部门不得以保证准时化生产的进度要求为理由,签署从不合格的物资中挑出能用物资投入使用的意见。供方的不合格品是由其生产能力和工艺要求限制造成,存在质量一致性的问题,即便当时满足了生产进度,也还存在着一定的质量隐患,会增加日后的维修成本。

4. 结束语

综上所述,准时化采购不仅是采购部门的事情,企业的各部门为实现准时生产,首先要为准时采购创造有利的条件,为实施准时化采购共同努力。

【6-4 拓展知识】

6.3 供应商关系管理

传统采购管理理论关注的是采购行为本身,而在供应链管理环境下,供应商成为供应链上至关重要的一环,它是链中物流的始发点,是资金流的开始,同时又是反馈信息流的终点,因此采购管理更需强调企业与供应商之间的关系管理。供应商关系管理成为供应链采购管理中的重要内容,它在实现准时化采购中有很重要的作用。

供应商关系管理中应包括需求分析、供应商分类与选择、与供应商建立合作关系、与供应商谈判与采购、供应商绩效评估等内容。其中需求分析、供应商合作关系建立、供应商绩效评估等内容已在第 4 章、第 5 章中有相关介绍,因此本节主要介绍供应链供应商关系管理中供应商分类及相应的管理策略。

6.3.1 供应商关系管理的概念与意义

供应管理中的核心战略决策主要集中在应该选择哪一个供应商以及维持怎样的供应商关系。战略性供应链管理源于双方确信组织发展的供应商及其供应系统、供应关系,具有强大的竞争优势。当一个组织向另一个组织供应商品和服务时,两个组织关系之间的性质是决定最终价值和顾客满意度的主要因素。因此,供应管理不仅负责用钱换商品和服务,还应对采-供双方关系负责。如何创建为企业带来短期与长期的竞争优势的供应链,首先对供应商的关系要有清晰的认知。

1. 供应商关系管理的基本概念

供应商关系管理(Supplier Relationship Management,SRM)是一种用来改善企业与供应商关系的管理理念和软件系统,正如当今流行的 CRM(客户关系管理)用来改善企业与客户的关系一样。

迄今为止,尚无有关供应商关系管理权威的定义,参照客户关系管理,如果简单地从字面意义了解,它是一种致力于改善与供应商之间关系的管理思想和基于管理软件技术的解决方案。根据它的管理范畴、实现目标和管理功能,给出如下的定义。

供应商关系管理是一种新的管理思想和经营理念,旨在改善企业与供应商之间关系的新型管理机制,实施于围绕企业采购业务的相关领域,目标是通过与供应商建立长期的、紧密的业务关系,并通过对双方资源和竞争优势的整合来共同开拓市场,扩大市场需求和份额,降低产品前期居高不下的成本,实现"双赢"的企业管理模式;同时它又是以多种信息技术为支持和手段的一套先进的管理软件和技术,它将先进的电子商务、数据挖掘、协同技术等信息技术紧密集成在一起,为企业产品的策略性设计、资源的策略性获取、合同的有效洽谈、物品内容的统一管理等过程提供了一个优化的解决方案。实际上,它是一种以"扩展协作互助的伙伴关系、共同开拓和扩大市场份额、实现双赢"为导向的企业资源获取管理的系统工程。

2. 供应商关系管理的意义

(1) 供应商关系管理是供应链上企业与其上游成员之间的接口。

进入 21 世纪以来,随着资源在全球化范围内调配,企业间业务联盟的进一步发展,供应链业务紧密连接趋势越来越强,企业与供应商之间的关系变得越来越重要。这种与供应商合作创造的市场价值,是伙伴业务合作中的一个重要的问题,正如与客户之间的伙伴关系一样,与供应商之间的关系也将转变为彼此合作的关系。

在一个供应链上,每一个企业都不是孤立的,它要与供应链上其他上下游的企业发生业务关系和往来,通过实施和运用供应商关系管理和客户关系管理来实现与其上下游企业的紧密连接和协同运作,达到整个供应链的快速响应。因此,客户关系管理与供应商关系管理都是供应链运作和管理中缺一不可的管理模式和工具,少了哪一个环节,供应链都会撕裂开,不再是完整的、无缝的供应链。

供应链上成员之间的相互关系的好坏程度、紧密程度对这个供应链的运行具有重大的影响。因此，供应链上成员的关系管理就显得更加重要，同时也往往是供应链管理中最困难的部分。供应链管理最重要的成功因素就是成员间的互信关系，如果没有好的关系管理，供应链就无法真正整合，而对上游外部供应链上成员的关系管理即为供应商关系管理。

(2) 供应商关系管理增强供应链的核心竞争力。

随着供应商与制造商战略层合作的加强，众多的因素推动了双方之间要加强合作。其主要的因素包括：研究和开发成本的大幅度提高、使用新技术的风险提高、新产品淘汰更快、产品和工序系统复杂性的增加、产品创新性和生产柔性及效率集成的要求等。供应链企业间合作关系逐渐成为企业决策者关注的核心问题。集成/合作是供应链关系发展的主要特征。在集成/合作思想指导下，供应商和制造商把他们的相互需求和技术集成在一起，以实现为制造商提供最有用产品的共同目标。因此，供应商与制造商的交换不仅是物质上的交换，而且包括一系列可见和不可见的服务(R&D、设计、信息、物流等)。对于供应商来说，它需要具备革新和良好的设计能力，以保证交货的可靠性和时间的准确性；而对于制造商来说，它要提供的活动和服务包括了控制供应市场、管理和控制供应网、提供培训和技术支持、为供应商提供财务服务等。

为了达到生产的均衡化和物流同步化，加强了部门之间、企业之间的合作与沟通，物流关系阶段的主要特征是将物料从供应商到制造商的转换过程的集成，它是一种作业层和技术层的合作关系，这种关系注重的是服务的质量和可靠性(交货的频繁规律和时间准确率)。供应商在产品组合、柔性、准时等方面的要求较高，但是在信息共享(透明性)、服务支持(协作性)、并行工程(同步性)、群体决策(集智性)、柔性化与敏捷性等方面都不能适应越来越激烈的市场竞争需要，企业需要更高层次的合作与集成，于是产生了基于战略伙伴关系的新型企业模型。

6.3.2 从采购方看供应商分类

供应商分类是指在供应市场上，采购企业依据采购物品的金额、采购商品的重要性及供应商对采购方的重视程度和信赖度等因素，将供应商划分为若干个不同的群体。供应商分类是对不同供应商进行分别管理的首要环节，只有在供应商细分的基础上，采购企业才能依据供应商的不同类别实施恰当的供应商管理策略，任何一个企业都不应该用同一模式去管理所有的被采购物资和供应商。为了将供应商管理的有限精力在不同供应商间合理分配，加强管理的针对性，提高管理的效率，采购企业应根据自身特点将供应商分类，并依据类别进行切实的关系管理。

供应商分类的方法有很多，比较常见的 ABC 分类法等。ABC 分类法则是针对采购物资的分类，在此基础上自然形成对供应商的分类。ABC 分类法的思想源于 80/20 原则，大意是采购数量仅占 20%的物资的采购价值占到 80%，而剩余 80%的物资的采购价值却只占 20%。80/20 原则将供应商按照物资的重要程度划分为两类：重点供应商和普通供应商，即占 80%价值的 20%供应商为重点供应商，而其余只占 20%价值的 80%供应商为普通供应商。对于重点供应商，应投入 80%的时间和精力进行管理与改进。本章中主要介绍基于供应定位模型对供应物品及其供应商的分类方法，并探讨相应的采购策略。

1. 供应定位模型

供应定位模型是评价采购物品重要性的一个模型，是对所采购产品支出金额的多少和其对企业的影响、供应存在的风险和机会程度进行综合分析之后，为采购与供应的产品在需求的确定、供应商评价、获取与选择报价、谈判及合同签署等活动中起指导作用的模型。该模型可以帮助我们确定所采购产品的优先权，也就是确定问题的重要顺序，继而采取适当的措施去解决问题。

供应定位模型以矩阵的方式对采购的产品进行分类：横轴是采购额，即支出大小定位，按照帕累托的 20/80 法则对支出的大小进行划分；纵轴是影响、风险和机会的综合定位，其划分原则较为复杂，会根据企业总目标和对供应市场分析之后加以确定，影响程度高低取决于企业总目标，风险与机会程度来自对供应市场的分析，把这三个指标合并后简称为 IOR(Impact，Opportunity & Risk，影响、机会和风险)。

2. 供应物品分类

根据物品的采购额和 IOR 两组要素可将要采购的物品分为四类：常规类、杠杆类、关键类、瓶颈类分别位于供应定位模型的Ⅰ、Ⅱ、Ⅲ、Ⅳ区域，如图 6.1 所示。

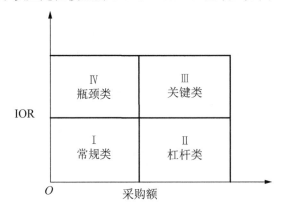

图 6.1 供应定位模型

(1) 常规类：低采购额、低 IOR (Routine)。这类物品位于采购供应模型的第Ⅰ区域，其特点是具有较低的采购额和较低的 IOR(供应对企业的影响、机会程度和供应存在风险)。例如企业为办公所采购的计算机、打印机、复印件、纸张等。这类物品基本上都是标准类产品，其质量和服务都有保证，市场上的供货渠道也比较多，可以随时从市场得到满足。

(2) 杠杆类：高采购额、低 IOR (Leverage)。该类物品位于供应定位模型的第Ⅱ区域，特点是具有很高的采购额，但其 IOR(供应对企业的影响、机会程度和供应存在风险)却较低。与常规类物品一样，该类物品也都是标准类产品，能从许多供应商那里供货。与常规类不同的是采购额度较大，对供应商的吸引力就比较大，因此降低价格和总成本也成了采购此类物品的主要目的。当然，与供应商的关系和评价标准也主要从这两方面入手。

(3) 关键类：高采购额、高 IOR (Critical)。这类物品位于供应定位模型的第Ⅲ区域，其特点是一方面同瓶颈类物品一样有很高的 IOR(供应对企业的影响、机会程度和供应存在风险)，给企业带来很大的风险。这对企业的影响很大，一旦供应出现问题不仅直接给企业带来巨大的经济损失，甚至关系到企业的成败；另一方面又有很高的采购额，由于采购数量很大，采购金额很高，因此对供应商的吸引力很大，会有许多供应商参与竞争。关键类物品通常会对企业产品的个性化起决定作用或可以帮助企业取得成本优势，因此对企业的利润起到关键作用。此类物品采购的主要目的是，在保证供应的连续性和质量的可靠性的同时降低采购成本。

(4) 瓶颈类：低采购额、高 IOR (Bottleneck)。此类物品位于供应定位模型的第Ⅳ区域。其特点是，一方面具有较高的 IOR(供应对企业的影响、机会程度和供应存在风险)，对企业有很高的风险，一旦供应出现问题，不仅会给企业造成巨大的经济损失，甚至会给企业带来灭顶之灾。另一方面其采购额却不高。它们可能是非标准类产品，并且由于个别原因不容易获得。其很低的采购额对供应商没有太大的吸引力。因此，本类物品采购目的主要是降低供应风险。

根据以上划分，提供以上四类供应物品的供应商分别归为Ⅰ类、Ⅱ类、Ⅲ类和Ⅳ类供应商。Ⅰ类供应商提供常规类物品，Ⅱ类供应商提供杠杆类物品，Ⅲ类供应商提供关键类物品，Ⅳ类供应商提供瓶颈类物品。

3. 供应商管理策略

对于不同类别供应商的管理要采用不同的管理策略，管理思路如图 6.2 所示。

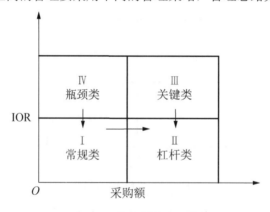

图 6.2　供应商管理思路

(1) 供应商管理的思路。

对供应物品分类的目的是可以针对不同物品的供应特点对相应的供应商采取不同的管理策略。因此供应商管理的思路要从供应风险的控制和成本支出的降低或者说是收益的增加方面进行。

供应风险主要是指供应市场的复杂性、技术创新及原材料更替的步伐、市场进入的门槛、物流成本及复杂性，以及供给垄断或短缺等市场条件所带来的风险。具体从以下几方面分析。

① 技术型风险。技术型风险即由于新材料、新技术的运用所导致的风险。针对此类供应风险应从产品设计开始，尽量使用通用件、标准件或替代性强的材料，以降低风险出现的概率或风险产生的影响。

② 采购多样化和分散性风险。这类风险是指由于采购的物品种类繁多、供应商多所引发的风险。因此应通过实施标准化来降低采购物品种类、提升同供应商的合作关系等级等入手降低风险。

③ 独家供应风险。这类风险是指由于单一供应源所造成的风险。因此应积极寻找供应商、寻找替代品缓解风险的影响。

④ 供应进度造成的风险。这类风险是指由运输等因素造成的供应延误所引起的风险。可以通过实施供应商本地化，提高预测的准确性，制定合理的安全库存等保证供应的稳定性。

采购成本的降低可以表现为采购项目在产品增值、原材料总成本比及产品收益等方面的积极作用。因此一方面可以通过集中采购(合并采购项目，提供给少数供应商)或同其他同类型企业，构建采购联盟等方式提升议价能力，降低单位采购成本；另一方面可以通过科学设计提高供应物资在产品价值形成中的增值率。

(2) 供应商管理策略。

① Ⅰ类供应商管理策略。采购常规类物品的主要目的是尽量降低管理成本。尤其是非持续需求的物品更没有必要与供应商建立特殊关系，只需到市场进行现货采购即可。而对于需持续供应的物品，也没有必要花费太多的人力和物力来进行供应商的管理，本类物品对供应商的选择评价主要着眼于如何帮助企业减少管理成本。其采购策略一般是能保证长期稳定的供应，供应商无须太多，选择一个即可，从而避免产生过多不必要的成本；供应商的类型宜稳定可靠，能保证连续不间断供货，适合签订长期合同。

② Ⅱ类供应商管理策略。采购杠杆类物品主要考虑供应商的转换成本和不同供应商提供的价格。对于供应商转换成本较高的，宜与其建立较长时间的稳定关系和签订较长期的合同。相反对于转换成本较低的，宜采用现货购买，无须建立长期的合作关系。

③ Ⅲ类供应商管理策略。关键类物品通常会对企业产品的个性化起决定作用或可以帮助企业取得成本优势，因此对公司的利润起到关键作用。因此，Ⅲ类供应商管理的主要目的是，在保证供应的连续性和质量的可靠性同时降低采购成本。因此针对关键类物品应只选择一个供应商，并与其维持伙伴关系；双方签订长期伙伴关系的合同。该供应商应符合以下特点：能够为企业长期提供低成本产品和在技术上有领先优势；所采购的物品必须是该供应商的核心类产品；供应商的经营策略必须与企业的经营策略相匹配；供应商的财务状况要良好，且其市场地位有优势并可持续；供应商与企业的竞争对手不能有利益上的业务关系；供应商不应寻求对企业与进行盘剥。

④ Ⅳ类供应商管理策略。Ⅳ类供应商为企业提供瓶颈类物品。其管理的策略为：选择一个或两个供应商，并且尽量让供应商认为采购方是一个好的顾客，乐意与采购方建立良好的关系；供应商要在该类物品市场上具有较强的竞争力，不会对采购方过分盘剥，愿意与采购方建立长期合作关系；合同类型宜为较长期合同。

6.3.3　从供给方看采购商分类

供应定位模型是采购方根据采购产品的支出大小、IOR 等级的程度的主观定位，是知己的过程，那么供应商感知模型就是从供应商的角度来看待采购方所采购产品，或者说是对供应商进行该项业务积极性的判定，是换位思考知彼的过程。

1. 供应商感知模型

供应商感知模型以矩阵的方式来表示，其横轴为业务价值大小，业务价值是指采购方采购额占供应商销售总额的百分比。大于15%为高，5%到15%为中高，0.8%到5%为低，低于0.8%为可忽略。其纵轴为吸引力水平的高低，吸引力是指那些非货币因素，包括战略一致性、往来方便性、财务稳定性、间接利益的获得性以及未来业务发展的可能性等。供应商据此也把采购方分成四类：维持类——低业务价值和低吸引力(Marginal)，盘剥类——高业务价值和低吸引力(Exploit)，发展类——低业务价值和高吸引力(Development)，核心类——高业务价值和高吸引力(Core)。如图6.3所示。

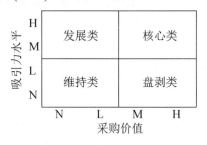

图6.3　供应商感知模型

H—高；M—中高；L—低；N—可忽略

说明：供应商感知模型是从供应商角度对采购方做出的评价。因此采购方的采购价值对于供应商而言也就是供应商的业务价值。

2. 供应商对待采购方的策略

(1) 维持策略。低的优先权与低的供应商积极性。如果公司的采购量不大，且其他方面也没有什么能够吸引供应商的东西，那么供应商将把你的业务当作维持的状态。

如果公司业务对于任何一个供应商来说，包括潜在供应商，都处在这个类别中，公司谈判地位很弱，采-供双方没有发展潜力。

(2) 盘剥策略。在这个区域，公司的采购量很大，对于供应商来说很重要，但是由于其他的原因(比如，应付账款期太长)，公司的采购对供应商的吸引力也是很低的。这些供应商愿意和公司做生意，但是不会付出特别的精力，也不会给公司优先权。如果供应商发现生意是安全的，会抬高价格，盘剥公司。

(3) 发展策略。公司业务量可能很小，但供应商认为具有长期发展潜力或者因为其他原因而与公司合作，供应商愿意投入时间和精力来建立关系。这个区域合适建立长期、合作的关系。

(4) 核心策略。供应商认为你公司是他们的核心业务部分(根据当前的业务与发展潜力)，供应商会投入更多的时间和精力来销售并保持与你公司的业务合作。这个区域合适建立合伙的关系。

从一个案例来理解这个模型的思想：

一个供应商所生产产品的固定成本7元，变动成本2元，对于不同的采购方有着不同的报价。

四个报价(8元、10元、15元、25元)分别给了其在供应商感知模型中的不同区域,结论如下所述。

8元报给发展区域:以求未来的发展和在其他方面获得利益,可以在这里少亏,因为采购价值低不影响业绩。

10元报给核心区域:薄利多销,与采购保持伙伴关系维持行业的合理利润(10%)。

15元报给盘剥区域:由于没有发展前景,在能够获得订单的前提下最大化此次交易的利润(大于66%)。

25元报给维持区域:此报价不是为了获得高利润,因为采购价值小不足以创造业绩,而是拒绝交易的一种委婉的表达方式。

6.3.4 从供应定位模型与供应商感知模型看供应商关系管理

供应商对采购方地位的感知,将影响到采购方同供应商发展何种类型的关系,也决定了采购方对供应商关系管理的策略。从供应定位模型到供应商感知模型如图6.4所示。

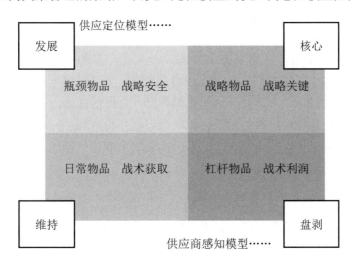

图6.4 从供应定位模型到供应商感知模型

1. 供应商对公司业务级别感知比较低,公司尽可能提高自己的吸引力

(1) 做一个好顾客。成为一个好顾客包括:准时支付;保持高效的业务处理过程;控制好与供应商相互交往的频率;为供应商单设一个"账户经理",给供应商以更便捷的沟通;对供应商的垂询做出快速反应;主动提出由采购方处理一些外部事务(银行、海关)从而节省供应商在这方面的精力等。

(2) 反向营销。当公司采购的是瓶颈项目和关键项目时,但在供应商感知级别很低,采购方就要竭尽所能地"推销自己",从而吸引供应商,来改善双方的业务关系。采购方不仅要做一个好的顾客;不仅评估供应方的报价,还要主动,积极地报出价格、提出条款和条件;还要致力于与供应商共同开发产品和服务,并且培养和改善供应商提供产品和服务的能力,始于采购方的供应商开发的反向营销如图6.5所示。

促使采购方主动开发未来供应商的外部原因有三个。第一，技术原因，新产品、新材料、新工艺的飞速发展使企业营销也随之复杂与开放。第二，国际贸易的发展也扩大了供应商的范围，形成了采购方开发外国供应商的需求。地处不发达国家的公司最迫切需要完成也是最重要的任务就是发展供应商的问题。第三，从供应链中萃取竞争优势的现代管理理念要求采购方主动与供应商联系，根据自己的期望发展供应商。

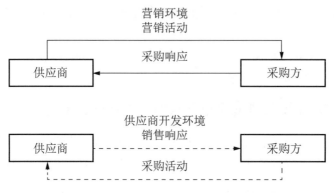

图 6.5　始于采购方的供应商开发的反向营销

本田汽车美国公司(以下简称本田)就是成功发展供应商的一个范例。由于外购件占本田汽车成品成本的 80%，供应商显然具有战略性意义。为了发展供应商，本田用以下方式与供应商合作：设定目标成本，并为达标提供帮助，以降低成本；共同面对质量问题，利用质量循环，以零缺陷为目标改善质量；本田没有收益检查程序；在新车开发过程中，本田研发部门与供应商合作开发尖端技术。本田发展供应商的目标是：供应商不再需要本田的帮助，并成为自己组织及其他供应商的榜样。

2. 供应商对公司业务级别感知比较高，采-供双方将致力于建立长期合作关系

供应商感知的是发展类型客户，如果采购方是瓶颈项目，尽管目前业务量很有限，但是供应商愿意投入时间和精力来发展同采购方的长期关系；如果采购方是关键项目，双方建立一种长期的更坚实的业务关系成为必然。

供应商感知的是核心类型客户，供应商依赖于采购方的订单，采购方在双边关系中占主导地位，作为采购方，要保持一个公平可靠的合作伙伴形象。这应该成为采购方战略中的一个重要组成部分。

特别提示

供应定位模型是对所采购产品支出金额的多少和其对企业的影响、供应存在的风险和机会程度进行综合分析之后，为采购与供应的产品在需求的确定、供应商评价、获取与选择报价、谈判以及合同签署等活动中起指导作用。供应商感知模型是供应商通过对采购方的业务价值、吸引力的综合判断，确定采购方的重要性。它将影响到采购方同供应商发展何种类型的关系，也决定了采购方对供应商关系管理的策略。

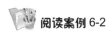
阅读案例 6-2

丰田供应链与福特供应链[①]

供应链管理的成功，首先必须认识到所有的参与者都有共同的利益。除了"零和博弈"，完全可以通过变革以帮助所有公司都增加利润率。丰田树立了一个和通用汽车、福特公司完全相反的供应链管理战略的典型。丰田不是使劲压榨供应商的利润空间，而是和所有合作伙伴协作，寻找成本削减机会，在整个生产流程中实施削减举措。它同时让供应商至少在一定时间内能够保留部分剩余利润。通过这种方式，供应商的激励目标和丰田保持一致。所有供应链上的企业有机会从协作中获利。

但是丰田模式的内涵远远不止激励目标的协调。丰田花费大量的时间评估很多潜在供应商，考虑除了价格外的很多其他因素；目标是建立长期的相互信任的协作关系。评估后，丰田和关键部件的关键供应商建立长期的供货协议（至少持续该型号汽车的整个周期，大约4年）。这并不意味着供应商就可以高枕无忧。恰恰相反，丰田从很多维度持续地评估每个供应商的绩效，包括质量、可靠性、创意的提出、与其他供应商的协作等，当然，也包括成本。同时设立了30%全供应链成本削减的目标要求。丰田的生产专家和供应商合作，寻找达到目标的方法。一旦达到后，就开始盈利共享；供应商保留半数盈利，同时设立新的成本水平作为下一阶段的成本削减目标。如果绩效无法达到，丰田会在合同期末把更多的采购额分配给竞争供应商。最终，实现奖优罚劣的目标。

因为丰田给绩效卓越的供应商提供长期的协议，因此他们也愿意投入大量资金满足丰田的特殊需要。丰田会提前把它的新产品计划和规格通知供应商；供应商也会为丰田的设计工作提供帮助。丰田没有为了寻求短期利益而把供应商的设计提供给其竞争对手以获取更低的采购价格，因为这种短期利益弥补不了对长期利益合作关系的造成的损害。而且，其他的供应商也会知道丰田的行动，从而危害到这些重要的合作关系。

丰田所采取的供应链模式与福特的供应链模式另外一个不同点就是通过与供应商签订长期合同，保持所需要的供应商规模的稳定。把较大的订单下给有限的几个生产商可以让供应商获得规模经济，而由此获得的成本削减就由供应商和丰田共享。现在，福特公司也吸取了一些丰田的成功经验。在2005年9月，福特公司宣布对其供应链的主要改革，内容如下：福特公司致力于减少一半的供应商。最初的措施涉及20个部件，包括座位、轮胎和缓冲器等；长期目标是把现有的2500家供应商缩减到不超过1000家。现有的供应商会接到更多订单，他们的产能利用从70%增长到85%左右；这样会有利于整个供应链的成本节省，福特和供应商双方都能获得更高利润。福特公司要提供给供应商7年的产品计划和销售预测。供应商也要及时地向福特公司提供财务信息证明其财务上的稳定。福特公司表示：创新是这种新的供应商合作伙伴关系的一部分。福特公司将会在早期资助供应商的发展，管理和测试。作为交换条件，供应商的革新技术必须首先提供给福特公司。福特公司估计这项举措在保修成本和服务上节省的费用将会以十亿美元计。然而，当公司的资信评级降到投资级以下后，投资者开始对这些技术革新能否真正产生收入产生怀疑。实际上，福特公司已经开始实施这项举措了，同时它宣布很快会关闭一些工厂并且裁员。

[①] https://www.chinachuyun.com/news/SCM/12863514269919.html，2010-09-28。

延伸阅读

缺了一只纸箱[①]

某公司新开发了一个供应商,质量还可以,但在准时交货上总是磕磕绊绊。理由千奇百怪,不是原材料没了,就是误了航班。这次的理由更有趣:纸箱子用完了,没法发货。每次的纠正措施都很简单:这次买了很多料,以后再也不用担心短料啦;或者说这次安排了专人负责发送,以后再也不用担心误了班机啦。

这些问题看上去是没做到,其实是没想到,是典型的缺乏计划问题,是管理粗放的供应商的常见病。例如纸箱用完了,根本原因是纸箱没有纳入物料清单(BOM),没法系统地通过 MRP 来生成需求,驱动采购。为什么?因为人们往往认为这么便宜、简单的纸箱,用不着浪费 BOM 上的一个位子。不纳入 BOM,并不意味着这个纸箱就不需计划,只不过计划是按照非正式的方式进行,装在某个发货员的头脑里,凭经验采购。这不,这个发货员前天晚上多喝了一杯,第二天忘了下订单,两周后纸箱就断货了。

进一步看,这个供应商的业务非常分散,客户包括航空制造业、科研机构、建筑行业等。他们一边给飞机制造商生产屏蔽静电的大盒子,一边给劳伦斯实验室定制屏蔽磁场的保护壳,一边给零售商场加工漂亮的雕塑。各种业务大多是一次性的,每样都建立 BOM 比较困难,BOM 的准确性就更难保障。于是,整个物料计划就成了无本之木。没有系统的物料计划,缺这短那就是家常便饭。要改进,很简单:多备料呗。于是库存就成了问题。这个供应商也就成为"非精益"的典型:生产车间里,原材料、半成品堆积如山。

跟缺了一只纸箱的问题类似,在现实中,人们对很多问题是如此司空见惯,便想当然地认为自己知道了解决方案,其实未必。一叶知秋,很多问题,貌似偶然,其实大都有必然性,背后有深刻的系统性问题,不能简单地归因于偶然个案,敷衍了事。你所看到的,往往是冰山一角。不要停留,探究更深层次的问题,小事情往往能反映供应商的整体管理水平。

本 章 小 结

传统采购存在着非信息对称的博弈、质量控制滞后、临时或短期合作、竞争多于合作、响应迟钝、部门脱节,库存积压等局限性。供应链管理下采购活动则是以订单驱动方式进行的,是把一个组织的管理扩展到外部资源——供应商上。

准时采购也叫 JIT(Just In Time)采购,它是准时生产在采购中的应用。它的特点包括采用较少的供应商甚至单源供应,综合评估、选择供应商,交货准时性要求高,信息交流要求准确、及时;小批量采购策略。

供应链下准时采购的实施要点主要包括:选择最佳的供应商,并对供应商进行有效的管理是准时采购成功的基石;供应商与用户的紧密合作是准时采购成功的钥匙;卓有成效的采购过程质量控制是准时采购成功的保证。

供应商关系管理是一种用来改善企业与供应商关系的管理理念和软件系统。基于供应定位模型的供应物品分类目的是可以针对不同物品的供应特点对相应的供应商采取不同的管理策略。因此供应商管理的思路要从供应风险的控制和成本支出的降低或者说是收益的增加方面进行。

---

① https://scm-blog.com/2018/11/post-91.html,2018-11-09。

 **关键术语**

订单驱动(Order-Driven)
外部资源管理(External Source Management)
准时采购(Just-In-Time Purchasing)
供应商关系管理(Supplier Relationship Management)
供应定位模型(Supply Positioning Model)

综 合 练 习

一、填空题

1．在传统模式中，采购是为_____而采购，而供应链管理模式下，是_____驱动采购。

2．准时采购也叫 JIT(Just In Time)采购，它是_____在采购中的应用。

3．选择最佳的供应商，并对供应商进行有效的管理是准时采购成功的_____。

4．供应商与用户的紧密合作是准时采购成功的_____。

5．卓有成效的_____是准时采购成功的保证。

6．供应定位模型将采购产品分为_____、_____、_____和_____。

7．供应风险包括_____、_____、_____和_____。

二、名词解释

JIT 采购　供应定位模型　　供应商感知模型

三、简答题

1．简述传统采购的局限性。
2．简述供应链管理环境下采购的特点。
3．简述准时采购的基本原理。
4．简述供应链管理环境下准时采购的实施条件。
5．简述供应链环境下供应商关系管理的意义。
6．简述基于供应定位模型划分的四类物品的特点。

四、思考讨论题

1．思考传统采购与供应链管理环境下的采购有哪些异同，并分析原因。
2．分析供应链管理环境下准时采购实施的重点和难点。
3．思考全球化外包模式下供应商关系管理的重点和难点。

案例分析

梦想 787：波音在供应链管理模式上的新尝试[①]

【6-5 拓展视频】

在飞机制造行业，传统上是主机厂负责设计、供应商按图加工、主机厂组装整机。以空客 380 为例，空客设计了零部件的图纸、制定了技术规范及各模块之间的详细接口，供应商按图加工，空客采购零部件，并组装成机。在这种模式下，供应链关系为竖向为主，由主机厂负责管理、协调各供应商之间的关系，供应商之间的平行联系很薄弱。而梦想 787 的制造，波音则采取了不同的模式。波音委托一级供应商设计、生产子系统，而自己则承担系统集成者的角色(图 6.6)。例如，机翼就委托给日本的重工三巨头富士、三菱和川崎，由它们负责细化设计、组装和整合，然后运到波音做最后组装。在这种模式下，波音与供应商之间的竖向沟通、交流很频繁，供应商之间的横向合作也很紧密。如机翼，日本三巨头各做一块，波音制定了模块之间的粗略搭接规范，而细节则由供应商们协作制定。这要求供应商不但要有先进的技术能力，而且要有良好的管理能力。

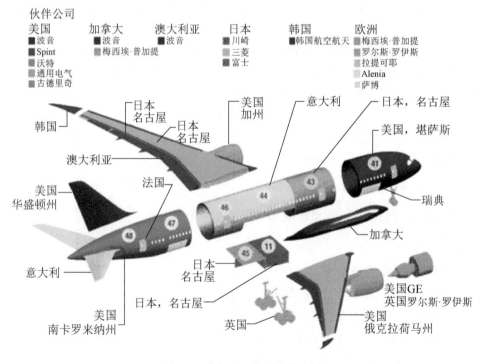

图 6.6　波音 787 的全球供应链

这种供应链管理的新模式，一方面源自供应商能力的提高，如日本企业在与波音合作几十年后，已经系统掌握了机翼设计、加工的核心技术；另一方面也跟波音的轻资产战略有关，根据《西雅图时报》的估计，梦想 787 整个项目投资大概要 320 亿美元，包括 150 多亿美元的开发成本。供应商承担一次性的研发投入，降低了波音公司的投资风险。但是，"成也萧何败也萧何"，波音 787 交货延误 8 次，也跟高度外包不无关系。例如，787 的关键供应商中，有 100 多家在海外，遍布欧洲、亚洲和澳大利亚。这些供应商有

[①] http://www.scm-blog.com/2013/02/boeing-787-scm.html，2013-02-04.

独到的技术和生产工艺，但供应链拉得太长，供应链伙伴之间的协作、配合难度大增。想想看，波音和供应商的 6000 多名工程师投入 787 的研发、生产，跨三大时区，加上语言、文化障碍，协调、沟通是个很大的挑战。这也反映了全球经济下公司面临的窘境：不外包、不借助全球最优秀的供应商的力量，就很难得到最新的技术、工艺和研发资金；要外包，全球供应链协作上的难度，对于复杂如 787 这类的产品，动不动就成了超投资、拖进度和各种质量问题的噩梦。

高度外包的结果也使波音在整个 787 的设计、生产份额下降。例如，波音承担整个工作量的 35%，日本的供应商则承担整个工作量的 35%、欧美的供应商承担整个工作量的 26%，其余 4%工作量由别的供应商承担。结果是主机厂对供应商的依赖大幅增加，一些核心竞争能力也逐渐从主机厂转移到供应商。这种高度外包、高度依赖一级供应商的供应链模式，要求主机厂有一流的供应商管理和整合能力。

2011 年，历经 8 次延误，首架波音 787 终于交货了。但是波音 787 的高度外包模式和缺乏对供应商的有效协调和管理，依然值得深思。

问题讨论：
1. 阅读案例分析波音在 787 产品上推行的供应链管理模式存在哪些问题？
2. 在全球供应链下，供应商关系管理需要注意哪些问题？

第7章 供应链管理环境下的生产管理

【学习重点】

- 供应链管理环境下的生产管理
  - 供应链管理环境下生产计划与控制概述
    - 供应链管理环境下传统生产计划与控制的局限性
    - 供应链管理环境下生产计划与控制的新要求
  - 供应链管理环境下的生产计划与控制系统总体模型
    - 供应链管理环境下的集成生产计划与控制系统的总体构想
    - 供应链管理环境下生产计划与控制总体模型与特点
    - 供应链管理环境下生产系统的协调机制
  - 供应链管理环境下的生产策略
    - 大规模定制生产
    - 精益生产
    - 敏捷制造

第 7 章 供应链管理环境下的生产管理

【教学目标】

通过本章的学习,使学生正确理解供应链管理环境下生产管理的主要内容,重点掌握供应链管理的生产计划与控制,包括面向供应链的生产组织计划模式以及供应链管理环境下生产计划与控制系统总体模型;熟悉精益生产方式、大规模定制等先进制造方式的基本思想、方法及相关技术;引导学生通过大规模定制、精益生产等先进生产方式深刻认识事物发展的矛盾对立统一规律、量变与质变规律等。

导入案例

海天味业:供应链管理强化之路[①]

1955 年,佛山市的 25 家酱园经重组后合并为一家酱油厂,1994 年,海天酱油厂通过产权改革从全民所有制企业改革为有限责任公司。2005 年,海天味业建成海天高明生产基地一期,利用现代科技提升产品质量和生产工艺,2013 年,海天味业销值突破百亿元,并提出了"五年再造一个海天"的宏伟蓝图,2014 年,海天味业以发行价 51.25 元成功上市 A 股,筹资渠道的拓宽为海天味业扩大产能、规模提供了资金支持,同时,规模的扩大也增加了企业管理的困难性,尤其是以存货为核心的供应链管理。2018 年,海天味业实现 2013 年设下的目标,在规模和利润上较 2013 年翻了一倍,显示出海天味业"扶摇直上"的猛劲发展势头,也持续巩固海天味业的行业地位。如今的海天味业拥有 10 多条国际领先水平的全自动生产线、面积巨大的天然晒池,规模在全球首屈一指的调味品生产基地,拥有年产量超过 200 万吨的生产能力,销售网络全方位、立体式、多层级成功覆盖全国大部分区域,包括 31 个省级行政区域,320 多个地级市,1400 多个县级市场,拥有专利技术等 200 多项。2019 年,海天味业销售净利率高达 27.06%,高出行业平均 13 个百分点,现金转化周期由 2014 年的 48 天缩短到 2019 年的 32 天,同年市值也超千亿,这些均离不开海天味业多年以存货为核心的供应链管理的深耕细作。另外,海天味业还成功入选 2019 年"央视国家品牌计划"TOP 品牌并以此形象登录中央广播电视总台,可谓是"功成名就",向外界展现出海天味业的实力。

相比其他行业,调料味业作为民生行业,其行业周期性特征较弱,自 2003 年以来,行业发展较为稳定,但是行业集中度较低,市场充斥着数千家企业、企业质量参差不齐,细分领域不断增加,该行业处于"油、盐、酱、醋"等产品逐渐细分、未来市场发展不断集中的成长阶段。根据中国调料品协会的统计,自从改革开放以来,餐饮、食品制造业、家庭终端随着国民经济增长、居民收入、居民消费水平的提高也逐步发展起来,我国调料品行业营业额增长率连续七年保持 10%以上,2008 年的行业销售额已经突破千亿。另外,自 2008 年起,ERP、OA、EAP 等信息系统,互联网技术、电商营销、物联网技术、人工智能、大数据技术等逐渐兴起,则是进一步推动调料味业的发展,逐渐促使传统制造业智能转型升级,技术的优化也使得产品科技技术含量日益提升。该背景下的调味业可谓是内藏挑战与机遇,当人们生活水平日益增加、对调料味业的需求和要求也会增加,互联网技术、电商技术的兴起会促使消费者习惯逐渐被颠覆、各种新兴的营销业态增加了企业的供应链管理难度。

正如海天味业公告中所提到的,企业需要不断强化精细管理的竞争优势和效益,精细化供应链管理是一个过程,没有绝对的标准和度,海天供应链管理从常规化、规范化到精细化,强化链接协作管理,强调整体上提升企业效益。自 2014 年起,海天味业一方面在原材料、生产、管理、营销、物流甚至研

---

① 根据"王影,余娇等. 海天味业:供应链管理强化之路. 中国管理案例共享中心案例库. 2021-05."整理改编。

发等方面逐步开放与相关行业、主流企业的合作，实现供应端、生产端、销售端的良性互动发展。另一方面，海天味业利用积累的调味品管理、研发渠道等优势，致力于运用创新技术、现代化生产科技优化物流环节，完善库存调节、兼顾经销商管理利益、创造双赢局面，进行策略性采购、使得资源集约化，运用 MES、LDS 等信息系统，加强对产品流(物流)、资金流及信息流的控制，加快企业资源的整合和供应链升级优化，实现生产协同、供应协同、需求协同。

一路走到今天的海天味业，缺的不是资源的获取能力，而是考虑如何进行资源集约化，海天味业聚焦细节与痛点问题，进行专项研究，改良生产物流环节、优化经销商管理、投资新设，进行策略性采购，精细化供应链管理，从而提升供应链整合力。

随着科学技术和经济全球化的迅速发展，企业的竞争环境具有越来越强的复杂性和不确定性，具体表现为产品需求由少品种、大批量、单一化转向多品种、小批量、个性化，产品的生命周期越来越短，这就对供应链生产系统管理乃至整个供应链管理提出了更高的要求，并促使生产系统的有关概念、生产模式、计划与控制等方面有了新的拓展。

7.1 供应链管理环境下生产计划与控制概述

7.1.1 供应链管理环境下传统生产计划与控制的局限性

供应链管理环境下，一个企业的生产和库存决策都会影响供应链上其他企业的决策，一个企业的生产计划与库存控制计划不但要考虑企业内部的业务流程，更要从供应链的整体出发，进行全面的优化控制，才能使供应链获得柔性、敏捷的市场响应力。传统的企业生产计划是以某个企业的物料需求为中心展开的，缺乏和供应商及客户之间的沟通与协调，企业在计划制订过程中没有考虑供应商以及分销商的实际情况，致使这些合作伙伴在运营中的不确定性事件对本企业的库存和服务水平影响较大，库存控制策略也难以发挥作用。传统生产计划的局限性已经成为新形势下供应链管理的瓶颈。这种局限性具体表现为以下几方面。[①]

1. 决策信息来源的局限(多源信息)

生产计划的制订要依据一定的决策信息，即基础数据。在传统的生产计划决策模式中，计划决策的信息来自两个方面，一方面是需求信息，另一方面是资源信息。需求信息又来自两个方面：一个是用户订单，另一个是需求预测，通过这两方面的信息综合，得到制订生产计划所需要的需求信息。资源信息则是指生产计划决策的约束条件。信息多元化是供应链管理环境下的主要特征，多源信息是供应链管理环境下生产计划的特点。另外，在供应链管理环境下，资源信息不仅来自企业内部，还来自供应商、分销商和用户。因此，信息多元化为生产计划的优化扩大了空间，但也对传统生产计划决策模型提出了新的挑战。

2. 决策模式的局限(决策群体性、分布性)

传统的生产计划决策模式是一种集中式的决策，而供应链管理环境下的决策模式是分布式的，是群体决策的过程。基于多代理的供应链系统是立体的网络，各个节点企业具有

---

① 马士华，林勇，等. 供应链管理[M]. 6版. 北京：机械工业出版社，2020.

相同的地位，有本地数据库和领域知识库，在形成供应链时，各节点企业拥有暂时的监视权和决策权，每个节点企业的生产计划决策都受到其他企业生产计划决策的影响，需要一种协调机制和冲突解决机制，当一个企业的生产计划发生变化时需要其他企业的计划也做出相应的改变，这样供应链才能获得同步化的响应。

3. 信息反馈机制的局限

企业的计划能否得到很好的贯彻执行，需要有效的监督控制机制作为保证。要进行有效的监督控制，必须建立一种信息反馈机制。传统的企业生产计划的信息反馈机制是一种链式反馈机制，也就是说，信息反馈是企业内部从一个部门到另一个部门的直线式的传递，因为阶梯组织结构的特点，信息的传递一般是从底层向高层信息处理中心(权力中心)反馈，形成和组织结构平行的信息递阶的传递模式。

供应链管理环境下企业信息的传递模式和传统企业的信息传递模式不同。以团队工作为特征的多代理组织模式使供应链具有网络化结构的特征，因此供应链管理模式不是递阶管理，也不是矩阵管理，而是网络化管理。生产计划信息的传递不是沿着企业内部的递阶结构(权力结构)，而是沿着供应链不同节点方向(网络结构)传递。为了做到供应链的同步化运作，供应链企业之间信息的交互频率也比传统企业信息传递的频率大得多，因此应采用并行化信息传递模式。

4. 计划运行环境的局限(不确定性、动态性)

供应链管理的目的是使企业能够适应剧烈多变的市场环境需要。复杂多变的环境，增加了企业生产计划运行的不确定性和动态性因素。供应链管理环境下的生产计划是在不稳定的运行环境下进行的，因此要求生产计划与控制具有更高的柔性与敏捷性，比如提前期的柔性，生产批量的柔性等。传统的制造资源计划(Manufacture Requirement Planning，MPRⅡ)就缺乏柔性，因为它以固定的环境约束变量应付不确定的市场环境，这显然是不行的。供应链管理环境下的生产计划与控制要更多地考虑不确定性和动态性因素，使生产计划具有更高的柔性和敏捷性，使企业能对市场变化做出快速反应。

7.1.2 供应链管理环境下生产计划与控制的新要求

1. 供应链管理环境下生产计划的新要求

供应链管理环境下的生产计划与传统生产计划有显著不同，是因为在供应链管理环境下，企业与具有战略伙伴关系的企业之间的资源通过物流、信息流和资金流的紧密合作而成为企业制造资源的拓展。在制订生产计划的过程中，主要面临以下三方面的问题。[①]

(1) 柔性约束。

承诺是企业对合作伙伴的保证，而柔性实际上是对承诺的一种完善。只有在此基础上，企业间才能具有基本的信任，合作伙伴也因此获得了相对稳定的需求信息。然而，由于承诺的下达在时间上超前承诺本身付诸实施的时间，因此，尽管承诺方一般来讲都尽力使承诺与未来的实际情况接近，而误差却是难以避免。柔性的提出为承诺方缓解了这一矛盾，使承诺方有可能修正原有的承诺。由此可见，承诺与柔性是供应合同签订的关键要素。就生产计划而言，柔性具有多重含义。

---

① 马金麟，孟祥茹. 供应链管理[M]. 南京：东南大学出版社，2008.

① 假如仅仅根据承诺的数量来制订计划是容易实现的。但是，由于柔性的存在使这一过程变得复杂了。柔性是双方共同制定的一个合同要素，对需方而言，它代表着对未来变化的预期；而对供方而言，它是对自身所能承受的需求波动的估计。就本质而言，供应合同是使用有限的可预知的需求波动来代替可以预测但不可控制的需求波动。

② 下游企业的柔性对企业的计划产量造成的影响是企业必须选择一个在已知的需求波动下最为合理的产量。企业的产量不可能覆盖整个需求的变化区域，否则会造成不可避免的库存费用。在库存费用与缺货费用之间取得一个均衡点是确定产量的一个标准。

③ 供应链是首尾相通的，企业在确定生产计划时还必须考虑上游企业的利益。在与上游企业的供应合同之中，上游企业表达的含义除了对自身所能承受的需求波动的估计，还表达了对自身生产能力的权衡。可以认为，上游企业合同中反映的是相对于该下游企业的最优产量。这里所说的相对于该下游企业是因为上游企业可能同时为多家企业提供产品。因此，下游企业在制订生产计划时应尽量使需求与合同的承诺量接近，帮助供应企业达到最优产量。

(2) 生产进度。

生产进度信息是企业检查生产计划执行状况的重要依据，也是滚动制订生产计划过程中用于修正原有计划和制订新计划的重要信息。在供应链管理环境下，生产进度计划属于可共享的信息。这一信息具有以下作用。

① 供应链上游企业可以通过了解对方的生产进度情况来实现准时供应，企业的生产计划是在对未来需求做出预测的基础上制订的，它与生产过程的实际进度一般是不同的，生产计划信息不可能实时反映物流的运动状态。供应链企业可以借助现代网络技术，使实时的生产进度信息能为合作方所共享。上游企业可以通过网络和双方通用的软件了解下游企业真实需求信息，并准时提供物资，这种情况下，下游企业可以避免不必要的库存，而上游企业可以灵活主动地安排生产和调拨物资。

② 企业进行生产的首要条件之一是原材料和零部件的供应，供应链上游企业修正原有计划时应该考虑到下游企业的生产状况。在供应链管理下，企业可以了解到上游企业的生产进度，然后适当调节生产计划，使供应链上的各个环节紧密地衔接在一起。

其意义在于可以避免企业与企业之间出现供求脱节的现象，从而保证了供应链上的整体利益。

(3) 生产能力。

企业完成一份订单不能脱离上游企业的支持，因此，在编制生产计划时要尽可能借助外部资源，有必要考虑如何利用上游企业的生产能力。任何企业在现有的技术水平和组织条件下都具有一个最大的生产能力，但最大的生产能力并不等于最优生产负荷。在上下游企业间稳定的供应关系形成后，上游企业从自身利益出发，更希望所有与之相关的下游企业在同一时期的总需求与自身的生产能力相匹配。对于上游企业而言，这种对生产负荷量的期望可以通过合同、协议等形式反映，即上游企业提供给每一个相关下游企业一定的生产能力，并允许一定程度上的浮动，这样，在下游企业编制生产计划时就必须考虑到上游企业的这一能力上的约束。

2. 供应链生产控制的新要求

供应链管理环境下的企业生产控制和传统的企业生产控制模式不同。在供应链环境下需要更多的协调机制(包括企业内部和企业之间的协调)，体现了供应链的战略伙伴关系原则，供应链管理环境下的生产协调控制包括以下几方面的内容。[①]

(1) 生产进度控制。生产进度控制的目的在于依据生产作业计划，检查零部件的投入和出产数量、出产时间和配套性，保证产品能准时装配出厂。供应链环境下的进度控制与传统生产模式的进度控制不同，因为许多产品是协作生产的和转包的业务，与传统企业内部的进度控制比较来说，其控制的难度更大，必须建立一种有效的跟踪机制进行生产进度信息的跟踪和反馈。生产进度控制在供应链管理中有重要作用，因此必须研究解决供应链企业之间的信息跟踪机制和快速反应机制。

(2) 供应链的生产节奏控制。供应链的同步化计划需要解决供应链企业之间的生产同步化问题，只有各供应链企业之间及企业内部各部门之间保持步调一致时，供应链的同步化才能实现。供应链形成的准时生产系统，要求上游企业准时为下游企业提供必需的零部件。如果供应链中任何一个企业不能准时交货，都会导致供应链不稳定或中断，导致供应链对用户的响应性下降，因此严格控制供应链的生产节奏对供应链的敏捷性是十分重要的。

(3) 提前期管理。基于时间的竞争是 20 世纪 90 年代一种新的竞争策略，具体到企业的运作层主要体现为提前期的管理，这是实现 QCR、ECR 策略的重要内容。供应链环境下的生产控制中，提前期管理是实现快速响应用户需求的有效途径。缩小提前期，提高交货期的准时性是保证供应链获得柔性和敏捷性的关键。缺乏对供应商不确定性有效控制是供应链提前期管理中一大难点。因此，建立有效的供应提前期的管理模式和交货期的设置系统是供应链提前期管理中值得研究的问题。

(4) 库存控制和在制品管理。库存在应付需求不确定性时有其积极的作用，但是库存又是一种资源浪费。在供应链管理模式下，实施多级、多点、多方管理库存的策略，对提高供应链环境下的库存管理水平、降低制造成本有着重要意义。这种库存管理模式涉及的部门不仅仅是企业内部。基于 JIT 的供应与采购、供应商管理库存(Vendor Managed Inventory，VMI)、联合库存管理(Jointly Managed Inventory，JMI)等是供应链库存管理的新方法，对降低库存都有重要作用。因此，建立供应链管理环境下的库存控制体系和运作模式对提高供应链的库存管理水平有重要作用，是供应链企业生产控制的重要手段。

特别提示

> 供应链管理环境下，传统的生产计划在掌控信息维度、决策模式及信息反馈层面已经不能适应新条件下对生产系统柔性、时间、能力等的新要求，生产系统必须打破原有的企业边界，整合企业资源。

7.2 供应链管理环境下的生产计划与控制系统总体模型

7.2.1 供应链管理环境下的集成生产计划与控制系统的总体构想

在生产计划与控制系统的集成研究中，到目前为止，较完善的理论模型是马士华教授于 1995 年提出的一个三级集成计划与控制系统模型，即把生产计划(MPS)、物料需求计划

---

① 马士华，林勇，等. 供应链管理[M]. 6 版. 北京：机械工业出版社，2020.

(MPR)和作业计划三级计划与订单控制、生产控制和作业控制三级控制系统集成于一体。该模型的核心在于提出了制造资源网络和能力状态集的概念,并对制造资源网络的建立和生产计划提前期的设置提出了相应模型和算法,并在 MRP Ⅱ 软件开发中运用了这一模型。在集成化供应链的概念没有出现之前,这一理论模型是完善的。但是理论总要随实际需求而不断发展,随着集成供应链管理思想的出现,该模型对资源概念、能力概念的界定都没有体现出供应链管理思想,没有体现扩展企业模型的特点。因此,我们需要研究出新的体现集成化供应链管理思想的生产计划与控制理论模型,以适应全球化制造环境下的全球供应链管理企业生产管理模式的要求。

1. 供应链管理环境下的生产计划与控制中几个概念的新拓展

(1) 供应链管理对资源概念内涵的拓展。传统的制造资源计划 MRPⅡ 对企业资源这一概念的界定是局限于企业内部的,并统称为物料(Materials),因此 ERPⅡ 系统的核心是物料需求计划。在供应链管理环境下,资源分为内部资源(In-source)和外部资源(Out-source)。因此在供应链环境下,资源优化的空间由企业内部扩展到企业外部,即从供应链整体系统的角度进行资源的优化。

(2) 供应链管理对能力概念内涵的拓展。生产能力是企业资源的一种,在 ERPⅡ 系统中,经常把资源问题归结为能力需求问题,或能力平衡问题。但正如资源概念一样,ERPⅡ系统对能力的利用也仅局限于企业内部,供应链管理把资源的范围扩展到供应链系统,其能力的利用范围也因此扩展到了供应链系统全过程。

(3) 供应链管理对提前期概念内涵的拓展。提前期是生产计划中一个重要的变量,在ERPⅡ 系统中这是一个重要的设置参数。但 ERPⅡ 系统中一般把它作为一个静态的固定值来对待。在供应链管理环境下,并不强调提前期的固定与否,重要的是交货期(Delivery Time),准时交货,即供应链管理强调的准时:准时采购、准时生产、准时配送。

2. 供应链管理环境下的生产管理组织模式

在供应链管理环境下,生产管理组织模式和现行生产管理组织模式一个显著的不同就是,供应链管理环境下生产管理是开放性的、以团队工作为组织单元的多代理制,如图 7.1 显示了这种多代理制的供应链生产管理组织模式。在供应链联盟中,企业之间是以合作生产的方式进行,企业生产决策信息通过 EDI/Internet 实时地在供应链联盟中由企业代理通过协商决定,企业建立一个合作公告栏(在互联网上),实时地与合作企业进行信息交流。在供应链中要实现委托代理机制,对企业应建立一些行为规则:自勉规则、鼓励规则、激励规则、信任规则、最佳伙伴规则。

伙伴企业内部也是基于多代理制的团队工作模式,团队有一主管负责团队与团队之间的协调。协调是供应链管理的核心内容之一,供应链管理的协调主要有三种形式,即供应—生产协调、生产—分销协调、库存—销售协调。

3. 供应链管理环境下生产计划的信息组织与决策特征

供应链管理环境下的生产计划信息组织与决策过程具有如下几个方面的特征。

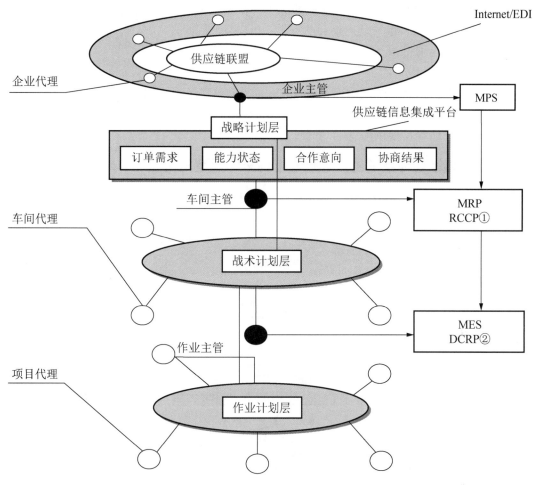

注：①RCCP(粗能力计划)；②DCRP(细能力计划)

图 7.1 供应链管理环境下的生产管理组织模式

(1) 开放性。

经济全球化使企业进入了全球开放市场，不管是基于虚拟企业的供应链还是基于供应链的虚拟企业，开放性是当今企业组织发展的趋势。供应链是一种网络化组织，供应链管理环境下的企业生产计划信息已跨越了组织的界限，形成开放性的信息系统。决策的信息资源来自企业的内部与外部，并与其他组织进行共享。

(2) 动态性。

供应链环境下的生产计划信息具有动态的特性，是市场经济发展的必然。为了适应不断变化的顾客需求，使企业具有敏捷性和柔性，生产计划的信息随市场需求的更新而变化。模糊的提前期和模糊的需求量，要求生产计划具有更多的柔性和敏捷性。

(3) 集成性。

供应链是集成的企业，是扩展的企业模型，因此供应链环境下的企业生产计划信息是不同信息源的信息集成，集成了供应商、分销商的信息，甚至消费者和竞争对手的信息。

(4) 群体性。

供应链环境下的生产计划决策过程具有群体特征，是因为供应链是分布式的网络化组织,具有网络化管理的特征。供应链企业的生产计划决策过程是一种群体协商过程。企业在制订生产计划时不但要考虑企业本身的能力和利益,同时还要考虑合作企业的需求与利益,是群体协商决策过程。

(5) 分布性。

供应链企业的信息来源从地理上是分布式的,信息资源跨越部门和企业,甚至全球化,通过 Internet/EDI 等信息通信和交流工具,企业能够把分布在不同区域和不同组织的信息进行有机地集成与协调,使供应链活动同步进行。

7.2.2 供应链管理环境下生产计划与控制总体模型与特点

根据前面的分析,我们提出供应链管理环境下的生产计划与控制总体模型,如图 7.2 所示。

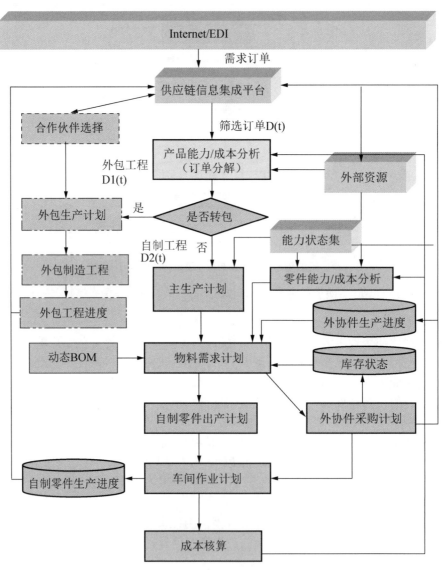

图 7.2 生产计划与控制总体模型

1. 生产计划的特点

(1) 本模型首先在 ERPⅡ系统中提出了基于业务外包和资源外包的生产决策策略和算法模型，使生产计划与控制系统更适应以顾客需求为导向的多变的市场环境需要。生产计划控制系统更具灵活与柔性，更能适应订货型(MTO)企业的需要。

(2) 本模型把成本分析纳入了生产作业计划决策过程中，真正体现了以成本为核心的生产经营思想。而传统的 MRPII 系统中虽然有成本核算模块，但仅仅是作用于事后结算和分析，并没有真正起到成本计划和控制的作用，这是对 MRPII 系统的一个改进。

(3) 基于该模型的生产计划与控制系统充分体现了本书提出的关于供应链管理思想，即基于价值增值与客户满意的供应链管理模式。

2. 生产控制模式的特点

生产控制模式有以下特点。

(1) 订货决策与订单分解控制。在对用户订货与订单分解控制决策方面，模型设立了订单控制系统，用户订单进入该系统后，要进行三个决策过程：①价格/成本比较分析；②交货期比较分析；③能力比较分析。最后进行订单的分解决策，分解出外包订单和自制订单两种订单。图 7.3 为订货决策与订单分解控制示意图。

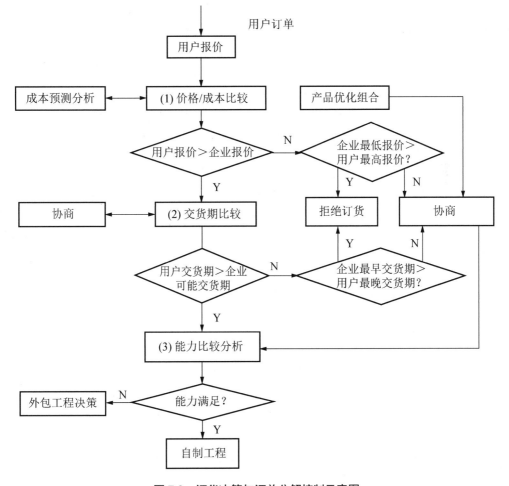

图 7.3　订货决策与订单分解控制示意图

(2) 面向对象的、分布式、协调生产作业控制模式。从宏观上讲，企业是这样的对象体：它既是信息流、物流、资金流的始点，也是三者的终点。对生产型企业对象的进一步分析可知，企业对象由产品、设备、材料、人员、订单、发票、合同等各种要素组成，企业之间最重要联系纽带是订单，企业内部及企业之间的一切经营活动都围绕订单而运作，通过订单驱动其他企业活动，如采购部门围绕订单而运作，制造部门围绕制造订单而运作，装配部门围绕订单而运作，这就是供应链的订单驱动原理。

面向对象的生产作业控制模式从订单概念的形成开始，就考虑了物流系统多个目标之间的关系，形成了面向对象的控制系统。订单在控制过程中，主要完成如下几方面作用和任务。

① 整个供应链过程(产供销)进行面向订单的监督和协调检查。
② 规划一个订单工程的计划完成日期和完成工作量指标。
③ 对订单工程对象的运行状态进行跟踪监控。
④ 分析订单工程完成情况，与计划进行比较分析。
⑤ 根据顾客需求变化和订单工程完成情况提出切实可行的改进措施。

订单控制过程可以用订单运行图(见图 7.4)简要说明。

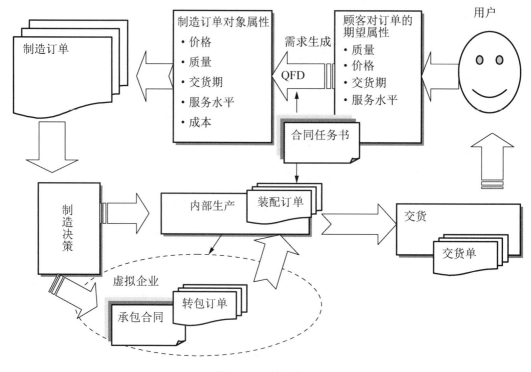

图 7.4　订单运行图

面向对象的、分布式的、协调生产作业控制模式有以下特点。

① 体现了供应链的集成观点，从用户订单输入到订单完成，供应链各部门的工作紧紧围绕订单来运作。
② 业务流程和信息流保持一致，有利于供应链信息跟踪与维护。
③ 资源的配置原则更为明确统一，有利于资源的合理利用和管理。

④ 采用模糊预测理论和 QFD(Quality Function Deployment)相结合,将顾客需求订单转化为生产计划订单使生产计划执行更靠近顾客需求。

⑤ 体现"X"模式的纵横一体化企业集成思想,在供应链的横向采用以订单驱动的方式,而在纵向则采用 MRP/OPT 基于资源约束的生产控制方法。

供应链管理环境下这种面向对象的、分布式的、协调生产作业控制模式的最主要的特点是信息的相互沟通与共享。建立供应链信息平台,及时反馈生产进度的有关数据,修正生产计划,以保持供应链各企业都能同步进行。

7.2.3 供应链管理环境下生产系统的协调机制[①]

1. 供应链的协调控制机制

要实现供应链的同步化运作,需要建立一种供应链的协调机制。协调供应链的目的在于使信息能无缝地、顺畅地在供应链中传递,减少因信息失真而导致过量生产、过量库存现象的发生,使整个供应链能根据顾客的需求而步调一致,也就是使供应链获得同步化响应市场需求变化。

供应链的协调机制有两种划分方法。根据协调的职能可划分为两类:一是不同职能活动之间的协调与集成,如生产-供应协调、生产-销售协调、库存-销售协调等协调关系;另一类是根据同一职能不同层次活动的协调,如多个工厂之间的生产协调。根据协调的内容划分,供应链的协调可划分为信息协调和非信息协调。

2. 供应链的协调控制模式

供应链的协调控制模式分为中心化协调、非中心化协调和混合式协调 3 种。中心化协调控制模式把供应链作为一个整体纳入一个系统,采用集中方式决策,忽视了代理的自主性,也容易导致"组合约束爆炸",对不确定性的反应比较迟缓,很难适应市场需求的变化。分散协调控制过分强调代理模块的独立性,对资源的共享程度低,缺乏通信与交流,很难做到供应链的同步化。比较好的控制模式是分散与集中相结合的混合模式。各个代理一方面保持各自的独立性运作,另一方面参与整个供应链的同步化运作体系,保持了独立性与协调性的统一。

3. 供应链的信息跟踪机制

供应链各个代理之间的关系是服务与被服务的关系,服务信号的跟踪和反馈机制可使企业生产与供应关系同步进行,消除不确定性对供应链的影响。因此,应该在供应链系统中建立跟踪机制以降低不确定性对供应链同步化的影响。

供应链的服务跟踪机制提供供应链两方面的协调辅助:信息协调和非信息协调。非信息协调主要指完善供应链运作的实物供需条件,采用 JIT 生产与采购、运输调度等;信息协调主要通过企业之间的生产进度的跟踪与反馈来协调各个企业的生产进度,保证按时完成用户的订单,以保证及时交货。

供应链企业在生产系统中使用跟踪机制的根本目的是保证对下游企业的服务质量。在企业集成化管理的条件下,跟踪机制才能够发挥最大的作用。跟踪机制在企业内部表现为

[①] 马士华,林勇,等. 供应链管理[M]. 6 版. 北京:机械工业出版社,2020.

客户(上游企业)的相关信息在企业生产系统中的渗透。其中，客户的需求信息(订单)成为贯穿企业生产系统的一条线索，成为生产计划、生产控制、物资供应相互衔接、协调的手段。

(1) 跟踪机制的外部运行环境。

跟踪机制的提出是与对供应链管理的深入研究密不可分的。供应链管理下企业间的信息集成主要由以下几个部门负责。

① 采购部门与销售部门。

采购部门与销售部门是企业间传递需求信息的接口。需求信息总是沿着供应链从下游传至上游，从一个企业的采购部门传向另一个企业的销售部门。由于我们讨论的是供应链管理下的销售与采购环节，稳定而长期的供应关系是必备的前提，所以可将注意力集中在需求信息的传递上。

从常用的概念来看，企业的销售部门应该对产品交货的全过程负责，即从订单下达到企业开始，直到交货完毕的全过程。然而，在供应链管理下的战略伙伴关系建立以后，销售部门的职能简化了。销售部门在供应链上下游企业间的作用仅仅是一个信息的接口。它负责接收和管理有关下游企业需求的一切信息。除了单纯意义上的订单，还有下游企业对产品的个性化要求，如质量、规格、交货渠道、交货方式等。这些信息是企业其他部门的工作所必需的。

同销售部门一样，采购部门的职责也得以简化。采购部门原有的工作是保证生产所需的物资供应。它不仅要下达采购订单，还要确保采购的物资保质保量按时入库。在供应链管理下，采购部门的主要工作是将生产计划系统的采购计划转换为需求信息，以电子订单的形式传达给上游企业。同时，它还要从销售部门获取与所采购的零部件和原材料相关的客户个性化要求，并传达给上游企业。

② 制造部门。

制造部门的任务不仅仅是生产，还包括对采购物资的接收以及按计划对下游企业配套的供应。在这里，制造部门实际上兼具运输服务和仓储管理两项辅助功能。制造部门能够完成如此复杂的工作，原因在于生产计划部门对上下游企业的信息集成，同时也依赖于战略伙伴关系中的质量保证体系。

此外，制造部门还担负着在制造过程中实时收集订单的生产进度信息，经过分析后提供给生产计划部门。

③ 生产计划部门。

在集成化管理中企业的生产计划部门肩负着大量的工作，集成了来自上下游生产计划部门、企业自身的销售部门和制造部门的信息。其主要功能有以下三点。

第一，滚动编制生产计划。来自销售部门的新增订单信息，来自企业制造部门的订单生产进度信息和来自上游企业的外购物资的生产计划信息，以及来自上游企业的需求变动信息，这四部分信息共同构成了企业滚动编制生产计划的信息支柱。

第二，保证对下游企业的产品供应。下游企业的订单并非一成不变，从订单到达时起，供方和需方的内外环境就一直不断变化着，最终的供应时间实际上是双方不断协调的结果，其协调的工具就是双方不断滚动更新的生产计划。生产计划部门按照最终的协议指示制造部门对下游企业进行供应。这种供应是与下游企业生产计划相匹配的准时供应。由于生产出来的产品不断发往下游企业，制造部门不会有过多的在制品和成品库存压力。

第三，保证上游企业对本企业的供应。这一功能是与上一功能相对应的。生产计划部门在制造部门提供的实时生产进度分析的基础上结合上游企业传来的生产计划(生产进度分析)信息，与上游企业协商确定各批订单的准确供货时间，以保证上游企业按照约定的时间将物资发送到本企业。

图 7.5 为跟踪机制的外部运行环境示意图。

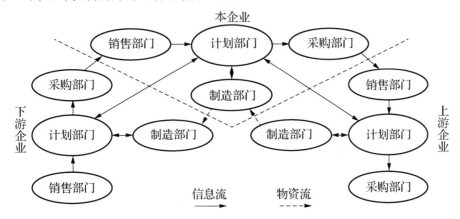

图 7.5　跟踪机制的外部运行环境示意图

(2) 生产计划中的跟踪机制。

① 在接到下游企业的订单后，建立针对上游企业的订单档案，其中包含了用户对产品的个性化要求，如对规格、质量、交货期、交货方式等具体内容的要求。

② 主生产计划进行外包分析，将订单分解为外包子订单和自制件子订单。

订单与子订单的关系在于：订单通常是一个用户提出的订货要求，在同一个用户提出的要求中，可能有多个订货项，我们可以将同一个订单中不同的订货项定义为子订单。如表 7-1 所示，一个订单上就包含了 3 个子订单。

表 7-1　一个订单上的 3 个子项信息

产品编号	出产日期	……
A300	2019/07/11	
A300	2019/07/30	……
A3001	2019/07/30	

③ 主生产计划对子订单进行规划，改变子订单在期与量上的设定，但保持子订单与订单的对应关系。

④ 投入出产计划中涉及跟踪机制的步骤如下所述。

A. 子订单的分解。结合产品结构文件和工艺文件以及提前期数据，倒排编制生产计划。对不同的子订单独立计算，即不允许进行跨子订单的计划记录合并。

B. 库存的分配。本步骤与 A 步骤是同时进行的，将计划期内可利用的库存分配给不同的子订单。在库存分配记录上注明子订单信息，保证专货专用。

C. 能力占用。结合工艺文件和设备组文件计算各子订单计划周期内的能力占用。这一步骤使单独评价子订单对生产负荷的影响成为可能。在调整子订单时也无需重新计算整个计划所有记录的能力占用数据，仅需调整子订单的相关能力数据。

D. 调整。结合历史数据对整个计划周期内的能力占用状况进行评价和分析，找出可能的瓶颈。对于在一定时间段内所形成的能力瓶颈，可采取两种办法解决：a. 调整子订单的出产日期和出产数量；b. 将子订单细分为更小的批量，分别设定出产日期和出产数量。当然，必须保持细分后的子子订单与原订单的对应关系。

经过调整的子订单(子子订单)和上一周期计划中未对生产产生实际影响的子订单(子子订单)都可重新进行分解以产生新的计划。

E. 修正。本步骤实际上是在前几个步骤之前进行的，它是对前一周期内投入出产计划执行状况的总结。同通常的计划滚动过程一样，前一周期的生产进度数据和库存数据是必不可少的，不同的是，可以准确地按子订单检查计划的执行状况，同时调整相应子订单的期量设定以适应生产的实际情况。能够完成这一功能的原因在于整个生产系统通过子订单形成了内在的联系。

⑤ 车间作业计划。

车间作业计划用于指导具体的生产活动，具有高度的复杂性，一般难以严格按子订单的划分来调度生产，但可要求在加工路线单上注明本批生产任务的相关子订单信息和相关度信息。在整个生产过程中实时地收集和反馈子订单的生产数据，为跟踪机制的运行提供来自基层的数据。

⑥ 采购计划。

采购部门接收的是按子订单下达的采购信息，他们可以使用不同的采购策略来完成采购计划。子订单的作用主要体现在以下几个方面：将采购部门与销售部门联系起来。下游企业在需求上的个性化要求可能涉及原材料和零部件的采购，采购部门可以利用子订单查询这一信息，并提供给各上游企业。建立需求与生产间的联系。采购部门的重要任务之一就是建立上游企业的生产过程与本企业子订单的对应关系。在这一条件下，企业可以了解到子订单生产所需要的物资在上游企业中的生产情况，还可以提供给上游企业准确的供货时间。

(3) 生产进度控制中的跟踪机制。

生产进度控制是生产管理的重要职能，是实现生产计划和生产作业管理的重要手段。虽然生产计划和生产作业计划对生产活动已做了比较周密而具体的安排，但随着时间的推移，市场需求往往会发生变化。此外，由于各种生产准备工作不周全或生产现场偶然因素的影响，也会使计划产量和实际产量之间产生差异。因此，必须及时对生产过程进行监督和检查，发现偏差，进行调节和校正工作，以保证计划目标的实现。

本部分主要讨论内嵌于生产控制中的跟踪机制以及作用。生产控制有着许多具体的内容，我们仅以具有普遍意义的生产进度控制作为讨论的对象。

生产进度控制的主要任务是依照预先制订的作业计划，检查各种零部件的投入和产出时间、数量及配套性，保证产品能准时产出，按照订单上承诺的交货期将产品准时送到用户手中。

由于建立了生产计划中的跟踪机制，生产进度控制中的相应工作就是在加工路线单中保留子订单信息。此外，在生产进度控制中运用了多种分析方法，如在生产预计分析中的差额推算法，生产均衡性控制中的均衡系数法，生产成套性控制中的甘特图等。这些方法同样可以运用到跟踪机制中,只不过分析的目标不再仅是计划的执行状况,还包括了对各子订单的分析。

在没有跟踪机制的生产系统中,由于生产计划中隐去了子订单信息,生产控制系统无法识别生产过程与子订单的关系,也无法将不同的子订单区别开来,因此仅能控制产品按计划投入和产出。使用跟踪机制的作用在于对子订单的生产实施控制,保证对客户的服务质量。

① 按优先级保证对客户的产品供应。子订单是订单的细化,只有保证子订单的准时完工才能保证订单的准时完工,这也就意味着对客户服务质量的保证。在一个企业中不同的子订单总是有着大量的相同或类似的零部件同时进行加工。在车间生产的复杂情况下,由于生产实际与生产计划的偏差,在制品未能按时到位的情况经常发生。在产品结构树中低层的零部件的缺件会破坏生产的成套性,从而导致高层零部件的生产计划无法执行,这是一个逐层向上的恶性循环。

较好的办法是将这种可能产生的混乱限制在优先级较低的子订单内,保证高优先级的子订单的生产成套性。在发生意外情况时,总是认为意外发生在低优先级别的子订单内,高优先级的子订单能够获得物资上的保证。在低优先级订单的优先级不断上升的情况下,总是优先保证高优先级的订单,必然能够保证对客户的服务质量。相反,在不能区分子订单的条件下无法使用这种办法。"拆东墙补西墙"式的生产调度,会导致在同一时间加工却在不同时间使用的零部件互相挤占,为后续生产造成隐患。

② 保证在企业间集成化管理的条件下下游企业所需要的实时计划信息。对于本企业而言,这一要求意味着使用精确实时的生产进度数据修正预计订单项对应的每一个子订单的相关计划记录,保持生产计划的有效性。在没有相应的跟踪机制的情况下,同一个生产计划、同一批半成品都可能对应着多份订单,实际上无法度量具体订单的生产进度。可见,生产控制系统必须建立跟踪机制才能实现面向订单的数据搜集,生产计划系统才能够获得必要的信息以实现面向用户的实时计划修正。

特别提示

面向对象的方法强调系统的结构应该直接与现实世界的结构相对应,应该围绕现实世界中的对象来构造系统,而不是围绕功能来构造系统;分布式思想强调功能分散,而不是集中于单一的数据中心,分布式系统具有高度的内聚性和透明性。

7.3 供应链管理环境下的生产策略

7.3.1 大规模定制生产

1. 大规模定制的内涵

在新的市场环境中,企业迫切需要一种新的生产模式,大规模定制(Mass Customization, MC)由此产生。1993年B.约瑟夫·派恩在《大规模定制:企业竞争的新前沿》一书中写道:"大规模定制的核心是产品品种的多样化和定制化急剧增加,而不相应增加成本;其最大优点是提供战略优势和经济价值。"我国学者祈国宁教授认为,大规模定制是一种集企业、客户、供应商、员工和环境于一体,在系统思想指导下,用整体优化的观点。企业充分利用已有的各种资源,在标准技术、现代设计方法、信息技术和先进制造技术的支持下,根据客户的个性化需求,以大批量生产的低成本、高质量和高效率提供定制产品和服务的生产方式。

大规模定制生产是指以类似于标准化和大规模生产的成本和时间,提供客户特定需求的产品和服务。客户在企业生产中居于核心地位,他们能按自己的意志参与对其所需产品的设计、提出意见,企业据此生产出符合客户需要的产品。企业的生产模式从以生产为中心到以目标市场为中心,再到现在的大规模定制生产模式,要求企业的管理模式作出相应的调整。在以生产为中心的模式下,以降低成本为核心;在以目标市场为中心的模式下,以目标市场的共性需求为核心;而大规模定制生产模式则是以客户的个性需求为核心。大规模定制生产模式作为一种将"顾客满意"真正当成其企业核心思想的现代化模式,不仅是一种制造过程,后勤保障系统,它更可能成为 21 世纪企业的组织原则。

2. 大规模定制的基本思想

大规模定制生产模式的基本思想主要体现在:通过产品结构和制造过程的重组,运用现代信息技术、新材料技术和柔性制造技术等,把产品的定制生产问题全部或部分转化为批量生产,以大量生产的成本和速度,为单个客户或小批量、多品种市场定制任意数量的产品。它实际上是在大规模制造模式与定制化生产模式之间谋求的一种平衡,既要保持大规模制造生产模式的低成本又要兼顾定制生产模式的个性化。大规模制造生产模式与大规模定制生产模式的比较见表 7-2。

表 7-2 大规模制造生产模式与大规模定制生产模式的比较

项目	大规模制造生产模式	大规模定制生产模式
焦点	通过稳定性和控制力取得高效率	通过灵活性和快速响应来实现多元化和定制化
目标	以几乎人人买得起的价格开发、生产、销售、交付产品和服务	开发、生产、销售、交付买得起的产品和服务,这些产品和服务具有足够的多样化和定制化,差不多人人都买得到自己想要的产品
关键特征	①稳定的需求; ②统一的大市场; ③低成本、质量稳定、标准化的产品和服务; ④产品开发周期长; ⑤产品生命周期长	①分化的需求; ②多元化的细化市场; ③低成本、高质量、定制化的产品和服务; ④产品周期短; ⑤产品生命周期短

要有低成本就要有足够的市场规模,实现个性化需要企业系统有适度的柔性。大规模定制生产模式是将个性化定制产品和大规模生产这两个长期竞争的管理模式综合起来的一种管理模式。一方面在范围经济内应用单个工艺过程更便宜、更快速地生产产品来获取大规模生产的优势,另一方面通过灵活性和快速响应来满足客户,实现产品的多样化和定制化。大规模定制的目标是开发、生产、销售和交付客户买得起的产品和服务,这些产品和服务具有足够的多样化和定制化,多数客户都能够买到自己所想要的产品。

实现大规模定制需要组织结构的变革，强调相对独立的作业单元动态网络化，企业能够在必要时迅速地、低成本地、紧密无缝地将企业内的模块结合在一起构成新的组织。大规模定制通过人员、过程、单元和技术的重组来快速满足顾客的需要。大规模定制将个性化定制产品和大规模生产结合起来，将低成本和顾客的个性化需求联系起来。

3. 大规模定制的有效实施

(1) 准确获取顾客需求的能力。在科学技术尤其是信息技术高度发达的今天，企业的经营环境发生了根本性的变化。客户对企业产品和服务满意与否将是企业生存与发展的关键因素，客户的满意将是企业获益的源泉。

准确地获取客户需求信息是满足客户需求的前提条件。MC 企业要提供定制的产品和服务，满足每个客户个性化的需求，因而准确获取顾客需求的能力在实施大规模定制企业中就显得更加重要。MC 企业通过电子商务、客户关系管理及实施一对一营销的有效整合来提升其准确获取顾客需求的能力。电子商务使 MC 企业跨越中间环节，实现直销，不但降低了产品的流通成本，而且有助于企业及时、准确地获取客户需求信息；另外，电子商务系统提供了制造商与客户、制造商与合作伙伴快速沟通的平台，这个平台是 MC 企业理解和引导客户需求与顾客和合作伙伴一起进行定制产品设计的基础条件。客户关系管理(CRM)以客户为中心，通过对企业业务流程的优化整合，对客户资源进行研究和管理，从而提高客户的满意度和忠诚度，提高企业的运行效率和利润。CRM 以客户为中心的思想与 MC 是一致的，大规模定制的企业通过 CRM 实施一对一营销，能够系统、全面、准确地获取客户个性化的需求，使客户需求的定制信息在各部门间传递、共享。企业可以针对这些定制的信息安排设计、生产，为客户提供满意的定制产品。

(2) 面向 MC 的敏捷的产品开发设计能力。MC 企业要以多样化、个性化的产品来满足多样化和个性化的客户需求，因此企业必须具备敏捷的产品开发设计能力。敏捷的产品开发设计能力是指企业以快速响应市场变化和市场机遇为目标，结合先进的管理思想和产品开发方法，采用设计产品族和统并行的开发方式，对零件、工艺进行通用化，对产品进行模块化设计以减少重复设计，使新产品具备快速上市的能力。

MC 的产品设计不再是针对单产品进行，而是面向产品族进行。它的基本思想是开发一个通用的产品平台，利用它能够高效地创造和产生系列派生产品，使得产品设计和制造过程的重要能力得以优化。而模块化设计是在对产品进行市场预测、功能分析的基础上，划分并设计出一系列通用的功能模块，然后根据客户的要求，选择和组合不同模块，从而生成具有不同功能、性能或规格的产品。模块化设计把产品的多样化与零部件的标准化有效地结合了起来，充分利用了规模经济和范围经济效应。

(3) 柔性的生产制造能力。多样化和定制化的产品对企业的生产制造能力提出了更高的要求。传统的刚性生产线是专门为一种产品设计的，因此不能满足多样化和个性化的制造要求。MC 要求企业具备柔性的生产制造能力。它主要通过企业柔性制造系统(Flexible Manufacture System，FMS) 与网络化制造的有效整合及采用柔性管理来构筑、提升其柔性的生产制造能力。FMS 是由数控加工设备、物料运储装置和计算机控制系统等组成的自动化制造系统，能根据加工任务或生产环境的变化迅速进行调整，以适于多品种、中小批量生产。

大规模定制生产企业通过 FMS 与网络化制造的有效整合所形成的柔性生产是一种市场导向型的按需生产。其优势是增强大规模定制企业的灵活性和应变能力，缩短产品的生产周期，提高设备的利用率，改善产品质量。企业要形成柔性的生产制造能力需要实施与之相应的柔性管理。柔性管理即在动荡变化的环境下针对市场的复杂多变性、消费需求的个性偏好，实施富有弹性的快速响应的动态管理。

特别提示

大规模定制生产模式的基本思想主要体现在：通过产品结构和制造过程的重组，运用现代信息技术、新材料技术和柔性制造技术等，把产品的定制生产问题全部或部分转化为批量生产，以大量生产的成本和速度，为单个客户或小批量、多品种市场定制任意数量的产品。

阅读案例 7-1

青岛酷特智能股份有限公司的大规模定制生产①

酷特创建于 1995 年，原是一家生产服装类产品的制造企业。从 2003 年起，企业开始谋划转型，专注于定制化生产，目前已经发展成为专注于个性化生产、经营以西服、裤子、衬衣、休闲服及服饰系列产品为主的大型企业集团。公司用了 13 年的时间，花费了 3 亿元人民币，探索出了"互联网+制造业"发展的转型路径。通过利用数据驱动，采用 C2M（即由客户直接驱动工厂生产）商业模式，用工业化的手段实现了大规模的个性化定制生产，充分满足了消费者的个性化和多元化需求。融合工业化和信息化的酷特个性化生产线，现在每天可制衣 4000 多套件，从接单到出货只需要 7 天时间，在中国服装制造业整体处于同质化严重、高库存、低利润的情况下，酷特公司实现了年利润增长率超过 150%，2018 年实现营业收入 5.91 亿元。定制一套西服的成本只比普通同质化制衣高 10%，相比传统的同质化批量制造每件百元利润，酷特智能每件衣服的利润达到几百乃至千元，实现了巨大的飞跃。

酷特的供应链包括三大环节，即材料供应、产品生产和物流服务。三大环节的紧密配合满足全球客户的个性化需求。顾客提交订单、在线付款后，其自主设计的西装数据就会立即通过互联网导入酷特"RC-MTM 平台"，瞬间对应酷特自主研发的四大数据库，平台对原材料进行自动筛选，分析库存情况，一旦库存低于警戒水平，库存情况将第一时间以数据指令的形式传送给上游材料供应商平台，安排供应商在规定期限内补货，以保证客户订单能够及时生产，解决传统生产模式导致的库存过剩的情况。原料就绪，生产制作流程随即启动，CAD 迅速设计出最合适的版型并按照客户多样化需求进行拆解和个性化裁剪，酷特只需要少量版型师配合软件的系统开发，工作人员只在出现异常数据时进行审核和确认。版型确认后，智能系统将与订单匹配的面料与版型数据一起发送到剪裁部门。剪裁同样是根据数据在机器上自动剪裁。每块待裁剪的布料会配戴一个射频识别电子标签（RFID 芯片卡），该标签全流程向生产流水线传达数据指令，以便轨道上的结点和操作工人对订单进行识别。进入制衣环节，系统根据订单"身份证"把半成品传送到下一步工序的工位，工人只需刷一下半成品的标签，数据代码即刻转译成诸如剪裁、钉扣、刺绣等具体操作指令并由机器自动化实现，员工只需辅助操作即可。产成品最终随着吊挂流动到整烫单元，然后再流动到质检单元，最终被统一传送到轨道的"终点"，

---

① 孙新波，钱雨，张明超，李金柱. 大数据驱动企业供应链敏捷性的实现机理研究[J]. 管理世界，35(09)，2019: 133-151, 200.

由工人统一运送到库房,挂到库房的传送带上。库房系统会自动把成套的西装或者是同一个订单中的多件服装汇集到一起。工人只需把整理后的服装直接打包,物流商通过数据访问实时掌握产品生产进度,并第一时间执行配送服务。从接单到出货,规定最长用时为7个工作日。每一道工序,每一个环节,都可在线实时监控。整个过程在数据记录的"一卡通"的指挥下有条不紊地进行。通过全程数据驱动,传统生产线与信息化深度融合,实现了以数据流水线的生产模式制造个性化产品。彻底、有效地解决了库存、设计、营销、成本和竞争力不足等诸多问题。依据酷特的运营过程绘制出其大规模定制的架构图如图7.6所示。

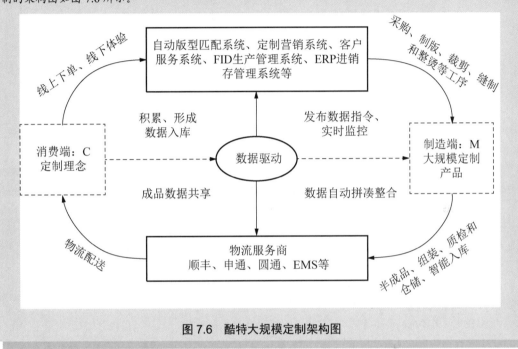

图7.6 酷特大规模定制架构图

阅读案例 7-2

大规模智能定制:海尔 COSMOPlat 的实践[①]

在中美贸易战的硝烟中,中兴一度陷入供应链的绝境,给业界以深刻的启示。在这样的背景下,国际供应链与运营管理学会(ASCOM)携手中欧国际工商学院(CEIBS)联合举办、青岛海尔数字科技有限公司承办的第十二届运营与供应链管理国际会议暨战略供应链思想领袖论坛,于2018年7月13日在青岛上合组织会址"冰山之角"召开。在论坛上海尔集团董事局副主席、总裁周云杰结合海尔的实践,就如何推动供应链发展提出了三个关键词"智慧、平台、品牌"。

"智慧"是基础,要基于ABCD(人工智能、区块链、云、大数据)技术,创建场景,让用户参与到供应链全流程中去。"品牌"不是指传统的"品牌",是生态的品牌。

"平台":海尔拥有自主知识产权的工业互联网平台COSMOPlat,工业互联网平台将推动我国供应链管理创新的生态变革。供应链管理创新体现在聚焦于用户的零距离交互,让大规模制造向大规模定制转型,不仅满足用户需求、更要创造用户需求。

[①] http://www.chinawuliu.com.cn/zixun/201807/17/332966.shtml,2018-07-17.

2018年2月和6月，海尔COSMOPlat先后得到了IEEE、ISO两大国际标准组织的认可，由海尔来牵头制定大规模定制的国际标准。海尔的大规模定制不是传统的智能工厂的升级，也不是简单的机器换人，是高精度下的高效率。全周期、全流程、全生态是其三大特征，实现了边际效益的递增。海尔的不入库率为69%，不入库率解决的是应收账款和库存问题。

海尔家电产业集团副总裁陈录城介绍了海尔大规模定制模式的4大颠覆点。

(1) 研发颠覆：先有用户再有产品，原来是先研发调研然后设计产品，现在是用户参与交互和设计。

(2) 制造颠覆：每台订单都有用户信息，原来是"顾客-渠道-工厂-物流-顾客"模式，现在是"用户-工厂-用户"模式。

(3) 营销颠覆：原来用的是产品传感器，现在用的是用户传感器，由选择产品到即时满足用户价值。

(4) 价值链颠覆：去中间层，创造生态效益，实现边际收益递增。

海尔COSMOPlat平台技术总监曲宗福、采购平台总监李明、蓝鲸科技CEO高保卫、COSMO大规模定制平台项目总监杨婷分别从技术、采购、制造、定制四个角度详细介绍了COSMOPlat的功能和价值。

从技术的角度：COSMOPlat提供了完善的IaaS、PaaS、SaaS云服务体系，实现端云结合、互联网与工业技术的融合。面向现场，有消费设备智能化U+、制造设备智能化M+、边缘计算网关Clinker等实现设备连接、提质增效；面向开发者有开发云，提供一系列可复用中间件，提高开发效率；面向企业，提供一系列模块，为企业客户提供不同功能的App套件等，帮助企业模式转型、流程优化。帮助火电、农业、机械、教育、房车、建陶、家居、服装、化工等更多的行业实现大规模定制化生产。

从采购的角度：COSMOPlat实现了采购的三大转变。

(1) 供应商由零件商变成了模块商，供应商参与设计、创造用户最佳体验，通过参与设计实现由分单到抢单的转变，激发供应商的潜力，培养供应商长期竞争优势。

(2) 让上下游单纯的买卖关系变成了共赢对赌的共创共赢关系。

(3) 由内部评价转变为用户评价，建立完善用户评价体系，并将评价结果动态反馈给供应商，敦促供应商主动优化产品。

从制造的角度：海尔互联工厂的核心是高精度下的高效率。高精度是指用户体验最佳，实现用户增值；高效率是端到端的信息融合，实现企业增值。海尔互联工厂联用户、联全要素：联用户，让用户与全流程零距离互联交互，用户和利益攸关方全流程参与、可视；联全要素，让制造全要素(人、机、物、单等)与用户互联，精准响应用户需求。互联工厂的柔性化不是简单的机器换人，是与用户互联的柔性自动化。互联工厂的数字化是围绕COSMO-IM的ERP、PLM、Control、Logistics五大系统集成，实现从设备到车间到企业的人机物互联。互联工厂的智能化强调自控制、自学习、自优化。

从定制的角度：COSMOPlat的大规模定制是一种新的产品定义方式+新的产品交付方式。用户持续参与设计、生产、物流等环节，全流程透明可视；每台订单都有用户信息，满足用户全流程、全生命周期的体验。已实现与560多万个触点网络、社群实现交互，25位国内外设计师参与设计、拥有20140个创意设计，攻克了23个技术难题，3630人深度参与交互迭代。

7.3.2　精益生产

精益生产(Lean Production，LP)是美国麻省理工学院数位国际企业计划组织的专家对日本丰田准时制生产方式的赞誉。精，即少而精，不投入多余的生产要素，只是在适当的时间生产必要数量的市场急需产品(或下道工序急需的产品)；益，即所有经营活动都要有效，具有经济效益。概括起来,精益生产理念可凝聚为四句话"贴近客户,善待员工,低成本,零缺陷",这已经成为全球企业共同追求的经营理念和价值观。精益生产模式是美国麻省理工学院组织了世界上14个国家的专家、学者,花费5年时间,耗资500万美元,以汽车工业这一开创大量生产模式和精益生产模式的典型工业为例总结出来的。精益生产模式实质上就是丰田生产系统,称之为"世界级制造技术的核心"。精益生产方式的优越性不仅体现在生产制造系统,同样也体现在产品开发、协作配套、营销网络及经营管理等各个方面。它是当前工业界最佳的一种生产组织体系和方式,也成为21世纪标准的全球生产体系。

精益生产方式是第二次世界大战后日本汽车工业遭到"资源稀缺"和"多品种、少批量"的市场制约的产物。它是从丰田佐吉开始,经丰田喜一郎及大野耐一等人的共同努力,直到20世纪60年代才逐步完善而形成的。有效推行精益生产能为企业带来极为可观的经济效益,一些成功企业的数据表明,精益生产可以缩短提前期达95%,提升生产力达50%,减少在制品达90%,质量改善达90%,减少生产所需的空间达75%。

1. 精益生产的基本思想

精益生产的基本思想是通过发挥人的创造能力,不断地寻找并消除企业生产活动中各种浪费的原因,包括员工关系、供应商关系、技术水平和原材料、库存管理等方面的因素,用越来越少的投入(人力、设备、时间和场地等),创造出尽可能多的价值,同时也越来越接近用户。精益生产要求企业在产品上"尽善尽美""精益求精",并实现三个子目标:零库存、高柔性(多品种)和零缺陷。尽管这是一种很难实现的理想,但人们只要不断追求就会缩短与理想之间的距离。并且,精益生产在改变生产方式的同时,还改变着人们一系列的认识、传统的思维方式以及人与人之间的关系。

2. 精益生产体系的基本理论

丰田公司的这一理论框架包括"一个目标"与"两大支柱"(见图7.7)。所谓"一个目标"是指企业高效率、高质量、低成本地进行产品生产,最大限度地满足顾客需求。而"两大支柱"是指产品生产的准时化与自动化。一般而言,准时化生产是在顾客有产品需求时,在恰当的时间、生产恰好数目的高品质低成本产品。自动化是指人员与生产设备的相互配合。生产线上发生的任何质量问题,生产设备都可以自动停止生产,并自动提示;任何员工发现生产当中存在问题都可以立刻停止生产,联合其他相关部门人员解决问题,消除隐患,使质量管理由企业行为变为员工的自主行为。

3. 精益生产的特点

精益生产是通过系统结构、人员组织运行方式和市场供求等方面的变革,使生产系统能很快适应不断变化的用户需求,并能使生产过程中一切无用、多余的东西被精简,最终达到包括市场供销在内的生产各方面最好的结果。与传统的大批量生产方式不同,其特色是"多品种"和"小批量"。其核心是消除一切无效劳动和浪费,它把目标确定在尽善尽美上、通过不断地降低成本提高质量、增强生产灵活性、实现无废品和零库存等手段确保企业在市场竞争中的优势。同时,精益生产把责任下放到组织结构的各个层次,采用小组工作法,充分调动全体职工的积极性和聪明才智,把缺陷和浪费及时地消灭在每一个岗位上(见表7-3)。

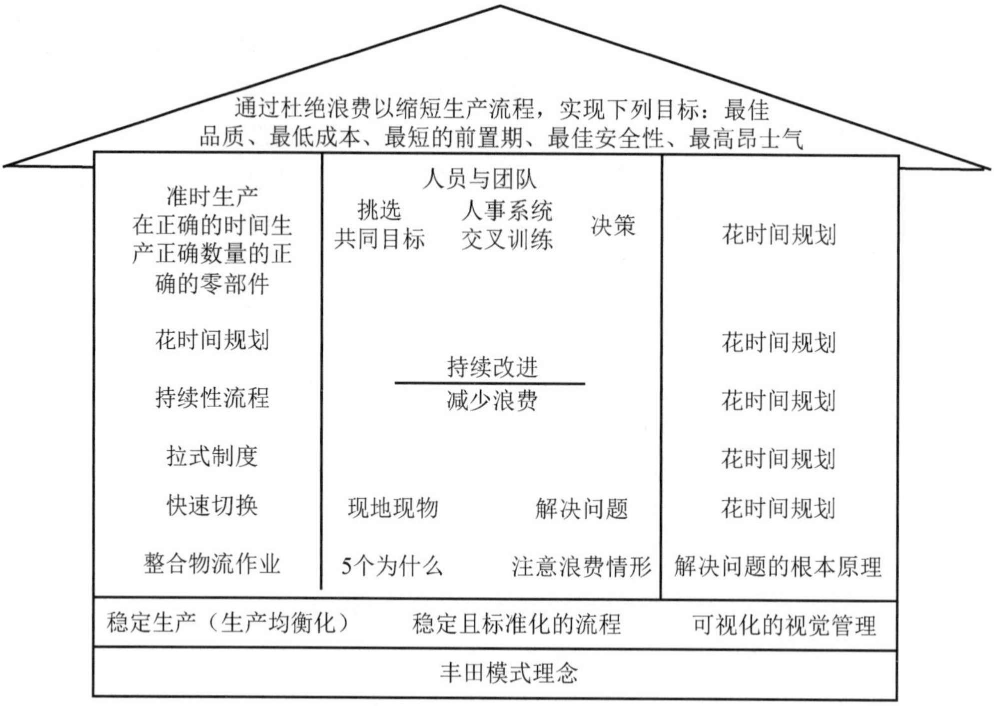

```
                    ╱╲
                   ╱  ╲
                  ╱    ╲
        通过杜绝浪费以缩短生产流程，实现下列目标：最佳
        品质、最低成本、最短的前置期、最佳安全性、最高昂士气
```

准时生产 在正确的时间生产正确数量的正确的零部件	人员与团队 挑选　　人事系统 共同目标　交叉训练	决策	花时间规划
花时间规划	持续改进		花时间规划
持续性流程	减少浪费		花时间规划
拉式制度			花时间规划
快速切换	现地现物	解决问题	花时间规划
整合物流作业	5个为什么	注意浪费情形	解决问题的根本原理
稳定生产（生产均衡化）	稳定目标准化的流程		可视化的视觉管理
丰田模式理念			

图 7.7　精益生产理论架构

表 7-3　精益生产方式与大批量生产方式的比较

比较项	大批量生产方式	精益生产方式
产品特点	标准化品种单一	品种规格多样
工艺装备	专用、高效、昂贵	柔性高、效率高
库存水平	高	低
制造成本	低	更低
产品质量	高	更高
权责分配	集中	分散

4．精益生产的目标

精益生产方式既是一种以最大限度地减少企业生产所占用的资源和降低企业管理与运营成本为主要目标的生产方式，又是一种理念、一种文化。实施精益生产方式就是决心追求完美、追求卓越，就是精益求精、尽善尽美，为实现7个零(零切换、零库存、零浪费、零不良、零故障、零停滞、零灾害)的终极目标而不断努力。它是支撑个人与企业生命的一种精神力量，也是在永无止境的学习过程中获得自我满足的一种境界。

5．精益生产的实现途径

(1) 实行精细化管理。精益生产方式的实际管理过程，包括人事组织管理的优化，大力精简中间管理层，进行组织扁平化改革，减少非直接生产人员；推行生产均衡化、同步化，实现零库存与柔性生产；推行全生产过程(包括整个供应链)的质量保证体系，实现零不良；减少和降低任何环节上的浪费，实现零浪费；最终实现拉动式准时制生产方式。

(2) 满足需求。精益生产方式生产出来的产品品种能尽量满足顾客的要求，而且通过其对各个环节中采用的杜绝一切浪费(人力、物力、时间、空间)的方法与手段满足顾客对价格的要求。

(3) 减少浪费。精益生产方式要求消除一切浪费，追求精益求精和不断改善，去掉生产环节中一切无用的东西，每个工人及其岗位的安排原则是必须增值，撤除一切不增值的岗位；精简产品开发设计、生产、管理中一切不产生附加值的工作。其目的是以最优的品质、最低的成本和最高的效率对市场需求做出最迅速的响应。

特别提示

> 精益生产的基本思想是通过发挥人的创造能力，不断地寻找并消除企业生产活动中各种浪费的原因，包括员工关系、供应商关系、技术水平和原材料、库存管理等方面的因素，用越来越少的投入(人力、设备、时间和场地等)，创造出尽可能多的价值，同时也越来越接近用户。精益生产要求企业在产品上"尽善尽美""精益求精"，并实现三个子目标：零库存、高柔性(多品种)和零缺陷。

阅读案例 7-3

精益生产增效率——立信染整机械公司提案改善之路[①]

深圳市龙岗区丹竹头工业区，坐落着染整全套设备(从印染到后处理)的全球市场领跑者——立信染整机械(深圳)有限公司(以下简称立信公司)。立信公司配备先进的加工设备和加工工艺，在中国市场的占有率稳居首位，现已发展成为世界上最具规模的染整机械设计及生产商之一，年产量达 2000 多台设备。立信公司目前雇有员工约 5000 人，在上海、武汉、青岛、绍兴、福建、常州等地设有营业办事处，在全球拥有超过 5700 家客户，并每年向市场推出 2000 多台优质及先进的染整设备。截至目前，已为全球客户提供了约 2.8 万套优质的染整装备，覆盖众多染整业高端客户，促进了中国乃至全球更大经济区域范围内的纺织染整工业的不断发展和升级换代。

立信公司隶属于恒天立信集团，1990 年，集团成功在香港联合交易所有限公司正式上市，是业界首家在香港取得上市地位的企业。恒天立信集团由方寿林先生于 1963 年创办，主要业务为纺织行业设计、制造、销售和提供先进的纺织染整设备。并于 1969 年起以"立信染整机械有限公司"名称经营，成为第一批拓展庞大的内地纺织染整市场的港商，这也是恒天立信集团日后长足发展的一个重要转折点。立信公司坐落在广东省深圳市龙岗区(丹竹头工业区)，占地面积 110000 平方米，总投资额 2250 万美元。立信公司作为恒天立信集团旗下的旗舰企业，专门从事设计和生产多样的新型纺织染整设备。立信公司是染整设备的市场领导者，其成功在于产品设计和技术方面的不断创新和领先，同时亦为客户提供从售前咨询到售后服务。立信公司坚信科研与开发是保持市场竞争力及长远发展的不可或缺的因素。目前集团的研究开发部门雇有 140 多名专业工程师和技术人员，并与国内各大专院校进行紧密的技术交流与合作，致力提高设计效率和产品质量，务求为全球客户提供具有竞争力的新产品。"立信的标志，染整的信誉"现已成为业内认同的口碑和驰名的企业品牌。

[①] 张予川，戴承等. 精益生产增效率——立信染整机械公司提案改善之路. 中国管理案例共享中心案例库. 2016.10.

毫无疑问，作为集团控股的上市公司，立信公司有着其他企业所无法比拟的竞争优势。但是近年来，外资企业在国内不断投资建厂，并为这些工厂带来了先进的管理系统，国内民营企业及国有企业的压力越来越大，无论是生产效率还是成本管理，都面临着巨大的挑战。为了继续在激烈的竞争市场中站稳脚跟，立信公司走上了一波三折的生产方式改造之路。立信公司属于传统的装配制造业，在外资企业在国内陆续投资建厂并带来先进管理经验的大背景下，立信公司内部却存在着技能工短缺、资源消耗严重、生产周期过长、库存周转率低等诸多问题，这些问题制约着公司的发展，公司为了能在竞争激烈的市场中继续占有一席之地，就必须要实行精益生产。

为了解决这一系列问题，龙头队收集了改善前的筛片质量、用量，投诉报告及成本花费的相关数据，并在对每项问题进行分析后，采取了以下几个行动。行动一，选择合适厚度材料，调整冲孔范围，减少筛板变形。通过大家的观察，发现机器加工时，由于模具空间狭小，当材料为 3mm 时，材料在模具中挤压严重，局部变形严重，内部压力大，且完全不能冲设计要求的Φ6鸡眼孔(模具无制作空间)。考虑到上述原因，设计部同开料共同探讨，并由开料修改模具，进行试验，结果是用 2.5mm 厚材料可以冲出Φ6鸡眼孔，且可以减少材料挤压变形，开料将此结果交设计确认并更改。同时，因为之前染棉、麻制品时，水位高、筛孔位高，设计通过计算，去除多余筛孔，从而减少冲孔及磨光等加工难度。行动二，开料提供合理孔间隔，避免筛片受积压变形。通过技术人员仔细观察发现，之前由于鸡眼孔间隔按图纸排列，未考虑模具及形状避让，实际加工时，会出现相互积压变形情况，造成整体变形大。为避免发生图模不一致情况，此次改善，由龙头队根据实验结果，绘制最小间隔数据，提供给设计确认并参考，通过"理论与实践相结合"，保证筛片在冲孔时的间隔合理，避免挤压变形，从而保证筛片冲孔后的平整度。修改后，间隔合理，无相互挤压情况，筛片整体平整度大大提高。行动三，开料按设计构思，设计开发上翻 90 度模具。针对孔内不好磨光的问题，设计提出构想：是否可以把撕裂带完全翻出，这样就便于磨光了。但是经过查资料，发现不锈钢90度翻边厚度最多 1mm，但他们的厚度需要 2.5mm，这大大超过了行业标准。在确认供应商不能提供成套模具的情况下，面对着板太厚、超过标准太多、设备尺寸固定、无扩展空间、无借鉴、冲孔拉伸变形大等问题，龙头队队长申绪华先生决定，开料自行设计模具。经过多次推敲和上千次的试制，他们终于打破行业限制，克服多重困难，自行设计制作出 2.5mm90 度上翻成型冲模。行动四，开料与设计紧密配合，开料先出模具效果图，设计再出正式图纸，保证图物一致。改善过程中设计与开料紧密配合，由开料提供实验结果图给设计确认，保证图纸数据正确及完整性，从而保证加工质量的稳定性。

改善后的 TEC 系列筛笼制造成本平均减少 16%，年节约资金约 260 万元，同时也提高了产品质量，满足了客户的需求，并恢复了公司的信誉。

7.3.3 敏捷制造

1. 敏捷制造提出的背景

敏捷制造产生于美国，从 20 世纪 70 年代到 20 世纪 80 年代初，由于片面强调第三产业的重要性而忽视了制造业对国民经济健康发展的保障作用，美国的制造业严重衰退，逐步丧失了其世界霸主的地位，出现巨额的贸易赤字。1986 年，在科学基金会和企业界支持下，美国麻省理工学院的"工业生产率委员会"开始深入研究衰退原因和振兴对策。研究的结论是："一个国家要生活得好，必须生产得好"，重申作为人类社会赖以生存的物质生产基础和产业制造业的社会功能，提出以技术先进、有强大竞争力的国内制造业夺回生产优势，振兴制造业的对策。在所提出的一系列制造业发展战略中，1988年由美国通用汽车公司和美国里海大学工业工程系共同提出的一种新的制造企业战略——"敏捷制造"最受重视，为此成立了国家制造科学中心和制造资源中心，得到国家科学基金会、国防部、商业部和许多公司的支持，经国会听证后向联邦政府提出建议，现已成为政府部门主持，企业和大学共同参与，有重要影响的研究、开发和应用领域，被称为"21世纪制造业企业战略"。

2. 敏捷制造的实质

敏捷制造是美国针对当前各项技术的迅速发展、渗透，国际市场竞争日益激烈的形势，为维护其世界第一大国地位，维持美国人的高生活水准而提出的一种制造生产组织模式和战略计划。敏捷制造思想的出发点是基于对市场发展和未来产品以及自身状况的分析：第一，随着生活水准的不断提高，人们对产品的需求和评价标准将从质量、功能的角度转为客户最大满意度、资源保护、污染控制等，产品市场总的发展趋势将从当今的标准化和大批量到未来的多元化和个人化；第二，在工业界存在一个普遍而重要的问题，那就是商务环境变化的速度超过了企业跟踪、调整的能力；第三，美国的信息技术系统比较发达。因此，提出敏捷制造应用于制造业，旨在以变应变。

3. 敏捷制造的内涵

敏捷性指企业在不断变化、不可预测的经营环境中善于应变的能力，它是企业在市场中生存和领先能力的综合表现。敏捷制造是一种能够对复杂多变的市场做出敏捷的反应，从而很好地满足客户需求(包括产品需求和服务需求)的制造组织和制造方式。其基本思想是通过对企业经营有关的人、技术和其他各方面因素的统筹考虑，以虚拟经营方式捕捉市场机遇、增强风险能力，充分、高效地利用企业内外部资源获取竞争优势。敏捷制造依赖于各种现代技术和方法，而最具代表性的是敏捷虚拟企业(简称虚拟企业)的组织方式和拟实制造的开发手段。

(1) 虚拟企业(也叫动态联盟)。

竞争环境快速变化，要求作出快速反应。而现在产品越来越复杂，对某些产品，一个企业已不可能快速、经济地独立开发和制造其全部。因此，根据任务，由一个企业内部某些部门或不同企业按照资源、技术和人员的最优配置，快速组成临时性企业即虚拟企业，才有可能迅速完成既定目标。这种动态联盟的虚拟企业组织方式可以降低企业风险，使生产能力前所未有地提高，从而缩短产品的上市时间，减少相关的开发工作量，降低生产成本。组成虚拟企业，利用各方的资源优势，迅速响应用户需求是21世纪生产方式——社会级集成的具体表现。实际上，敏捷虚拟企业并不限于制造，但制造却是最令人感兴趣又是最困难的领域，更清晰地体现了过程的集成，且控制概念在运行结构中占有重要地位，使虚拟企业的形成更具挑战性。

(2) 拟实制造。

拟实制造亦称拟实产品开发。它综合运用仿真、建模、虚拟现实等技术，提供三维可视交互环境，对从产品概念产生、设计到制造全过程进行模拟实现，以期在真实制造之前预估产品的功能及可制造性，获取产品的实现方法，从而大大缩短产品上市时间，降低产品开发、制造成本。其组织方式是由从事产品设计、分析、仿真、制造和支持等方面的人员组成"虚拟"产品设计小组，通过网络合作并行工作；其应用过程是用数字形式"虚拟"地创造产品，即完全在计算机上建立产品数字模型，并在计算机上对这一模型产生的形式、配合和功能进行评审、修改，这样常常只需做一次最终的实物原形，可使新产品开发一次获得成功。

4. 敏捷制造生产模式的特征

敏捷制造生产模式的特征包括以下几方面：①产品系列的寿命较长。产品一般是根据客户需求重新组合的更新替代产品，而不是全新产品；②信息交换迅速准确，它要求企业不但要从客户、供应商和竞争对手那里获得足够信息，还要保证信息传递快捷、准确；③以订单组织生产，通过可重新编程、可重新组合、可持续更换的生产系统组合成为一个新的、信息密集的制造系统，做到生产成本与批量无关。敏捷制造生产模式以向客户及时提供所需求的产品为目的，是在具有创新精神的组织和管理结构、先进制造技术(以信息技术和柔性智能技术为主导)、有技术和智慧的管理人员 3 大类资源支柱支撑下实施的，也就是将柔性生产技术、有技术和知识的劳动力与能够促进企业内部和企业之间合作的灵活管理集中在一起，通过共同的基础结构，对迅速改变的市场需求和市场进度作出快速的响应。

敏捷制造生产模式主要包括生产技术、组织方式和管理手段三个要素。

(1) 生产技术。即产品创新设计的能力，可以利用计算机的过程模拟技术进行产品的设计和开发，并利用高度柔性的设备按市场需求任意批量且快速灵活地制造产品。

(2) 组织方式。它要求企业能够形成高度柔性的、动态联盟式的企业，有能力把分布在不同地方的企业资源集中起来，以内部团队和外部团队等形式随时构成虚拟企业。

(3) 管理手段。以灵活的管理方式实现组织、人员与技术的有效集成，尤其是发挥人的作用。在管理方法上要求运用先进的管理方法、计算机管理技术和业务流程重组等进行过程管理。

可以说，以上三个要素是敏捷制造生产模式区别于其他生产模式的显著特征。但敏捷制造生产模式的精髓在于提高企业的响应能力，所以对于一个具体的应用，并不是说必须具备这三个内容才算实施敏捷制造，而应理解为通过各种途径提高企业响应能力都是在向敏捷制造生产模式前进。

 特别提示

> 敏捷制造是一种能够对复杂多变的市场做出敏捷的反应，从而很好地满足客户需求(包括产品需求和服务需求)的制造组织和制造方式。其基本思想是通过对企业经营有关的人、技术和其他各方面因素的统筹考虑，以虚拟经营方式捕捉市场机遇、增强风险能力，充分、高效地利用企业内外部资源获取竞争优势。

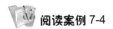
阅读案例 7-4

华为敏捷制造：助力企业构建工业物联网①

凭借移动物联网、云计算、大数据等创新 ICT，华为提倡的敏捷制造模式，覆盖了企业的办公、研发、生产、销售、服务及供应链等整个制造业生命周期，包含了工业物联网的核心节点。

全球化、互联化的协作方式使企业办公范围与场所的弹性越来越大，移动化沟通工具、高清"视频交流"及办公系统云化，正加速革新企业的办公模式。在此背景下，传统的企业协同办公系统已很难支持。华为制造业融合办公解决方案可以弥合大型企业地域间的信息裂谷，通过统一的融合网络架构，统一的企业门户、业务入口和单点登录，统一业务呈现等功能，极大地提高了员工的协同工作能力，实现了集团企业精细化运营管理。

工业互联网时代，大型离散制造企业普遍采用高度并行的"产业链协同"设计模式。出于安全考虑，各区域或协作单位网络普遍划分为内网和外网。内外网隔离带来了网络部署成本高、运维难度大、跨网办公效率低、存在巨大安全隐患等一系列的问题。华为创新融合广域构建集团统一信息网络平台，取代传统研发内网、办公外网割裂的运营模式，既确保集团安全互联，又能填平信息鸿沟，构造畅通无阻的协同研发模式。

随着制造企业生产模式从自动化向智能化的转变，生产数据信息急剧增加，工厂生产及办公应用场景更加复杂多样，对工厂的安全、可靠、高效生产提出了巨大的挑战。华为为此提供了无线工厂解决方案和无线园区解决方案。无线工厂解决方案，即华为 oneair 解决方案，包含 eLTE 宽带集群和 NB-IoT 窄带集群，采用工业级设计，网络简单，易于维护，能为园区内不同业务的差异化要求提供完美的技术匹配，实现智能园区物联、生产作业、仓储物流和安全管控等功能，能为各类企业建立连续、可靠、安全、不间断的无线通信网络，奠定工厂实现智能化的坚实基础。而无线园区解决方案是将 WiFi 应用到办公的各个领域，通过开放、互联的敏捷网络，将工厂内人与物、人与人有机连接起来，为智慧工厂提供全方位的运营革新，极大地提高了工厂人员的沟通效率与生产效率，推动制造企业创新发展。

此外，在"互联网+"逐渐深入推进的背景下。工业电子商务也已经成为制造业业务创新的主要方向。华为卓越电商云平台为制造企业搭建 O2O 交互式客户体验平台，帮助制造企业融合线上线下资源，实现精准营销模式。

此外，华为敏捷制造提供的基础创新平台，包含了协同办公、信息安全、数据中心及基础网络解决方案，为制造业搭建互联网环境下的基础架构提供了安全可靠的平台。

路漫漫其修远兮，中国工业智能化之路将在中国制造十年规划下稳步前行，实现弯道超车的梦想。而作为实现制造业智能化的工业物联网，在构建的过程中需要创新 ICT 的持续支持，这对于中国工业和 ICT 产业来讲，是挑战更是机遇。

本 章 小 结

供应链管理思想对企业的最直接和最深刻的影响是企业家决策思维方式的转变：从传

---

① http://www.chinawuliu.com.cn/zixun/ 201701 /10/318374.shtml，2021-08-22.

统、封闭的纵向思维方式向横向、开放思维方式转变。本章首先分析了供应链环境下生产管理的特点以及供应链管理环境下的生产计划与控制的新要求，根据供应链管理的要求提出了一个适应供应链管理环境的新的生产计划与控制总体模型；介绍了大规模定制、精益生产和敏捷制造等几种最新的生产方式的简单介绍。

韩都衣舍——走近柔性供应链[①]

韩都衣舍电子商务集团股份有限公司(以下简称"韩都衣舍")是中国最大的互联网品牌生态运营集团之一。韩都衣舍品牌创立于2008年，公司主要从事自有品牌互联网快时尚服饰的销售，同时为其他品牌提供电商销售运营服务。2016年7月，韩都衣舍获批成为互联网服饰品牌第一股，股票代码838711。作为一家基于"柔性供应链"模式的快时尚互联网企业，韩都衣舍主要经营女装、男装、童装、中老年服装、相关配饰及服务等业务。经过十余年的发展，韩都衣舍通过内部孵化、合资合作及代运营等，目前自有品牌为20个，其中18个是从零开始孵化的自有品牌，2个合资品牌以及正在战略合作的52个品牌。产品包括韩风系、欧美系、东方系等主流风格。此外，韩都衣舍提供的电商服务包括品牌推广、产品运营、摄影及客服、仓储供应链等相关服务。

柔性供应链作为韩都衣舍核心竞争力之一，其主要构成、运行逻辑和发展历程如下所述。

1. 柔性供应链主要构成

韩都衣舍采取外协生产的轻资产供应链模式，公司优化产品小组制，进行单款生命周期管理，实现锁定市场变化及快速反应的柔性供应链系统。

公司生产、制造采取外协方式(图7.8)，外协生产采取的是代工生产(OEM)方式。公司全部产品采取外协方式生产，所占比例为100%。为了将快时尚产品生命周期做到极致，韩都电商面向供应商提出了"小数量、多批次、多款式"的订单生产要求，每个"产品小组"根据企划部对公司产品的定位，设计服装的具体款式及结构，公司根据产品的设计款式进行服装的结构设计，生产中心根据产品小组设计的服装款式及服装的结构设计以"多款、少量"原则向供应商下单，供应商在公司确定的面料生产商范围内采购相关服装面料并与其面料生产商直接结算，供应商将相关产品加工完成后，公司按照一定的价格从供应商处买断。

韩都衣舍生产中心根据多家供应商的询价结果及市场价格情况确定合适的供应商，在价格的确定上，公司会根据面料成本、辅料成本、运输成本、加工成本、其他特殊费用及供应商的利润采用成本加成的方法核定出外协产品生产单价，其详细计算公式如下所述。

韩都衣舍服装定价包含五大部分：面料价格、辅料价格、配料价格、特殊品类工艺价格、其他(加工费、运费等)。

外协生产价格=面料价格+辅料价格+配料价格+特殊品类工艺价格+加工费+运费+后整+外协厂商利润。

外协厂商利润=(面料价格+辅料价格+配料价格+特殊品类工艺价格+加工费+运费+后整)×利润率。

[①] https://www.sohu.com/a/149199910_505889，2021-08-22.

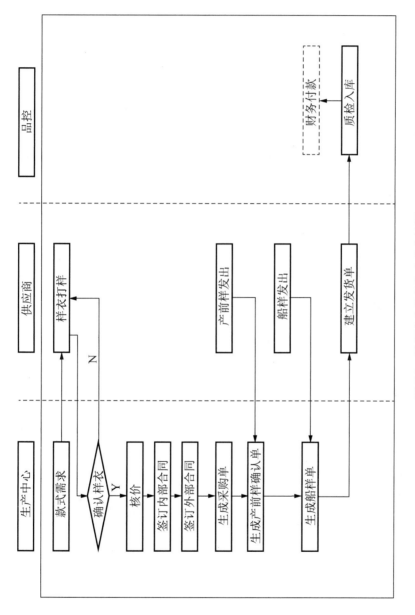

图 7.8 韩都衣舍外协生产业务流程

图片来源：韩都衣舍公开转让说明书

2. 柔性供应链的运行逻辑

传统服装企业由于产品开发周期长，一般实行反季节生产的模式，夏季生产冬季服装，冬季生产夏季服装，从而导致企业对市场的反应迟钝，极易因为市场需求变化而造成库存积压。针对这一问题，韩都衣舍配合"单品全程运营体系"的销售特点，建立了以"多款少量、快速返单"为核心的柔性供应链体系，在向生产厂商下订单时采用多款式、小批量、多批次方式，以便快速对市场做出反应，避免高库存风险。

为降低风险，韩都衣舍将产品小组的初始资金额度设置为2万～5万元，下月的使用额度为本月销售额的70%，期间产生的库存积压由小组来承担，因此产品小组会将新产品的订单量设置为计划量的30%，一般为200～300件，单品价格较高的款式订单量为20～50件。

同时，韩都衣舍建立了一套系统的数据模型，每款新产品上架15天后即将产品划分为"爆""旺""平""滞"四款。爆款和旺款可以返单，一般为几千件左右，平款和滞款则必须在旺销时间立即打折促销。产品小组则根据相应指标来判断下一轮生产的订单量。一般来说，夏季服装销量为一年中最高，韩都衣舍夏季产品中约有40%能够返单，少则返2～3单，多则返7～8单，最多可达到返11单。

为保证效率，韩都衣舍要求供应商适应"快反应"的柔性供应链模式，并建立了供应商分级动态管理系统，包括供应商准入机制、供应商绩效评估和激励机制、供应商分级认证机制、供应商升降级调整机制和供应商等级内订单调整机制，从供应商的遴选、分级、合作模式、绩效测评、订单激励和退出等方面进行严格的动态管理。

在供应商准入方面，由供应商管理小组、相关业务部门、品控管理小组进行实地访厂和现场打分，重点评估厂家的信用等级、生产能力、运营状况及品质管理等。通过审查的厂家在试单测试通过后，方可成为韩都衣舍的正式供应商。

合作模式方面，为了确保订单配置灵活性，使供应商既重视韩都衣舍，又不让其完全依赖韩都衣舍，韩都衣舍一般采取半包模式，即只包下工厂50%～60%的生产线。优秀生产供应商如扩充产能和生产线，韩都衣舍会追加包生产线，保持拥有该生产供应商的约一半产能。

在供应商绩效测评和激励方面，韩都衣舍根据季度测评结果将供应商动态划分为5A级战略供应商、4A级核心供应商、3A级优秀供应商、2A级合作供应商、A级新供应商，并采取不同的激励。例如，针对A级新供应商，韩都衣舍会评定其合作规模、合格率、交期完成率三项评定数据，再进一步根据沟通交流是否流畅、理念是否一致等主观判断进行打分。如果得分较好，会将其升级为2A级合作供应商。

在退出机制方面，供应商如果连续两个季度测评等级下降或者产品品质连续两次降至规定的标准以下，韩都衣舍将给予缩减订单，暂停合作甚至停止合作的惩罚。

柔性供应链体系灵活调配营销企划、产品企划和供应商生产，使企业得以与供应商进行高效合作，供应商有足够的时间和产能，可以根据韩都衣舍企划端的方案来及时完成生产任务。

3. 柔性供应链的打造过程

以小组制为核心的单品全程运营体系，是韩都衣舍的得意之作，而该体系成功运作，韩都衣舍自主开发的全套BI系统是不可忽视的功臣之一。然而，在公司的创业初期，打造供应链可谓困难重重。

互联网品牌对供应链的需求，是基于用户需求产生的。因此，韩都衣舍产品的特点就是款多、量少。其产品不论是风格还是款式，都有足够的宽度。

传统服装加工业是靠大批量生产拉低单位生产成本而盈利的，其利润产生模式与互联网品牌相冲突。这种冲突表现在：一是订单量小，效率低；二是面料、辅料无法满足起订量，采购成本高。

韩都衣舍从2010年开始与工厂合作，但少量、多批次、当季快速返单的订单特点让当时山东本地的工厂，甚至国内工厂都不待见，他们更习惯交期长、单量大的国外订单。为了解决这种冲突，韩都衣舍最初解决方法有两种：一是退而求其次选择小微型加工厂合作；二是批量采购面料辅料自备，以降低成本。很显然，这样的解决方法公司需要付出很大的人力、物力才能把控。

而真正给韩都衣舍缓解供应链困境的是大环境的改变。2012 年,服装市场发生了巨大的变化。随着劳动力成本、面料辅料成本的上升,大宗的外贸订单转向东南亚、南亚、北非等地。国内服装加工业出现了产能过剩,部分服装生产商出现了生存压力。

而此时,韩都衣舍已经拥有了足够的体量,拥有了更强的机会把握能力。每个订单的件数依旧很小,但公司有很多这样的订单,总量并不小。比如 2016 年,公司平均每个款式的销量 600 件,但公司有 3 万个款式,需要生产 1800 万件服装。这样的订单,自然能引起优秀供应商的兴趣,就有了深度合作的可能。

韩都衣舍与供应商具体合作时,不可避免要面对以下问题:公司如何根据面料、设计款式、交货时间等标准挑选供应商?公司与供应商合作时,如何确保众多供应商按照公司的需求及时生产?如果出现供应商供货不及时,公司如何确保及时满足消费者需求?针对以上问题,韩都衣舍的解决方案是:推进采用了以大数据为驱动的供应链管理。

区别于传统企业的供应链,韩都衣舍的柔性供应链拥有精确的大数据管理能力。

互联网供应链的一大特点是精确、高效的大数据管理。韩都衣舍以大数据为驱动,通过以"爆旺平滞"算法为驱动的 C2B 运营模式,来指导产品集成研发,通过 HSCM(韩都衣舍供应链系统)确定面料辅料,通过 HSRM(韩都衣舍供应商协同系统)进行端对端的订单分配,通过 HOMS(韩都衣舍订单处理系统)来确定上新节奏,通过 HWNS(韩都衣舍仓储管理系统)来确定返单……整个过程可以归结为对大数据资源进行计算分析。

韩都衣舍的供应链建设可以追溯到 2009 年,实施柔性供应链改造之前,公司发展分为三个阶段,为改造做预热。

第一阶段(2009—2010 年):为满足基本销售需求而不停地开发供应商,处于基础的供应商团队搭建阶段;第二阶段(2010—2011 年):诞生供应商团队,并开始培养供应商的思路转变。通过互联网品牌的优势,以需定产,拉动供应链快速返单;第三阶段(2011—2013 年):产品为王被摆上桌面,任何战术的确立都不能以牺牲品质作为代价。

从 2013 年开始,韩都衣舍打造四个维度的柔性供应链改造计划,并循序渐进。第一,以大数据采集、分析、应用为核心,以公司 IT 为依托,完善软件研发和基础硬件设施,SCM、CRM、BI 系统陆续上线,并同步供应商,增强管理的精准度和时效性。第二,确立"优质资源产地、类目专攻"的供应链布局战略。第三,与原产地供应商联手,模块化切分生产流程的资源配置,并重组服装加工业的组织架构。第四,扩大柔性供应链的服务外延。2015 年"双 11",积淀 7 年之久的柔性供应链正式开放,成为日后韩都衣舍生态运营商的重要组成部分。

关键术语

生产计划与控制(Production Planning and Control)

协调机制(Coordination Mechanism)

敏捷制造(Agile Manufacturing)

精益生产(Lean Production)

大规模定制生产(Mass Customization Production)

综合练习

一、填空题

1. 精益生产要求企业在产品上"尽善尽美""精益求精",并实现三个子目标:_____、高柔性(多品种)和无缺陷。
2. 供应链的协调控制模式分为_____、_____和_____3种。

二、名词解释

供应链生产系统　　大规模定制　　精益生产　　敏捷制造

三、简答题

1. 简述供应链管理环境下生产计划的信息组织与决策特征。
2. 简述供应链管理环境下生产计划与控制的新要求。
3. 简述供应链管理环境下传统生产计划与控制的局限性。

四、思考讨论题

1. 结合你所熟悉的企业的情况,谈谈精益生产对我国制造业的启发。
2. 结合具体企业的实际情况,谈谈如何搞好供应链生产管理。

案例分析

海尔供应链生产能力的战略部署①

随着海尔经营规模的扩大和流程再造,海尔物流从2001年开始不断优化供应链,特别是在保证企业生产能力方面,海尔更是从供应链整体优化的角度对供应链与海尔的衔接做了大量开创性工作。

海尔打破了与供应链之间传统的买卖关系,在青岛、合肥、大连、武汉、贵阳等制造基地建设以海尔为中心的供应链,引进艾默生、三洋等数十家国际顶尖供应商在当地投资建厂,建立配套工业园,而供应商可以直接参与海尔的产品设计。一个具有世界竞争力的家电优势产业集群初步形成,全球供应链资源网的整合使海尔获得了快速满足用户需求的能力。

以青岛海尔工业园为例,到2004年年底,海尔在青岛城区与开发区等周边地区累计引进74家供应商,其中国外企业33家(位于胶州的海尔国际工业园已经聚集了三洋压缩机、艾默生电机等20多家国际化分供商),国内行业龙头企业24家,其中从珠三角地区吸引企业14家,从长三角地区吸引企业5家;组件、部件配套企业12家,零部件配套企业55家,原材料配套企业7家,累计引资资金42.5亿元。

为了使海尔供应链形成规模效应和集群效应,通过工业园的布局模式,海尔集成了众多的关键供应商(如前所述),形成了新的海尔工业园,其布局模式如图7.9所示。供应商将工厂建在海尔供应商工业园内,与海尔的生产线之间仅一个大棚之隔,供应商零部件生产完成后,可以利用专用的工装容器,直接通过工厂之间的运输通道准时运送到海尔的生产线上,提高了供应的准时性,也体现了海尔"以时间消灭空间"的理念。

---

① 马士华,林勇,等. 供应链管理[M]. 6版. 北京:机械工业出版社,2020.

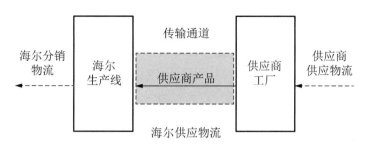

图 7.9 海尔工业园产业链布局模式示意图

2004 年以前，海尔主要吸引供应商在海尔周边建厂，从 2004 年海尔开始自己购买土地修建厂房，然后租用给供应商，以此提高工业园的吸引力。海尔品牌效应和供应商集群可以进一步提升双方的速度竞争优势、成本竞争优势和市场竞争优势。海尔可以依靠其强大的研发和制造优势，保证海尔产品技术的领先性，增加产品的技术含量，保持自己的发展优势。

对海尔内部来讲，供应链的建设使海尔对客户订单的响应速度更快、成本更低，在竞争中不断超越竞争对手。供应商在周边地区建厂后，由于距离缩短，实现了 JIT 供货。园区内的供应商生产完成之后，直接向海尔的生产线按订单补货，实现线到线(line to line)的供货，以最快的速度响应全球用户的订单，此举还降低了供应商的库存。同时，供应商参与海尔产品的前端设计与开发，海尔能够根据用户的需求与供应商零距离沟通，保障了海尔整机技术的领先性。比如艾默生参与海尔洗衣机电机的开发后，海尔生产出技术领先的变频洗衣机；三洋参与海尔冰箱的设计开发后，海尔的变频冰箱技术领先市场；另外一些电源线、计算机板厂参与到海尔标准化的整合工作中之后，海尔零部件的数量大大减少，通用化大大提高，成本竞争力大大增强。供需双方由于"零距离"响应，在物流成本与物流质量方面实现了"零库存"与"零缺陷"，做到了与供应商的双赢，整条供应链的竞争力增强。

对海尔的供应商来讲，它们通过与海尔合作可享受青岛市提供的优惠产业政策并实现了对海尔就近供货。一方面，它们可以提高质量、成本、交货期方面的竞争力，不但获得更多、更稳定的来自海尔内部的大订单，而且还可获得全球其他企业的订单，保证了较高的盈利水平；另一方面，它们的新材料与新技术可以优先应用到海尔的各种产品上，实现了技术优先转化为生产力，大大提高了自身的竞争力。

海尔通过近 7 年的家电供应链的建设，在青岛周边地区的家电供应链形成以下特点。
- 中国北方最大的家电用压缩机配套基地，年产压缩机 1200 万台。
- 全国最大的家电用塑料加工配套基地，塑料配套的加工能力达到 15 万吨。
- 全国最大的家电用钣金加工配套基地，钣金配套的加工能力达到 35 万吨。
- 全国家电最完整的供应链，能够垂直整合 5 层上下游供应商。
- 从供应链到产业平台逐步升级，初步融入大青岛的跨国采购中心的框架。由于海尔供应链各环节的供应商出口份额逐年增加，海尔物流全球采购额不断扩大，这些均与大青岛的跨国采购迅速接轨，形成了供应链带动跨国采购与出口的半岛产业平台。

对青岛市政府来讲，创造一流的投资环境，使青岛逐步形成家电产业链制造基地，不但发展了当地经济，而且扩大了当地的就业。2004 年，海尔在青岛地区的采购额达 244 亿元，仅当地化配套就占 51%，使青岛与山东分别成为全国家电零部件制造聚集的强市与强省。另外，随着海尔配套厂的逐步扩大，很多供应商的研发中心也纷纷转移到青岛，如艾默生已经将全球电机的研发中心逐步转移到青岛，使青岛制造基地的技术水平不断提升。

问题讨论：

从海尔的供应链整体能力战略布局的做法来看，你认为这种供应链模式能够给海尔的订单生产与交付带来哪些影响？是否存在风险？怎样消除潜在的风险？

第8章 供应链管理环境下的库存控制

【学习重点】

- 供应链管理环境下的库存控制
  - 供应链管理环境下的库存问题
    - 对于供应链的整体观念认识不足
    - 对于用户服务的理解和定义不恰当
    - 交货数据不及时、不准确
    - 信息传递效率低
    - 轻视不确定性对库存的影响
    - 库存控制策略简单
    - 缺乏合作与协调性
    - 没有充分考虑供应链上库存的影响
    - 供应链中的"牛鞭效应"与库存
    - 供应链中的不确定性与库存
  - 供应链管理环境下的库存控制方法
    - 供应商管理库存
    - 联合库存管理
  - 供应链多级库存优化与控制
    - 基于成本优化的多级库存控制
    - 基于时间优化的多级库存控制

第8章 供应链管理环境下的库存控制

【教学目标】

通过本章的学习，学生应正确理解供应链管理环境下的库存问题以及"牛鞭效应"对库存的影响、供应链中不确定性对库存的影响；重点掌握供应链管理环境下的库存控制方法——供应商管理库存与联合库存管理；熟悉供应链多级库存优化与控制；理解体会供应链管理环境下库存管理追求整体效益最优化的思想。

【8-1 拓展视频】

京东美的展开供应链协同目标"零库存"[①]

京东与美的公布了双方签署战略合作协议后的最新进展。主要是在渠道拓展方面的，双方已经初步建立了深度协同型供应链，实现了电子数据交换(Electronic Data Interchange，EDI)的深度协同，完成了从销售计划到订单预测以及订单补货的深度对接。此项合作进一步提升双方的运营效率，降低库存率和缺货风险。

1. 基本实现电子数据交换共享

京东与美的在物流配送、大数据分析、智能设备等方面进行深度合作。2014 年 11 月 27 日京东与美的系统对接一期项目立项；2015 年 1 月 29 日，京东和美的系统直连项目上线，实现了基础订单数据及销量库存数据共享；2015 年 4 月底，双方实现传输数据量 500 万条，每天有数千个商品的数据共享；2015 年 5 月 18 日，京东与美的深度协同项目(EDI 对接二期方案)立项；2015 年 7 月 30 日，京东和美的"协同计划、预测及补货"项目上线；8 月 15 日京东完成了首次备货计划订单下发美的。

2. 为何要进行供应链深度协同

京东表示，供应链中普遍存在信息不对等的现象，供应链上的信息流从最终客户向原始供应商端传递时，由于无法有效地实现信息的共享，使得信息扭曲而逐渐放大，需求信息出现越来越大的波动，最终导致供应链失调，出现供应商货物积压或零售商出现缺货等现象。因此，实现京东和供应商在计划和预测层面的信息共享，将供应链的协作进一步延伸到生产环节有利于双方的发展，也方便消费者。

3. 期望实现"零库存"销售

打通 EDI，进行供应链深度协同后，京东方面表示，可实现降低缺货风险、降低库存周转、提高数据共享效率的三大效果。对于美的而言，则可以实现生产计划预测性加强、智能补货的优化效果。

京东与美的的目标是实现完全的以销定产，达到零库存销售。供应商共享库存数据给京东，当有客户订单时，系统自动驱动向供应商采购，商品入库后执行订单配送，以销定产的业务模式，可显著降低库存周转，提高现货率和销售额。

库存是企业经营活动的必要基础，它以原材料、在制品、半成品、成品的形式存在于企业运营的各个环节。库存控制始终是企业生产经营过程中不可缺少的重要组成部分，同时也是价值链实现增值的重要环节。在供应链环境下，库存控制对企业的影响更为突出，它不仅影响着供应链上企业的综合成本，还制约着整条供应链的竞争力。京东与美的的深度合作为我们带来了新的思路，即运用供应链思想管理库存。那么究竟如何有效控制供应链上的库存，才能够既保障了供应链的正常运作，同时又有效降低库存成本、实现成本优势？本章就与读者共同了解供应链管理环境下的库存控制问题。

[①] https://www.sohu.com/a/31848214_115473，2015-09-15.

【8-2 拓展案例】

8.1 供应链环境下的库存问题

8.1.1 供应链管理环境下的库存控制的主要问题

相对于供应链管理而言，传统管理模式下，主要是以单一企业为对象的企业运作管理，库存控制的主要目的也是针对单一企业的库存进行分类管理，确定订货点及订货量，确保企业个体的库存总成本最少。这种传统的库存控制方法主要包括：对单一品种实施库存控制的定量订货法、定期订货法、双堆订货法等；对多品种实施库存控制的 ABC 分类管理法、多品种联合采购法等。由于这些方法主要是针对单一企业而设定的，因此市场反应和企业间协作的程度普遍偏低，方法的实施又需要依靠大量的历史数据和经验进行预测分析，信息获取时间长且不够准确。一旦市场发生突变或预测偏差，对企业经营的影响非常严重，甚至可能是致命的。

供应链环境下的库存问题和传统的企业库存问题有许多不同之处，这些不同点体现出供应链管理思想对库存的影响。传统的企业库存管理侧重于优化单一的库存成本，从存储成本和订货成本出发确定经济订货量和订货点。从单一的库存角度看，这种库存管理方法有一定的适用性，但是从供应链整体的角度看，单一企业库存管理的方法显然是不够的。

目前供应链管理环境下的库存控制存在的主要问题有三大类：信息类问题、供应链的运作问题、供应链的战略与规划问题。这些问题可具体表现为以下几个方面的内容。

1. 对于供应链的整体观念认识不足

虽然供应链的整体绩效取决于各个供应链的节点绩效，但是由于各个节点都是各自独立的单元，因此都有各自独立的目标与使命。有些目标和供应链的整体目标是不相干的，更有可能是冲突的。因此，整体观念的缺乏，使供应链上企业各行其道，这必然导致供应链的整体效率低下。

没有针对全局供应链的绩效评价指标，这是供应链系统普遍存在的问题。有些企业采用库存周转率作为供应链库存管理的绩效评价指标，但是没有考虑对用户的反应时间与服务水平，用户满意度应该成为供应链库存管理的一项重要指标。

2. 对用户服务的理解与定义不恰当

供应链的建立是以用户的需求作为最根本的驱动源，而其目的也是为了给用户提供更好的产品和服务，从而提高自身的竞争力。因此，供应链管理的绩效好坏应该由用户来评价，或者用对用户的反应能力来评价。但是，供应链上的企业对用户服务的理解与定义的不同，会导致服务水平出现差异。

许多企业采用订货满足率来评估用户服务水平，虽然这是一种比较好的用户服务考核指标，但是订货满足率本身并不能保证供应链运作不出现问题。而且传统的订货满足率评价指标也不能评价订货的延迟水平。两家同样具有 90%的订货满足率的供应链，在如何迅速补给余下的 10%订货要求方面差别是很大的。其他的服务指标也常常被忽视了，如总订货周转时间、平均回头订货、平均延迟时间、提前或延迟交货时间等。

3. 交货状态数据不及时、不准确

当用户下订单时,他们总是想知道什么时候能交货。在等待交货过程中,也可能会对订单交货状态进行修改,特别是当交货被延迟以后。这并非否定一次性交货的重要性,但我们必须看到,许多企业并没有及时而准确地把推迟的订单交货状态的修改数据提供给用户,其结果就是导致用户不满。交货状态数据不及时、不准确的主要原因是信息传递系统出现问题。

4. 信息传递效率低

在供应链中,各个供应链节点企业之间的需求预测、库存状态、生产计划等都是供应链管理的重要数据,这些数据分布在不同的供应链组织之间,要做到有效地快速响应用户需求,必须实时地传递。为此需要对供应链的信息系统模型做相应的改变,通过系统集成的办法,使供应链中的库存数据能够实时、快速地传递。但是目前许多企业的信息系统并没有很好地集成起来,当供应商需要了解用户的需求信息时,常常得到的是延迟的信息和不准确的信息。由于延迟产生误差和影响库存量的精确度,短期生产计划的实施也会遇到困难。例如,企业为了制订一个生产计划,需要获得关于需求预测、当前库存状态、订货的运输能力、生产能力等信息,这些信息需要从供应链的不同节点企业数据库中获得,数据调用的工作量很大。数据整理完后制订主生产计划,然后运用相关管理软件制订物料需求计划,这样一个过程一般需要很长时间。而时间越长,预测误差越大,制造商对最新订货信息的有效反应能力也就越小,生产出过时的产品和造成过高的库存也就不奇怪了。

5. 轻视不确定性对库存的影响

供应链运作中存在诸多的不确定因素,如订货提前期、货物运输状况、原材料的质量、生产过程的时间、运输时间、需求的变化等。为减少不确定性对供应链的影响,首先应了解不确定性的来源和影响程度。很多企业没有认真研究和跟踪其不确定性的来源和影响,错误估计供应链中物料的流动时间(提前期),造成有的物品库存增加,而有的物品库存不足的现象。关于供应链中不确定性与库存的关系我们将在8.3节中做专门介绍。

6. 库存控制策略简单

无论是生产性企业还是物流企业,库存控制目的都是为了保证供应链运行的连续性和应付不确定需求。首先要了解和跟踪不确定性状态的因素,其次是要利用跟踪到的信息去制定相应的库存控制策略。这是一个动态的过程,因为不确定性也在不断地变化。有些供应商在交货与质量方面可靠性好,而有些则相对差些;有些物品的需求可预测性大,而有些物品的可预测性小一些。库存控制策略应能反映这种情况。

而在实际运行中,许多公司对所有的物品采用统一的库存控制策略,物品的分类没有反映供应与需求中的不确定性。在传统的库存控制策略中,多数是面向单一企业的,采用的信息基本上来自企业内部,其库存控制没有体现供应链管理的思想。因此,如何建立有效的库存控制方法,并能体现供应链管理的思想,是供应链库存管理的重要内容。

7. 缺乏合作与协调性

供应链是一个整体,需要协调各方活动,才能取得最佳的运作效果。协调的目的是满足一定服务质量要求的信息可以无缝地、流畅地在供应链中传递，从而使整个供应链能够根据用户的要求步调一致，形成更为合理的供需关系，适应复杂多变的市场环境。

供应链的各个节点企业为了应付不确定性，都设有一定的安全库存，正如前面提到的，设置安全库存是企业采取的一种应急措施。问题在于，许多厂商特别是全球化的供应链中，组织的协调涉及更多的利益群体，相互之间的信息透明度不高。在这样的情况下，企业不得不维持一个较高的安全库存，并为此付出了较高的代价。

组织之间存在的障碍有可能使库存控制变得更为困难，因为各自都有不同的目标；绩效评价尺度不同的仓库，也不愿意去帮助其他部门共享资源。在分布式的组织体系中，组织之间的障碍对库存集中控制的阻力更大。要进行有效的合作与协调，组织之间需要一种有效的激励机制。在企业内部一般有各种各样的激励机制加强部门之间的合作与协调，但是当涉及企业之间的激励时，困难就大得多。问题还不止如此，信任风险的存在更加深了问题的严重性，相互之间缺乏有效的监督机制和激励机制是供应链企业之间合作性不稳固的原因。

8. 没有充分考虑供应链上库存的影响

现代产品设计与先进制造技术的出现，使产品的生产效率大幅度提高，而且具有较高的成本效益。但是供应链库存的复杂性常常被忽视了，结果所有节省下来的成本都被供应链上的分销与库存成本给抵消了。同样，在引进新产品时，如果不进行供应链的规划，也会产生运输时间过长、库存成本高等问题而无法获得成功。

另外，在供应链的结构设计中，同样需要考虑库存的影响。要在一条供应链中增加或关闭一个工厂或分销中心，一般是先考虑固定成本与相关的物流成本，至于网络变化对运作的影响因素，如库存投资、订单的响应时间等常常是放在第二位的。但是这些因素对供应链的影响是不可低估的。

特别提示

> 供应链管理环境下的库存问题主要包括：对于供应链的整体观念认识不足；对用户服务的理解与定义不恰当；交货状态数据不及时、不准确；信息传递效率低；轻视不确定性对库存的影响；控制策略简单；缺乏合作与协调性；产品的过程设计没有充分考虑供应链上库存的影响。

8.1.2 供应链中的"牛鞭效应"与库存

"牛鞭效应"是供应链系统中的常见的现象，这种现象的最直接影响就是造成供应链上各节点库存量过大。

1. "牛鞭效应"现象描述

【8-3 拓展案例】

"牛鞭效应"的发现首先来自著名的宝洁公司。1995年，宝洁公司管理人员在考察其婴儿一次性纸尿裤的订单分布规律时曾惊奇地发现，虽然婴儿产品的消费比较稳定，零售商那里销售波动也不大，但厂家从经销商那里得到的订单却出现大幅波动，同一时期厂家向原材料供应商的订货量波动幅度就更大。同样，惠普、通用、福特和克莱斯勒等许多企业也发生这种供应链上最终用户的需求沿供应链向上游前进过程中波动程度逐级放大的现象。另外，麻省理工学院的 Sterman 教授曾做过一个著名的啤酒试验，在这个试验中有四组学生分别代表消费者、零售商、批发商、制造商，由此形成一个简单的供应链。试验要求：任何上、下游企业之间不能交换任何商业信息，只允许下游企业向上游企业传递订单，消费者只能将订单下给零售商。结果也证明了"牛鞭效应"这一现实中大量存在的现象。这种信息扭曲的放大作用在图形显示上很像一根甩起的赶牛鞭，最下游的客户端相当于鞭子的根部，而最上游的供应商端相当于鞭子的梢部，在根部的一端只要有一个轻微的抖动，传递到末梢端就会出现很大的波动，因此被形象地称为"牛鞭效应"，即需求变异放大效应。在供应链上，这种效应越往上游，变化就越大，距终端客户越远，影响就越大(图 8.1)。据统计，通常客户端 10%的市场需求变化会导致元器件供应商订单量 200%的变化(图 8.2)。"牛鞭效应"扭曲了供应链上的市场需求信息，每个环节对于需求的估计不同，因此导致了供应链的失调。

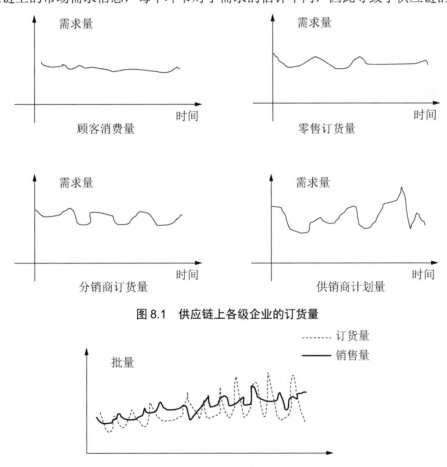

图 8.1　供应链上各级企业的订货量

图 8.2　订货量与销售量变化

"牛鞭效应"在供应链中普遍存在。比如，1996 年年底，我国柴油销量突然增加，许多地方甚至出现了脱销，一些省份柴油批发价上升到 4000 元/吨，各地纷纷来电告急。在国内资源难以满足需求的情况下，国家紧急进口了 120 万吨柴油。紧接着国内柴油出现过剩，价格回落后又继续下跌，部分进口柴油到 1998 年还在库里没有销售出去。当时，各地报来的柴油缺口量达 250 万吨以上,据事后分析,真正的缺口只有 60 万吨左右。这种现象显然是由于柴油供应链中存在"牛鞭效应"的缘故。

2. "牛鞭效应"产生的原因

"牛鞭效应"是需求信息扭曲的结果。许多实证研究与企业调查发现,这种现象广泛地存在于制造业的供应链结构中。当供应链的各节点企业只根据来自其相邻的下级需求信息进行生产或供应决策时,需求信息的不真实性会沿着供应链逆流而上,产生逐级放大的现象,而各节点企业分别从自身角度进行预测,并倾向通过增加库存来应付需求的不确定性。在这种需求放大效应的影响下,上游供应商往往维持比下游供应商更高的库存水平,这样"牛鞭效应"就产生了。

由此可见,"牛鞭效应"产生的根本原因在于供应链中上、下游企业之间缺乏沟通和信任机制,而每一个企业又都是理性人,有各自的利益,由此造成需求信息在传递过程中不断地被扭曲。具体分析,牛鞭效应产生的原因主要有以下几方面。

(1) 需求预测修正。

供应链上每个企业采用不同的预测模型做各自的预测,每个企业都向其上游订货。当供应链的成员采用其直接的下游订货数据作为需求信息时,就会产生需求放大。零售商通常采用指数平滑法来预测平均需求及其方差,按顾客需求预测订货,确定订货点和安全库存,观察的数据越多,其对预测值的修正也就越多,增大了需求的变动性。同样,分销商按零售商的订货数量来预测需求。这样,连续对未来需求进行修正,最后到达上游供应商手中的订货数量已是经过多次修正的库存补给量,变动更大了,这样产生了需求的虚增。需求预测修正是引发"牛鞭效应"的直接原因。

(2) 订单批量决策。

在供应链中,每个企业都会向上游企业订货,并且会对库存进行一定程度的监控。由于企业从订单下达到收到原料供应之间有一定时间的供货周期,即入库的物料在耗尽以后,企业不能马上从其供应商那里获得补给,因此,企业经常都会进行批量订购,在再次订购之前保持一定的存货。另外运输费用很高是阻碍企业频繁订货的障碍之一。卡车满负荷载重时,单位产品运输成本最低,因此当企业向供应商订购时,他们都会倾向于大批量订货以降低单位运输成本。这就必然会造成供应链上的"牛鞭效应"。

通常情况下,供应商难以处理频繁的订购,因为处理这些订货所消耗的时间与成本相当大。宝洁公司估计,由于订购、结算和运送系统需要人工运作,处理每笔订货的成本为 35~75 美元。若企业的顾客都采用定期订购模型,则会导致"牛鞭效应"产生。如果所有顾客的订购周期均匀分布,那么"牛鞭效应"的影响就会最小。然而不幸的是,这种理想状态极少存在。订单通常都是随机分布,甚至是相互重叠的。当顾客的订货周期重叠时,很多顾客会在同一时间订货,需求高度集中,从而导致"牛鞭效应"高峰的出现。

(3) 价格波动。

供应链中的价格波动一般是由企业的促销策略引起的。企业经常会采取价格折扣、数量折扣的方式来刺激销售。折扣价格往往会刺激购买者以低价大量购入产品,而这个购入量是大于实际的需求量,因此引发了需求的不确定性,当这个不能真实反映顾客需求购买行为的信息沿供应链上溯时,就会对整个供应链的需求产生影响。除此之外,价格波动还可能是由于经济环境突变产生，如与竞争对手的恶性竞争和供不应求、通货膨胀、自然灾害、社会动荡等。这类因素使许多零售商和销售人员预先采购的订货量大于实际的需求量，因为如果库存成本小于由于价格折扣所获得的利益，销售人员当然愿意预先多买，这样订货没有真实反映需求的变化，从而产生"牛鞭效应"。

这种促销对供应链来说可能会成本很高。当制造商的价格处于低水平时(通过折扣或其他促销手法)，顾客常会购买比自己实际所需要大得多的数量；当制造商的价格恢复正常水平时，顾客由于有足够库存，因此在其库存消耗完之前，他们不会再购买。结果，顾客的购买模式并不能反映他们的消耗/消费模式，相反会使其购买数量的波动较其消耗量波动大，从而产生"牛鞭效应"。

(4) 信息不对称。

供应链上的企业都依据自己拥有的历史信息和经验对未来做出需求预测。大部分企业不能够站在整个供应链的视角上进行需求预测。这种信息孤岛导致他们所做的预测与真实的市场环境吻合的概率较低。

库存责任失衡加剧了订货需求放大。在营销操作上，通常的做法是供应商先铺货，待销售商销售完成后再结算。这种体制导致的结果是供应商需要在销售商(批发商、零售商)结算之前按照销售商的订货量负责将货物运至销售商指定的地方，而销售商并不承担货物搬运费用；在发生货物毁损或者供给过剩时，供应商还需承担调换、退货及其他相关损失，这样，库存责任自然转移到供应商，从而使销售商处于有利地位。同时，在销售商资金周转不畅时，由于有大量存货可作为资产使用，所以销售商会利用这些存货与其他供应商易货，或者不顾供应商的价格规定，低价出货，加速资金回笼，从而缓解资金周转的困境；再者，销售商掌握大数量的库存也可以作为与供应商进行博弈的筹码。因此，销售商普遍倾向于加大订货量掌握主动权，这样也必然会导致产生"牛鞭效应"。

(5) 短缺博弈。

当供应链上的企业间出现供不应求的情况时，博弈行为就会发生。比如当某种商品出现短缺时，制造商往往进行配额限量供应，下游销售商为了保证对顾客需求的满足，会有意识地夸大市场需求，扩大订货量，从而造成需求信息扭曲，而上游企业无法区分这些增长中有多少是由于市场的真正需求而增加的，有多少是零售商害怕限量而虚增的，这种博弈行为导致需求信息的扭曲最终引发"牛鞭效应"。当需求大于供应时，理性的决策是按照订货量比例分配现有供应量。

(6) 供应链的结构。

供应链越长，处于同一节点的企业越多，供应商离消费者越远，对需求的预测越不准确。因此，"牛鞭效应"随着供应链层次的增多而增强。过多的层次将会加剧信息传递过程中的扭曲程度，相对于扁平结构的供应链，狭长结构型的供应链中"牛鞭效应"会更加显著。

如果成员企业缺乏全局意识，不能从自身的经营中查找原因，就会造成企业之间的误会，影响成员企业关系的良性发展，并严重损害供应链的整体协调性。

3. "牛鞭效应"对供应链运行的影响

"牛鞭效应"的产生导致了供应链上的供需失衡波动：在供应链上游，供应商往往要维持比其下游需求更高的库存水平，以应付销售商订货的不确定性，从而人为地增大了供应链上游的生产、供应、库存管理和市场营销风险，甚至导致生产、供应、营销的混乱；在供应链下游，库存风险增大，资金占用和成本也加大，造成整个供应链的利润下滑，最终导致整个供应链的运作效率降低。从企业角度看，"牛鞭效应"是产品积压的根源所在，而产品积压增加了制造商的经营风险，削弱了供应链的增值能力和竞争力。随着供应链运作的企业越多，这种效应越加明显，整个供应链的管理会变得十分复杂、困难。但是这种效应是无法避免的，是供应链本身的特性。

具体分析，"牛鞭效应"会造成以下直接或间接影响。

(1) 库存量及成本增加。

"牛鞭效应"的直接后果就是库存大量增加，从而导致库存成本增加。为了应付增大了的需求变动性，公司不得不保有比"牛鞭效应"不存在时还要高的库存水平。同时，高水平的库存还增加了必备的仓储空间，从而导致了库存成本的增加。有研究表明，在整个供应链中，从产品离开生产商的生产线至其到达零售商的货架，产品的平均库存时间超过100天，被扭曲的需求信息使供应链上各节点企业都相应地增加库存。据有关报告估计，仅美国每年就有300多亿美元沉积在食品供应链中，另外许多制药企业的供应链中有双倍的库存，而像计算机行业的集成电路的供应链积聚了超过一年的供应量，其他行业的情况也差不多。因为信息的失真，供应链中的每一个企业都维持更高的库存水平，从而发生更高的成本。

(2) 生产成本增加。

"牛鞭效应"的存在驱使企业扩大生产能力或库存量以满足需求的变动性，从而使企业生产计划变化加剧，导致额外成本支出增加。反应过度的生产预测，大大增加了计划的不确定性，各节点企业不得不频繁地修改生产计划。预期之外的短期产品需求导致了额外成本，如加班费用、加快运输的费用等，从而导致企业生产成本上升。而且生产计划的频繁变化增加了管理的难度。

(3) 供应链的补给供货期延长。

由于"牛鞭效应"增加了需求的变动性和变动幅度，与一般需求相比，公司及其供应商的生产计划更加难以安排，往往会出现当前生产能力和库存不能满足订单需求的情况，从而导致供应链内公司及其供应商的补给供货期延长。

(4) 供应链的运输成本提高。

公司及其供应商在不同时期的运输需求与订单的完成密切相关。由于"牛鞭效应"的存在，运输需求将会随着时间的变化而剧烈波动。因此，需要保持剩余的动力来满足高峰的需求，这也会增加劳动力总成本。

(5) 提高了供应链和送货与进货相关的劳动力成本。

公司及其供应商送货的劳动力需求将随着订单的波动而波动，分销商和零售商进货的劳动力需求也存在类似的波动，为了应付这种订单的波动，供应链的不同阶段有不同的选择，或者保有剩余劳动力，或者变动劳动力，但是无论是哪种选择，都会增加劳动力总成本。

(6) 降低了供应链内产品的供给水平，导致更多的货物源不足现象发生。

订单的大幅波动使得公司无法及时向所有的分销商和零售商供货，从而导致零售商出现货源不足的频率加大,供应链销售额减少。

(7) 给供应链每个节点企业的运营都带来负面影响,从而损害了供应链不同节点企业之间的关系。

供应链内的每个节点企业都认为自己做得尽善尽美,而将这一责任归咎于其他节点企业。于是,"牛鞭效应"就导致供应链不同节点企业之间互不信任,从而使潜在的协调努力变得更加困难。

"牛鞭效应"易造成需求增加的假象,使制造商投入的生产能力大于实际的需求。在需求保持不变的情况下,需求波动程度的大小直接影响着所需的生产能力的大小。"牛鞭效应"歪曲了需求信息,使需求的波动程度加大,从而使制造商盲目扩大生产能力,结果是生产能力利用率不高。这也是市场上对某一行业热门产品进行盲目投资和重复建设的原因之一。

综上所述,可以得出如下结论:"牛鞭效应"及其引发的失调对供应链的运营业绩有较大的负面影响。"牛鞭效应"增加了成本,降低了反应能力,从而导致供应链利润下滑。"牛鞭效应"不可避免地会导致供应链系统产品总库存增加,给企业带来严重后果。

 特别提示

> "牛鞭效应"是需求信息扭曲的结果,当供应链的各节点企业只根据来自其相邻的下级需求信息进行生产或供应决策时,需求信息的不真实性会沿着供应链逆流而上,产生逐级放大的现象。"牛鞭效应"的直接后果就是库存大量增加,从而导致库存成本增加。

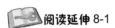 阅读延伸 8-1

疫情下口罩"牛鞭效应",该如何应对?①

2020年对所有人来说都是不平常的一年,新型冠状病毒肺炎疫情在全球暴发,多国宣布进入紧急状态,在此期间,个人防护和消毒用品,包括口罩、消毒液等全面脱销,以致有些地方日常用的纸巾都被抢光了。

疫情之初,口罩全球性紧缺,以至于"一罩难求"!为什么口罩甚至纸巾都全面紧缺?一是疫情的全面暴发导致的紧急刚需,二是因为没有人知道疫情会发展成什么样,大家都陷入恐慌,疯狂囤积口罩,而制作口罩的瓶颈熔喷布生产线是一个长期的产能规划过程,不可能在短时间内布置完成,导致口罩全面紧缺。面对这个巨大的潜在市场需求加上口罩价格的暴涨,商家竞相逐利。而在此过程中,长城、格力、海尔、OPPO、VIVO等众多民族企业义无反顾地斥重资建厂,积极快速生产口罩及其他防疫物资,为防疫抗疫做出了巨大贡献!

简单算一下,全球七十多亿人,假定平均每人每天需求1个口罩的话,每天的需求量就是七八十亿个,生产口罩的收益和利润是相当可观的,睁开眼睛就能看得见的,但是潜在的风险恐怕就不是那么容易看得见,这个风险就是随之而来的库存积压及产能过剩风险,以至于短期的暴利收入无法与投资相抵,产能及相关重要资源浪费,无法获得预期的回报。

后续,熔喷布价格暴跌,从几十万一吨暴跌至仅万元甚至"白送",口罩积压严重,许多商家亏

---

① 肖余庆. 口罩跌下神坛,牛鞭效应再次应验,该如何应对?https://www.163.com/dy/article/FF03VMQJ0538FF3C.html,2020-06-30.

损严重，从"日进斗金"到"亏损百万"，市场形势转变之快，令众多商家始料不及。由于短期需求的激增导致无节制地疯狂投资扩大产能，势必导致过度的产能扩张和库存积压，这种情形，让人想起了"牛鞭效应"。

要有效消除或者削弱"牛鞭效应"，从根本上要破除这种固有的机制，企业需要从内部和外部两个方面去解决。也就是企业既要从外部加强企业之间的合作减少"牛鞭效应"，也需要从内部管理上消除企业之间的各自部门壁垒和障碍，和部门之间的博弈行为。

1. 解决"牛鞭效应"的内部措施

企业需要进行深层次的产销协同以消除部门之间的壁垒和障碍，使企业从真实需求出发，并上下一致从而实现和达成统一的计划和目标。

外部要从根本上去改变供应链伙伴之间信息不共享的机制，才能将真实需求上下传递，从根本上降低、削弱这种需求信息逐级放大的需求变异。

产销协同是企业内部消除"牛鞭效应"的最根本措施，而且需要全面的供应链管理提升而不是某个职能的管理用功，从研发、市场与销售部门到生产和采购部门都需要共同参与，从需求计划到生产和供应计划，从产销协同计划到采购与物料需求计划都需要有行动措施。

除提升需求管理外，也必须加强主计划管理，使主计划在企业运营活动计划体系中起到承上启下、产销平衡和优化资源的关键作用，平衡需求和产能与供应，在最大限度满足客户需求的同时防止需求和供应的较大波动。而主计划也需要根据需求变化制定相应的应对客户需求波动的库存策略，以应对需求波动，消除"牛鞭效应"。

2. 解决"牛鞭效应"的外部措施

从供应的角度，企业需要与供应商建立长期合作关系，在信息共享、风险同担的长期合作基础上建立供应商协同平台，打破通过订单确认需求的固有模式，从根本上破除固有的"牛鞭效应"，确保公司提高协同效率。与供应商建立长期稳定的合作关系，也可以确保公司得到长期稳定的供货，尤其是对于公司的关键物料关键资源的供应。

从需求的角度，与供应端一样，也需要企业主动出击，与客户做好协同，尤其是对B2B企业来说，得到客户的及时共享的需求信息而不只是硬生生的订单非常重要，与客户的协同合作机制，也应该是多种模式，同一客户可以有多种订单模式存在，尤其是公司的战略客户和关键客户，从源头上消除因企业之间信息不共享、相互不信任导致的"牛鞭效应"。

企业外部协同，我们可以借鉴一些比较成功的模式，比如 CPFR，协同计划预测与补货，在零售商与供应商之间建立相互信息共享，建立共同的盈利目标，相互协同，有效地消除了"牛鞭效应"。

总之，对于企业来说，从供需两端加强与客户和供应商的协同，打破常规的单纯订单和商业模式，实行利益共享，风险同担，与之进行深层次和全方位的协同合作模式是破除"牛鞭效应"最根本、也是最重要的措施。

8.1.3 供应链中的不确定性与库存

"牛鞭效应"说明了供应链上的不确定性是库存存在的根本原因。从供应链整体的角度看，供应链上的库存无非有两种：一种是生产制造过程中的库存，另一种是物流过程中的库存。库存存在的客观原因是为了应付各种各样的不确定性，保持供应链系统的正常性和稳定性，但是库存另一方面也产生和掩盖了管理中的某些问题。

1. 供应链中不确定性的表现

供应链中不确定性表现为衔接不确定性和运作不确定性。

(1) 衔接不确定性(Uncertainty of Interface)。

企业之间(或部门之间)不确定性，可以说是供应链衔接的不确定性，这种衔接的不确定性主要表现在合作性上，为了消除衔接不确定性，需要增加企业之间或部门之间的合作性。

(2) 运作不确定性(Uncertainty of Operation)。

系统运行不稳定是组织内部缺乏有效的控制机制所致，控制失效是组织管理不稳定和不确定性的根源。为了消除运行中的不确定性需要增加组织的控制，提高系统的可靠性。

2. 供应链中不确定性的来源

供应链中不确定性来源于两方面：供应的不确定性、需求的不确定性。不同的来源造成的不确定性表现形式各不相同。如供应的不确定性可以通过供应商和制造商的不确定性表现出来，而需求的不确定性可以表现为顾客的不确定性。

供应商的不确定性主要体现在提前期的不确定性，订货量的不确定性等方面。供应不确定的原因是多方面的，如供应商的生产系统发生故障延迟生产、供应商的供货延迟、意外的交通事故导致的运输延迟等。制造商的不确定性主要是来自制造商本身的生产系统的可靠性、机器的故障、计划执行的偏差等。顾客的不确定性原因主要有：需求预测的偏差、购买力的波动、从众心理和个性特征等。

本质上讲，供应链上的不确定性，不管其来源出自哪方面，都是由三个方面原因造成的。

(1) 需求预测水平造成的不确定性。预测水平与预测时间的长度有关，预测时间越长，预测精度越差，另外还有预测的方法对预测结果的影响。

(2) 决策信息的可获得性、透明性、可靠性。信息的准确性对预测同样造成影响，下游企业与顾客接触的机会多，可获得的有用信息多；上游企业远离顾客需求，信息可获性和准确性差，因而预测的可靠性差。

(3) 决策过程的影响，特别是决策人心理的影响。需求计划的取舍与修订，对信息的要求与共享，无不反映个人的心理偏好。

3. 供应链的不确定性与库存的关系

(1) 衔接不确定性对库存的影响。

传统的供应链的衔接不确定性普遍存在，集中表现在企业之间的独立信息体系(信息孤岛)现象。为了竞争，企业总是为了各自的利益而进行资源的自我封闭(包括物质资源和信息资源)，企业之间的合作仅仅是贸易上的短时性合作，人为地增加了企业之间的信息壁垒和沟通的障碍，企业不得不为应付不测而建立库存，库存的存在实际就是信息的堵塞与封闭的结果。虽然企业各个部门和企业之间都有信息的交流与沟通，但这远远不够。企业的信息交流更多的是在企业内部而非企业之间进行交流。信息共享程度差是传统的供应链不确定性增加的一个主要原因。

传统的供应链中信息是逐级传递的，即上游供应链企业依据下游供应链企业的需求信息做生产或供应的决策。在集成的供应链系统中，每个供应链企业都能够共享顾客的需求信息，信息不再是线性的传递过程而是网络的传递过程和多信息源的反馈过程。建立合作伙伴关系的新型的企业合作模式，以及跨组织的信息系统为供应链的各个合作企业提供了共同的需求信息,有利于推动企业之间的信息交流与沟通。企业有了确定的需求信息,在制订生产计划时,就可以减少为了吸收需求波动而设立的库存,使生产计划更加精确、可行。对于下游企业而言,合作性伙伴关系的供应链或供应链联盟可为企业提供综合的、稳定的供应信息,无论上游企业能否按期交货,下游企业都能预先得到相关信息而采取相应的措施,这样企业无须过多设立库存。

(2) 运作不确定性对库存的影响。

供应链企业之间的衔接不确定性通过建立战略伙伴关系的供应链联盟或供应链协作体而得以消减,同样,这种合作关系可以消除运作不确定性对库存的影响。当企业之间的合作关系得以改善时,企业的内部生产管理也大大得以改善。因为企业之间的衔接不确定性因素减少时,企业的生产控制系统就能摆脱这种不确定性因素的影响,使生产系统的控制达到实时、准确,也只有在供应链的条件下,企业才能获得对生产系统有效控制的有利条件,消除生产过程中不必要的库存现象。

在传统的企业生产决策过程中,供应商或分销商的信息是生产决策的外生变量,因而其无法预见到外在需求或供应的变化信息,至少是延迟的信息;同时,库存管理的策略也是考虑独立的库存点而不是采用共享的信息,因而库存成了维系生产正常运行的必要条件。当生产系统形成网络时,不确定性就像瘟疫一样在生产网络中传播,几乎所有的生产者都希望拥有库存来应付生产系统内外的不测变化,因为无法预测不确定性的大小和影响程度,人们只好按照保守的方法设立库存来对付不确定性。

在不确定性较大的情形下,为了维护一定的用户服务水平,企业也常常维持一定的库存,以提高服务水平。在不确定性存在的情况下,高服务水平必然带来高库存水平。

> 供应链中不确定性表现为衔接不确定性和运作不确定性。在不确定性较大的情形下,为了维护一定的用户服务水平,企业也常常维持一定的库存,以提高服务水平。在不确定性存在的情况下,高服务水平必然带来高库存水平。

8.2 供应链管理下的库存控制方法

8.2.1 供应商管理库存

【8-4 拓展案例】

传统意义上,库存是由库存拥有者管理的。因为无法确切知道用户需求与供应的匹配状态,所以需要库存,库存设置与管理是由同一组织完成的。这种库存管理模式并不总是最优的。供应商管理库存(Vendor Managed Inventory,VMI)系统就能够突破传统的条块分割的库存管理模式,以系统的、集成的管理思想进行库存管理,使供应链系统能够获得同步化的运作。

VMI 最早的实践是宝洁和沃尔玛之间的"帮宝适"纸尿裤的库存管理。VMI 改变了传统库存管理的模式:零售商不负责进货和补货,而将货架或者仓库通过出租或其他方式交由供应商管理,零售商仅负责销售产品,进货和补货(包括运输等)均由供应商完成。从这个角度来看，VMI 打破了传统的各自为政库存管理模式，零售商和供应商之间是战略伙伴式的集成化运作，产品销售和补货同步完成。

目前，VMI 在许多跨国企业得到了实践，如大型零售商沃尔玛和家乐福，IT 制造巨头戴尔、惠普和诺基亚等。国内一些大型企业也在积极实践 VMI，如 2007 年联想通过 VMI 实现了货物"零等候"，整体物流时间从原先的 30～100 小时缩减至 3～5 小时，库存周转从 7～10 天缩短至半天。

1. VMI 的基本思想及原则

根据物流术语(GB/T 18354—2021)中的说明，VMI 是按照双方达成的协议，由供应链的上游企业根据下游企业的物料需求计划、销售信息和库存量，主动对下游企业的库存进行管理和控制的供应链库存管理方式。VMI 是一种很好的供应链库存管理策略。关于 VMI 的定义，美国生产与库存控制协会(APICS)提出：VMI 是供应商通过获取其用户的库存数据和负责维持用户的库存水平来优化供应链的运作绩效，它的一个重要措施就是供应商有规律地定期检查用户的库存，并快速完成补给任务，从而获得较高的用户满意度。国外还有学者认为：VMI 是一种用户和供应商之间的合作性策略，以对双方来说都是最低的成本优化产品的可获性，在一个相互同意的目标框架下由供应商管理库存，这样的目标框架被经常性监督和修正，以产生一种连续改进的环境。

尽管对 VMI 的定义有所不同，但其核心思想基本一致，都体现了如下几个原则。

(1) 合作精神(合作性原则)。在实施该策略时，相互信任与信息透明是很重要的，供应商和用户(零售商)都要有较好的合作精神，才能够相互保持较好的合作。

(2) 使双方成本最小(互惠原则)。VMI 不是关于成本如何分配或谁来支付的问题，而是关于减少成本的问题。通过该策略使双方的成本都获得减少。

(3) 框架协议(目标一致性原则)。双方都明白各自的责任，观念上达成一致的目标。如库存放在哪里，什么时候支付，是否要管理费，要花费多少等问题都要回答，并且体现在框架协议中。

(4) 连续改进原则。使供需双方能共享利益和消除浪费。VMI 的主要思想是供应商在用户的允许下设立库存，确定库存水平和补给策略，拥有库存控制权。

因此可见，VMI 就是以供应链各个环节的企业都获得最低成本为目的，在一个共同的协议下由供应商管理库存，并不断监督协议执行情况和修正协议内容，使库存管理得到持续地改进的合作性策略，不但能降低供应链各个环节的企业的成本，而且能克服下游企业信息和技术的局限，从而实现供应链的整体优化。精心设计与开发的 VMI 系统，既应实现供应链库存水平的降低，同时还提高用户的服务水平，改善资金流，与供应商共享需求变化的透明性和获得更高的用户信任度。

VMI 库存管理模式下，供应商可以直接了解到货架上产品的销售情况，而这些透明的市场数据能够大大提高供应商的市场反应速度，同时也改善了需求预测的精度，由此可以更好地安排产品的生产、分销和采购计划。

另外，VMI 解放了零售商频繁订货和补货的库存管理工作，将库存积压风险降至为零。由于供应商管理库存，零售商可以更快得到产品的补充，客户的服务水平也得到大幅改善。

对于零售商和供应商而言，VMI是一种双赢的库存管理模式，它集中体现了供应链管理的核心理念，即集成化和同步化运作。

2. VMI的实施

实施VMI的基础是改变订单的处理方式，建立基于标准的托付订单处理模式。首先，供应商和批发商一起确定供应商的订单业务处理过程所需要的信息和库存控制参数，然后建立一种订单的处理标准模式，如EDI标准报文，最后把订货、交货和票据处理各个业务功能集成在供应商一边。

库存状态透明性(对供应商)是实施供应商管理用户库存的关键。供应商能够随时跟踪和检查到销售商的库存状态，从而快速地响应市场的需求变化，对企业的生产(供应)状态做出相应的调整。为此需要建立一种能够使供应商和用户(分销、批发商)的库存信息系统透明连接的方法。

供应商管理库存可以按以下几个步骤实施。

(1) 建立顾客情报信息系统。要有效地管理销售库存，供应商必须能够获得顾客的有关信息。通过建立顾客的信息库，供应商能够掌握需求变化的有关情况，把由批发商(分销商)进行的需求预测与分析功能集成到供应商的系统中来。

(2) 建立销售网络管理系统。供应商要很好地管理库存，必须建立起完善的销售网络管理系统，保证自己的产品需求信息和物流畅通。为此必须保证自己产品条码的可读性和唯一性，同时解决产品分类、编码的标准化问题，而且还要解决商品存储运输过程中的识别问题。目前已有许多企业开始采用MRPII或ERP系统，这些软件系统都集成了销售管理的功能。通过对这些功能的扩展，可以建立完善的销售网络管理系统。

(3) 建立供应商与分销商(批发商)的合作框架协议。供应商和销售商(批发商)一起通过协商，确定处理订单的业务流程以及控制库存的有关参数(如再订货点、最低库存水平等)、库存信息的传递方式(如EDI或Internet)等。

(4) 组织机构的变革。这一点也很重要，因为VMI策略改变了供应商的组织模式。过去一般由会计经理处理与用户有关的事情，引入VMI策略后，在订货部门产生了一个新的职能负责用户库存的控制、库存补给和服务水平。

一般来说，在以下的情况下适合实施VMI：零售商或批发商没有IT系统或基础设施来有效管理他们的库存；制造商实力雄厚并且比零售商市场信息量大；有较高的直接存储交货水平，因而制造商能够有效规划运输。

3. VMI的优点

(1) 总体分析。实施VMI的好处主要体现在两方面：一是成本的缩减，二是服务水平的改善。成本缩减表现在VMI缓和了需求的不确定性，解决了存货水平与顾客服务水平的冲突，同时提高了补货频率，降低了运输成本，从而使供需双方都受益。服务改善表现在为多用户补货、递送间的协调大大改善了服务水平，而且使产品更新更加方便。

(2) 具体分析。对于供应方而言，通过信息共享，能够更准确了解需求市场信息，简化配送预测工作，可以实现及时补货以避免缺货，同时结合需求信息进行有效的预测可以使生产商更好地安排生产计划。对于需求方而言，VMI的实施提高了供货速度，减少了缺货；将计划和订货工作转移给供应方，降低了运营费用；在恰当的时间，适量补货，提升了总体物流绩效。除此之外 VMI 还为双方带来了共同利益，如通过计算机互联通信，减少了数据差错；提高了整体供应链处理速度；从各自角度，各方更专注于提供更优质的用户服务，使所有供应链成员受益；真正意义上的供应链合作伙伴关系得以确立等。

4. VMI 的局限性

VMI 尽管可以为供需双方带来成本缩减、服务改善等好处，但在实施中，它也存在许多局限。

(1) VMI 中供应商和零售商协作水平有限。作为独立的经济个体，供应商和零售商的合作原则还是基于自身利益的最大化，因此在 VMI 实施过程中，双方的协作水平会受限制。

(2) VMI 对于企业间的信任要求较高。要真正实施 VMI，就要求供需双方充分信任，从而实现信息共享、密切合作。但在现实中，这种充分的信任是很难实现的。

(3) VMI 中的框架协议虽然是双方协定，但 VMI 是将需方库存决策权代理给供应商，因此供应商是处于主导地位的。在决策过程中如果缺乏足够的协商，很容易造成失误。

(4) VMI 的实施减少了库存总费用，但在 VMI 系统中，库存费用、运输费用和意外损失(如物品毁坏)不是由用户承担，而是由供应商承担。由此可见，VMI 实际上是对传统库存控制策略进行"责任倒置"的一种库存管理方法，这无疑加大了供应商的风险。

特别提示

供应商管理库存(Vendor Managed Inventory，VMI)是按照双方达成的协议，由供应链的上游企业根据下游企业的物料需求计划、销售信息和库存量，主动对下游企业的库存进行管理和控制的供应链库存管理方式。实施 VMI 的基础是建立基于标准的托付订单处理模式，关键则是库存状态透明性(对供应商)。

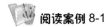

阅读案例 8-1

波音供应商管理库存案例①

VMI 的起源和发展应用跟零售业息息相关。宝洁与沃尔玛就是 VMI 的早期成功案例之一。几十年来，这一模式已传入很多行业。例如，在航空业，波音于 2000 年前后开始在世界范围内推广 VMI，对象是航空公司。它把大约 7 万种机架类备件纳入其中，目标是更低的成本和更高的有货率。这项计划叫"全球飞机库存网"(Global Airline Inventory Network)，其英文缩写 GAIN 正好有盈利、获得的意思。

对于 GAIN，波音的宗旨如下：①波音负责这些备件的采购、库存和物流；②备件将放置到航空公司所在地或附近，便于航空公司就近采用；③备件在消费前属于波音(或者波音的合作供应商)，此举大幅度降低航空公司的库存成本；④波音的供应链管理系统监控全球各库存点的水位、消耗与补货，并制定预测，指导供应商的生产；⑤波音在开发信息技术，有效集成航空公司的备件需求、飞机维修信息，以指导备件的规划与补给。

就波音来说，很多备件的消耗量很低，如果让航空公司建自己的库存，周转率就很低，尤其是对

---

① http://www.chinawuliu.com.cn/xsyj/201210/26/188955.shtml，2012-10-26.

小航空公司。相反,由波音来建库存,支持多家在同一地域的航空公司,规模经济的优势得到体现,库存周转率提高,还可紧急调用给全球其他航空公司。此外,作为飞机生产商,波音往往比航空公司更了解备件的消耗率,从而做出更准确的库存规划,客观上降低库存总体水平,提高库存周转率。

就上面的GAIN计划而言,实施初期,波音的服务水平就从80%左右提高到95%左右,停机待修和加急订单从70%左右降低到10%以下。波音747的维修延误机会成本为一分钟4万美金。飞机利用率提高了,航空公司的投资回报期缩短,飞机的全寿命成本降低,增加了波音的竞争力,有利于赢得更多订单。库存周转率也稳步提升,有资料表明从不足1次到4次以上,但不是很清楚统计口径、统计方法。

以波音飞机为例,全球一年消耗70亿美元左右的备件,全行业库存约250亿美元(来源:Matthews and Hendrickson)。行业研究表明,航空公司的库存、物料管理成本为库存的35%左右。波音的VMI可为航空公司节省的成本、释放的资金相当可观。对波音而言,VMI密切了它与航空公司的关系。GAIN计划首先在不列颠航空(British Airline)实施,不能不说是波音打入空客腹地的一大举措,该VMI计划的战略重要性,可见一斑。

8.2.2 联合库存管理

【8-5 拓展视频】

通过前面的学习,我们知道VMI是一种供应链集成化运作的决策代理模式,它把用户的库存决策权代理给供应商,由供应商代理分销商或批发商行使库存决策的权力。这可以为供需双方带来许多利益,但在具体实施过程中VMI也存在着诸多局限性,因此为了克服VMI系统的局限性和规避传统库存控制中的"牛鞭效应",联合库存管理模式随之而出。

1. 联合库存管理的基本思想

联合库存管理是一种风险分担的库存管理模式,它是指供应链成员企业共同制订库存计划,并实施库存控制的供应链库存管理方式。

地区分销中心就体现了一种简单的联合库存管理思想。传统的经销方法是,每个经销商根据市场需求预测直接向制造商订货,由于存在提前期,需要经过一段时间产品才能够送到经销商手中,而顾客愿意等待的时间是有限的。因此各个经销商不得不设立库存来快速响应顾客的需求,同时,制造商为了缩短提前期也不得不通过设立库存来尽快满足客户的需求。但是由于有些产品的配件价格昂贵,费用较大,库存过多会使经销商负担不起。同时,对制造商来说,也是不经济的。所以,不能通过增加库存的方法来满足每一个客户的需求,必须寻找一种新的解决方法。

现在,在供应链企业之间的合作关系中,更加强调双方的互利合作关系,联合库存管理就体现了战略供应商联盟的新型企业合作关系。借助现代信息技术,通过建立经销商一体化的战略联盟,建立地区分销中心,把各个经销商的库存联合在一起,实现联合库存管理可以很好地解决这一问题。采用分销中心后,各个销售商只需要少量的库存,大量的库存由地区分销中心储备,也就是各个销售商把其库存的一部分交给地区分销中心负责,从而减轻了各个销售商的库存压力。分销中心就起到了联合库存管理的功能,分销中心既是一个商品的联合库存中心,同时也是需求信息的交流与传递枢纽。

传统的库存管理，把库存分为独立需求和相关需求两种库存模式来进行管理。相关需求库存问题采用物料需求计划(MRP)处理，独立需求问题采用订货点办法处理。一般来说，产成品库存管理为独立需求库存问题，而在制品和零部件以及原材料的库存控制问题为相关需求库存问题。如图 8.3 所示为传统的供应链活动过程模型，在整个供应链过程中，从供应商、制造商到分销商，各个供应链节点企业都有自己的库存。供应商作为独立的企业，其库存(即其产品库存)为独立需求库存。制造商的材料、半成品库存为相关需求库存，而产品库存为独立的需求库存。分销商为了应付顾客需求的不确定性也需要库存，其库存也为独立需求库存。

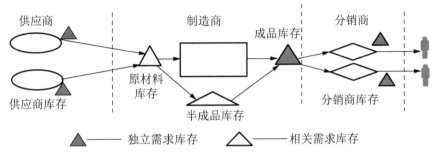

图8.3 传统的供应链活动过程模型

联合库存管理是解决供应链系统中由于各节点企业的相互独立库存运作模式导致的需求放大现象、提高供应链的同步化程度的一种有效方法。联合库存管理和供应商管理用户库存不同，前者强调双方同时参与，共同制订库存计划，使供应链过程中的每个库存管理者(供应商、制造商、分销商)都从相互之间的协调性考虑，保持供应链相邻的两个节点之间的库存管理者对需求的预期一致，从而消除了需求变异放大现象。任何相邻节点需求的确定都是供需双方协调的结果，库存管理不再是各自为政的独立运作过程，而是供需连接的纽带和协调中心。

2. 联合库存管理的优点

基于协调中心的库存管理和传统的库存管理模式相比，有如下几个方面的优点。
(1) 为实现供应链的同步化运作提供了条件和保证。
(2) 通过供需双方战略合作伙伴关系的建立，实现了企业间库存管理信息的共享。从而减少了供应链中的需求扭曲现象，降低了库存的不确定性，提高了供应链的稳定性。
(3) 库存作为供需双方的信息交流和协调的纽带，可以暴露供应链管理中的缺陷，为改进供应链管理水平提供依据。
(4) 为实现零库存管理、准时采购以及精细供应链管理创造了条件。
(5) 进一步体现了供应链管理的资源共享和风险分担的原则。

从供应链整体来看，联合库存管理减少了库存点和相应的库存设立费及仓储作业费，从而降低了供应链系统总的库存费用。同时，联合库存管理系统把供应链系统管理进一步集成为上游和下游两个协调管理中心，从而部分消除了由于供应链环节之间的不确定性和需求信息扭曲现象导致的供应链的库存波动。通过协调管理中心，供需双方共享需求信息，从而起到了提高供应链的运作稳定性作用。

3. 联合库存管理的实施

(1) 建立供需协调管理机制。

为了发挥联合库存管理的作用,供需双方应从合作的精神出发,建立供需协调管理的机制,明确各自的目标和责任,建立合作沟通的渠道,为供应链的联合库存管理提供有效的机制,图 8.4 为供应商与分销商协调管理机制模型。没有一个协调的管理机制,就不可能进行有效的联合库存管理。

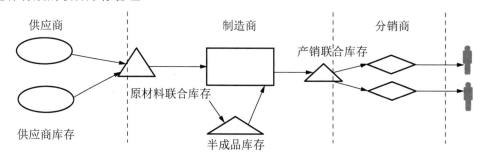

图 8.4　供应商与分销商协调管理机制模型

建立供需协调管理机制,要从以下几个方面着手。

① 建立共同合作目标。要建立联合库存管理模式,首先供需双方必须本着互惠互利的原则,建立共同的合作目标。为此,要理解供需双方在市场目标中的共同之处和冲突点,通过协商形成共同的目标,如用户满意度、利润的共同增长和风险的减少等。

② 建立联合库存的协调控制方法。联合库存管理中心担负着协调供需双方利益的角色,起协调控制器的作用。因此需要对库存优化的方法进行明确确定。这些内容包括库存如何在多个需求商之间调节与分配,库存的最大量和最低库存水平、安全库存的确定,需求的预测等。

③ 建立一种信息沟通的渠道或系统。信息共享是供应链管理的特色之一。为了提高整个供应链的需求信息的一致性和稳定性,减少由于多重预测导致的需求信息扭曲,应增加供应链各方对需求信息获得的及时性和透明性。为此应建立一种信息沟通的渠道或系统,以保证需求信息在供应链中的畅通和准确性。要将条码技术、扫描技术、POS 系统和 EDI 集成起来,并且要充分利用互联网的优势,在供需双方之间建立一个畅通的信息沟通桥梁和联系纽带。

④ 建立利益的分配、激励机制。要有效运行基于协调中心的库存管理,必须建立一种公平的利益分配制度,并对参与协调库存管理中心的各个企业(供应商、制造商、分销商或批发商)进行有效的激励,防止机会主义行为,增加协作性和协调性。

(2) 发挥两种资源计划系统的作用。

为了发挥联合库存管理的作用,在供应链库存管理中应充分利用目前比较成熟的两种资源管理系统:MRP Ⅱ 和 DRP。原材料库存协调管理中心应采用制造资源计划系统(MRP Ⅱ),而在产品联合库存协调管理中心则应采用物资资源配送计划(DRP)。这样在供应链系统中把两种资源计划系统很好地结合起来。

(3) 建立快速响应系统(QR 系统)。

快速响应系统是在 20 世纪 80 年代末由美国服装行业发展起来的一种供应链管理策略,

目的在于减少供应链中从原材料到用户这一过程的时间和库存，最大限度地提高供应来年的运作效率。快速响应系统经历了三个发展阶段：第一阶段为商品条码化，通过对商品的标准化识别处理加快订单的传输速度；第二阶段是内部业务处理的自动化，采用自动补库与 EDI 数据交换系统提高业务自动化水平；第三阶段是采用更有效的企业间的合作，消除供应链组织之间的障碍，提高供应链的整体效率，如通过供需双方合作，确定库存水平和销售策略等。

目前在欧美等西方国家，QR 系统应用已到达第三阶段，通过联合计划、预测与补货等策略进行有效的用户需求反应。美国的 Kurt Salmon 协会调查分析认为，实施快速响应系统后供应链效率大幅提高、缺货大大减少。通过供应商与零售商的联合协作保证 24 小时供货；库存周转速度提高 1～2 倍；通过敏捷制造技术，企业的产品中有 20%～30%是根据用户的需求而制造的。快速响应系统需要供需双方的密切合作，因此协调库存管理中心的建立为快速响应系统发挥更大的作用创造了有利的条件。

(4) 发挥第三方物流系统的作用。

第三方物流系统(Third Party Logistics，TPL)是供应链集成的一种技术手段。TPL 也叫作物流服务提供者(Logistics Service Provider，LSP)，它为用户提供各种服务，如产品运输、订单选择、库存管理等。第三方物流系统的产生是由一些大的公共仓储公司通过提供更多的附加服务演变而来，另外一种产生形式是由一些制造企业的运输和分销部门演变而来。

把库存管理的部分功能代理给第三方物流系统管理，可以使企业更加集中精力于自己的核心业务，第三方物流系统起到了供应商和用户之间联系的桥梁作用，为企业获得诸多好处如降低成本、使企业集中于核心业务、获得更多的市场信息、获得一流的物流咨询、改进服务质量、快速进入国际市场。

面向协调中心的第三方物流系统使供应与需求双方都取消了各自独立的库存，增加了供应链的敏捷性和协调性，并且能够大大改善供应链的用户服务水平和运作效率。

4. 联合库存管理的模式

供应链联合库存管理有两种模式。

(1) 集中库存模式。

即各个供应商的零部件都直接存入核心企业的原材料库中，就是变各个供应商的分散库存为核心企业的集中库存。集中库存要求供应商的运作方式是：按核心企业的订单或订货看板组织生产，产品完成时，立即实行小批量多频次的配送方式直接送到核心企业的仓库中补充库存。在这种模式下，库存管理的重点在于核心企业根据生产的需要，保持合理的库存量，既能满足需要，又要使库存总成本最小。

(2) 无库存模式。

即供应商和核心企业都不设立库存，核心企业实行无库存的生产方式。此时供应商直接向核心企业的生产线上进行连续小批量多频次的补充货物，并与之实行同步生产、同步供货，从而实现"在需要的时候把所需要品种和数量的原材料送到需要的地点"的操作模式。这种准时化供货模式，由于完全取消了库存，所以效率最高、成本最低。但是对供应商和核心企业的运作标准化、配合程度、协作精神要求也高，操作过程要求也严格，而且二者的空间距离不能太远。

企业可根据供需双方的实际情况具体选择和实施。

特别提示

联合库存管理是一种风险分担的库存管理模式,它是指供应链成员企业共同制订库存计划,并实施库存控制的供应链库存管理方式。联合库存管理强调双方同时参与,使供应链过程中的每个库存管理者(供应商、制造商、分销商)都从相互之间的协调性考虑,保持供应链相邻的两个节点之间的库存管理者对需求的预期一致,从而消除了需求变异放大现象。

阅读案例 8-2

襄汉公司联合库存管理[①]

襄汉公司成立于 1993 年,是一家大型设备制造企业,主要生产举重机械设备和混凝土设备,如汽车举重机、混凝土运输车等。公司产品品种多,结构复杂,所需要的零部件和所用的材料种类多,库存物料品种多,库存管理难度大。

1. 襄汉公司库存管理存在的问题

(1) 库存管理多级化。

襄汉公司没有成立统一的物流中心,没有建立大型立体化仓库,没法对物料的采购、运输、仓储、配送进行统一管理。销售、制造、计划、采购、运输和仓储等的控制系统和业务过程各自独立,相互之间缺乏业务合作,从而导致多级库存。物流部门控制原材料、外协件和外购配件的库存,制造和生产部门控制原材料到成品的转化过程的半成品库存和自制件库存,销售公司和售后服务中心分别控制成品库存和备件库存。物料由物流部门的仓库或制造部门的仓库流向售后服务中心的仓库,再流到各地服务中心办事处的仓库,形成多级库存管理,增加了库存占用资金和物流环节,延长了物流的周期。

(2) 库存质量控制成本高。

襄汉公司生产所需要原材料和零部件绝大多数来自对外采购和对外协作,所需物料种类和规格型号多,企业供应商数量多,分布范围广,质量标准不一,因此就增加了襄汉公司产品质量控制的工作量,增加了检测人员及检测设备,从而导致库存质量控制成本高。与此同时,襄汉公司的部分供应商是单一的加工企业,自身没有产品研发能力和质量保障能力,产品的质量较差,为了保证产品质量,襄汉公司同样需要增加质量检测人员、检测设施和检测时间,从而也导致了公司库存质量控制成本居高不下。

(3) 库存持有成本高。

襄汉公司的各个事业部或分公司都有自己的仓储系统,单独进行库存管理。仓库、货场、设施和设备没有进行统一规划、统一管理,没有得到充分利用,增加了库存的空间成本。由于仓库没有统一管理,公司不同的仓库持有同一种物料库存,同时物料信息不共享,难以调节不同部门库存物料的余缺,导致库存占用资金增多,从而就增加了库存的资金成本;由于缺少集中的仓储中心仓库,不能集中仓储和配送,为了保证对生产过程的连续供应,部分工厂或车间都建立了材料和半成品库,就会增加公司库存数量、延长库存周转时间,从而也会导致库存占用资金增多,增加库存的资金成本;由于仓库多,管理人员也就多,整体工作效率低,人员工资和办公费用多,提高了库存的管理成本。此外,由于部分外购产品质量差,需要相应增加保险储备,从而增加了库存占用资金和库存持有成本。

---

① https://www.youshang.com/content/2010/05/26/14516.html,2010-05-26.

2. 襄汉公司联合库存管理实施策略

公司总部设立一个总库作为产品和原材料储备中心，并按照地理位置在全国范围内分片设立5个地区中心仓库，分别为东北区分库、华北区分库、华东区分库、西南区分库、华南区分库，其库存全部为总库库存，由总部商务部统一调配。

总库和分库要建立基于标准的托付订单处理模式，首先要总库和分库一起确定供应商的订单业务处理过程中所需的信息和库存控制参数，然后建立一种订单处理的标准模式，把订货、交货和票据处理各个业务功能交给总部处理。其次，需要建立网络，使分销商能够定期跟踪和查询到计算机的库存状态，从而快速地响应市场的需求变化，对企业的生产(供应)状态做出相应的调整。为此，需要建立一种能够使总库和分销商的库存信息系统透明连接、可以实现查询目的的方法。最后，为实现与供应商的联合库存，总部应提供ID代码、条形码、条形码应用标识符、EDI或Internet等支持技术。

另外，为了使联合库存管理顺利实施，同时使企业更加集中于自己的核心业务，公司决策层选择了物流外包方式。在全国范围内筛选了三家资质优良、实力雄厚的第三方物流企业，负责公司所有的物流业务。

(1) 原材料联合库存。

为公司供应原材料的供应商将生产的成品直接存入公司(核心企业)的原材料库中，变各个供应商的分散库存为公司集中库存。集中库存要求供应商的运作方式是：按公司的订单组织生产，产品完成时，立即实行小批量多频次的配送方式直接送到公司的仓库补充库存。公司库存控制的管理重点是：既保证生产需要，又要使库存成本最小，还要为分销商发好货。具体的操作程序是：第一，分析公司原材料供应商的资质状况，从中筛选出符合公司技术条件要求的供应商，并确定为合作伙伴，合作伙伴分一级伙伴和二级伙伴，二级伙伴为补充。第二，与确定的合作伙伴签订联合库存控制管理协议。协议内容包括：责任、义务、利益。公司生产需求计划(数量、时间)传递给供应商，供应商组织生产，生产后按量、按时配货发给公司。公司生产使用或按供应商指示发给其他用户。第三，加强公司联合库存控制管理既保证账、卡、物相符，又要保证不损坏变质。第四，搞好管理人员技术培训，提高业务素质。第五，加强领导，精心组织，专人负责。

(2) 产销联合库存。

公司总库承担产品储备中心的职能，相当于整个全国分库的供应商。在分库所辖区域内，设立地区中心仓库，承担各分销商产品供应工作。中心仓库的库存产品由公司总库配送或分销商代储。中心仓库的管理人员由总部指派，负责产品的接收、配送和管理。各中心仓库在联合库存协调管理中心即商务总库的领导下，统一规范作业程序，实时反馈产品需求信息，使联合库存协调中心能够根据进、出库动态信息，了解产品供应情况，充分利用现有资源，合理调配，提高发货速度，以最低的消耗，实现最大收益，及时准确保证分销商及市场的需求。

建立产销联合库存关键是：第一，按照分销商的购货要求，及时、准确、安全地把产品配送到用户手上；第二，做好售后服务、技术资料提供、施工技术指导、施工人员培训；第三，处理好分销商相关信息反馈。

8.3 供应链多级库存概述

VMI和JMI是对供应链的局部优化控制，是对供应链库存管理简单的、单级的优化控制，而要实现供应链的集成化管理则需要对供应链进行全局化优化与控制，因此就必须采用多级库存优化与控制方法。多级库存优化与控制是供应链资源的全局性优化。

8.3.1 供应链多级库存的基本思想及控制方法

1. 供应链多级库存的基本思想

供应链管理的目的是使整个供应链各个阶段的库存最小。但是，现行的企业库存管理模式是从单一企业内部的角度去考虑库存问题，因而并不能使供应链整体达到最优。

供应链管理把供应链中所有节点看成一个整体，覆盖了整个物流的、从供应商到最终用户的采购、制造、分销、零售等职能领域的全过程。供应链多级库存正是基于这种系统观点下来进行研究的。著名学者 Clark 和 Scarf 最早提出了"级库存"的概念：供应链的级库存＝某一库存节点现有的库存＋转移到或正在转移给后续节点的库存。他们同时指出：对于一条完整的供应链条，库存是多级的，检查库存状态时不仅要检查本库存节点的库存数据，而且要检查其下游需求方的库存数据。因此供应链的库存管理不同于传统的企业库存管理，是一种多级库存的控制问题。

多级库存系统与单级库存系统既有联系又有区别，单级库存系统是构成多级库存系统的基础，因此多级库存的优化与控制是在单级库存控制的基础上形成的。多级库存系统根据不同的配置方式，有串行系统、并行系统、纯组装系统、树形系统、无回路系统和一般系统。

供应链多级库存的结构是多样的，图 8.5 给出了一个供应链多级库存的一般结构。

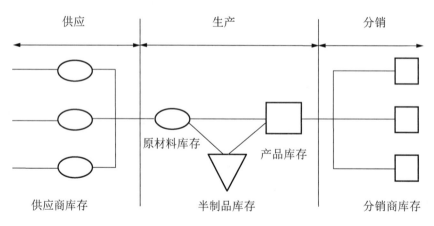

图 8.5 供应链多级库存结构示意图

多级库存管理较适合用于大规模生产组装型企业，其特点是：下游有多个分销商，上游有多个供应商，原材料和产成品等物流量较一般企业更大，其将作为核心企业实施多级库存优化与控制。

实施多级库存优化的首要任务是明确控制目标，使供应链库存成本最小。它体现了集成的、多级库存控制的思想，特别是在输入库存信息时，要采用新的"级库存"概念。

2. 供应链多级库存的控制方法

供应链多级库存的控制方法有两种：一种是非中心化(分布式)策略，另一种是中心化(集中式)策略。非中心化策略是各个库存点独立地采取各自的库存策略，这种策略在管理上比较简单，但是并不能保证产生整体的供应链优化，如果信息的共享度低，多数情况产生的是次优的结果，因此非中心化策略需要更多信息共享。中心化策略中，所有库存点的控制参数是同时决定的，考虑了各个库存点的相互关系，通过协调的办法获得库存的优化。但是中心化策略在管理上协调的难度大，特别是供应链的层次比较多，即供应链的长度增加时，更增加了协调控制的难度。

8.3.2 供应链多级库存控制考虑的问题

供应链的多级库存控制应考虑以下几个问题。

1. 库存优化的目标是什么？成本还是时间？

传统的库存优化无一例外地是进行库存成本优化，在强调敏捷制造、基于时间的竞争条件下，这种成本优化策略是否适宜？供应链管理的两个基本策略：ECR 和 QR，都集中体现了顾客响应能力的基本要求，因此在实施供应链库存优化时要明确库存优化的目标是什么，成本还是时间？成本是库存控制中必须考虑的因素，但是，在现代市场竞争的环境下，仅优化成本这样一个参数显然是不够的，应该把时间(库存周转时间)的优化也作为库存优化的主要目标来考虑。

2. 明确库存优化的边界

供应链库存管理的边界即供应链的范围。在库存优化中，一定要明确所优化的库存范围是什么。供应链的结构有各种各样的形式，有全局的供应链，包括供应商、制造商、分销商和零售商各个部门；有局部的供应链，分为上游供应链和下游供应链。在传统的所谓多级库存优化模型中，绝大多数的库存优化模型是下游供应链，即关于制造商(产品供应商)——分销中心(批发商)——零售商的三级库存优化。很少有关于零部件供应商——制造商之间的库存优化模型，在上游供应链中，主要考虑的问题是关于供应商的选择问题。

3. 多级库存优化的效率问题

理论上讲，如果所有的相关信息都是可获取的，并把所有的管理策略都考虑到目标函数中去，中心化的多级库存优化要比基于单级库存优化的策略(非中心化策略)要好。但是，现实情况未必如此，当把组织与管理问题考虑进去时，管理控制的幅度常常是下放给各个供应链的部门独立进行，因此多级库存控制策略的好处也许会被组织与管理的考虑所抵消。因此简单的多级库存优化并不能真正产生优化的效果，需要对供应链的组织、管理进行优化。否则，多级库存优化策略效率是低下的。

4. 明确采用的库存控制策略

在单库存点的控制策略中，一般采用的是周期性检查与连续性检查策略。在周期性检查库存策略中主要有(nQ，s，R)、(S，R)、(s，S，R)等策略，连续库存控制策略主要有(s，Q)和(s，S)两种策略。这些库存控制策略对于多级库存控制仍然适用。但是，到目前为止，关于多级库存控制，都是基于无限能力假设的单一产品的多级库存，对于有限能力的多产品的库存控制是供应链多级库存控制的难点和有待解决的问题。

8.3.3 供应链多级库存优化与控制

下面我们分别从时间优化和成本优化的角度分别探讨多级库存的优化控制问题。

1. 基于成本优化的多级库存控制

基于成本优化的多级库存控制实际上就是确定库存控制的有关参数：库存检查期、订货点、订货量。

在传统的多级库存优化方法中，主要考虑的供应链模式是生产-分销模式，也就是供应链的下游部分。现在需要把问题推广到整个供应链的一般情形。在库存控制中，考虑集中式(中心化)和分布式(非中心化)两种库存控制策略情形。在分析之前，首先确定库存成本结构。

(1) 供应链的库存成本结构。

供应链上库存成本主要包括以下几部分。

① 维持库存费用(Holding Cost) C_h。供应链的每个阶段都需要维持一定的库存，以保证生产、供应的连续性。这些库存维持费用包括资金成本、仓库及设备折旧费、税收、保险金等。维持库存费用与库存价值和库存量的大小有关，其沿着供应链从上游到下游有一个累积过程(共设有 n 级库存)，如图 8.6 所示。

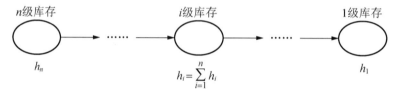

图 8.6 供应链维持库存费用的累积过程

h_i 为单位周期内单位产品(零件)的维持库存费用。如果用 v_i 表示 i 级库存量，那么，整个供应链的库存维持费用为：

$$C_h = \sum_{i=1}^{n} h_i v_i \tag{8-1}$$

如果是上游供应链，则维持库存费用是一个汇合的过程，而在下游供应链，则是分散的过程。

② 交易成本(Transaction Cost) C_t。交易成本是指在供应链企业之间的交易合作过程中产生的各种费用，包括谈判要价、准备订单、商品检验费用、佣金等。交易成本随交易量的增加而减少。交易成本与供应链企业之间的合作关系有关。通过建立一种长期的互惠合作关系有利于降低交易成本，战略伙伴关系的供应链企业之间交易成本是最低的。

③ 缺货损失成本(Shortage Cost) C_s。缺货损失成本是由于供不应求，即库存 v_i 小于零的时候，造成市场机会损失以及用户罚款等。缺货损失成本与库存大小有关。库存量大，缺货损失成本小；反之，缺货损失成本高。为了减少缺货损失成本，维持一定量的库存是必要的，但是库存过多将增加维持库存费用。在多级供应链中，提高信息的共享程度、增加供需双方的协调与沟通有利于减少缺货带来的损失。

供应链上总的库存成本 C 应为以上三部分的加总，即

$$C = C_h + C_t + C_s \tag{8-2}$$

多级库存控制的目标就是优化总的库存成本 C，使其达到最小。

(2) 基于成本的多级库存控制策略。

下面我们分别针对多级库存的控制策略的中心化控制策略和非中心化策略进行说明。

① 中心化库存控制。目前关于多级库存的中心化控制的策略探讨不多，采用中心控制的优势在于能够对整个供应链系统的运行有一个较全面的掌握，能够协调各个节点企业的库存活动。中心化控制是将控制中心放在核心企业上，由核心企业对供应链系统的库存进行控制，协调上游与下游企业的库存活动。这样核心企业也就成了供应链上的数据中心(数据仓库)，担负着数据的集成、协调功能，如图 8.7 所示。

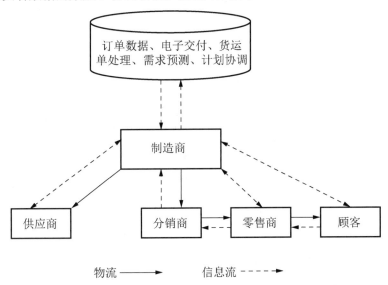

图 8.7 供应链中心化库存控制模型

中心化库存优化控制的目标是使供应链上总的库存成本最低，即

$$\min TC = \sum_{i+1}^{m} \{C_{hi} + C_{ti} + C_{si}\} \tag{8-3}$$

理论上讲，供应链的层次是可以无限的，即从用户到原材料供应商，整个供应链是 n 个层次的供应链网络模型，分一级供应商、二级供应商……k 级供应商，然后到核心企业(组装厂)；分销商也可以是多层次的，分一级分销商、二级分销商、三级分销商等，最后才到用户。但是，现实的供应链的层次并不是越多越好，而是越少越好，因此实际供应链的层次并不很长，采用供应—生产—分销这样的典型三层模型就足以说明供应链的运作问题。图 8.8 为三级库存控制的供应链模型。

各个零售商的需求 D_{it} 是独立的，根据需求的变化做出的订货量为 Q_{it}，各个零售商总的订货汇总到分销中心，分销中心产生一个订货单给制造商，制造商根据产品决定生产计划，同时对上游供应商产生物料需求。整个供应链在制造商、分销商、零售商三个地方存在三个库存，这就是三级库存。这里假设各零售商的需求为独立需求，需求率 d_i 与提前期 LT_i 为同一分布的随机变量，同时系统销售同一产品，即为单一产品供应链。这样一个三级库存控制系统是一个串行与并行相结合的混合型供应链模型，建立如下的控制模型

$$\min\{C_{mfg} + C_{cd} + C_{rd}\} \tag{8-4}$$

式中，C_{mfg}——制造商的库存成本；
　　　C_{cd}——分销商的库存成本；
　　　C_{rd}——零售商的库存成本。

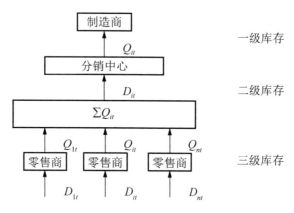

图 8.8　中心化三级库存控制模型

至于订货策略，原则上可以采用连续检查也可以采用周期性检查，但两种方法各有特点。关键是采用传统的订货策略有关参数的确定和供应链环境下的库存参数应有所不同，否则不能反映多级库存控制的思想。因此，不能按照传统的单点库存控制策略进行库存优化，必须寻找新的方法。

要体现供应链集成控制思想，可以采用级库存取代点库存。因为点库存控制没有考虑多级供应链中相邻的节点的库存信息，因此容易造成需求放大现象。采用级库存控制策略后，每个库存点不再是仅检查本库存点的库存数据，而是检查处于供应链整体环境下的某一级库存状态。级库存策略的库存决策是基于完全对其下游企业的库存状态掌握的基础上，因此避免了信息扭曲现象。建立在 Internet 和 EDI 技术基础上的全球供应链信息系统，为企业之间的快速信息传递提供了保证，因此，实现供应链的多级库存控制是有技术保证的。

② 非中心化的多级控制策略。非中心化多级库存控制策略是把供应链的库存控制分为三个成本归结中心，即制造商成本中心、分销商成本中心和零售商成本中心，各自根据自己的库存成本优化做出优化的控制策略，如图 8.9 所示。

非中心化的库存控制要取得整体的供应链优化效果，需要增加供应链的信息共享程度，使供应链的各个部门都共享统一的市场信息。非中心化多级库存控制策略能够使企业根据自己的实际情况独立做出快速决策，有利于发挥企业自己的独立自主性和灵活机动性。

非中心化库存订货点的确定，可完全按照单点库存的订货策略进行，即每个库存点根据库存的变化，独立地决定库存控制策略。非中心化的多级库存优化策略，需要企业之间的协调性比较好，如果协调性差，有可能导致各自为政的局面。

2. 基于时间优化的多级库存控制

基于成本优化的多级库存优化方法是传统的做法。随着市场变化，市场竞争已从传统的、简单的成本优先的竞争模式转为时间优先的竞争模式，这就是敏捷制造的思想。因此供应链的库存优化不能简单地仅优化成本。在供应链管理环境下，库存优化还应该考虑对时间的优化,比如库存周转率的优化、供应提前期优化、平均上市时间的优化等。库存时间过长对于产品的竞争力不利,因此供应链系统应从提高用户响应速度的角度提高供应链的库存管理水平。

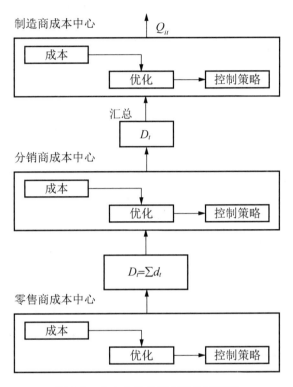

图 8.9　非中心化多级库存控制策略

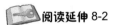 **特别提示**

　　VMI 和 JMI 是对供应链的局部优化控制,而多级库存优化与控制才能够实现供应链资源的全局性优化。供应链的级库存 = 某一库存节点现有的库存 + 转移到或正在转移给后续节点的库存。供应链多级库存可以从成本优化和时间优化的角度进行控制。

阅读延伸 8-2

汽车售后配件供应链的多级库存优化[①]

　　汽车售后配件的信息流、物流、资金流经过"整车厂(售后配件的供应商)-配件配送中心-经销商-最终用户"几个环节,形成了一个完整的汽车售后配件供应链。供应链上的所有加盟企业都要保持一定的库存,以保证配件供应的连续性,构成多级库存,因此汽车售后配件供应链是一个典型的多级库存结构。

---

① http://info.10000link.com/ newsdetail.aspx?doc=2010081490039,2010-08-14.

1. 优化目标

在汽车售后配件供应链的库存控制中，成本是一个必须考虑的因素，成本优化是企业永远应该追求的目标。但是现在售后配件供应链的竞争更加强调时间竞争，强调对顾客需求的及时满足。因此库存优化的目标仅仅优化成本这一个参数显然是不够的，应该把时间的优化作为库存优化的主要目标来考虑，从提高用户响应速度的角度提高供应链的库存管理水平。

汽车售后配件库存时间过长会影响质量，例如有些金属配件会因为库存时间过长而腐蚀和生锈，塑料器件、橡胶制品、车内使用的电线因库存时间过长会出现老化等。有些大型配件库存时间过长，会长期占用较大的仓库面积，影响仓库的使用率。库存时间过长还会产生高额的库存维持费用。因此缩短库存时间，既有利于减少库存，降低库存成本，又有利于库存控制。由于供应链节点企业的位置不同，距离不同，售后配件的交接、储存、运输的时间耗费巨大。供应链越长，物流时间越长，库存周期越长，库存量越大。缩短节点企业之间的物流时间，可以减少不必要的库存，提高企业对顾客需求的响应速度。

供应提前期是多级库存时间优化的重要指标。在汽车售后配件供应领域，优先级最高的是供应提前期。由于汽车厂商不允许经销商外购售后配件，及时供货就更加重要。

2. 时间优化策略

信息共享是实现多级库存时间优化的前提条件和基础。在汽车行业，整车厂拥有关于配件属性、库存分布、库存水平、库存消耗速度等数据，经销商拥有关于汽车和配件的故障率信息、客户的需求、配件库存和消耗水平等数据，而这些信息都存在于多个分散的、互不兼容的系统中，给数据交换和信息整合带来了困难。

建立以整车厂为中心的共享数据库系统，这个系统包括从汽车 4S 店实时收集配件需求，对各地区的配件库存进行实时调度，向整车厂下达配件订单等多方面的功能。以整车厂为核心的信息网络，基于 Web 方式提供集中式运用，直接表现为面向供应链的各节点企业的综合门户。供应链各节点企业都能够在系统中，迅速获得各自所需要的信息，实现了信息共享。

运用协同库存管理模式，保证售后配件及时供应。缩短交货期，保证及时供应是售后配件多级库存时间优化的一个重要方面。

建立合理的配件网络，缩短节点企业间的物流时间。在整个配件网络中，配件配送中心根据对本地区配件需求的预测保持必要的库存以确保经销商的需求。一旦发生需求，订单通过电子网络传送到配送中心，然后委托第三方物流公司快速送到经销商仓库。通过分级管理方式，实现了小批量、多批次的配件供应，从而加速从供应商到经销商的发运过程，提高了配件业务运转速度，缩短了交货期。

在配件网络中还要充分发挥第三方物流的作用。根据国外的一项研究报告，整车厂借助第三方物流，配件库存周转率提高 7%，准时交货率达到 90%，缺货比例可降低 80%。

运用先进的仓库管理技术和现代化的仓库设备，提高仓库管理效率。目前，国外一些大型汽车厂商运用仓库管理系统(WMS)对库存配件实施实时控制。WMS 能够将入仓库管理流程的各个业务集成起来，通过无线数据终端或视频显示终端、条码系统、无线射频识别等信息技术，对收货、储存、订单处理、拣选、发货等环节的工作提供灵活、有效和自动的支持，提高了仓库作业效率。

配置现代化的装卸搬运设备、检测设备、储存设备、分拣设备、计量设备和流通加工设备，也提高仓库作业效率，节省人力和时间，降低库存成本。

利用信息技术，建立信息快速通道，保证信息实时传递。压缩信息提前期的有效方法是利用信息技术，建立信息快速通道，将售后配件的市场需求信息同时流向供应链的各节点企业，保证了信息的及时和准确。

【8-6 拓展视频】

本 章 小 结

供应链管理环境下的库存控制存在的主要问题有三大类：信息类问题、供应链的运作问题、供应链的战略与规划问题。

"牛鞭效应"是需求信息扭曲的结果，当供应链的各节点企业只根据来自其相邻的下级需求信息进行生产或供应决策时，需求信息的不真实性会沿着供应链逆流而上，产生逐级放大的现象。"牛鞭效应"的直接后果就是库存大量增加，从而导致库存成本增加。

供应链中不确定性表现为衔接的不确定性和运作的不确定性。在不确定性存在的情况下，高服务水平必然带来高库存水平。

VMI 是按照双方达成的协议，由供应链的上游企业根据下游企业的物料需求计划、销售信息和库存量，主动对下游企业的库存进行管理和控制的供应链库存管理方式。

JMI 是一种风险分担的库存管理模式，它是指供应链成员企业共同制订库存计划，并实施库存控制的供应链库存管理方式。

VMI 和 JMI 是对供应链的局部优化控制，而多级库存优化与控制才能够实现供应链资源的全局性优化。供应链的级库存＝某一库存节点现有的库存＋转移到或正在转移给后续节点的库存。供应链多级库存可以从成本优化和时间优化的角度进行控制。

关键术语

牛鞭效应(Bullwhip Effect)
不确定性(Uncertainty)
供应商管理库存(Vendor Managed Inventory)
联合库存管理(Joint Managed Inventory)
多级库存(Multi-echelon Inventory)

综 合 练 习

一、填空题

1. 目前供应链管理环境下的库存控制存在的主要问题有三大类：_____、_____、_____。
2. 供应链中不确定性表现为_____和_____。
3. 实施 VMI 的基础是_____，建立基于标准的托付订单处理模式。
4. _____是实施供应商管理用户库存的关键。
5. 联合库存管理是一种_____的库存管理模式。
6. 多级库存控制的方法有两种：_____和_____。
7. 供应链多级库存可以从_____和_____的角度进行优化控制。

二、名词解释

牛鞭效应　　供应商管理库存　　联合库存管理

三、简答题

1. 简述供应链管理环境下存在的库存问题。
2. 简述"牛鞭效应"产生的原因。
3. 简述供应链不确定性对库存的影响。
4. 简述供应商管理库存的原则。
5. 简述供应链联合库存管理的模式。

四、思考讨论题

1. 比较分析供应商管理库存与联合库存管理。
2. 如何实施基于成本优化的供应链多级库存控制策略？

案例分析

拉夏贝尔的库存之伤[①]

拉夏贝尔一度被认为是最有可能成为"中国 ZARA"的品牌，但万万没想到的是，这家昔日的服装明星经营状况突然急转直下，在 2019 年大规模清仓关店，全年关闭约 4400 家门店。

2020 年 1 月 21 日晚间，拉夏贝尔发布 2019 年年度业绩预亏公告。经财务部门初步测算，预计公司 2019 年度归属于上市公司股东的净利润为-21 亿~-16 亿元。此外，拉夏贝尔预计公司 2019 年度归属于上市公司股东的扣除非经常性损益的净利润为-22 亿~-17 亿元。

邢加兴是白手起家。他 1972 年出生于福建省南平市浦城，据说 21 岁的时候母亲让其去城里买树苗，走到城里看到服装印压培训班就报了名，想学点技术，就这么入了行。

培训班结业后，邢加兴去了一家服装厂，后来又去北京服装学院学了半年服装设计。学成后他回到原公司做起了销售。但当老板希望他去武汉开分公司的时候，他放弃了这份工作，跟随朋友去了上海创业做服装代理。

1998 年，服装代理工作很难继续扩张，邢加兴便想创立自己的品牌——LaChapelle，法语意为小教堂。

拉夏贝尔定位于大众消费市场，是一家快时尚、多品牌、全直营的时装集团，旗下一度拥有 La Chapelle、Puella、Candie's、7m、La Babité、POTE、JACKWALK、O.T.R 等多个服饰品牌。ZARA 还没进入中国时，邢加兴就提出要做中国版 ZARA 的目标。

2012 年拉夏贝尔提出"多品牌、直营为主"的扩张战略，并于 2014 年 10 月登陆港股市场。至 2017 年 9 月回归 A 股之时，据招股书披露，截至 2017 年 6 月 30 日，拉夏贝尔在全国已建立了 9066 个线下零售网点，几乎全部实行全直营模式。当年它的营收曾经达到 104.46 亿元，是国内营收最高的女装上市企业。

截至 2017 年年底，拉夏贝尔线下门店继续增加至 9448 个，重点布局二、三线城市门店。与此同时，拉夏贝尔还在扩张，收购法国 NafNafSAS 等企业。

---

① http://news.efu.com.cn/newsview-1293499-1.html,2020-02-04.

2012 年至 2017 年，公司直营网点数量从 1841 个增加至 9448 个，相应的营业收入从 2011 年的 18.64 亿元增长至 2017 年的 104.46 亿元。

危机孕育于繁盛之中。到了 2018 年，危机全面爆发。行业调整期到来，拉夏贝尔没能及时收缩。扩张带来的除了居高不下的成本，还有巨量的库存。

2018 年以来拉夏贝尔的经营状况并不理想，加上之前快速开店扩张形成的大规模库存，给公司现金流带来极大压力。2018 年，拉夏贝尔净利润亏损近两亿元。

在服装行业中，库存是企业最难承受的压力。而拉夏贝尔的中期业绩报告也显示，截至 2019 年 6 月 30 日，拉夏贝尔存货的账面价值高达 21.6 亿元。

拉夏贝尔不是唯一的案例，也不是最惨痛的一个，但它的教训足以引发行业的深度思考，规模化的国民服装品牌究竟有何生存法则？

问题讨论：

1. 阅读案例分析拉夏贝尔库存问题因何而来？
2. 结合供应链管理环境下库存控制相关理论，试分析拉夏贝尔应如何寻找生机？

第 9 章　供应链风险管理

【学习重点】

- 供应链风险管理
  - 供应链风险的含义
  - 供应链风险的来源
    - 供应链内部因素
    - 供应链外部因素
  - 供应链风险的类型
    - 按供应链管理层次划分
    - 按照供应链管理的目标划分
    - 按照供应链系统的构成划分
    - 按照供应链过程划分
    - 按照风险的来源划分
    - 其他划分
  - 供应链风险的特点
    - 传递性
    - 多样性和复杂性
    - 此消彼长
    - 局部实际运作性
  - 供应链风险识别
  - 供应链风险评估
  - 供应链风险管理与防范策略
    - 供应链风险规划
    - 供应链风险控制
    - 供应链风险监视
  - 供应链的韧性与可持续发展
    - 供应链韧性的含义及其研究现状
    - 可持续供应链管理体系构建与实施要点

供应链风险管理 第9章

【教学目标】

通过本章的学习，使学生正确理解供应链风险的含义与来源；重点掌握供应链风险的管理与防范策略；熟悉供应链风险的识别、评估，与可持续供应链管理体系的构建与实施要点；了解供应链风险的类型及特点，供应链韧性与研究现状；树立诚实守信、协同合作、共抗风险的意识。

导入案例

1993 年，日本半导体原料供货商——住友化工的工厂发生大爆炸，对全球半导体供货产生严重影响。2000 年，中国台湾地区发生大地震，造成全球计算机配件价格上涨。同年，美国新墨西哥州飞利浦公司第 22 号芯片厂发生火灾，烧毁正准备生产的数百万个芯片。这家工厂是爱立信供应链中的一环，为爱立信提供多种重要的芯片，由于没有其他的后备供应商，爱立信不得不把生产外包。当几月后工厂恢复生产时，爱立信已经损失了 4 亿美元的销售额，市场份额也由此前的 12%降至 9%。2002 年 9 月，美国西海岸发生大罢工，港口关闭两周，由于美国西海岸是中远集团进入美国的主要门户，中远集团到达美国的集装箱船无法卸货返航，这使得中远集团两周内至少损失 2400 万美元，同时中远集团的客户也因此损失惨重。2005 年年初，"苏丹红"事件震惊中国，除了以"苏丹红"为食品添加剂的生产商损失惨重，以其为纽带的原料供应商、产品分销商、零售商都遭受了不同程度的损失。如肯德基中国 1200 家店在这一事件中 4 天至少损失进账 1200 万元。2010 年，冰岛的火山爆发影响了数以百万计的航空乘客，以及高时效性的航空运输。2011 年在日本发生的严重海啸不仅夺去许多人的生命，还使世界的汽车工业停滞了好几个月。泰国 2011 年的洪水影响了依赖硬盘的计算机生产商的供应链，同时也影响了在泰国设有工厂的日本汽车生产商的供应链。2020 年 1 月 19 日，突如其来的新冠肺炎疫情，迅速席卷全球，全球供应链面临重创。

由于各企业之间的联系越来越紧密，因此其中任一环节出现问题，都将对整个供应链产生巨大的影响。究其根源，大多供应链故障的发生都是因为供应和需求的中断，而中断原因可能是自然灾害、人为错误、客户消费习惯的改变、技术失败、财务困境、意外事故等。经济全球化在为全球带来利益的同时，也带来了更多的风险。供应链系统的内部风险和外部风险将影响供应链的持续安全运作及响应客户和满足客户的能力，这使供应链的风险管理成为全新而又急迫的重要课题。本章就与大家共同了解供应链风险的相关问题。

9.1 供应链风险的含义与来源

9.1.1 供应链风险的含义

供应链风险是以供应链理论和风险理论为基础，并随着供应链管理理论和风险管理理论的发展而发展起来的。因此要理解供应链风险，首先要对风险有充分的认知。

1. 风险概述

(1) 风险的含义。

不同的学科领域对于风险的理解和分析角度不同，因此目前对于风险的定义还没有形成统一的认识。关于风险的定义主要集中在两点：一是风险是由不确定性引发的损失或危险，二是风险是指实际结果与预期结果相背离从而产生损失。

(2) 风险的特征。

① 客观性。风险是由客观存在的自然现象和社会现象引起的，是不以人的意志为转移的。人类只能发现、认识和利用这种规律，而不能改变。

② 偶然性。风险虽然是客观存在的，但是就某一风险而言，是一种随机现象。在发生之前，人们无法准确地预测风险何时会发生，以及其发生的后果，因为导致任一具体风险的发生，必然是很多因素共同作用的结果，而每一因素的出现，其相互间又没有任何联系，许多因素的出现本身就是偶然的。风险的偶然性意味着在时间上具有突发性，在后果上往往具有灾难性。

③ 动态性。风险的变化，有量的增减，也有质的改变，还有旧风险的消亡与新风险的产生。就整体而言，随着科学技术的进步，社会的发展，人类面临的风险越来越多、越来越复杂，动态性越来越强。

④ 普遍性。随着科学技术的发展和社会的进步，风险不是减少了，而是增加了。风险事故造成的损失也越来越大，如企业面临着的自然风险、市场风险、技术风险、破产风险等。风险渗入社会的方方面面，无处不在。

(3) 风险管理。

风险管理的概念，可以从以下几个方面进行理解：风险管理核心是降低损失；风险管理的对象涉及纯粹风险和投机风险；风险管理单位是风险管理的主体；风险管理过程是决策过程。总之，风险管理是研究风险发生规律和风险控制技术的一门新兴管理科学，是各经济单位通过风险识别、风险衡量、风险评估、风险处理等方式，对风险实施有效控制和妥善处理损失的过程。风险管理作为一门管理科学，具有管理学的计划、组织、协调、指挥、控制等职能，同时又具有自身独特的功能。

风险管理的基本程序包括风险识别、风险评价、风险管理计划的执行、风险管理效果检查与评价四个阶段。四个阶段周而复始，构成了一个风险管理周期循环的过程。

2. 供应链风险的含义

供应链是由多个企业构成，从原材料的供应开始，经过链中各种企业的加工制造、组装、分销等过程直到最终用户，不仅是一条连接供应商到用户的物料链、信息链、资金链，而且是一条增值链。供应链系统的庞大和复杂，使供应链上风险的界定变得相当困难。随着供应链管理理念的广泛应用，供应链风险问题也越来越引起学术界关注，国内外学者都尝试从不同的角度来进行研究。

综合国内外学者的观点，我们为供应链风险的定义提出一个基本框架：供应链风险是由于供应链内外的不确定因素，包括供应链上成员、市场环境、政策环境及自然条件等不确定性的存在带来的潜在威胁，可能会给供应链带来影响甚至破坏。

因此，供应链的风险也同样可以理解为由于不确定性的存在引发的供应链运行的实际结果偏离预期目标而产生的损失。供应链风险的存在增加了企业供应链管理的难度,而有效的风险管理是保障供应链正常运转的必要条件,因此有必要对供应链风险进行细致的了解。

特别提示

> 供应链风险是由于供应链内外的不确定因素,包括供应链上成员、市场环境、政策环境及自然条件等不确定性的存在带来的潜在威胁,可能会给供应链带来影响甚至破坏。

9.1.2 供应链风险的来源

对于供应链风险的来源,学者们的分析角度不同,提出的结论也不同。在这里,我们将供应链风险的来源划分为内部因素和外部因素。内部因素即供应链系统内部的不确定因素,如供应链节点企业自身的经营活动及企业间合作等。外部因素则指供应链系统外部环境的不确定因素,包括政治、经济、自然环境等。

1. 供应链内部因素

供应链系统本身的不确定性的存在,会引发供应链风险的产生,具体分析可以包括以下几方面。

(1) 供应链企业之间合作关系引发的风险。

供应链合作伙伴关系中存在的委托—代理问题包括道德风险和逆向选择问题(详见第4章)。道德风险是由于信息的不对称,供应链合约的一方从另一方那里得到剩余的收益,使合约破裂,导致供应链的危机。逆向选择风险是在签约前由于信息的不对称,代理人掌握了委托人所不知道的并且不利于委托人利益的信息,签订了有利于自身利益的契约,并且可能致使委托人受到损害,也即委托人选择了不适合自身情况的代理人而发生的风险。由此可见,在整个供应链管理环境中,由于代理人拥有私人信息,而委托人无法获得这些信息,因此委托人往往比代理人处于一个更不利的位置,代理企业往往会通过增加信息的不对称,从委托合作伙伴那儿得到最大的收益。

(2) 信息传递风险。

由于每个企业都是独立经营和管理的经济实体,供应链实质上是一种松散的企业联盟,当供应链规模日益扩大,结构日趋繁复时,供应链上发生信息错误的机会也随之增多。信息传递延迟将导致上下游企业之间沟通不充分,对产品的生产及客户的需求在理解上出现分歧,不能真正满足市场的需要。同时会产生"牛鞭效应",导致过量的库存。

(3) 生产组织与采购风险。

现代企业生产组织强调集成、效率,这样可能导致生产过程刚性太强,缺乏柔性,若在生产或采购过程的某个环节上出现问题,很容易导致整个生产过程的停顿。

(4) 分销商的选择引发的风险。

分销商是市场的直接面对者。要充分实施有效的供应链管理,必须做好分销商的选择工作。在供应链中,如果分销商选择不当,会直接导致核心企业市场竞争的失败,也会导致供应链凝聚力的涣散,从而导致供应链的解体。

(5) 物流运作风险。

物流活动是供应链管理的纽带。供应链要加快资金流转速度，实现即时化生产和柔性化制造，离不开高效运作的物流系统。这就需要供应链各成员之间采取联合计划，实现信息共享与存货统一管理。但在实际运行中是很难做到这一点的，因此可能导致在原料供应、原料运输、原料缓存、产品生产、产品缓存和产品销售等过程中出现衔接失误，这些衔接失误又可能导致供应链物流不畅通，从而产生风险。例如，运输障碍使原材料和产品不能及时供应，造成上游企业在承诺的提前期内无法交货，致使下游企业的生产和销售受到不利影响。

(6) 企业文化差异产生的风险。

供应链一般由多家成员企业构成，这些不同的企业在经营理念、文化制度、员工职业素养和核心价值观等方面必然会存在一定的差异，从而导致对相同问题的不同看法，采取不一致的工作方法，最后输出不同的结果，造成供应链的混乱。

2. 供应链外部因素

供应链外部环境的不确定性给供应链带来了风险。风险的外部因素来源主要有经济、政治和自然环境等。经济、政治环境是供应链运作的大背景，因此也就构成供应链外部的风险来源。比如国际金融危机的爆发和蔓延，使许多关联性较强的供应链条受到严重冲击，如跨国供应链，以及我国出口品供应链等，都面临了极大的挑战。

(1) 市场需求不确定性风险。

供应链的运作是以市场需求为导向的，供应链中的生产、运输、供给和销售等都建立在对需求准确预测的基础之上。市场竞争的激化，大大增强了消费者需求偏好的不确定性，使准确预测的难度加大，很容易增加整个供应链的经营风险。如果不能获得正确的市场信息，供应链无法反映出不断变化的市场趋势和顾客偏好。一条供应链也会由于不能根据新的需求改变产品和供应物，而不能进入一个新的细分市场。最后，市场机会也会由于不能满足顾客快速交货的需要而丧失。比如新冠肺炎疫情带来的影响持续，使许多国家居民消费水平受到影响，从而影响到了诸多产品供应链。

(2) 经济周期风险。

市场经济的运行轨迹具有明显的周期性，繁荣和衰退交替出现，这种宏观经济的周期性变化，使供应链的经营风险加大。在经济繁荣时期，供应链在市场需求不断升温的刺激下，会增加固定资产投资，进行扩大再生产，增加存货、补充人力，相应地增加了现金流出量。而在经济衰退时期，供应链销售额下降，现金流入量减少，而未完成的固定资产投资仍需大量资金的继续投入。此时市场筹资环境不理想，筹资成本加大。这种资金流动性差的状况就增大了供应链的经营风险。

(3) 政策风险。

当国家经济政策发生变化时，往往会对供应链的资金筹集、投资及其他经营管理活动产生极大影响，使供应链的经营风险增加。例如，当产业结构调整时，国家往往会出台一系列的产业结构调整政策和措施。对一些产业的鼓励，给供应链投资指明了方向；对另一些产业的限制，则会使供应链原有的投资面临着遭受损失的风险，供应链需要筹集大量的资金进行产业调整。

(4) 法律风险。

供应链面临的法律环境的变化也会诱发供应链经营风险。每个国家的法律都有一个逐渐完善的过程，法律法规的调整、修订等不确定性，有可能对供应链运转产生负面效应。

(5) 意外灾祸风险。

这类风险主要为地震、火灾、政治的动荡、意外的战争、自然条件的巨变等，都会引起非常规性的破坏，影响到供应链的某个节点企业，使供应链中企业资金运动过程受阻或中断，使生产经营过程遭受损失，既定的经营目标、财务目标无法实现等，从而影响到整个供应链的稳定。如 2008 年年初，我国南方的雪灾、5 月份四川地区的地震，给许多企业的供应链造成了严重的破坏。而 2020 年新冠肺炎疫情的暴发，对全国乃至全球供应链都产生了巨大的冲击。

特别提示

供应链风险的来源划分为内部因素和外部因素。内部因素即供应链系统内部的不确定因素，如供应链节点企业自身的经营活动以及企业间的合作等。外部因素则指供应链系统外部环境的不确定因素，包括政治、经济和自然环境等。

阅读案例 9-1

苏伊士运河世纪大堵船给全球供应链敲响警钟①

"船、箱、货，全都在错误的地方！"2021 年 3 月下旬，全球供应链上每个环节的从业者都发出类似感叹。

一艘悬挂巴拿马国旗的重型集装箱货轮自 2021 年 3 月 23 日起堵在苏伊士运河航道，让这条最繁忙的运河成了全球经济大循环上的堵点。这艘搁浅巨轮由中国台湾地区长荣海运集团运营，名为"长赐"号，长度约 400 米，宽度约 59 米，运输能力为 22.4 万吨，是世界上最庞大的集装箱巨轮之一。

数据显示，全球海运物流中，约 15% 的货船要经过苏伊士运河，每天约有 190 万桶石油要经过这里。一条承担全球约 15% 海运贸易的"黄金水道"发生拥堵事件，造成的混乱是全方位的：从石油到燃料，从茶叶到咖啡，从玩具到厕纸，从宜家家具到法国橡木，甚至还有十多万头牲畜，一周以来，五花八门的商品货物只能乖乖"趴在"被堵的 360 多艘船上。

堵塞事件还威胁到个别国家的正常运转。据 CNN 报道，叙利亚因石油供应受阻开始实施燃料配给，以保障医院、供水、通信等基础服务能正常运转。甚至美国军方称其军舰活动都受影响。

丹麦"海运情报"咨询公司首席执行官拉尔斯·延森表示，每天约有 30 艘重型货船通过苏伊士运河，堵塞一天就意味着 5.5 万个集装箱延迟交付。德国保险巨头安联集团估算，苏伊士运河堵塞或令全球贸易每周损失 60 亿美元至 100 亿美元。

由于对苏伊士运河海运渠道依赖度较高，欧洲市场已明显感受到物流受阻带来的不便。多家欧洲家居、家电零售商均表示有货物堵在运河中，将导致延迟交付。一旦情况迟迟得不到缓解，可能导致物价上涨。

---

① https://m.gmw.cn/baijia/2021-03-30/1302198756.html，2021-03-30.

全球最大的家居用品零售商、瑞典宜家家居连锁公司证实，搁浅货船上搭载大约110个装有宜家产品的集装箱。宜家公司发言人汉纳·莫德说："这件事对我们供应链的不利影响，取决于救援行动进展及耗费时间。"

不仅零售业"痛"，制造业也一样。国际评级机构穆迪分析，由于欧洲制造业特别是汽车零件供应商，一直奉行"准时制库存管理"以最大化资本效率，不会大量囤积原材料。在这种情况下，物流一旦受阻，可能导致生产中断。

在新冠肺炎疫情冲击下，零售业、制造业原本就是损失较大的行业。随着经济逐步恢复，这些行业刚刚有所恢复，特别是消费者在居家期间有改善生活条件的需求，给零售业带来"曙光"，但运河堵塞让零售商一时"无米下锅"。

9.2 供应链风险的类型与特点

9.2.1 供应链风险的类型

1. 按照供应链管理层次划分

整个供应链网络的运作管理分为三个层次，即战略层、战术层及操作层。相应的供应链中的风险也可分为三个层次，战略层风险、战术层风险及操作层风险。

(1) 战略层风险。

战略层是供应链管理中的最高层，因此战略层风险也是供应链风险中最高层次的风险，也是最具危害性的风险，对全局都会产生影响，严重时还会破坏整个供应链的运作甚至导致其解体。战略层风险主要是指供应链管理人员在制定全局战略规划(采购战略、营销战略、物流战略、新产品战略等)时决策失误或错误而导致的风险。例如，对产品定位、市场预测不准或错误，导致产品设计不完善、产品销路不好、生产计划过多或过少、采购计划不当等；供应链构建时战略性供应商、分销商、物流服务商选择的不当而导致的风险。

(2) 战术层风险。

战术层是供应链管理的中间层。战术层风险是指供应链管理人员在战术选择上不当而造成的风险。相比战略层风险，战术层风险影响面稍小，如节点企业之间的组织、协调关系没有处理好引发的文化差异风险、信息传递风险、利润分配风险、合作信任风险等。

(3) 操作层风险。

操作层风险主要指在供应链运作过程一些实际作业，如运输、配送、包装、装卸、搬运等作业导致发生的局部风险，与战略层风险和战术层风险相比，操作层风险影响面最小，一般只涉及相关的环节，并且能及时挽救，不会对供应链的运作产生较大的影响。

2. 按照供应链管理的目标划分

供应链管理的主要目标包括成本目标、时间目标和质量目标，对应这三种目标可将供应链风险划分为三种类型。

(1) 成本风险。

供应链管理的根本目标就是在保证服务水平前提下降低供应链的总成本。供应链成本风险是指供应链中各环节、各主体在成本的控制上处理不好，导致成本过高，从而使供应链运作困难或受损的风险。此处的成本也是广泛意义上的成本，不仅包括由原材料供应成本、制造成本、销售成本和物流成本决定的最终产品的成本，还包括供应链的运作成本，如合作伙伴的选择进入成本和退出成本，企业间的管理、协调和控制成本，信息传递成本等。

(2) 时间风险。

供应链管理要实现在恰当的时间，将恰当数量的恰当商品送达恰当的地点，交给恰当的客户。可以理解为时间目标包括了数量和地点等目标。涉及此方面的风险即为时间风险。时间风险一般来说都是由于获取信息的不及时、不完整或得到错误信息引起的。供应链时间风险主要指链上各环节或各主体在时间上把握不准而导致整个供应链受损的可能性，如发现机遇的时间较晚、研发时间紧迫、原料供应和配送延迟、生产不及时等导致最终产品上市时间延迟或销售时机错失等。

(3) 质量风险。

经过供应链最终交付给客户的产品或服务应达到客户要求的质量。这要求供应链的采购供应环节、生产加工环节以及物流环节都必须保证产品的质量不受破坏。质量风险是指供应链网络中各主体、各环节在质量上没有严格把关而使供应链的运作受到影响的风险，此处的质量不仅指一般意义上实物的质量还包括各环节的服务质量。实物的质量主要指供应环节供应的原材料、零部件质量，制造环节生产的半成品、产成品质量，分销环节产品的完好状况，产品的质量是供应链生存之本，产品的使用价值是以产品质量为基础的，如果产品质量低劣出现问题，该产品将会缺乏市场竞争力，并很快退出市场；服务质量包括中间各环节的供货服务质量，相关指标如供货的及时性、准确性和完好性等，还包括末端销售环节的售货服务质量，如礼貌友好的售货态度、为顾客进行功能讲解和演示、及时的售后服务等。不论是实物质量还是服务质量出现问题都可能对整个供应链产生或大或小的影响，如对市场需求、品牌声誉、市场竞争力等的影响。质量风险也可进一步细分，如上述的产品质量风险和服务质量风险，或重大质量风险和一般质量风险等。

3. 按照供应链系统的构成划分

按照供应链系统的构成划分，供应链中的风险可分为系统环境风险、系统结构风险、行为主体风险以及协作风险。

(1) 系统环境风险。

系统环境风险是指由环境因素导致的风险。一般环境因素风险包括自然灾害风险、政治风险、经济风险、技术风险、社会文化风险等。对于这些风险，本节将在后面部分做详细介绍。

(2) 系统结构风险。

系统结构风险是指供应链的结构设计不合理可能导致的供应链风险。比如因配送网络设计不合理，造成的部分地区商品缺货、部分地区商品积压。

(3) 行为主体风险。

行为主体风险是指供应链的活动参与行为主体造成的风险。供应链的活动参与主体包括原辅材料的供应商、制造商、销售商及物流服务商等。各参与主体的利益与目标各不相同，各自对任务的理解和采取的行动方式不同，各主体的管理水平、人员素质、企业信誉等也不同。按照行为主体，可将供应链风险进一步划分为供应商风险、制造商风险、销售商风险、物流服务商风险等。

① 供应商风险。供应商风险是指由于其供货不确定引起下游企业无法正常运作或正常运作受到影响，从而使整个供应链有受损的可能性。一般来说，供应商风险主要包括因供货的数量、质量、时间、价格的不确定性引发的缺货风险、质量风险、时间延迟风险及价格风险。其中因供货数量不足或中断引发的缺货风险对整个供应链的运作影响最致命，由于没有原材料输入，制造商不能生产，销售商无货可售，整个供应链的运作都无法进行。如爱立信公司由于其合作伙伴飞利浦的工厂发生火灾，使得手机芯片不能正常供应，最后不得不宣布退出移动电话的直接生产，市场占有率大幅下降，损失至少 4 亿美元。

② 制造商风险。制造商风险是指制造厂商在制造过程中因一些不确定性事件而导致的无法正常制造输出产品或所生产的产品存在缺陷和不足的风险。如因机器故障、关键岗位人员的缺失导致的制造过程中断，不能正常输出产品的风险；或对市场需求预测不准或错误的风险，以致产品设计不完善、技术不成熟或使用不当、最终产品销路不好的风险等。

③ 销售商风险。批发商、零售商处于产品的分销环节，在此统称为销售商。销售商风险主要是指由于其销售过程中不确定性因素引发的销售受阻的风险。如销售网络不健全、定价不当、广告力度不强、服务态度不好、售后服务不及时、促销策略失灵等引发的市场份额不足或下降风险、存货过高导致期末贬值风险、顾客满意度下降风险等。

④ 物流服务商风险。供应链管理注重第三方物流服务商的参与，由其提供整个链或某些环节的物流服务。物流服务商风险指物流服务商在为供应链提供物流服务过程中由于受一些外在和内在因素的影响，导致服务不能正常提供，从而使整个供应链的运作受到影响的可能性。外在原因如自然灾害台风、暴雨、滑坡、地震等使交通阻塞不能正常运送货物；内在原因如运送途中发生交通事故、货物破损、丢失，在库保管中发生火灾、偷盗、破损、变质等风险；另外当供应链采用第三方物流时，还可能导致核心技术和市场知识泄露的风险，从而使企业或供应链的竞争优势被削弱甚至消失。

(4) 协作风险。

协作风险是指由于供应链不同参与主体间的协作关系而造成的风险。供应链是各参与主体的复杂系统，而各主体间由于不能很好地沟通与协作就必然会产生风险。协作风险有很多表现形式，比如合作伙伴间的企业文化与管理模式的冲突、合作伙伴的流动性改变、伙伴的投入和承担的风险与所得收益不一致、伙伴间沟通联络的渠道不畅、合作协议的漏洞造成合作各方权责不明、核心技术或信息外泄、合作伙伴采取的技术思想与技术平台不同导致的技术衔接问题、伙伴间的信息和数据统计口径不一致造成的信息传递不畅或失真、信息系统安全问题、违约信用风险等。

4. 按照供应链过程划分

供应链过程可划分为采购、生产、配送、退货(包括原材料的退货和产品的退货)几个阶段，相应的各阶段存在的风险可分为采购风险、生产风险、配送风险、退货风险。

5. 按照风险的来源划分

按照前面供应链风险来源的不同，此处我们将供应链中的风险分为内生风险和外生风险，即由供应链系统内部因素造成的风险和外部因素造成的风险。

(1) 内生风险。

由于供应链系统内部因素造成的风险包括合作关系风险、管理决策风险、信息共享风险、操作流程风险、财务风险、人力资源风险等。

① 合作关系风险。供应链节点企业之间在合作关系基础上进行着一系列的经营活动，在合作关系以及经营活动中都存在着不确定性，从而为供应链带来风险。

A. 激励和协调机制风险。供应链成员企业之间没有隶属关系，是独立的利益个体，在合作过程中，往往极力维护自己的利益。如果供应链内部的激励和协调机制不健全，利润和风险不能合理地在他们之间分配，同时缺乏快速有效的协调机制，供应链成员企业的积极性不仅不能完全激发出来，反而会受到打击，形成合作中的恶性循环，影响供应链的运作。

B. 合作伙伴的能力风险。约束理论认为，如果一个系统由多个环节组成，环环相扣，这个系统的强弱取决于最弱的那个环节，阻碍系统有效产出的最弱一环就是"系统约束"。供应链节点企业，尤其是核心企业，在选择合作伙伴时面临风险。

C. 战略柔性丧失的风险。供应链涉及多个独立的企业，信息流和物流的拉长会增加反应时间，对市场的反应不够快，丧失柔性；同时，为了提高核心竞争力，节点企业往往只关注自身的核心能力部分，对供应链其他部分的控制力变弱，也影响到战略决策的柔性。

D. 核心能力外泄的风险。供应链形成的基础之一是信息共享，在信息共享的同时，不可避免会将本企业的核心能力外泄。但是，同一供应链中的企业也可能是竞争对手，存在交叉的业务范围，所以合作时有所顾忌。

E. 不同的企业文化、企业目标和企业利益带来的风险。供应链一般由多家成员企业构成，这些不同的企业在经营理念、文化制度、员工职业素养和核心价值观等方面必然会存在一定的差异，也可能导致业务流程衔接不畅。如果各节点企业决策的出发点是自身利益最大化，而不是考虑整个供应链系统，使供应链系统内的资源难以达到最优配置，导致整个供应链的利益受损。

② 管理决策风险。管理决策风险主要来自以下三方面。

A. 决策的有限理性。这主要指两方面：企业具有自己的生命周期，获取信息、处理信息的能力为生命周期不同阶段的资源所限制；企业的决策受制于其领导决策者的认知能力，也必然存在有限理性。供应链系统原则上要求各节点企业用系统的思想以供应链整体利益最大化为目标，但是由于有限理性的存在，以及追求自身利益最大化的本能，现实中许多的企业选择信息压缩和隐藏。信息压缩使信息的流动产生阻碍，增大系统的不确定性；此外，供给与需求脱节，增加库存，加大管理风险。

B. 转换成本的存在。供应链的成员企业，一旦选择合作伙伴后，就很难再做出别的选择，这是因为转移成本的存在；同时，为了减少管理成本，企业一般会减少合作伙伴的数量，结果是企业会在产品或服务的质量和数量上受制于合作伙伴，增加成本和风险，而这种相对稳定缺少灵活性，不能快速反应客户需求。

C. 企业的机会主义行为。各节点企业不是以长期的互惠互利合作为出发点，而是持有投机取巧的心理。供应链各节点企业在组建联盟开始，就展开激烈的博弈活动，为了保持自己的竞争优势，有意隐藏自己的信息资源，甚至向对方提供歪曲的信息，以便在适宜的时候实施自己的机会主义行为；反过来，每个节点企业又不得不花大量的成本防止别的企业可能发生的机会主义行为。

③ 信息共享风险。信息共享风险具体表现为以下三种形式。

A. 逆向选择风险。供应链的典型特点是外包，外包必然存在信息不对称，即委托人(外包委托商)比代理人(外包商)拥有较少的信息，委托人在选择代理人时，只能以一个市场平均质量水平标准出价，结果导致高质量的代理人退出市场，留下来的只有质量较低的代理人。这种信息不对称导致逆向选择，降低委托人的控制力，并带来风险。

B. 道德风险。供应链上各节点企业是独立的利益体，在合作中会隐藏不利于自己的信息，经常在事后做出不利于对方的行为。例如，签订契约后，因制造商无法知晓供应商的某些行为，或者由于外部环境的变化仅仅为供应商所看到，都会损害制造商的利益，带来不能准时供给相应质量和数量原材料的风险。

C. "牛鞭效应"。"牛鞭效应"是指从供应链的下游向上、订购量的波动幅度不断加大，形似一条梢细根粗的鞭子，即在供应链内，由零售商到批发商、制造商、供应商，订购量的波动幅度递增，需求信息信号严重失真，给各节点企业尤其是上游的供应商带来风险。

④ 操作流程风险。操作流程风险是由机器或人为原因引发的风险。

A. 机器故障带来的风险。从供应链的实际业务流程看，很多环节离不开机器。因此机器故障风险必须考虑在内。如生产企业的关键生产设备出现故障，可能会导致整条生产线不能正常运转，推迟向下游企业的交货日期，生产企业要赔偿不能按时交货的罚金，下游企业不能及时地向最终用户提供产品。又如，运输商的各种运输工具及辅助工具，如果在途中出现故障，修理或改换其他工具均需要一定的时间，均可能带来风险。总之，不同企业所使用的机器不同，产生风险的原因也不相同，应当根据自身的特点加以分析。

B. 人员错误带来的风险。人员错误带来的风险存在两个方面：一是企业文化建设不完善，不能充分调动员工的积极性，员工在工作中并没有尽职尽责；另一方面是由员工自身的生理特点决定的，工作时间过久会产生疲乏感，人的反应能力和敏感性均下降，从而出现差错，给企业带来风险。

⑤ 财务风险。财务风险主要源于企业资金的运作情况。

A. 投资套牢风险。由于投资的不可逆性，企业的投资会出现套牢风险，新的项目所需资金不能到位，甚至原有的业务也不能正常开展，影响经营的灵活性。

B. 投资回收风险。如果某个节点企业运营不善，不仅该企业的利润下滑，与其有业务关系的上游和下游企业也会有资金回收的风险，具有很大的不确定性，影响节点企业的积极性，甚至使供应链不能正常运作。

⑥ 人力资源风险。

A. 员工素质风险。节点企业如果不具有获得市场竞争优势的高素质人才，难以形成本企业的核心竞争优势，从而影响到整个供应链的竞争优势。

B. 员工流动风险。员工离职会降低企业的士气，减弱其他员工对未来的信心，特别是关键人员的离职，会造成更大的危害。比如技术人员可能会带走企业竞争的核心技术；重要的管理骨干可能会带走战略层的商业机密；客户经理可能带走重要的客户。

(2) 外生风险。

供应链系统外部因素造成的风险可分为政治风险、经济风险、技术风险、市场风险、自然灾害等。

① 政治风险。供应链处于政治环境中，必然会受到政治的影响。政治风险具体包括下面几方面。

A. 法律法规风险。供应链节点企业间的订单或合同，被认定为具有法律意义上的订单或合同时间，充满了不确定性。同时，供应链的各个节点企业还应该密切关注国内外的各项行政法规的内容及其变动情况，以免企业做出违法、违规的行为或制造、销售法律禁止的产品，以致蒙受巨大的损失。

B. 国家、地区政策风险。对于某些特殊的行业和产品，国家宏观调控会有所限制；而跨国跨区域的供应链，会受到当地政府出于政治原因所做出的限制。

C. 社会秩序风险。不可预见的社会反常行为如盗窃、抢劫、破坏等，社会秩序的不稳定如罢工、暴动等引起的社会混乱，也会引起供应链的损失。

D. 战争风险。现代战争强调破坏敌人后勤，往往通过轰炸道路、机场、铁路、输油管线、车辆、飞机、搬运机械设备等物流载体设施以及炼油厂、发电厂、机械厂等生产基地，致使敌人无法得到急需的物资，进而达到取胜的目的，物流的瘫痪毫无疑问会加大供应链风险。

② 经济风险。经济环境会给供应链运作带来直接的影响。

A. 利率风险。若节点企业以贷款作为启动和运作资金，贷款利率的调整会增加供应链的利息负担，增加运营成本。

B. 汇率风险。汇率的变动直接影响到企业交易的金额、现金流量、资产、债务和收益等各个方面。特别对于涉及国际经营和对外投资的企业而言，汇率风险尤其重大。

C. 股市风险。若节点企业里面有上市公司，则股票价格的波动影响供应链运作的稳定性，带来融资的困难。

D. 金融危机或经济危机风险。金融危机和经济危机的爆发会对整个国家甚至全球经济带来影响。严重的金融危机可能致使供应链瘫痪。如2008年由美国次贷危机演变成的全球性金融危机，不仅对美国国内众多行业的供应链造成了严重的影响，而且波及全球。

③ 技术风险。供应链各个环节涉及的技术受科技发展的制约，往往难以满足供应链的要求，随之产生风险。

A. 产品创新和生产技术风险。在买方市场，高质量的产品和服务才是竞争优势的保证，供应链的良好运转要以产品创新和生产技术为支持，受技术的限制，不能发明和制造满足客户需求的产品，致使供应链的存在形同虚设。

B. 库存技术风险。库存技术不仅涉及成本，还涉及信息处理及提供给下游的服务水平。先进的库存技术可以节省成本、减少出错率，同时给下游企业提供较高水平的服务和完备的信息。相反，落后的库存技术则给供应链带来风险。

C. 运输技术风险。理想的运输技术可以保证：产品安全、运输空间的合理利用(节省成本)、节省运输时间、减少货物破损率，但实际的运输技术远不能达到以上的要求，使供应链充满了不确定性和风险。

D. 信息处理及传递技术风险。网络传输速度的不稳定，数据传输过程中的出错概率，黑客的蓄意破坏和对数据的恶意截取与篡改，服务器的运行速度慢和稳定性差，软件设计的缺陷等，这些缺陷的客观存在都会影响信息传输的安全性。此外，供应链各节点企业的IT应用水平参差不齐，数据标准不统一等，也可能导致信息无法共享或信息传递的出错，给供应链带来风险。

④ 市场风险。供应链运作离不开市场，因此市场的变动必然会给供应链带来风险。

A. 市场需求变动风险。新产品的出现，消费者需求发生变化，与产品的预测需求和实际产量存在偏差，无法回收资本；或者经济萧条导致购买力的下降，从而导致市场需求不足。

B. 市场竞争风险。市场竞争风险不仅包括现在市场上的同类产品和替代产品的生产商带来的风险，还包括潜在竞争对手的进入，尤其是进入壁垒较低的行业，更要引起重视。

C. 市场营销体系风险。市场营销体系风险主要是指供应链各节点企业，尤其是生产商、运输商以及零售商的营销体系不相配，比如生产商的预计销售范围是整个华东地区，而运输商只有福建、浙江、上海和山东的网络。

D. 生产资料的价格变动风险。生产资料的价格变动风险包括原材料市场、劳工市场价格的变动，导致成本的上升，对产品预先定价产生压力；同时，经济高速增长容易导致企业原材料供应出现短缺，影响企业的正常生产，而经济萧条则会大幅度增加库存成本。

⑤ 自然灾害。自然灾害的爆发频率越来越高，危害越来越大，作为一种不可抗拒力量，自然灾害对供应链来说是致命的。台风、地震、洪水、火灾、雪灾、山体滑坡等自然灾害，会造成生产设施损坏、交通中断、人员伤亡以及其他损失，威胁供应链的安全。

6. 其他划分

(1) 按照风险因素的后果，可将供应链中的风险分为纯粹风险、投机风险。纯粹风险是指造成损失的风险，如地震造成的设备损坏、台风造成的运输货物丢失等。投机风险是指给供应链可能带来损失也有可能带来利益的风险，如原材料价格下降时大量采购，如果价格上升就给企业带来利益，如果价格继续下降，则为企业带来损失。

(2) 按照风险是否可管理，可将供应链中的风险分为可管理风险和不可管理风险。可管理风险是指可以预测并通过相应措施加以控制的风险，如对于供应商的道德风险企业是可以预测并通过相应的奖惩机制加以控制的。不可管理风险是指无法预测或控制的风险，如自然灾害带来的风险。风险是否能管理，取决于风险的不确定性是否能消除，以及供应链管理的水平。因此不可管理风险也可转化为可管理风险。比如对于自然灾害，可以通过建立有效的应急机制尽量减少其危害程度。

(3) 按照风险的影响范围，可将风险划分为全局风险和局部风险。全局风险是指会对整个供应链造成影响的风险。比如某种风险的发生引发供应链上环节企业的多米诺骨牌效应。局部风险则是指只影响供应链上部分环节的风险。局部风险和全局风险也是相对的，即当某一可能引发全局风险的事件发生时，通过及时的反应和恰当的处理，可以将其转化为局部风险。

特别提示

供应链风险按照供应链管理层次可分为战略层风险、战术层风险和操作层风险；按照供应链管理目标可分为成本风险、时间风险和质量风险；按照供应链系统的构成可分为系统环境风险、系统结构风险、行为主体风险和协作风险；按照供应链过程可分为采购风险、生产风险、配送风险、退货风险；按照供应链风险的来源可分为内生风险和外生风险；还可以按照风险因素的后果、风险是否可管理以及风险的影响范围进行划分。

9.2.2 供应链风险的特点

除了具有一般风险的特点外，供应链风险还具有以下特点。

1. 传递性

传递性是供应链风险最显著的特征，也是由其自身组织结构所决定的。由于供应链从产品开发、原料供应、生产制造到流通过程，由多个节点企业共同参与，根据流程的时间顺序，各节点的工作形成了串行或并行的混合网络结构，其中某一项工作既可能由一个企业完成也可能由多个企业共同完成。

因此各环节环环相扣，彼此依赖和相互影响，任何一个环节出现问题，都可能波及其他环节，影响整个供应链的正常运作。这种传递性指的是供应链风险在供应链节点企业之间的传递，利用供应链系统的联动性，对其造成破坏，给上下游企业及整个供应链带来危害和损失。如最具代表性的"牛鞭效应"就是由于需求信息风险在供应链上传递引发的；又如当上游原材料供应商供货不及时或缺货，则直接影响下游制造商的生产，也间接影响了末端的销售，风险从上游一直传递到下游各节点企业。

2. 多样性和复杂性

供应链从构建起就面对许多风险，它不仅要面对单个成员企业所要面对的风险，如财务风险、人力资源风险、信用风险等；还要面对由于供应链的特有组织结构而决定的企业之间的合作风险、信用风险、企业文化风险、信息传递风险及利润分配风险等。因此供应链风险相比一般企业的风险，类型更多、范围更广，也更为复杂。

3. 此消彼长

供应链中的很多风险是此消彼长的，一种风险的减少会引起另一种风险的增加，这可以从两方面来解释。

一是从整体来讲，把供应链看作一个大企业群，企业内一种风险的减少会导致另一种风险的增加，如营运风险和中断风险，减少库存营运风险减少，但中断风险随之而增加。例如，在新冠肺炎疫情暴发时，我国众多制造、物流等企业停工、停产，导致诸多行业供应链中断，而随着疫情的蔓延，世界各国均出现了供应链、产业链中断现象，严重破坏了社会经济发展。

二是供应链系统内各节点企业之间风险的此消彼长，即一企业风险的减少可能会导致相关的企业风险的增加。如制造厂商为了减少自身的库存风险，要求上游供应商采用 JIT 方式送货，而这必然导致上游供应商送货成本和库存的增加，即制造商库存风险减少在某种程度上是以供应商库存风险的增加为代价的。

因此在研究供应链风险,加强对供应链风险的控制时就要充分考虑风险的相互影响性,对此消彼长的风险进行权衡以确保供应链整体风险最小。

4. 局部实际运作性

供应链风险中外部风险是客观存在的,而由系统内部因素引起的一些风险,如合作风险、道德信用风险、企业文化风险、信息传递风险及利润分配风险等,在本质上则是实际运作风险。只有企业之间以供应链方式实际运作时,才有这些风险发生。因此对供应链风险研究必须要熟悉了解供应链的构建与运作流程,特别是供应链风险研究人员应该加强与实际运作供应链的人员交谈,和他们一起发现供应链的风险。

特别提示

> 供应链风险的特点主要包括传递性、多样性和复杂性、此消彼长、局部实际运作性等。

阅读案例 9-2

疫情下全球汽车供应链该何去何从①

新冠病毒在全球蔓延,2020 年 4 月初,为了防止疫情的进一步扩散,欧洲和北美关闭了 95%的汽车装配厂。当时,无论是美洲、欧洲、非洲、东南亚还是东亚,在疫情防控与汽车需求下降以及零部件的供应不足等问题的影响下,很多国家的工厂都处于关闭或者停摆的状态。

那个时候的中国,疫情控制趋于稳定,很多工厂都在复工复产。但是其他国家和地区伴随着停工、停产、订单减少以及出入境供应链的管控和限制,都在经历着当初中国所经历的情况。同时越来越多的全球制造商都在为医疗设备的生产做出贡献,例如通用汽车组织了代号为 Project M 的口罩生产计划,该计划有超过 30 名工程师、设计师、采购商和制造团队成员参与其中进行产品开发,采购材料和设备以及计划生产过程。同时将该计划的有关材料,设备和工艺的详细说明发送给全球超过 600 家的合作伙伴。该计划实施后,每天能够生产 50000 只口罩,每月可生产超过 150 万只口罩。

但是,全球汽车制造业的前景还不太明朗,在这种情况下,很多厂商的关闭计划从最初的两到四个星期变成无限期的延长。基于供应商的供应能力和设备服务提供商的财务状况,全面恢复生产将是一个巨大的挑战。这次疫情对全球汽车行业的影响是普遍和长期的,甚至会从根本上重塑全球制造业、供应和贸易。

9.3 供应链的风险管理与防范

9.3.1 供应链风险识别

1. 供应链风险识别的含义

供应链风险识别是供应链风险管理的第一步,它是指供应链风险管理者,通过对大量

---

① https://www.sohu.com/a/388118071_100252390?spm=smpc.author.fd-d.3.16256594246719xxXBuV, 2020-04-15.

的供应链信息、资料、数据现象等进行系统了解分析，认清供应链中存在的各种风险因素，进而确定供应链所面临的风险及其性质。供应链风险识别是供应链风险评价及防范处理的前提，只有在充分认识到供应链的风险以后才能进行管理。

供应链风险既有表现明显的风险，又有潜在的风险，明显的风险管理者易于识别，潜在的风险则需要付出一定的努力才能识别，隐藏的潜在的风险带来的损失更大，所以识别供应链风险要剖析风险的结构性质，然后对症下药。同时，供应链是相互依存的合作链，每个企业参与合作的程度各不相同。供应链风险对各个企业的影响程度也是存在差异的。因此，分析结构后，还需分析风险的归属，即风险的所有者。所有权的明确有利于资源的有效配置。明确了风险的所有者，再分析风险是某个企业内部的风险，还是供应链上所有企业都必须面对的风险，有利于风险的及时解决，以及风险的分担和公平的风险补偿。

2. 供应链风险识别的方法

对于风险管理者来说，凭借其经验和一般知识便可识别和分析常见风险。但对于新的、潜在的风险，其识别和分析难度较大，需要按照一定的方法，在必要时还要借助外部力量，来进行识别与分析。一般来讲，企业风险识别的途径有两条：一是借助企业外部力量，利用保险公司及相关咨询机构、学术团体提供的信息资料识别与分析风险；二是依靠企业自身力量，利用内部信息及数据识别风险。供应链风险的识别可以采用一般企业风险识别的方法，下面分析几种常用的风险识别方法和工具。

(1) 情景分析法。

情景分析法常常以头脑风暴的形式，来发现一系列主要的与经济、政治、技术、文化等相关的影响供应链表现的风险因素。这种方式可以识别事件将来发展的一个趋势。一旦某种趋势被识别出后，跟着就要分析这种趋势对企业对供应链将会产生怎样的影响，然后发现一系列存在的或潜在的风险因素。

(2) 历史事件分析法。

历史事件分析法通过分析历史风险事件来总结经验，进而识别将来可能发生的潜在风险。一般情况下，先收集一些产生不良后果的历史事件案例，然后分析总结导致这些事件发生的风险因素。而且这个分析过程也包括对那些在实际中虽然没有导致损失但却暗示着潜在危机的事件的分析。例如，零部件出现短缺、客户需求突然发生变化、生产和产品质量发现问题等。

(3) 流程分析法。

供应链风险因素也可以通过分析供应链流程而识别出来。这种方法首先绘制出展现不同业务功能的供应链流程图，而且这个流程图必须足够详尽，包括从起点到终点的整个可供分析的供应链流程。这个流程图里的每一步都代表一个独立的业务流程，要弄清楚关于这个流程的细节，包括它的目的、如何进行、由谁来进行及所可能导致的失误。供应链流程图完成后，它就可以被用来分析并发现控制缺陷、潜在失效环节以及其他的薄弱环节。

(4) 环境扫描法。

环境扫描法是一个复杂的信息系统，是搜集和整理供应链系统内部和外部各种事件、趋势的信息，了解和掌握供应链所处的内外环境的变化，辨别所面临的风险和机遇。通过环境扫描，一旦风险信号被捕捉到，必须马上进行分析并做出反应，并传递到后续风险管理阶段。环境扫描法当前主要有以下3种模式。

① 非定期模式。此种模式主要是对环境出现紧急情况和危机之后的一种反应，属于临时抱佛脚的做法，是一种短期行为，关注的重点是现状，对未来关注较少，是一种被动的风险识别方法。

② 周期性模式。此种模式属于更加成熟和系统的模式，运行时功能活跃并且资源集中，能够对过去进行一个合理的回顾和对未来做一个相对客观的展望。

③ 连续性模式。连续性模式主要对供应链的内外环境而非特定性风险和事件进行实时、连续的监察，通过科学的信息系统来进行分析和传播。

(5) 风险问卷法。

风险问卷又称为风险因素分析调查表。风险问卷法是以系统论的观点和方法来设计问卷，并发放给供应链各节点企业内部各类员工去填写，由他们回答本企业所面临的风险和风险因素。一般来说，供应链各企业基层员工亲自参与到供应链运作的各环节，他们熟悉业务运作的细节情况，对供应链的影响因素和薄弱环节最为了解，可以为风险管理者提供许多有价值的有关局部的详细信息，帮助风险管理者系统地识别风险，准确地分析各类风险。

(6) 财务报表法。

财务报表法就是根据企业的财务资料来识别和分析企业每项财产和经营活动可能遭遇到的风险。财务报表法是企业使用最普遍，也是最为有效的风险识别与分析方法，因为企业的各种业务流程、经营的好坏最终体现在企业资金流上，风险发生的损失及企业实行风险管理的各种费用都会作为负面结果在财务报表上表现出来。因此企业的资产负债表、损益表、财务状况变动表和各种详细附录就可以成为识别和分析各种风险的工具。供应链是由各企业组成的价值增值链，供应链风险的影响最终还是会落实到各成员企业中，并通过相应的财务报表反映出来。因此可借助财务报表法来识别和分析各企业中存在的风险，并通过归纳总结得到供应链的整体风险。

9.3.2 供应链风险评估

1. 供应链风险评估的含义

供应链风险评估是对某一特定供应链风险的测量。通过风险识别，风险管理者发现了供应链中存在的风险因素，并对风险发生的原因和表现形式进行了深刻分析。在此基础上，风险管理者应寻找和确定各种可能的技术和方法评估这些风险因素对整个供应链稳定性的影响程度，并通过风险处理来应对这些风险。供应链风险评估必须考虑两个方面：一是供应链风险发生的概率；二是一旦供应链风险发生，造成损失的程度。根据实际经验，人们常常把供应链风险发生的概率分为五个等级(见表9-1)，也常将供应链风险发生造成损失的程度分为五个等级(见表9-2)。

表 9-1 供应链风险发生的概率划分

	等级评估	评估描述
1	不可能	发生的可能性非常小
2	不太可能	发生概率较小
3	中度可能	发生概率一般
4	可能	发生概率一半以上
5	很可能	经常发生

表 9-2 供应链风险发生造成损失的程度划分

	等级评估	评估描述
1	没有损失	造成的损失可以忽略
2	较小损失	有一定的损失
3	中度损失	造成短期内有困难
4	严重损失	造成长期内有困难
5	灾难	供应链断裂

计算总损失额的公式

$$R = P \times L$$

式中：R——总损失额的大小；

P——风险事件发生的概率；

L——风险造成的损失大小。

风险评估的步骤如下：首先要确认一定时间内风险发生概率(P)和估计风险事件可能带来的损失大小(L)；其次，根据风险事件发生的概率(P)和可能带来的损失大小(L)估算总损失额的大小(R)；最后，预测风险事件的发生次数、可能带来的损失大小和总损失额等内容，以便为决策者提供详细的信息。

2．供应链风险评估方法

根据风险评估人员掌握的知识和信息的不同以及风险事件本身的特征，风险评估可以分为确定型、不确定型和随机型风险评估。确定型风险评估假定各状态出现的概率为 1，只计算和比较各种方案在不同状态下的后果，依此挑选不利后果最小的方案。不确定型风险评估会有不知道其发生概率，或不知道事件后果、不知道其强度和形成机理的风险。

对于随机型风险评估，供应链人员不仅知道有哪些状态出现，根据历史资料还知道它出现的概率。风险的主要内容包括选定风险的计量标准、确定风险事件发生的概率、计算风险事件各种后果的数值、确定估计数值的变化范围和限定条件。随机型风险可以用数理统计方法对风险进行评估，找出随机型风险的概率和概率分布是风险评估的基础。用历史统计资料来确定概率分布，一种方法是画出样本分布的直方图，得到样本的经验分布，从图中可以看出不同偏差率；另一种方法是假定风险事件发生的概率或后果服从正态随机分布，求出正态分布的数学期望、标准差的估计值，就可以确定正态分布的概率密度函数。

但对于不确定性风险,其发生概率、结果、影响都是管理人员无法确切了解的。对于不确定性风险的估计,可以使用以下两种方法。

(1) 基于模糊数学的估计方法。

模糊数学自1965年诞生以来,在众多的学科领域里得到广泛应用。针对不确定性供应风险,把专家的主观估计与模糊变换相结合,可以把模糊数学分析方法应用于供应链风险的静态估计以及单个特殊事件的风险状态估计之中。得到供应链风险的模糊估计需要实现两次模糊变换:第一次是通过风险素模糊隶属度矩阵实现从模糊因素评判集到风险因素可能发生水平的变换,第二次是通过风险因素与目标风险之间的模糊关系矩阵实现从风险因素到风险水平估计的变换。其包括以下几个基本步骤:第一步,建立风险因素集;第二步,建立风险因素的评判集;第三步,估计风险因素发生的可能性;第四步,计算风险因素的可能发生水平;第五步,确定风险因素与目标风险之间的模糊关系矩阵;第六步,计算风险水平。

(2) 基于案例推理的估计方法。

严重的偶发风险事件,常会给供应链的正常运行造成严重影响,如严重自然灾害、重大设备故障和事故、市场环境急剧变化、关键合作伙伴违约等。统计偶发事件导致的供应链风险,概率统计方法不再适用,可以使用案例推理方法,从过去发生过的类似事件中吸取经验教训,比较案例之间的相同处,分析两者的差异,估计可能的风险后果,并寻找合适的对策。

基于案例推理(Case-Based Reasoning,CBR)的方法最早是在 1982 年由美国耶鲁大学 Roger Schank 教授在他的论著 *Dynamic Memory* 中提出的,是人工智能领域一项重要的推理方法。国外自 20 世纪 80 年代后期对 CBR 的理论和方法进行了系统研究,在通用问题求解、法律案例分析、设备故障诊断、辅助工程设计、辅助计划制订等领域取得实用性成果。国内在 20 世纪 90 年代后期开始出现关于 CBR 方法在经济管理中应用研究报道,如金融危机预警系统、智能化预测支持系统、电力系统短期负荷预测。

CBR 方法基于人类的认知过程,是认知相似性推理的一种模拟,其基本假设是相似的情况(原因)引发相似的结果,同时也有相似的解决办法。CBR 方法通过访问案例库中过去的同类案例而获得当前问题的解决方案。其核心思想是,当求解问题时,在以前类似的成功范例的基础上进行推理,充分利用案例中隐含的隐性知识和信息。CBR 方法和人们正常的思维工作方式一致,律师参考过去相似的案例来处理当前的案件,医生参照过去的病例来诊断病人病情制定处置方案等。

案例推理方法解决问题一般包括以下几个步骤:
① 对新问题进行规范化描述,把当前问题的特征变量,以案例的形式系统进行表述;
② 以新问题的若干特征为检索查询条件,从案例库中查找以前解决问题的案例;
③ 将所选出的最接近案例作为样本形成新问题的解;
④ 分析新旧案例的差异,识别新问题的新情况,修正调整得到的解;
⑤ 对新案例进行整理,添加到案例库中。

需要注意的是,评估供应链风险时不仅要考虑风险对某个供应链企业的影响,还要考虑供应链风险的发生对供应链整体造成的后果;不仅要考虑供应链风险带来的经济损失,还要考虑所带来的非经济损失，比如，信任危机、企业声誉下降等无形的非经济损失，这些非经济损失有时很难用金钱进行估价。

9.3.3　供应链风险管理与防范策略

供应链风险管理与防范策略的实施主要从风险的预防、控制和监视三方面进行。

【9-1 拓展知识】

1. 供应链风险预防

供应链风险预防的核心是制定风险规避策略，即减小风险发生的概率、改变风险后果的性质、减轻风险的影响等。具体而言，供应链风险预防包括预防风险、减轻风险、转移风险、回避风险、自留风险、后备措施。

(1) 预防风险。

预防风险的实质是防患于未然，从可能引发风险的因素入手，减少风险发生的概率。针对各种可能引发风险的因素，充分做好供应链管理的基础工作，尽可能将风险发生的概率降至最低。

(2) 减轻风险。

预防风险并不是针对具体的风险，而是从供应链管理的基础工作入手，建立供应链风险控制的基础。而减轻风险则是针对已知风险和可预测风险，采取相应的措施降低风险发生的概率，减轻风险的不利影响；对于不可预测风险，通过信息收集、研究、监视等手段尽早将不可预测风险变成可预测风险，一旦风险发生，及时采取应急措施。

(3) 转移风险。

转移风险是根据合同或法律，将损失的一部分或全部向供应链合作伙伴或供应链以外的组织或个人转移的策略。实施转移风险策略的原则是，让主动承担风险者得到利益；谁有能力管理风险就让谁承担；让有过错的一方承担风险。转移风险的形式主要有出售、外包、责任合同、保险与担保、诉讼等几种。

① 出售。比如企业自己投资建设的原料基地、运输车队、仓库等，自己经营效益不高，占用资金较多，成本风险比较大，而服务水平又不高，时间风险和质量风险较大，而社会物流环境和原料采购的行情大为不同，可以很容易地以合理的成本获得优质的原料和物流服务，此时即可考虑出售或部分出售自有资产，将供应链上的这部分资产出售给能让它发挥更大效益的企业经营。

② 外包。外包可以将企业非核心业务外包给专业企业去做，既可以获得专业化的成本优势和服务优势，又可以减少投资和运营资产所导致的成本风险，把质量风险、时间风险的责任外包给更有能力管理的企业。

③ 责任合同。参与供应链获得的行为主体是靠合同关系联系起来的。与合作伙伴签订规范的合同文本，明确合同各方在风险控制方面的责任，也明确发生风险事件后各方分担风险损失的具体条款。一旦风险事件发生，严格执行合同，转移风险。

④ 保险与担保。保险是转移风险的常用方法，各财产保险公司也积极设计和推销与供应链有关的险种。与货运有关的险种有基本险、海运险、空运险、路运险、罢工险、战争险、运输易燃易爆化学物品定额保险等。若企业购买了相应的保险，在风险时间发生时，可以按照保险条款从保险公司获得赔偿，从而把风险转移给保险公司。

⑤ 诉讼。由于合作伙伴失误或不作为，或社会其他方面的人为原因造成的供应链风险损失，应该请求对方承担相应的责任，协商解决，协商解决不成应依法起诉。

(4) 回避风险。

当供应链运行的某些方案和做法出现风险的可能性较大，后果也比较严重，又没有切实有效的手段控制风险，此时主动改变行动方案，甚至放弃一些业务，这种规避风险的策略就是回避风险。选择风险比较小的行动方案也可以认为是回避风险。

(5) 自留风险。

有些情况下企业可采取自留风险的策略，把造成的损失作为正常的费用。一方面为了获得更大的收益主动自留风险，比如为了鼓励零售商多进货、多销售，允许零售商把多余的或有质量缺陷的产品无条件退回，有效降低了零售商的损失，批发商虽然承担了一些缺货，但整体起到了风险中和的作用，降低了供应链的整体风险。另一方面，权衡风险的损失和处理风险需要花费的成本，担负采取风险规避措施的费用超过风险造成的损失时，采用自留风险是明智的选择。

(6) 后备措施。

事先制定规避风险的后备措施，一旦风险因素出现或风险事件发生，即将风险后备措施投入使用。后备措施与减轻风险策略的不同之处在于，减轻风险的策略在制定时是有针对性的，后备措施并不针对具体的可能风险，只是为风险控制预留必要的资源、能力和措施。为了应付可能出现的风险事件，适当准备一定数量的人力资源、物资储备、资金设备等，增加供应链系统的柔性和能力，以备不时之需。

风险管理规划的最后一步是形成风险管理计划文件，包括风险识别、估计、评价的结果和风险规避策略等内容。

2. 供应链风险控制

供应链风险控制阶段监视供应链的运行，实施风险规划阶段制定的风险规避策略。经过对风险的识别、评估和规划，虽然已经对供应链风险有了系统和深入的认识，但由于供应链风险固有的不确定性和供应链本身的复杂性，供应链运行过程中必定会遇到未曾预料到的风险，或与事先估计不同的风险，需要重新进行风险分析并制定新的风险规避措施。因此除了风险管理计划中预定的风险控制手段，还要根据实际情况确定行之有效的权变措施，维护供应链的正常运行，努力实现供应链风险管理的目标。

供应链风险控制过程与一般目标管理的控制过程不同。目标管理控制的依据是实现计划给定目标，监视被控对象实际运行的效果与控制目标的差距，采取措施消除偏差。供应链风险控制监视的是来自外部环境与供应链系统内部的风险因素和风险事件，设法减少风险发生的可能，减轻风险后果的影响，恢复供应链运行的正常状态。

根据实行控制措施相对于风险事件的时间先后，把风险控制分为事先控制、事中控制和事后控制。

(1) 事先控制也称主动控制、前馈控制，是指根据风险分析的结果和风险规划，事先采取措施防止发生风险，并准备风险应对手段。事先控制采取的措施称为预防措施。风险规避策略中预防风险效率、减轻风险的实现部分、转移风险的合同、回避风险的决策都属于事先控制的策略。

(2) 事中控制也称被动控制、保护性控制，是指密切监视供应链系统的运行，风险事件发生以后，及时通知可能受到影响的各方面立即采取措施，努力减轻风险造成的影响。事中控制采取的措施称为应急措施。根据风险的成因、性质、分布、影响等特征，启动备用方案，调用备用资源，综合采用行政组织措施、经济措施、技术措施、合同法律措施，与合作伙伴及相关各方密切协作，采取协商、督促、监控等紧急手段，减轻风险造成的影响，尽力恢复供应链的正常运行。如果发生事先未预料到的风险，风险管理人员需要紧急识别风险的特征，评估风险的进一步发展和可能的后果，确定风险应对措施并投入实施。如果风险的后果非常严重，则要修改供应链的计划目标。

(3) 事后控制指的是风险过后的善后工作，采取的措施称为改进措施。首先根据合同约定、法律规定和企业内部的管理规章制度，向有关责任方或责任人追究责任。如果是合作伙伴违约造成的供应链风险(如质量问题、交货延期等)，则按照合同追求合作伙伴的合同责任；如果是自然灾害造成的风险，则按照保险合同请求保险公司按约定条款赔偿；如果是内部职工玩忽职守造成的人为风险，则追究当事人责任。其次通过风险事件分析如果发现供应链配置有问题或供应链管理存在薄弱环节，应当有针对性地改进供应链管理。最后，整理风险处理过程中积累的资料，作为以后制定风险管理的预案、风险分析的积累。

3. 供应链风险监视

(1) 供应链风险监视的目的。

供应链风险监视的目的主要有两个：一是监视供应链的运行，及时发现风险因素和风险事件，预测对供应链的影响，通知受到影响的各方启动紧急风险防范措施；二是监视评价风险应对措施的执行效果是否达到预期目的，获得反馈信息，以便未来的风险规划更符合实际、更有成效，改进供应链管理。

随着时间的推移和供应链管理计划的实施，在风险分析阶段用可能性描述的风险逐渐的变为确定的现实，一些曾估计到的风险如约而至，一些没有想到的严重风险也出乎意料的到来，而一些精心预防的风险可能销声匿迹。通过监视，如果发现对风险的认识和设计的对策是错误的，就应当及时纠正；如果事实验证了对策的正确性，即应该继续坚持，并认真观察以便改进。

(2) 供应链风险监视的内容。

供应链风险监视的内容主要有两方面：一是对环境的监视，包括一般环境信息的政治法律信息、经济社会信息、技术信息、自然灾害与环境保护信息等，尤其重要的是物流环境信息、采购市场和销售市场行情信息等。监视阶段收集的环境信息和风险识别阶段收集的信息基本相同，不同的是风险识别阶段更倾向于综合的、趋势性的、概括性的信息，风险监视阶段需要的是实时、具体和特定的信息，目的是要捕捉环境中的具体变化对供应链造成的现实影响。对环境信息适度地敏感、合理地筛选、准确地把握、正确地处理反映了供应链管理部门的管理能力。环境信息的收集渠道主要是公开发行的公共媒体和合作伙伴提供的相关资料。二是对质量、时间、成本目标的监视和工作状态异常的监视。根据供应链的系统特征，把供应链分为采购、制造、配送三个阶段，根据供应链计划，对于每个供应商提供的每种原材料和零部件、每个生产厂制造的每种产品、配送渠道发送的每种最终产品和备件，监视质量缺陷统计、到货时间延误和货物短缺、成本指标。质量、时间、成本目标的不正常恶化即视为风险事件，应采取措施。风险监视不仅从结果上监视预定指标是否达到，还要深入过程中，监视供应链的工作状态，真正做到早发现、早准备、早行动。供应链的工作状态异常，包括企业自身和合作伙伴的设备故障、操作事故、新技术与新工艺的引入、人员变动和士气、管理变革、企业运行指标的异常变动等。工作状态异常，是值得警惕的风险因素。

(3) 供应链风险监视的方式。

供应链风险监视的方式是借助计算机管理信息系统、传统管理手段与管理人员的指挥相结合。风险监视需要的信息来源广泛，有新闻媒体、企业的商业情报部门、合作伙伴及供应链运行的历史统计数据等。风险监视与企业管理信息需要的大多数子系统相关，使用供应链计划子系统监视计划目标的偏差，使用合同管理子系统监视合作伙伴是否诚信履约，通过财务管理子系统查询应收、应付是否正常执行，使用营销管理子系统统计缺货与退货，等等。完善的计算机信息系统无异于强有力的风险监视工具，尤其是对质量、时间、成本目标的监视和工作状态异常的监视，专门设计的风险监视子系统必须和其他管理子系统紧密集成才能发生作用。风险监视获得的大量资料是否预示着风险因素，需要管理人员根据自己的经验和智慧去判断，这是再先进的计算机系统也无法替代的。

(4) 供应链事件管理。

对供应链风险的实时监视必须解决以下问题：供应链管理部门如何察觉可能对供应链有影响的非常事件的发生，如何知道非常事件是否会形成供应链风险？如果已经形成供应链风险事件，如何知晓风险的后果和影响程度？要控制事件造成的影响，应采取什么样的行动？事件发生后，如何确定相关的责任人和联系人？如何能及时通知有关人员？如何直观描述风险事件的有关信息？等等。

AMR 咨询公司定义的供应链事件管理方式可以用于供应链监视以解决上述问题。以一个简单案例说明供应链风险事件管理的过程(见图 9.1)。一家商品批发公司通过集成的信息需要监视供应链运行，得知供应商的发货日期向后推迟，因此导致到货时间比合同约定的时间向后推迟。管理部门立刻行动，识别因采购货物延误向零售商发货受到影响的订单。管理人员启动"警示"程序通知内部人员和零售商。在客户服务人员和仓库管理人员的工作站上优先出现"警示"信息，CEO 的调度与控制工作站也受到"警示"信息，通过收集自动声讯或短信息自动告诉销售员。相关部门和人员收到信息后，立即核实细节，预计新的到货和发货时间。做出相应的后续安排。事件管理可以有效提高供应链的管理效率，提高对风险事件的反应速度，改善与合作伙伴的协作关系。

特别提示

供应链风险的管理和防范要从供应链风险的识别和评估做起，在对供应链风险有了定性和定量的认识后，才能制定管理和防范策略。

供应链风险管理 第9章

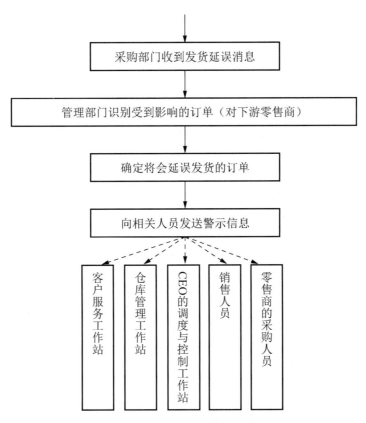

图9.1 供应链事件管理的处理过程(片段)

阅读延伸 9-1

疫情给中国供应链最大的警示是国际供应链中断的风险①

新冠肺炎疫情影响非常深远,全球的供应链正面临着前所未有的挑战。世界主要经济体在贸易保护和全球化发展等多方面存在着分歧,这加剧了全球产业链、供应链的不稳定,不确定的风险。

中国作为全球供应链的枢纽,率先成功控制住疫情,着力加速复工复产,积极畅通国际物流,逆势成就了贸易的增长,为全球供应链的稳定注入了动力和活力,也做出了一定的贡献。

后疫情时代全球供应链如何跳出困境?胡建华分享了四点体会:一是完善全球网络是根基,增强供应链连接能力;二是加强运营组织,这是供应链的保障,支撑供应链的安全;三是提升数智水平能力,改进供应链的服务效率,加快智慧港口、智慧航运、智慧物流体系的建设;四是推动合作共赢,实现供应链协同发展。

胡建华强调,"我们作为全球供应链的组成部分,我们深刻的知道必须加强国际合作,凝聚最大的合力,才能推动构建新型的国际物流供应链的体系"。

此次疫情会对全球供应链产生什么样的影响?针对疫情后全球化的发展趋势,胡建华分享了三个深刻认识。第一是从集中到分散。全球供应链正面临新的挑战。目前全球化的发展趋势也出现了新的变化,迫使全球供应链从集中化向分散化转移,加快多元化、本地化和区域化的进程。

---

① https://baijiahao.baidu.com/s?id=1694843867773279443&wfr=spider&for=pc,2021-03-21.

第二是从效率到安全。全球供应链将迎来新的变革，经历了全球化时代的效率优先的推动之后，在后疫情时代，我们认为企业供应链将更加注重安全与稳定。

胡建华表示，至今没有解决的"一箱难求"问题，在海外积压了很多集装箱，国内却没有同类的集装箱，使得全球的航运市场受到了极大的影响。

胡建华认为，此次疫情给中国供应链最大的警示，不是产业链转移的风险，而是国际物流供应链中断的风险，招商局集团将致力于发展更富有韧性和弹性的物流供应链体系，并做出相应的处置变革。

第三是从开放到合作。全球供应链共促新发展，中国坚定的维护和推动经济全球化，坚定不移地扩大对外开放，企业积极融入全球供应链的信心所在。

"我们期盼加强国际合作，特别期待着携手共建开放包容、公平合理的全球供应链的治理体系。协力打造全球供应链的共同体，更好的促进互利共赢和发展。"胡建华说。

9.4 供应链的韧性与可持续发展

9.4.1 供应链的韧性

托马斯·弗里德曼说过："新冠肺炎疫情将世界分为两个世界，一个是疫情前的世界，一个是疫情后的世界。"疫情改变了世界，也改变了供应链运作的基本哲学。过去30多年，物流与供应链运作的主要目标，是以最低的成本提供最有效的服务。通过单一来源采购、零库存成为主要方法和手段来提高供应链效率。贸易摩擦出现之后，供应链安全和风险的权重上升；新冠疫情之后，供应链韧性建设成为供应链运作的重要内涵。[①]

1. 供应链韧性的含义

"供应链韧性"(Supply Chain Resilience)的概念最早是在2003年由Rice教授和Caniato教授提出，但其定义是由Christopher教授和Peck教授在2004年首次提出，将供应链韧性定义为"供应链受到干扰后能够恢复到原状态或者更加理想状态的能力"。随着学者们意识到韧性的供应链是应对突发性风险的一种重要工具，供应链韧性的研究也逐渐增加。

2. 供应链韧性的研究现状

(1) 供应链韧性的理论研究视角。

在供应链韧性的研究中，学者们所采用的理论主要包括宏观理论、中观理论和微观理论等，初步统计有二十余种。在这些理论中，最常用的理论是资源基础观、动态能力理论、关系理论和系统理论/复杂自适应系统理论等，其中资源基础观是最基础和核心的理论。企业资源基础观将企业视为一系列资源的集合。企业的能力与竞争优势源自企业所拥有的有价值、稀缺、不可模仿和不可替代的资源。在复杂多变的环境扰动下，企业需要不断整合、构建和重新配置内外部资源，以此增强供应链韧性。然而，由于资源基础观本质上是静态的，忽视了市场动态性的影响，因此学者们又采取了动态能力理论、关系理论来对资源基础观在动态环境条件下进行拓展。此外，一些学者们认为供应链是一个复杂的系统，认为韧性是系统的固有特征，利用系统理论/复杂自适应系统理论来对供应链韧性进行研究。

---

① http://csl.chinawuliu.com.cn/html/19889826.html，2020-12-21.

(2) 供应链韧性的研究方法。

关于供应链韧性的研究，其研究方法可分为定性的研究方法和定量的研究方法。其中，定性的研究方法主要是以案例研究为主，定量的研究方法主要包括优化、决策分析、网络建模和模拟四大类。优化是采用最多的定量研究方法，其包括多目标线性规划、随机规划、目标规划等。决策分析主要采用的方法为多目标决策分析法、层次分析法、网络分析法等。网络建模的方法包括贝叶斯网络、图形建模、聚类供应链网络模型等。模拟所采用的方法包括基于主体的仿真模拟和离散事件模拟等。

(3) 供应链韧性测度与评价研究。

尽管学者们对供应链韧性的定义各不相同，但对供应链韧性的内涵和本质有较强的共识，即认为供应链韧性是指从干扰中恢复到原状态或新的更加理想状态的能力，但学者们在对供应链韧性进行测度和评价时，所用的方法却不尽相同。目前已有的供应链韧性测度与评价的方法主要可分为四类。①用核心要素测度韧性。将供应链韧性分解成几个核心要素，并用调查表的方式对这些核心要素进行打分。最常见的核心要素包括灵活性、冗余性、敏捷性等。②用直接的定量指标测度韧性。这类方法所用的定量指标包括供应链受到扰动后恢复到原有状态或更加理想状态所需要的时间、恢复的程度、以及恢复期内供应链绩效的损失程度等。③用具体的供应链绩效评价的定量指标测度韧性。学者们用一个或者多个供应链绩效评价指标，如客户服务水平、订单满足率等，并通过模拟等方法对韧性进行评价。④用拓扑指标测度韧性。这类指标主要是从复杂网络的视角来对韧性进行测度，常用的指标包括密度、复杂度、节点关键性、平均路径长度等。

(4) 供应链韧性提升研究。

研究供应链韧性最主要的目的就是为了提升供应链的韧性，建立有韧性的供应链。为此，学者们对如何提升供应链的韧性给出了一系列的策略，这些策略可以划分为两大类：一类是中断发生前的主动策略，另一类是中断发生后的被动策略。中断发生前的主动策略是指能够抵抗中断的措施，如通过提高产品灵活性、合同灵活性、采购灵活性等提高中断发生前供应链韧性；通过供应链整合，促进供应链各参与方的信息共享与合作，从而抵御中断发生的可能性；在资金实力较强的情况下，通过业务多元化，以及保险等金融服务增强供应链韧性。中断发生后的被动策略是指中断发生后仍能维持一定的基本功能且可以迅速恢复正常功能的措施，主要的提升策略是回应策略，如组建应急响应团队、市场需求的快速响应等，以及恢复策略，如制订中断发生后的应急计划、构建吸收损失能力、考虑优化恢复成本的供应链韧性提升等。

9.4.2 可持续供应链管理

可持续发展理论是在20世纪70年代至80年代初学术界大讨论"增长的极限"的基础上产生的，现在国际社会已普遍认可了可持续发展理论是全人类共同发展战略。而作为人类社会一个不可或缺的子系统，供应链可持续发展状况则决定社会经济可持续发展的规模和速度、质量与可持续性。

1. 可持续供应链管理的含义

可持续供应链管理是在当前经济环境中出现的全新的企业供应链管理理念，指供应链企业在追求自身发展的同时必须对其所面临的经济、社会和环境效益进行整体协调,实现经济、环境、社会责任一体化发展,实现三个维度效益的整体最大化。

经济效益是维持企业可持续性的基础,企业供应链管理不能单纯追求利润的最大化,只着眼于满足企业自身的经济利益。实现可持续供应链管理的企业在追求利润增长的同时要实现企业的社会和环境效益。

环境效益是指企业尽量减少对环境的损害,减少排污,对废弃产品进行回收再利用,减少资源的过度使用,保护生态环境。企业的可持续发展的供应链一定要建立在减少环境损害的基础之上,如果环境日益恶劣,企业也会随之失去发展的根基。

社会效益是指企业的可持续发展仍然要满足人类自身的需要,供应链的可持续发展需要满足人的需求,始终以人为本,关注员工权益,强调供应链上下游企业共同发展,重视公益活动,践行企业社会责任。可持续供应链管理的经济效益、环境效益和社会效益三个目标之间并不是孤立的,他们之间存在着密切的联系,是整体发展的。

可持续供应链管理的本质特征是将物流、商流、信息流进行系统的集成与协调,使整个供应链的成本降到最低,而使环境和社会的效益达到最优化。

2. 可持续供应链管理体系构建与实施要点

(1) 构建立体管控机制。

现代供应链管理已从单一关注企业经济绩效转为重视经济、环境和社会各方面可持续发展水平。因此,企业构建可持续发展的供应链管理系统,需明确可持续发展的供应链管理框架,从战略、组织、执行各层面着手,建立包含供应链管理组织体系、运作体系、评价与保障体系的立体管控机制。管理的规范化、精细化是提升供应链能力、保障供应、降低成本、防控风险的重要实施路径。

供应链管理组织体系,可从业务战略实施的任务分解角度出发,建立供应链管理组织机构、明确组织职责并分解细化到具体的岗位职责。供应链管理运作体系,可在端到端流程建立与优化、制度完善等方面进行规范化、标准化。供应链管理的评价与保障体系,可从供应商全生命周期管理和信息化系统建设等方面开展事前、事中、事后评估和风险管控。

(2) 明确集成与协调战略。

供应链的管理对象在生产制造企业外部需横跨供应商、制造商、销售商、消费者,在企业内部要打破部门墙、实现端到端的流程目标。因此,供应链纵向价值集成与内外部供应链的协同非常重要,不仅需要信息流、物流、资金流的集成与顺畅,还需要无缝对接、高效运作,才能达到可持续发展的科学供应链管理效果。这种跨行业、跨企业、跨部门的协同,需要各相关企业和企业内部相关部门、岗位树立高度协同理念,以共同利益和任务目标为核心追求,积极协作。但仅凭思想认识的提高是不能保障协同效果的,因此还需要建立和完善协同制度并认真执行。

(3) 标准化的供应商管理。

供应商全生命周期管理包括从供应商的开发、认证引入、供应商的绩效管理与改进(关键绩效指标平衡计分卡)、风险管控到供应商废止的全部过程管理,风险管控则从主要影响因素的梳理和风险点识别、防控措施与分级管理、定期评估、风险预警、应急措施和退出机制等方面实施。

(4) 强化端到端的流程管理。

业务流程贯穿于整个企业内部运营管理，强化端到端的流程管理，通过规范业务流程体系、定期评估流程的运作绩效，建立为客户创造价值的流程管理机制，实现精细化过程管理，达到提质增效和风险管控的目的。

(5) 注重打造基于供应链的企业生态系统。

以供应链创新与变革推动企业经营管理的创新与变革、行业发展的变革，打造客户、企业、供应商共同组成的生态圈，逐步形成基于供应链的、以共同利益和经济效益最大化为核心的企业生态系统，以生态系统的紧密联系、自运行和高效率保障供应、把控风险、降本增效。

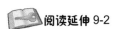阅读延伸 9-2

联想的韧性供应链是如何炼成的？[①]

2020年2月初，大多数人还宅在家里"助力"。2月5日，联想集团接到教育机构好未来的采购要求。仅11天后，8129台图形工作站、16000多台显示器，送到了包括湖北武汉、黑龙江伊春和新疆巴音郭楞在内的20多个城市数千位老师的手中。"停课不停学"的目标终于达成。

无论是当时还是回溯，联想都完成了几乎不可能完成的任务。如果复盘其中的成功经验，最重要的一条无疑是20多年持续打造的韧性供应链。

当下，维系制造业正常运转的"生命线"迎来了一次压力测试，供应链话题受到前所未有的关注，政府工作报告也明确强调保产业链、供应链稳定。没有供应链的正常运行，就没有众多企业的正常运转，居民收入便无法保障，环环相扣。稳定的供应链是此时的"定海神针"。

一、高科技行业少有的混合制造模式

苹果+富士康，微软+伟创力，一度是高科技行业被外界所熟知的组合模式。而联想独辟蹊径，经过20多年的深耕，构建了业界著名的双模式生产制造，即自有制造 EMS 和外包 ODM 模式。特殊期间，该模式起到至关重要的作用。

联想在全球共有30多座工厂，在国内更是拥有武汉、合肥、深圳"铁三角"智能制造基地。自有工厂让联想实现高效协同，通过严苛的质量标准保证产品质量，无论数据还是运营，都可视透明，从而提升生产效率和决策速度，并能为客户提供个性化的定制服务。

特殊期间，联想的自有工厂佳音频传，合肥、深圳两地更是在3月份创造历史新高。

1月29日晚上，深圳工厂接到了为组建全国大数据平台所需1200台服务器订单，仅4天就顺利完成交付，并第一时间送到了包括湖北在内的四省份指挥部。整个3月份，深圳工厂共生产了100万台计算机，创下建厂以来的最高定制化生产纪录。合肥联宝工厂在3月的单日/单周/单月出货量，均创历史新高，其中单月出货量甚至同比增长超过40%，达到271.9万台。

中国工厂的顺利复产为海外工厂提供了切实可行的参考经验。联想制造的布局优势明显，自有工厂与外包结合，更好地分散和抵御风险。联想在巴西、墨西哥、美国、日本等地的工厂一直正常运转。

二、"最强大脑"环环相扣应对不确定性

高科技产品生产流程往往较为复杂，一台计算机、一部手机，其中可能包含上千个零部件，缺一颗螺丝钉都无法按时交付。联想拥有2000多家核心供应商，支持其供应链高效运转的指挥系统，在内部被戏称为"最强大脑"。它是联想自主研发的智能控制平台，既是供应链的运营中心，也是管理

---

① http://www.cnr.cn/rdzx/cxxhl/zxxx/20200525/t20200525_525103977.shtml，2020-05-25。

中心和决策中心,确保了前端供应商,甚至是供应商的供应商,以及客户能够实现360度的信息可视化,无论是订单、生产、制造还是物流环节,都有清晰可见的数据。

"最强大脑"在好未来项目中充分展示了"实力"。

8000多个工作站、10000多台显示器,春节假期期间,无论成品还是零配件,显然都存在巨大缺口。

经过"最强大脑"的分析,联想供应链部门迅速了解各种相关信息:供应商有多少存货、工厂有多少存货,还缺少哪些零配件,应该从哪里进行调拨……不仅如此,它还能对生产环节和物流环节综合分析,例如配送时间最长的地方在哪里,那就需要第一批安排生产。经过最精确的计算之后,安排好供应计划、生产计划和物流计划。

就这样,采购、计划、生产、物流和关务团队高效协同,从供应商追料,到工厂调拨,再到转运,工厂日夜生产,铁路公路快递相结合配送,终于如期履约。

除了端到端的精准匹配,"最强大脑"最重要的功能是风险预警,提前预判,进而提前行动,这也是在过去两三年联想供应链一直专注投入的方向。春节前后,得益于有效的风险预警,联想工厂的库存达到8周(一般情况下3~4周),为顺利复工复产储备了充足的"弹药"。

在传统供应链还在强调高效和低成本制造时候,联想已经开始平衡低成本与敏捷和韧性之间的关系,在不确定性中做好风险管控,让供应链成为支持公司增长的新引擎。"最强大脑"集合了人工智能、物联网、区块链等新技术,数字化能力能够在自有工厂充分实践,助推联想智能变革,并为不同类型的企业客户赋能。

近期,Gartner发布2020年全球供应链Top25榜单,联想居于第15位,是入围的唯一一家中国高科技制造企业。

三、全球资源本地交付

当下,将供应链搬出中国,成了舆论的焦点。甚至有海外评论文章指出,全球科技的下一个趋势是"Not made in China"。事实上这些声音并非今日才出现,只是在此背景下的又一次放大思考。

面对全球供应链重组的不确定性,联想的应对之道就是全球化和本地化相结合,全球资源,本地交付。

以联想产品ThinkPad X1 Carbon为例,它的电池、键盘和接口产自中国,内存产自韩国,处理器产自马来西亚,主板上的关键元器件来自法国和越南,操作系统来自美国,仅主要部件就有129个。它在日本进行开发,在美国进行设计,在中国进行生产制造,在全球近180个国家和地区销售和服务。

本 章 小 结

供应链风险是由于供应链内外的不确定因素,包括供应链上成员、市场环境、政策环境以及自然条件等不确定性的存在带来的潜在威胁,可能会给供应链带来影响甚至破坏。

供应链风险的来源划分为内部因素和外部因素。内部因素即供应链系统内部的不确定因素,如供应链节点企业自身的经营活动以及企业间的合作等。外部因素则指供应链系统外部环境的不确定因素,包括了政治、经济、自然环境等。

供应链风险按照供应链管理层次可分为战略层风险、战术层风险和操作层风险;按照供应链管理目标可分为成本风险、时间风险和质量风险;按照供应链系统的构成可分为系统环境风险、系统结构风险、行为主体风险和协作风险;按照供应链过程可分为采购风险、生产风险、配送风险、退货风险;按照供应链风险的来源可分为内生风险和外生风险。还可以按照风险因素的后果、风险是否可管理以及风险的影响范围进行划分。

供应链风险具有传递性、多样性和复杂性、此消彼长、局部实际运作性等特点。

供应链风险识别是供应链风险管理的第一步,它是指供应链风险管理者,通过对大量的供应链信息、资料、数据现象等进行系统了解分析,认清供应链中存在的各种风险因素,进而确定供应链所面临的风险及其性质。供应链风险评估是对某一特定供应链风险的测量。供应链风险管理与防范策略的实施要从风险的预防、控制和监视三方面进行。

供应链的韧性与可持续发展已成为当今时代供应链管理的重点。供应链的韧性被定义为"供应链受到干扰后能够恢复到原状态或者更加理想状态的能力"。而可持续供应链管理是指供应链企业在追求自身发展的同时必须对其所面临的经济、社会和环境效益进行整体协调,实现经济、环境、社会责任一体化发展,实现三个维度效益的整体最大化。

关键术语

供应链风险(Supply Chain Risk)
内生风险(Indigenous Risk)
外生风险(Exogenous Risk)
供应链风险识别(Supply Chain Risk Distinguishing)
供应链风险评估(Supply Chain Risk Appraising)
供应链风险管理与防范(Precaution and Management of Supply Chain Risk)
供应链韧性(Supply Chain Resilience)
可持续供应链管理(Sustainable Supply Chain Management)

综合练习

一、填空题

1. 供应链风险是由于供应链内外的_____,包括供应链上成员、市场环境、政策环境及自然条件等不确定性的存在带来的潜在威胁,可能会给供应链带来影响甚至破坏。

2. 供应链风险的来源划分为_____和_____。_____即供应链系统内部的不确定因素,如供应链节点企业自身的经营活动以及企业间的合作等。_____则指供应链系统外部环境的不确定因素,包括了政治、经济、自然环境等。

3. 按供应链管理层次划分,供应链风险可分为_____、_____和_____。

4. 供应链内生风险包括_____、_____、_____、_____、_____、_____等。

5. 供应链外生风险包括_____、_____、_____、_____、_____等。

6. 供应链风险主要具有_____、_____、_____、和_____等特点。

7. _____是供应链风险管理的第一步。

8. _____是对某一特定供应链风险的测量。

9. 根据实行控制措施相对于风险事件的时间先后，把供应链风险控制分为_____、_____和_____。

二、名词解释

供应链风险　　供应链风险识别　　供应链风险评估　　供应链韧性
可持续供应链管理

三、简答题

1. 简述供应链风险的来源。
2. 按照供应链系统的构成划分，供应链风险包括哪些类型？
3. 供应链风险识别的方法有哪些？
4. 简述运用案例推理方法评估供应链风险的一般步骤。
5. 简述供应链风险规划包括哪些内容。
6. 简述供应链风险监视的内容。
7. 简述可持续供应链管理体系构建与实施要点。

四、思考讨论题

1. 供应链风险与一般风险有什么不同？
2. 供应链风险的管理和防范应如何进行？

美国发布重点领域供应链评估报告[①]

美国商务部、能源部、国防部、卫生与公共服务部于 2021 年 6 月 9 日发布了《建立供应链弹性、振兴美国制造、促进广泛增长》联合评估报告，认定美国半导体制造及封装、电动汽车电池、稀土等关键矿产及其他战略原材料、药品和活性药物成分 4 个关键供应链都存在漏洞和风险。

为此，报告强调美国必须通过重建生产和创新能力、提升产业链可持续性、加大政府采购和支持力度、强化国际贸易规则、加强盟友伙伴合作、监控供应链中断情况等方式，修补关键供应链漏洞，夯实长期产业基础。同日，白宫发表声明，正式组建供应链中断工作组，作为政府提升经济竞争力和供应链弹性的第一步。

一、多重考虑

美多部门联合发布产业链战略报告，具有多重考虑。

第一，这是执行拜登行政令的必然之举。早在 2 月 24 日，拜登签署"美国供应链行政令"，责成美国国家安全事务特别助理和总统经济政策助理与多个行政部门协调，全面评估审查上述四大领域供应链安全，并在 100 天内向总统提交报告。

据此，美四部门推出当前评估报告，认定美制造能力萎缩、企业短视逐利、他国与美经济竞争加剧、全球采购过于集中、美国缺乏"外交投资"等因素造成关键供应链风险，必须要采取措施弥补和应对。

---

① https://export.shobserver.com/baijiahao/html/379381.html，2021-06-23.

第二，意在重塑美主导的全球关键供应链体系。报告出台本身，意味着美国对于产业链的安全性考虑高于经济利益，确保美国产业主导地位和自身经济安全是首要考虑，经济全球化背景下的国际自由分工已不是政策优先选项。

事实上，拜登执政以来正以"共同安全观"为由，打造关键产业回归国内、重要产业迁向盟友、一般产业迁往非"竞争对手"国家的产业链新格局。其核心，是为了提升美国国内关键产业链的弹性，以内促外、内外联动。因此，出台关键产业链评估报告，也是服务美国打造产业链新格局的必要准备和战略需要。

第三，这是重振"美国工人获益"的制造业的需要。拜登把"美国工人获益"作为内外经济政策的核心，力求创造更多就业机会、重振疫后美国经济，进而兑现竞选承诺、巩固执政基础。其目标就是要将更多制造业岗位迁回国内，改变产业长期"空心化"的局面。

通过供应链调整战略，辅之以税收和政策优惠手段，拜登政府有望一定程度上实现上述目标，在半导体制造、关键矿产加工等领域创造更多就业机会，既要产业安全，又让经济获益。

第四，这是做足对中国战略竞争准备的需要。美国在供应链问题上已将中国看作主要的风险和外部威胁，认定中国在全球产业链的制造中心地位，对美国产业安全和全球主导力构成了挑战。因此，美方需要仔细评估关键供应链的利弊得失，找出问题、弥补短板、加大投入、夯实基础，为长期的中美经济竞争做好充足准备。

二、四点影响

美国此举无疑也会造成多重影响。

首先，将破坏全球产业合作分工体系。与特朗普在经贸问题上打"乱仗"、施行单边主义相比，拜登看似回归经济多边主义，实则践行的是排他性的伪多边主义。两者维护"美国获益"的自私自利的保护主义理念和产业政策具有相似性。

在产业链问题上，美国当前的做法是对特朗普重振制造业和产业链政策在继承基础上的调整。这势必影响以市场为基础的国际分工合作，比较优势、经济效率让位于经济安全和意识形态之争，经济全球化与原有国际分工格局正在遭遇颠覆性调整，将加大后疫情时代全球经济复苏难度，而美国是始作俑者。

其次，导致区域产业分工出现"碎片化"苗头。

美评估报告强调，"不能单独解决关键供应链的脆弱性，必须与盟友和伙伴合作""特别是与'四边机制'和G7的盟友伙伴合作，加强集体供应链弹性"。这实则是"拉小圈子"，将产业链合作政治化、违背市场经济规律、以泛"安全观"概念的方式强行重组美国主导下的地区产业合作模式，必将破坏既有的地区分工格局。

再次，中美关键产业"脱钩"风险上升。

美国多家主流媒体分析称，拜登政府实施产业链措施的目标是让中国退出供应链，让更多盟友加入其中。事实上，美国的做法是在稀土、药品及原材料等领域减少对中国的依赖，将更多的产业转移到欧洲和其他盟友地区，是"拜登政府非常深思熟虑的政策转变"。

更值得警惕的是，除此次评估报告内容，美国已经有所行动。

最后，中美经贸关系将遭遇挑战。

一方面，中美存在经贸摩擦的潜在风险。当前报告指出，美国将成立由贸易代表办公室(USTR)领导的"贸易打击力量"，应对他国破坏美国关键产业链的不公平贸易行为，并将此纳入美国对华贸易政策之中。其已挑明，产业政策目标主要针对中国。

此外，美国还欲启动对钕磁铁的"232调查"，评估其是否损害美国相关产业链，因为该材料主要来源地是中国。这意味着，美国在未来以国家安全为由对中国产品加征新关税的可能性依然存在。

另一方面，加剧中美经济竞争。与特朗普打压中国不同，拜登政府在单边、多边对华施压基础上，更强调加大对美国自身的投入，以保持赢在未来的实力基础。

为此,美国当前提出动用全政府资源重塑产业链,加大在电池、半导体等关键领域投资,为应对"尤其来自中国的更加激烈的国际竞争"。这势必会加大两国产业链的竞争因素,削弱互信合作基础,导致中美经济关系更趋紧张复杂。

综上可见,美国推出关键供应链评估调整报告,具有短期应急、长期布局、主要对华、重塑格局的多重考虑,势必对经济全球化、国际产业分工、地区经济合作、中美关系等带来深刻影响。中国也应对自身重要的产业链全面摸底排查,早做应对预案和战略布局,为中美长期的产业链竞争与合作做多手准备。(作者系中国现代国际关系研究院美国研究所副研究员)

问题讨论:

1. 结合以上材料,结合所学知识,分析全球供应链管理的风险因素有哪些?
2. 结合以上材料,谈谈未来中国企业应如何有效应对全球供应链风险。

第10章 供应链管理的技术与方法

【学习重点】

- 供应链管理的技术与方法
  - 快速反应
    - QR产生的背景与含义
    - QR的发展过程
    - QR的实施步骤
    - 成功实施QR的条件及效果
  - 有效客户反应
    - ECR产生的背景
    - ECR的含义与特征
    - ECR的四大要素
    - ECR系统的构建与实施前提
  - 协同规划、预测和连续补货
    - CPFR出现的背景
    - CPFR的概念与本质特点
    - CPFR实施的目标和协同运行

【教学目标】

通过本章的学习,使学生正确理解供应链管理的技术、方法及其发展趋势。重点掌握快速反应(QR),有效客户反应(ECR),协同规划、预测和连续补货(CPFR)的概念、目标和实施,熟悉三种供应链管理方法产生的背景,了解它们在国内外的应用与发展。

韩都衣舍的"快时尚"是如何炼成的?[①]

2006年正式创立的韩都衣舍无疑是快时尚服装业的新来者,五位创始合伙人都不是来自服装行业,缺乏从业经验和相关的知识积累,然而都对互联网和信息技术所引致的生产方式变革和商业生态变化极其敏锐,领头人赵迎光有7年在电子商务领域打拼的经历。这使韩都衣舍从创业那天起就成为一个天生的互联网品牌服装提供商。不熟悉传统服装业运作方式,使新生的企业能够摆脱传统经验束缚和路径依赖,大胆地在时尚服装企业经营的各个环节依托互联网和信息技术开展适应新生产方式和商业生态的创新试验。而在刚刚崭露头角的互联网生态下经营快时尚服装,韩都衣舍恰恰与 ZARA、UNIQLO 和 H&M 等业内国际巨擘处于同一起跑线上。由此,韩都衣舍通过互联网快速学习、整合资源、创新迭代、自我裂变、不断进化的方式,经历艰苦但短暂的探索过程,打造出一个完全颠覆了传统企业理念的新型服装企业,初步具备了一定的"速度"竞争优势。虽然在总体规模、产品品质和品牌知名度等方面韩都衣舍与业内国际巨擘仍存在较大差距,但在服装单品款式开发数量和上市速度、产品返单比例和速度、当季售罄率、库存周转率、资金周转率、新品牌孵化率等具体核心指标上已能够与这些行业领先者并驾齐驱,甚至略有超越。

韩都衣舍之所以能够快速成长为领先的互联网多品牌快时尚服装企业,得益于其具有鲜明时代特色的组织创新实践,其组织创新探索彰显了信息时代信息技术革命引致企业组织变革的重要趋势。"小组+平台"的基本组织架构,形成韩都衣舍以小组制为核心的单品全程运营体系。在组织平台赋能和小组"自激励"机制下,韩都衣舍始终保持高速增长态势,并不断创新运营模式,截至2015年年底,经历若干轮更新迭代的运营体系日臻成熟,于2016年朝着构建互联网二级生态品牌运营平台的战略方向发展。韩都衣舍的演进经历了以下四个阶段。

1. 初创时期的"买手制"与简单组织

2008年,赵迎光在山东工艺美术学院等院校招聘40名服装设计和韩语专业的毕业生,在从韩国服装类网站的三千个品牌中筛选出一千个之后,要求每个毕业生负责25个品牌并每天从中选8款商品到淘宝网"预售","预售"成功后到韩国网站下订单发货给国内买家。"买手制"在后期演化成为公司为每个买手配置5万元资金,让其自行联系韩式风格服装的工厂组织生产,获得的收益滚存为下一轮自己扩展业务的周转资金。这一时期的韩都衣舍组织形态是创业者主导下的简单型组织,创始人包办企业的所有管理工作,指导"买手"选择款式、发布产品信息、韩国网站代购及售后协调等相关工作。

2. 产品小组制的提出与赋能平台的构建

买手制带来了韩都衣舍业务的快速增长,并积累了消费者需求及购买习惯的知识和互联网时代的"流量资本"。然而,这一模式也存在交货周期长、退换货成本极高、图片和实物不符等问题。针对这些

[①] 罗仲伟,李先军,宋翔,等. 从"赋权"到"赋能"的企业组织结构演进——基于韩都衣舍案例的研究[J]. 中国工业经济(09), 2017: 174-192, 有改动。

问题，赵迎光意识到构建自身的货品管理能力的重要性，并希望加快自身品牌建设的步伐。2009 年下半年，韩都衣舍摒弃了从韩国厂家采购的模式，积极在国内寻找工厂代工，统一使用"韩都衣舍"品牌，并由原来的"买手"负责相关的商务谈判、仓储、物流等工作。此时，由于工作内容的增加，"买手"在专业水平、时间、精力等方面均难以保证工作的效率和质量。为此，韩都衣舍积极推动买手制的演变和组织结构的调整。首先，积极推动买手制向产品小组的演化。"产品小组"除负责原来的产品选款、发布销售信息外，还需要联系外部生产工厂，处理仓储物流事务、资金计划及支付工作等。其次，按照专业化分工原则，小组逐步转变为由买手和产品设计师、页面设计及销售人员、货品管理及内部运营人员组成的"三元结构"基础组织。在小组间为获取企业配置的资源展开充分竞争的氛围中，各个小组按照自身对市场需求的理解和判断，自行确定销售任务，包括销售额、毛利率和库存周转，以及确定款式、尺码、库存深度、基准售价、打折节奏和程度、是否参加平台上的促销活动等，同时按照企业确定的比例从所创造的毛利中提成。与小组快速成长相适应的是韩都衣舍的企划部、生产中心、仓储中心不断整合并形成较强的后台支持能力，共同支持和服务小组的赋能平台初具雏形。从小组和平台的职能分工来看，小组负责创意性和非标准化的工作，平台负责标准化的活动。"平台+小组"的组织机制设计改变了组织与员工的关系，也就改变了传统组织设计中"以岗定权、定人"的基本逻辑，小组员工"回归"为组织的中心，他们可以在扁平的、透明的组织架构中根据自己的特长自主选择和自由搭配，以使自身因创造自我价值而产生的效能最大化。随着"买手制"阶段进阶到"小组制"阶段，以信息无缝连接为基础的柔性供应链体系及后台支持体系的建立，企业实现了自身从资源集聚与供给主体向能力创造主体的转变，可以为产品小组提供数量更多、类型更丰富的支持性资源，使小组的能力不断得到提升，从而能够在创意设计空间里自主运行、自由驰骋，小组成员的活力得以自我激发，创造力得以自我发挥。

可见，从"买手制"到"小组制"的演进或阶段性跃迁中，韩都衣舍组织结构的设计颠覆了传统组织结构设计中组织本位的基本前提。伴随着企业与员工间的关系朝着合作方向转变，紧紧围绕服务于小组的柔性供应链体系等后台赋能支持系统建立起来。在这一过程中，韩都衣舍的组织功能悄然改变，组织从原有的要素集聚主体和激励约束主体朝着能力创造、供给主体转变。

3. 小组制的延伸与赋能平台的完善

小组制初期仅仅限于产品部门，摄影等产品表现工作和采购供应工作等归于平台部门。随着公司业务增长，韩都衣舍从 HSTYLE 单品牌不断分裂出子品牌并朝着多品牌扩展。AMH 男装、米妮·哈鲁童装等品牌的快速增长，导致产品小组与平台部门交叉工作量急剧增加，产品小组与平台部门产生矛盾并激化，且平台部门的运营成本日益膨胀。为此，企业借鉴产品小组的经验，逐步将小组制推广到平台部门，将摄影、采购等支持平台改造成以运营小组为单位的利润中心，与产品小组之间建立交易关系，且鼓励平台运营小组可以面向市场从事企业外部的交易活动。这样，小组制在韩都衣舍的生产和后台生产性服务部门中不断推行，使得公司内部众多的业务和工作都由产品小组和服务小组完成，各个小组之间通过交易活动建立起来的纽带基本形成。这些小组在公司赋能的前提下不断自我调整与进化，并在小组成长机制下实现裂变式发展。

实施多品牌运营和平台推行小组制之后，韩都衣舍的交易量出现指数级增长，销售额从 2010 年的 7000 万元剧增为 2011 年的 2.8 亿元，此时公司的供应链严重制约交货周期和产品质量。为此，韩都衣舍通过信息化手段大力改造和提升自身的供应链管理水平，将 30 家核心物料供应商、240 多家生产商整合到供应链体系中，并不断完善后台服务体系，形成以商业智能(BI)集成系统为核心，整合供应商协同系统(SRM)、供应商管理系统(SCM)、订单处理系统(OMS)、仓储管理系统(WMS)、物流管理系统(TMS)、企划运营管理系统(HNB)和活动管理系统(PAM)，为小组和上游供应商以及下游在线交易平台和物流快递平台的有效连接创造条件，为小组创新创意转化为实际产品并进入市场提供强大的资源支持。至此，韩都衣舍的小组制从产品生产延伸到服务提供，从单品牌产品小组发展到多品牌产品小组，围绕小组运营的生产供应链、物流管理等平台以服务体系的方式延伸到为小组提供全方位赋能支持。

4. 小组制的市场化与企业"赋能"平台的社会化

随着企业赋能平台的发展，韩都衣舍的品牌孕育和运营能力、供应链管理和整合能力、客户服务能力、资源获取和运营能力等不断积累、沉淀，这些能力可以在快时尚行业复制和延伸。为此，韩都衣舍开始在互联网"+服装"的基础上"+快时尚"，实现自身从服装设计与销售企业朝着多品牌集团化运营发展，进而朝着快时尚行业的品牌与创新孵化品牌运营平台转型。除了韩都衣舍自有的女装、男装、童装及内衣品牌，依托"韩都动力"和"智汇蓝海"，平台代运营并支持市场上其他快时尚品牌的发展。

截至 2016 年年底，实现自有运营、服务和代运营 80 余个品牌。由此，韩都衣舍出现将自身打造成为产业社会化服务平台、赋能功能向外部市场延伸的趋势，即为企业外部的创业者、创新者开展快时尚服装领域中的创业创新活动提供资源支持和能力支持，朝着企业平台及其"赋能"功能面向整个产业的社会化方向演进。

强大的供应链管理能力，为小组运行过程中的柔性产品实现创造了条件。供应链是服装企业最为重要的环节，决定了最低起订量、最短交货周期、品质控制和成本控制等关键指标，韩都衣舍从 2010 年起即着手建立供应链体系。依托网络销售的快时尚服装数量少、品类多、批次多、当季返单快与频的订单特点，使国内的 OEM 配套供应商难以适应，韩都衣舍不得不投入大量人力和资金帮助上游企业进行柔性制造改造。2013 年，韩都衣舍开始循序渐进地实施柔性供应链改造计划。一是以大数据采集、分析、应用为核心，以公司 IT 为依托，完善软件和基础硬件设施，SCM、CRM、BI 系统陆续上线，并且要求供应商同步；二是确立并实施"优质资源产原地、类目专攻"的供应链布局战略；三是与 OEM 供应商联手进行生产流程再造，沿生产流程实施模块化改造并相应重新切分、配资源，同时重组服装加工企业的组织架构；四是扩大柔性供应链的服务外延。经过艰苦努力，韩都衣舍建立起围绕产品小组确定流程、以"产品中心—生产中心—储运中心"为核心的柔性供应链体系(见图 10.1)。整合后的柔性供应链体系可以保证 20 天的交货周期和最少 50 件的起订量，并确保产品质量的有效控制，为各个小组满足市场需求、满意服务顾客提供了保障。

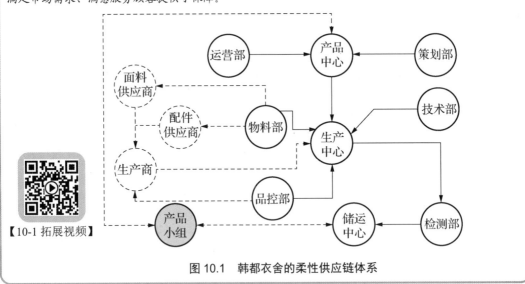

图 10.1 韩都衣舍的柔性供应链体系

10.1 快速反应

10.1.1 QR 产生的背景

快速反应(Quick Response，QR)是美国纺织与服装行业发展起来的一项供应链管理策略。20 世纪 70 年代后半期，美国的纤维纺织业出现了大幅度萎缩的趋势，纺织品进口大幅度上升，到 20 世纪 80 年代初，进口产品几乎占据了美国纺织品市场的 40%。面对与国外商品的激烈竞争，纺织与服装行业在 20 世纪 70 年代和 80 年代采取的主要对策是在寻找法律保护的同时，加大现代化设备的投资。到了 20 世纪 80 年代中期，美国的纺织与服装行业是通过进口配额系统保护最重的行业，而纺织业是美国制造业生产率增长最快的行业。尽管上述措施取得了巨大的成功，但服装行业进口商品的渗透却在继续增加。一些行业的先驱认识到保护主义措施无法保护美国服装业的领先地位，他们必须寻找别的方法。

1984 年，美国服装、纺织及化纤行业的一些主要的经销商成立了"用国货为荣委员会"(Crafted With Pride in USA Council)，该委员会的任务是为购买美国生产的纺织品和服装的消费者提供更多的利益。1985 年，该委员会开始做广告，旨在提高本国生产服装的信誉度。该委员会也拿出了一部分经费，研究如何长期保持美国的纺织与服装行业的竞争力。1985—1986 年，Kurt Salmon Associates 公司进行了供应链分析，结果发现：尽管系统的各个部分具有高运作效率，但整个系统的效率却十分低。于是纤维、纺织、服装及零售业开始寻找那些在供应链上导致高成本的活动。结果发现，供应链的长度是影响其高效运作的主要因素。

整个服装供应链，从原材料到消费者购买，时间为 66 周：11 周在制造车间，40 周在仓库或转运，15 周在商店。这样长的供应链不仅各种费用大，更重要的是，建立在不精确需求预测上的生产和分销，因数量过多或过少造成的损失非常大。整个服装供应链系统的总损失每年可达 25 亿美元，其中 2/3 的损失来自零售或制造商对服装的降价处理以及在零售时的缺货。进一步的调查发现，消费者离开商店而不购买的主要原因是找不到合适的尺寸和颜色的商品。为此，Kurt Salmon Associates 公司建议零售企业和纺织服装生产厂家合作，共享信息资源，建立一个快速响应系统来实现销售额增长；顾客服务的最大化以及库存量、商品缺货、商品风险最小化的目标。

Kurt Salmon Associates 公司的研究报告提出通过信息的共享以及生产商与零售商之间的合作，确立起能对消费者的需求做出快速反应的 QR 体制。在 Kurt Salmon Associates 公司的倡导下，从 1985 年开始美国纤维纺织行业开始大规模开展 QR 运动，正式掀起了供应链构筑的高潮。

快速响应是零售商及其供应商密切合作的策略，应用这种策略，零售商和供应商通过共享 POS 系统信息、联合预测未来需求、发现新产品营销机会等对消费者的需求做出快速的反应。从业务操作的角度来讲，贸易伙伴需要用 EDI 来加快信息的流动，并共同重组他们的业务活动以将订货前导时间和成本极小化，在补货中应用 QR 可以将交货前导时间降低 75%。

10.1.2　QR 的含义

快速反应(QR)是美国零售商、服装制造商及纺织品供应商开发的整体业务概念，是由一定技术支持的供应链上各成员企业之间紧密合作的一种业务方式和管理思想。[1]其目的在于减少产品在整个供应链上完成业务流程的时间，尽可能减少库存，最大限度地提高供应链管理运作效率。即以最快的速度、最好地满足消费者的需求。美国纺织服装联合会对快

---

[1] 王道平，李淼. 供应链设计理论与方法[M]. 北京：北京大学出版社，2012：2-3.

速反应的定义为:"制造者为了在精确数量、质量和时间的条件下为客户提供产品,将订货提前期、人力、材料和库存的花费降到最小;同时,为了满足市场不断变化的要求而强调系统的柔性。"

《物流术语》(GB/T 18354—2021)对快速反应(QR)的定义是:供应链成员企业之间建立战略合作伙伴关系,利用电子数据交换(EDI)等信息技术进行信息交换与信息共享,用高频率小批量配送方式补货,以实现缩短交货周期,减少库存,提高顾客服务水平和企业竞争力为目的的一种供应链管理策略。

因此,QR意味着供应链成员企业之间建立起贸易伙伴关系来提高向最终消费者的供货能力,同时降低整个供应链的库存量和总成本。QR的着重点是对消费者需求做出快速响应,在降低供应链总库存和总成本的同时提高销售额。所以成功的"快速反应"伙伴关系将提高供应链上所有伙伴的获利能力。

快速反应业务成功的前提是零售商和厂商的良好关系。实现这种关系的方法之一就是战略伙伴,包括确定业务合作关系并采用双方互利的业务战略。这种伙伴关系的某些趋势已经得到验证,包括及时的跨部门项目小组决策和长期的双方互利关系。

战略伙伴关系要求厂商高级经理之间进行沟通和接触,然后将这种关系由上往下渗透到整个组织中,同时要求多个部门都要参与规划和执行的各阶段工作。不是所有的贸易伙伴都能变成战略伙伴,成功的战略伙伴应具备下列条件:①巨大的增长潜力;②跨部门的沟通;③长远的观点和一致的目标;④永远关注顾客的需要;⑤不断地监测业绩。

而下列因素对成功的战略伙伴关系是至关重要的:①要彼此理解对方的目标和局限;②建立更有效的沟通渠道;③采用新的业务战略和业务实践;④在公司内部推行教育计划;⑤实施和强化跨行业通信标准[VICS 标准: Voluntary Interindustry Commercs Solutions Association(美国产业共同商务标准协会)标准];⑥双赢方式的谈判。

例如,沃尔玛公司和宝洁公司就是战略伙伴关系。开始时,双方互不尊重,慢慢地,双方开始互相尊重,然后互相理解对方,最后双方都看到了对方的优点:宝洁为沃尔玛的商品进行快速补货并保证很高的存货水平;沃尔玛公司每天为宝洁公司提供销售和存货数据;双方通过各自的沟通机构达到了新的沟通水平。这种合作关系取得了巨大的成功,包括增加了销售额、加快了库存周转速度,尤为重要的是,降低了成本。

特别提示

> 快速反应(QR)是由一定技术支持的供应链上企业之间紧密合作的一种业务方式和管理思想。其目的是为了降低供应链的总成本,增加零售商和厂商的销售额,从而提高零售商和厂商的获利能力,减少原材料到销售点的时间和整个供应链上的库存,最大限度地提高供应链的运作效率,提高顾客服务水平。即以最快的速度、最好地满足消费者的需求。

10.1.3 QR的发展过程

1985年以后,QR概念开始在纺织服装等行业广泛地普及、应用。下面以美国零售业的著名企业沃尔玛公司与服装制造企业Seminole公司,以及面料生产企业Milliken公司合作建立QR系统为例说明QR的发展过程。沃尔玛公司与Seminole公司和Milliken公司建立QR系统的过程可分为三个阶段。

1. QR 的初期阶段

沃尔玛公司 1983 年开始采用 POS 系统，1985 年开始建立 EDI 系统。1986 年与 Seminole 公司和 Milliken 公司在服装商品方面开展合作，开始建立垂直型的快速响应系统。当时合作的领域是订货业务和付款通知业务。通过电子数据交换系统发出订货明细清单和受理付款通知，来提高订货速度和准确性，以及节约相关事务的作业成本。

2. QR 的发展阶段

为了促进行业内电子化商务的发展，沃尔玛与行业内的其他商家一起成立美国 VICS 协会(Voluntary Inter-Industry Communications Standards Committee)来协商确定行业统一的 EDI 标准和商品识别标准。VICS 协会制定了行业统一的 EDI 标准并确定商品识别标准采用 UPC 商品识别码。沃尔玛公司基于行业统一标准设计出 POS 数据的输送格式，通过 EDI 系统向供应方传送 POS 数据。供应方基于沃尔玛传送来的 POS 信息，可及时了解沃尔玛的商品销售状况、把握商品的需求动向，并及时调整生产计划和材料采购计划。供应方利用 EDI 系统在发货之前向沃尔玛传送预先发货通知(Advanced Shipping Notice，ASN)。这样，沃尔玛事前可以做好进货准备工作，同时可以省去货物数据的输入作业，使商品检验作业效率化。沃尔玛在接收货物时，用扫描读取机器读取包装箱上的物流条形码 SCM(Shipping Carton Marking)，把扫描读取机器读取的信息与预先储存在计算机内的进货清单 ASN 进行核对，判断到货和发货清单是否一致，从而简化了检验作业。在此基础上，利用电子支付系统 EFT 向供应方支付货款。同时只要把 ASN 数据和 POS 数据比较，就能迅速知道商品库存的信息。这样做的结果使沃尔玛不仅节约了大量事务性作业成本，而且还能压缩库存，提高商品周转率。在此阶段，沃尔玛公司开始把 QR 的应用范围扩大至其他商品和供应商。

3. QR 的成熟阶段

沃尔玛把零售店商品的进货和库存管理的职能转移给供应方(生产厂家)，由生产厂家对沃尔玛的流通库存进行管理和控制，即采用供应商管理的库存方式(Vendor Managed Inventories，VMI)。沃尔玛让供应方与之共同管理营运沃尔玛的流通中心，在流通中心保管的商品所有权属于供应方。供应方对 POS 信息和 ASN 信息进行分析，把握商品的销售和沃尔玛的库存动向。在此基础上，决定什么时间，把什么类型商品，以什么方式和向什么店铺发货。发货的信息预先以 ASN 形式传送给沃尔玛，以多频度小数量进行连续库存补充，即采用连续库存补充计划(Continuous Replenishment Program，CRP)。由于采用了 VMI 和 CRP，供应方不仅能减少本企业的库存，还能减少沃尔玛的库存，实现整个供应链的库存水平最小化。另外，对沃尔玛来说，省去了商品进货的业务，节约了成本，同时能集中精力于销售活动。并且，事先能得知供应方的商品促销计划和商品生产计划，能够以较低的价格进货。这些为沃尔玛进行价格竞争提供了条件。从沃尔玛的实践来看，QR 是一个零售商和生产厂家建立(战略)伙伴关系，利用 EDI 等信息技术，进行销售时点的信息交换以及订货补充等其他经营信息的交换，用多频度小数量配送方式连续补充商品，以实现缩短交纳周期，减少库存，提高顾客服务水平和企业竞争力为目的的供应链管理。美国学者 Jamie Bolton 认为 QR 是 JIT 在零售行业的一种应用。

QR 的形成主要是由零售商、服装生产商和纤维生产商三方组成。当时,在美国积极推动 QR 的零售商主要有三家,即迪拉德百货店、J.C.Penney 公司和沃尔玛。沃尔玛是最早推行 QR 的先驱,在纤维纺织品领域他们与休闲服装生产商 Seminole 公司和面料生产商 Milliken 公司结成了供应链管理体系,该 QR 体系的形成起到了良好的作用,大大提高了参与各方的经营绩效,有力地提升了相关产品的竞争力,所以起到了良好的带动和示范作用。

沃尔玛通过自身的 QR 实践,大大推动了供应链管理中各种运作体系的标准化,倡导建立了 VICS 委员会,并制定了行业统一的 EDI 标准和商品识别标准,即 EDI 的 ANSIXl2 标准和 UPC 商品条码。1983 年,沃尔玛导入了销售时点系统(Point of Sales,POS),并且由于当时采用了 UPC 条码,所以在整个行业最早实现了产业链中的信息共享,沃尔玛成为 QR 的主导者。由于沃尔玛的先驱性活动,不仅使美国服装产业的恶劣环境得到改善,削减了贸易赤字,而且也大大推动了 QR 在美国的发展,并形成了高潮,成为现代企业管理变革的主要趋势之一。

10.1.4　QR 的实施步骤

QR 原来是大型零售商获取市场份额并进行全球竞争的工具,现在已成为所有商品制造商和中间商的标准战略行为。QR 意味着以更低的成本增加销售额、更好地对商品进行分类以及向客户提供优质的服务。实施 QR 需要六个步骤,如图 10.2 所示。每个步骤都需要以前一个步骤作为基础,比前一个步骤有更高的回报,但是需要额外的投资。

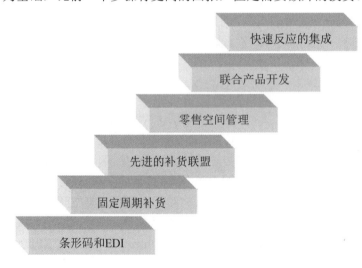

图 10.2　QR 实施的六个步骤

1. 条形码和 EDI

零售商首先必须安装条形码(UPC 码)、POS 扫描和 EDI 等技术设备,以加快 POS 机收款速度、获得更准确的销售数据并使信息沟通更加流畅。

许多零售商和厂商都了解 EDI 的重要性,所以已经实施了一些基本的交易(如采购订单、发票等)的 EDI 业务。而且很多大型零售商也强制其厂商实施 EDI 来保证快速反应。但 EDI 的全面实施还需要时间。

2. 固定周期补货

QR 的自动补货要求供应商更快、更频繁地运输重新订购的商品，以保证店铺不缺货，从而提高销售额。自动补货是指基本商品销售预测的自动化。自动补货使用基于过去和目前销售数据及其可能变化的软件进行定期预测，同时考虑目前的存货情况和其他一些因素，以确定订货量。自动补货是由零售商、批发商在仓库或店内进行的。

3. 先进的补货联盟

成立先进的补货联盟是为了保证补货业务的流畅。零售商和制造商联合起来检查销售数据，制订关于未来需求的计划和预测，在保证有货和减少缺货的情况下降低库存水平。还可以进一步由消费品制造商管理零售商的存货和补货，以加快库存周转速度，提高投资毛利率。

4. 零售空间管理

零售空间管理是指根据每个店铺的需求模式来规定其经营商品的花色品种和补货业务。一般来说，对于花色品种、数量、店内陈列及培训或激励售货员等决策，消费品制造商也可以参与甚至制定决策。

5. 联合产品开发

联合产品开发的重点不再是一般商品和季节商品，而是服装等生命周期很短的商品。厂商和零售商联合开发新产品，其关系的密切超过了购买与销售的业务关系，缩短从新产品概念到新产品上市的时间，而且经常在店内对新产品进行试销。

6. 快速反应的集成

通过重新设计业务流程，将前五步的工作和公司的整体业务集成起来，以支持公司的整体战略。这一步要求零售商和消费品制造商重新设计其整个组织、业绩评估系统、业务流程和信息系统，设计的中心围绕着消费者而不是传统的公司职能，它们要求集成的信息技术。

10.1.5 成功实施 QR 的条件及效果

1. 革新企业的经营意识和组织

要成功实施 QR 必须改变传统的经营方式和革新企业的经营意识和组织。企业不能局限于只依靠本企业独自的力量来提高经营效率的传统经营意识，要树立与供应链各方建立合作伙伴关系，努力利用各方资源来提高经营效率的现代经营意识。

零售商在垂直型 QR 系统中起主导作用，零售店铺是垂直型 QR 系统的起始点。在垂直型 QR 系统内部，通过 POS 数据等销售信息和成本信息的相互公开和交换，来提高各个企业的经营效率。垂直型 QR 系统内各个企业之间的分工和协作，消除重复业务和作业，建立有效的分工协作框架。必须改变传统的事务作业的方式，利用信息技术实现事务作业无纸化和自动化。

2. 开发和应用现代信息处理技术

必须开发和应用现代信息处理技术，这是成功进行 QR 活动的前提条件。现代信息技术有商品条形码技术，电子订货系统(EOS)，POS 数据读取系统，EDI 系统，预先发货清单技术(ASN)，电子支付系统(EFT)，供应商管理库存(VMI)，连续补充库存计划(CRP)等。

3. 供应链各方建立(战略)伙伴关系

必须与供应链各方建立(战略)伙伴关系。具体内容包括以下两个方面：一是积极寻找和发现战略合作伙伴；二是在合作伙伴之间建立分工和协作关系。合作的目标定为削减库存，避免缺货现象的发生，降低商品风险，避免大幅度降价现象发生，减少作业人员和简化事务性作业等。

4. 必须实现信息的充分共享

必须改变传统的对企业商业信息保密的做法。在销售信息、库存信息、生产信息、成本信息等方面与合作伙伴交流分享，并在此基础上，要求各方在一起共同发现问题、分析问题和解决问题。

5. 缩短生产周期，降低商品库存

供应方必须缩短生产周期，降低商品库存，进行多品种少批量生产和多频度小数量配送，降低零售商的库存水平，提高顾客服务水平。在商品实际需要将要发生时采用 JIT 生产方式组织生产，减少供应商自身的库存水平。

据相关研究结果显示，在成功实施 QR 系统后，销售额大幅度增加，商品周转率大幅度提高，需求预测误差大幅度下降(见表 10-1)。

表 10-1　QR 的效果

对象商品	构成 QR 系统的供应链企业	零售业者的 QR 效果
休闲裤	零售商：沃尔玛 服装生产厂家：Seminole 面料生产厂家：Milliken	销售额：增加 31% 商品周转率：提高 30%
衬衫	零售商：J. C. Penney 服装生产厂家：Oxford 面料生产厂家：Burlinton	销售额：增加 59% 商品周转率：提高 90% 需求预测误差：减少 50%

应用 QR 系统后销售额大幅度增加的原因是：应用 QR 系统后，可以降低经营成本，从而能降低销售价格，增加销售；伴随着商品库存风险的减少，商品以低价位定价，增加销售；QR 能避免缺货现象，从而避免销售的机会损失；QR 易于确定畅销商品，能保证畅销品的品种齐全，连续供应，增加销售。

商品周转率的大幅度提高是由于应用 QR 系统可以减少商品库存量，并保证畅销商品的正常库存量，加快商品周转。

根据库存周期长短和预测误差的关系可以说明，如果季节开始之前的 26 周进货(基于预测提前 26 周进货)，则需求预测误差(缺货或积压)达 40%左右。如果在季节开始之前的 16 周进货，则需求预测误差为 20%左右。如果在很靠近季节开始的时候进货，需求预测误

差只有 10%左右。应用 QR 系统可以及时获得销售信息，把握畅销商品和滞销商品，同时通过多频度小数量送货方式，实现实需型进货(零售店需要的时候才进货)，这样使需求预测误差可减少到 10%左右。

这里需要指出的是虽然应用 QR 的初衷是为了对抗进口商品，但实际上并没有出现这样的结果。相反，随着竞争的全球化和企业经营的全球化，QR 系统管理迅速在各国企业界扩展。航空运输为各地间的快速供应提供了保证。现在，QR 方法成为零售商实现竞争优势的工具。同时随着零售商和供应商结成战略联盟，竞争方式也从企业与企业间的竞争转变为战略联盟与战略联盟之间的竞争。

另外，应用 QR 的效果还表现在其投资与收益方面的吸引力。对于零售商来说，需要销售额的 1.5%～2%的投入以支持条码、POS 系统和 EDI 的正常运行。这些投入包括 EDI 启动软件，现有应用软件的改进，租用增值网，产品查询，开发人员费用，教育与培训，EDI 工作协调，通信软件，网络以及远程通信费用，CPU 硬件，条码标签打印的软件与硬件等。实施 QR 的收益是巨大的，它远远超过其投入。它可以节约销售费用的 5%，这些节省不仅包括商品价格的降低，也包括管理、分销及库存等费用的大幅度减少。Kurt Salmon Associates 公司的 David Cole 在 1997 年曾说过："在美国那些实施第一阶段 QR 的公司每年可以节省 15 亿美元的费用,而那些实施第二阶段 QR 的公司每年可以节省费用 27 亿美元。"他提出，如果企业能够过渡到第三阶段(联合计划、预计和补库)，每年可望节约 60 亿美元的费用。

QR 策略在过去 20 多年中取得了巨大的成功。商品的供应商和零售商通过这一策略为他们的客户提供了更好的服务，同时也减少整个供应链上的非增值成本。QR 策略是一种全新的供应链管理概念，必将向其更高的阶段发展，必将为供应链上的贸易伙伴——供应商、分销商、零售商和最终客户带来更大的价值。

10.2 有效客户反应

【10-2 拓展视频】

10.2.1 ECR 产生的背景

有效客户反应(Efficient Consumer Response，ECR)首先出现在美国食品杂货行业，是美国食品杂货行业开展供应链体系构造的一种实践。

在 20 世纪六七十年代，美国日杂百货业的竞争主要是在生产厂商之间展开。竞争的重心是品牌、商品、经销渠道和大量的广告和促销，在零售商和生产厂家的交易关系中生产厂家占据支配地位。进入 20 世纪 80 年代特别是到了 20 世纪 90 年代以后，在零售商和生产厂家的交易关系中，零售商开始占据主导地位，竞争的重心转向流通中心、商家自有品牌、供应链效率和 POS 系统。同时在供应链内部，零售商和生产厂家之间为取得供应链主导权的控制，同时为商家品牌和厂家品牌占据零售店铺货架空间的份额展开激烈的竞争，这种竞争使得在供应链的各个环节间的成本不断转移，导致供应链整体的成本上升，而且容易牺牲力量较弱的一方的利益。

在这期间，从零售商角度来看，随着新的零售业态如仓储商店、折扣店的大量涌现，使得它们能以相当低的价格销售商品,从而使日杂百货业的竞争更趋激烈。在这种状态下,许多传统超市业者开始寻找对应这种竞争方式的新管理方法。从生产厂家角度来看,由于日杂百货商品的技术含量不高,大量无实质性差别的新商品被投入市场,使生产厂家之间的竞争趋同化。生产厂家为了获得销售渠道,通常采用直接或间接的降价方式作为向零售商促销的主要手段,这种方式往往会大量牺牲厂家自身的利益。所以,如果生产商能与供应链中的零售商结成更为紧密的联盟,将不仅有利于零售业的发展,同时也符合生产厂家自身的利益。

另外,从消费者的角度来看,过度竞争往往会使企业在竞争时忽视消费者的需求。通常消费者要求的是商品的高质量、新鲜度、服务和在合理价格基础上的多种选择。然而,许多企业往往不是通过提高商品质量、服务和在合理价格基础上的多种选择来满足消费者,而是通过大量的诱导型广告和广泛的促销活动来吸引消费者转换品牌,同时通过提供大量非实质性变化的商品供消费者选择。这样消费者不能得到他们需要的商品和服务,他们得到的往往是高价、眼花缭乱和不甚满意的商品。对应于这种状况,客观上要求企业从消费者的需求出发,提供能满足消费者需求的商品和服务。

在上述背景下,美国食品市场营销协会(US Food Marketing Institute,FMI)联合包括COCA-COLA、P&G、Safeway Store 在内的 16 家企业与流通咨询企业 Kurt Salmon Associates 公司一起组成研究小组,对食品业的供应链进行调查总结分析,于 1993 年 1 月提出了改进该行业供应链管理的详细报告。在该报告中系统地提出 ECR 的概念和体系。经过美国食品市场营销协会的大力宣传,ECR 概念被零售商和制造商所接纳并被广泛地应用于实践。

与此同时,欧洲食品杂货业为解决类似问题也采用 ECR 策略,并建立了欧洲 ECR 委员会(ECR Europe)以协调各国在实施 ECR 过程中的技术、标准等问题。ECR 是杂货业供应商和销售商为消除系统中不必要的成本和费用,给客户带来更大效益而进行密切合作的一种战略。ECR 在美国食品杂货行业得到全面认可和实践的原因主要有以下几个方面。

(1) 零售业态间的竞争激化。

20 世纪 80 年代末,美国食品杂货产业中出现了一些新型的零售业态,对原有的超市构成了巨大的威胁,成为食品零售市场中的主要竞争者。作为零售企业亟待提高的能力首先就是,如何在最短的时间内,能对顾客的需求做出响应,从而实现快速、差异化的服务,同时借助于单品管理,提高零售企业的作业效率。在这种要求和发展目标的引导下,美国食品杂货行业开始了 ECR 的实践和探索,并最终形成了供应链构筑的高潮。

(2) 日益膨胀的促销费用和大量进货造成成本高昂、消耗增加的压力。

由于市场竞争加剧,生产企业被迫降低商品价格以促销,结果生产商的负担加重,各种促销活动日益损坏了生产企业的利益。生产企业为了将损失降到最低,并保持持续不断增长的销售,只有不断扩大新产品的生产,通过广泛的产品线来弥补大量促销造成的损失,而这又造成企业之间无差异竞争情况加剧,同时使零售企业的进货和商品管理成本加大。由于 ECR 实践的推行能够有效地解决上述问题,避免无效商品的生产、经营,通过确定商品的培育、经营提高产销双方的效率,所以,美国 ECR 的推行吸引了大量生产企业的加入。

(3) 构建新型的供应链管理体系的需要。

ECR 在美国推行过程中还有一个背景和特点是值得人们注意的,即当时随着产销合作或供应链构筑的呼声越来越高,特别是 QR 和战略联盟的日益发展,生产企业与零售商直接交易的现象越来越普遍,与此同时,批发业则日益萎缩,产销之间都开始在交易中排除批发商环节。但是在 ECR 的推行过程中,并不是盲目地排斥批发商,而是在重新认识批发商重要性的同时,通过批发商经营体系的改造和现代经营制度的建立,将其有机地纳入供应链体系的构筑中。

10.2.2　ECR 的含义

我国《物流术语》(修订版 GB/T 18354—2021)中对有效客户反应的定义是:"有效客户反应(Efficient Customer Response,ECR)是以满足顾客要求和最大限度降低物流过程费用为原则,能及时做出准确反应,使提供的物品供应或服务流程最佳化的一种供应链管理策略。"ECR 的最终目标是建立一个具有高效反应能力和以客户需求为基础的系统,使零售商及供应商以业务伙伴方式合作,提高整个供应链的效率,而不是单个环节的效率,从而大大降低整个系统的成本、库存和物资储备,同时为客户提供更好的服务。

要实施"有效客户反应"这一战略思想,首先,应联合整个供应链所涉及的供应商、分销商以及零售商,改善供应链中的业务流程,使其最合理有效;然后,再以较低的成本,使这些业务流程自动化,以进一步降低供应链的成本和时间。具体地说,实施 ECR 需要将条码、扫描技术、POS 系统和 EDI 集成起来,在供应链(由生产线直至付款柜台)之间建立一个无纸系统,以确保产品能不间断地由供应商流向最终用户,同时,信息流能够在开放的供应链中循环流动。这样,才能满足客户对产品和信息的需求,即给客户提供最优质的产品和适时准确的信息。

"有效客户反应"是一种运用于工商业的策略,供应商和零售商通过共同合作(如建立供应商/分销商/零售商联盟),改善其在货物补充过程中的全球效率,而不是以单方面不协调的行动来提高生产力,这样能节省由生产到最后销售的贸易周期的成本。

通过 ECR,如计算机辅助订货技术,零售商无须签发订购单,即可实现订货;供应商则可利用 ECR 的连续补充技术,随时满足客户的补货需求,使零售商的存货保持在最优水平,从而提供高水平的客户服务,并进一步加强与客户的关系,同时,供应商也可从商店的销售点数据中获得新的市场信息,改变销售策略;对于分销商来说,ECR 可使其快速分拣运输包装,加快订购货物的流动速度,进而使消费者享用更新鲜的物品,增加购物的便利和选择,并加强消费者对特定物品的偏好。

> **特别提示**
>
> 有效客户反应(Efficient Customer Response,ECR)是以满足顾客要求和最大限度降地低物流过程费用为原则,能及时做出准确反应,使提供的物品供应或服务流程最佳化的一种供应链管理策略。

10.2.3　ECR 的特征

1. 管理意识的创新

传统的产销双方的交易关系是一种此消彼长的对立型关系。即交易各方以对自己有利的买卖条件进行交易。简单地说，是一种赢-输型(Win-Loss)关系。ECR 要求产销双方的交易关系是一种合作伙伴关系。即交易各方通过相互协调合作，实现以低的成本向消费者提供更高价值服务的目标，在此基础上追求双方的利益。简单地说，是一种双赢型(Win-Win)关系。

2. 供应链整体协调

传统流通活动缺乏效率的主要原因在于厂家、批发商和零售商之间存在企业间联系的非效率性和企业内采购、生产、销售和物流等部门或职能之间存在部门间联系的非效率性。传统的组织是以部门或职能为中心进行经营活动，以各个部门或职能的效益最大化为目标。这样虽然能够提高各个部门或职能的效率，但容易引起部门或职能间的摩擦。同样，传统的业务流程中各个企业以各自企业的效益最大化为目标，这样虽然能够提高各个企业的经营效率，但容易引起企业间的利益摩擦。ECR 要求各部门、各职能以及各企业之间放下隔阂，进行跨部门、跨职能和跨企业的管理和协调，使商品流和信息流在企业内和供应链内畅通流动。

3. 涉及范围广

既然 ECR 要求对供应链整体进行管理和协调，ECR 所涉及的范围必然包括零售业、批发业和制造业等相关的多个行业。为了最大限度地发挥 ECR 所具有的优势，必须对关联的行业进行分析研究，对组成供应链的各类企业进行管理和协调。

根据欧洲供应链管理系统的报告显示，接受调查的 392 家公司，其中制造商使用 ECR 后，预期销售额增加 3.5%，制造费用减少 2.3%，销售费用减少 1.1%，货仓费用减少 1.3% 及总盈利增加 5.5%。而批发商及零售商也有相似的获益：销售额增加 5.4%，毛利增加 3.4%，货仓费用减少 5.9%，货仓存货量减少 13.1%及每平方米的销售额增加 5.3%。由于在流通环节中缩减了不必要的成本，零售商和批发商之间的价格差异也随之降低，这些节约了的成本最终将体现在消费者身上，各贸易商也将在激烈的市场竞争中赢得一定的市场份额。对客户、分销商和供应商来说，除这些有形的利益，ECR 还有着重要的不可量化的无形利益，见表 10-2。

表 10-2 ECR 的无形利益

类别	无形利益
客户	增加选择和购物便利，减少库存货品，货品更新鲜
分销商	提高信誉，更加理解客户情况，改善与供应商的关系
供应商	减少无存货现象，加强品牌的完整性，改善与分销商的关系

10.2.4　ECR 的四大要素

ECR 的优势在于供应链各方为了提高消费者满意这个共同的目标进行合作，分享信息和诀窍。ECR 是一种把以前是处于分离状态的供应链联系在一起来满足消费者需要的工具。ECR 概念的提出者认为 ECR 活动是过程，这个过程主要由贯穿供应链各方的 4 个核心过程组成(见图 10.3)。因此，ECR 的战略主要集中在以下 4 个领域：有效新品投入

(Efficient New Product Introductions)、有效促销活动(Efficient Promotions)、有效商品补充(Efficient Replenishment)和有效店铺空间安排(Efficient Store Assortment)，即被称为 ECR 的四大要素。

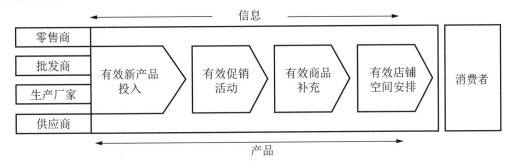

图 10.3　ECR 过程

1. 有效新产品投入

ECR 的核心就是通过信息共享，及时准确地分析消费趋势，正确把握市场定位，向市场导入有效的新产品。通过实施 ECR，供应商和零售商采用 POS 系统、磁卡和会员制等，再通过中央计算机处理，可以对零售点的销售状况进行即时汇总和处理，准确分析消费者的有效需求，并发出订单。厂家可据此有效地安排新产品开发和生产，以最短的时间将适销对路的新产品生产出来并投入市场。

2. 有效促销活动

ECR 系统简化了厂商和零售商之间的贸易关系，零售商将经营重点由采购转移到销售，将更多的金钱和时间投入有效的促销活动中，消费者因此可以获得更多的实惠。商品销售往往会受到季节、气候和消费周期等因素的影响。零售商对此十分熟悉。根据具体情况，零售商可以有效地开展各种促销活动，包括推出每日低价商品，散发和邮寄商情广告，发放购物优惠券等，激发消费者的购买欲望，减少或消除不利因素的影响。在高效仓储、运输、管理和生产前提下，通过促销活动提高整个供应链系统的经济效益。

3. 有效商品补充

通过电子数据交换(EDI)和计算机辅助订货系统，实现小批量、即时补货，实现补货系统的时间和成本的优化组合。零售商根据 ECR 提供的信息，对销售量进行准确预测，并通过计算机辅助订货系统向供应商发出订货指令；供应商根据订货指令，直接向零售店铺配送货物，或利用配送中心等共享资源进行转换配送，从而形成销售和配送同步运转。这样，既降低了配送成本，又实现了对零售商的小批量、即时补货。

4. 有效店铺空间安排

在区域经济分析基础上，进行系统规划，合理设置零售点和配送中心，以减少仓储和运输费用。零售商集中精力加强零售点的商品品类管理、店铺的空间管理和促销管理，在厂家保证高效连续补货前提下，零售商能够及时补充畅销商品，撤换滞销商品。这就加快了货物销售，低成本、高效率地扩大销售额。

10.2.5 ECR 系统的构建

ECR 概念是流通管理思想的革新，ECR 作为一个供应链管理系统需要把市场营销、物流管理、信息技术和组织革新技术有机结合起来作为一个整体使用，以实现 ECR 的目标。ECR 系统的结构如图 10.4 所示。构筑 ECR 系统的具体目标，是实现低成本的流通、基础设施建设、消除组织间的隔阂、协调合作满足消费者需要。组成 ECR 系统的技术要素主要有信息技术、物流技术、营销技术和组织革新技术，下面对这些要素进行详细说明。

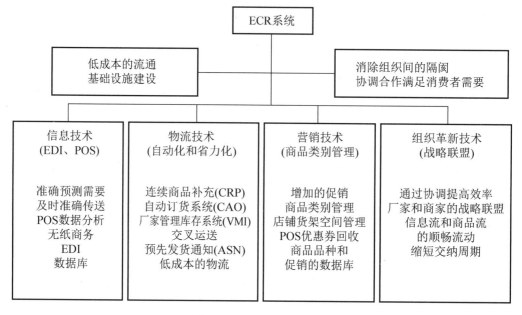

图 10.4　ECR 系统的结构

1. 营销技术

在 ECR 系统中采用的营销技术主要是商品类别管理(Category Management)和店铺空间管理(Space Management)。

商品类别管理是以商品类别为管理单位，寻求整个商品类别全体收益最大化。具体来说，企业对经营所有商品按类别进行分类，确定或评价每个类别商品的功能、作用、收益性、成长性等指标，在此基础上，结合考虑各类商品的库存水平和货架展示等因素，制订商品品种计划，对整个商品类别进行管理，以便在提高消费者服务水平的同时增加企业的销售额和收益水平。例如，企业把某类商品设定为吸引顾客的商品，把另一类商品设定为增加企业收益的商品，努力做到在满足顾客需要的同时兼顾企业的利益。商品类别管理的基础是对商品进行分类。分类的标准、各类商品功能和作用的设定依企业的使命和目标不同而不同。但原则上，商品不应该以是否方便企业来进行分类，而应该以顾客的需要和顾客的购买方法来分类。

店铺空间管理是对店铺的空间安排、各类商品的展示比例、商品在货架上的布置等进行最优化管理。在 ECR 系统中，店铺空间管理和商品类别管理同时进行、相互作用。在综合店铺管理中，对于该店铺的所有类别的商品进行货架展示面积的分配，对于每个类别下的不同品种的商品进行货架展示面积分配和展示布置，以便提高单位营业面积的销售额和单位营业面积的收益率。

2. 物流技术

ECR 系统要求及时配送和顺畅流动。实现这一要求的方法有连续库存补充计划(CRP)、计算机辅助订货系统(CAO)、预先发货通知(ASN)、厂家管理库存(VMI)、交叉配送(Cross-Docking)、店铺直送(DSD)等。

连续库存补充计划(Continuous Replenishment Program，CRP)利用及时准确的 POS 数据确定销售出去的商品数量，根据零售商或批发商的库存信息和预先规定的库存补充程序确定发货补充数量和发送时间。以小批量多频度方式进行连续配送，补充零售店铺的库存，提高库存周转率，缩短交纳周期。

计算机辅助订货系统(Computer Assisted Ordering，CAO)是基于库存和需要信息利用计算机进行自动订货的系统。

预先发货通知(Advanced Shipping Notice，ASN)是生产厂家或者批发商在发货时利用电子通信网络提前向零售商传送货物的明细清单。这样，零售商事前可以做好货物进货准备工作，同时可以省去货物数据的输入作业，使商品检验作业效率化。

VMI 是生产厂家等上游企业对零售商等下游企业库存进行管理和控制。具体地说，生产厂家基于零售商的销售、库存等信息，判断零售商的库存是否需要补充。如果需要补充的话，自动地向本企业的物流中心发出发货指令，补充零售商的库存。VMI 方法包括了 POS、CAO、ASN 和 CRP 等技术。在采用 VMI 的情况下，虽然零售商的商品库存决策主导权由作为供应商的生产厂家把握，但是在店铺的空间安排、商品货架布置等店铺空间管理决策方面仍由零售商主导。

交叉配送(Cross-Docking)是在零售商的流通中心，把来自各个供应商的货物按发送店铺迅速进行分拣装车，向各个店铺发货。在交叉配送的情况下，流通中心仅是一个具有分拣装运功能的通过型中心，有利于交纳周期的缩短、减少库存、提高库存周转率，从而节约成本。

店铺直送(Direct Store Delivery，DSD)方式是指商品不经过流通配送中心，直接由生产厂家运送到店铺的运送方式。采用店铺直送方式可以保持商品的新鲜度、减少商品运输破损、缩短交纳时间。

3. 信息技术

ECR 系统应用的主要信息技术有 EDI 和 POS。

ECR 系统的一个重要信息技术是 EDI。信息技术最大的作用之一是实现事务作业的无纸化或电子化。利用 EDI 在供应链企业间传送交换订货清单、价格变化信息、付款通知单等文书单据。例如，厂家在发货的同时预先把产品清单发送给零售商，这样零售商在商品到货时，用扫描仪自动读取商品包装上的物流条形码获得进货的实际数据，并自动地与预先到达的商品清单进行比较。因此，使用 EDI 可以提高作业效率。另外，利用 EDI 在供应链企业间传送交换销售时点数据、库存信息、新产品开发信息和市场预测信息等直接与经营有关的信息。例如，生产厂家可利用销售时点信息把握消费者的动向，安排好生产计划；零售商可利用新产品开发信息预先做好销售计划。因此使用 EDI 可以提高整个企业，乃至整个供应链的效率。在美国食品行业，根据商品通用码 UCC(Uniform Code Council)确定了食品行业的 EDI 标准 DEX(Direct Exchange)和 NEX(Network Exchange)。

ECR 系统的另一个重要信息技术是 POS。对零售商来说，通过对在店铺收银台自动读取的 POS 数据进行整理分析，可以掌握消费者的购买动向，找出畅销商品和滞销商品，做好商品类别管理。可以通过利用 POS 数据做好库存管理、订货管理等工作。对生产厂家来说，通过 EDI 利用及时准确的 POS 数据，可以把握消费者需要，制订生产计划，开发新产品，还可以把 POS 数据和 EOS 数据结合起来分析把握零售商的库存水平，进行生产厂家管理库存(VMI)的库存管理。

现在，许多零售企业把 POS 数据和顾客卡(Customer Card)、点数卡(Point Card)等结合起来使用。通过顾客卡，可以知道某个顾客每次在什么时间、购买了什么商品、金额多少。到目前为止总共购买了哪些商品、总金额是多少。这样可以分析顾客的购买行为，发现顾客不同层次的需要，做好商品促销等方面的工作。

4. 组织革新技术

应用 ECR 系统不仅需要组成供应链的每个成员紧密协调和合作，还需要每个企业内部各个部门间紧密协调和合作，因此成功地应用 ECR 需要对企业的组织体系进行革新。

在企业内部的组织革新方面，需要把采购、生产、物流、销售等按职能划分的组织形式改变为以商品流程为基本的职能横断形的组织形式。具体来讲是把企业经营的所有商品按类别划分，对应于每个商品类别设立一个管理团队，由这些管理团队为核心构成新的组织形式。在这种组织形式中，给每个商品类别管理团队设定经营目标(如顾客满意度、收益水平、成长率等)，同时要采购、品种选择、库存补充、价格设定、促销等方面赋予相应的权限。每个管理团队由一个总负责商品类别的管理人和6~7个负责各个职能领域的成员组成。由于商品类别管理团队规模小，内部容易交流，各职能间易于协调。

在组成供应链的企业间需要建立双赢型的合作伙伴关系。具体讲，厂家和零售商都需要在各自企业内部建立以商品类别为管理单位的组织。这样双方相同商品类别的管理团队就可聚集在一起，讨论从材料采购、生产计划到销售状况、消费者动向的有关该商品类别的全盘管理问题。另外，需要在企业间进行信息交换和信息分享。当然，这种合作伙伴关系的建立有赖于企业最高决策层的支持。

我们在前面已经谈到 ECR 是供应链各方推进真诚合作来实现消费者满意和实现基于各方利益的整体效益最大化的过程。这就引申出下面一个问题，即由供应链全体协调合作所产生的利益如何在各个企业之间进行分配。为了解决这个问题，需要搞清楚什么活动带来什么效益，什么活动耗费多少成本。为此需要把按部门和产品区分的成本计算方式改变为基于活动的成本计算方式(ABC 方式)。ABC 方式于 20 世纪 80 年代后期在美国开始使用。ABC 方式把成本按活动进行分摊，确定每个活动在各个产品上的分配，以此为基础计算出产品的成本。同时进行基于活动的管理(Activity Based Management，ABM)，即改进活动内容，排除不需要的无效率的活动，从而减少成本。

10.2.6 ECR 的实施前提

1. 为变革创造氛围

对大多数组织来说，改变对供应商或客户的内部认知过程，即从敌对态度转变为将其视为同盟的过程,将比 ECR 的其他相关步骤更困难,时间花费更长。

创造 ECR 的最佳氛围首先需要进行内部教育以及通信技术和设施的改善,同时也需要采取新的工作措施和回报系统。但企业或组织必须首先有一贯言行一致的强有力的高层组织领导。

2. 选择初期 ECR 同盟伙伴

对于大多数刚刚实施 ECR 的企业来说,建议成立 2~4 个初期同盟。每个同盟都应首先召开一次会议,来自各个职能区域的高级同盟代表将对 ECR 及怎样启动 ECR 进行讨论。成立 2~3 个联合任务组,专门致力于已证明可取得巨大效益的项目,如:提高货车的装卸效率;减少损毁;由卖方控制的连续补库。

以上计划的成功将增强企业的信誉和信心。经验证明:一个企业往往要花上 9~12 个月的努力,才能赢得足够的信任和信心,才能在开放的非敌对的环境中探讨许多重要问题。

3. 开发信息技术投资项目,支持 ECR

虽然在信息技术投资不够的情况下就可获得 ECR 的许多利益,但是具有很强的信息技术能力可以使企业比其他企业更具竞争优势。

那些 ECR 的先导企业预测:在 5 年内,连接它们及其业务伙伴之间的将是一个无纸的、完全整合的商业信息系统。该系统将具有许多补充功能,既可降低成本,又可使人们专注于其管理以及产品、服务和系统的创造性开发。

 阅读案例 10-1

海尔苏宁共举 ECR 推动中国家电供应链创新[①]

随着观念和技术的不断进步,苏宁电器上市 3 年来斥巨资打造的信息化平台开始在供应链整合中起着越来越重要的作用。继 2005 年苏宁电器与主要家电供应商实施大规模 B2B 对接后,近日,苏宁电器又与其销量最大的合作品牌——海尔开创了全新的 ECR 合作模式。

2007 年 7 月 16 日,海尔集团副总裁周云杰率领营销团队和信息开发团队造访南京苏宁电器总部,与苏宁电器副总裁金明签署了具体的 ECR 合作协议,共同开创中国家电供应链的又一次创新模式革命。

1. 确保消费者可以及时获得所需要的商品

ECR 战略涉及的有效商店空间管理、有效商品补充、有效促销和有效新产品导入 4 个核心领域,主要目标包括以低成本向消费者提供高价值的服务、从传统的输赢型交易关系向双赢型交易关系转化、利用准确适时的信息支持有效的市场、生产以及物流决策、产生最大商品附加值,确保消费者可以及时获得所需要的商品等内容。

"而这些,恰恰是苏宁和海尔都想做的。"苏宁电器副总裁金明表示。而周云杰则透露,虽然之前关于厂商供应链合作的各种模式频频见诸报道,但实际很少真正深入核心;要是没有建立组织结构、信息平台、工作流程等一整套的供应链体系的话,所有的操作模式都更多停留在概念化合作的层面。

"此次双方开始的 ECR 合作模式必将成为中国家电供应链合作新的风向标。"双方一致认为。

---

① http://futures.money.hexun.com/2370156.shtml,2022-05-18。

2. 巨大的业务需求促使双方针对消费者不断开发新的营销模式

家电巨头海尔集团和苏宁电器的战略合作开始于1993年,至今已有15年的历史,"真诚到永远"和"至真至诚 阳光服务"的品牌理念历久弥新。目前,双方都已成为彼此增长最迅速的合作伙伴,2007年双方预计单个品牌的业务量就近百亿,未来的增速将更大。巨大的业务需求为双方针对消费者不断开发新的营销模式提出了更多的挑战。

双方在合作历史上,创造了多种创新营销案例,其中已经成立三年的苏宁海尔经营推进公司成为双方经营业绩不断提升的稳定动力,也为ECR项目的实施提前打造了运转良好、彼此熟悉的组织实体。

在信息化对接方面,苏宁电器先后经历了售后服务系统信息化、销售与财务系统信息化、ERP系统、SAP系统四个阶段,在信息化系统开发上技术相当成熟,其2006年上线的SAP/ERP系统被德国SAP公司誉为零售业的"灯塔工程",B2B项目也荣获了"国家级企业管理现代化创新成果一等奖"。

而海尔方面,在2006年科技部下达的年度国家科技支撑计划重大项目中,海尔集团的"家电行业(企业)的数字化综合集成技术与应用项目"申报成功,并获得国家科技政策资金支持,项目的实施将再次使海尔集团走在中国家电行业信息化的前列。

金明表示,在与苏宁电器实施B2B项目对接的制造企业中,海尔是第一批参与也是最早完成的企业,双方已经能够在统一的信息技术平台上实施即时的信息交互和共享。

从ECR实施的前提条件来看,共同的服务理念为双方打造了相同的价值观,巨大的业务量为双方提供了整合供应链提升服务和赢利水平的巨大空间,苏宁海尔经营推进公司提供了实施ECR的组织实体,完全对接的B2B系统则为ECR合作打造了最重要的信息平台。综合的因素使双方联合开创更多注重于流程管理的ECR模式"水到渠成",也为信息化优势转向营销找到了可行的路径。

3. ECR模式全面提升双品牌竞争力

双方此次签订的"ECR"主要合作项目包括通过"客户——订单、订单——产品、产品——现金"三步,实现资金信息化流动。在具体实施方面则体现为双方依托数字化平台,将顾客的需求通过苏宁信息系统第一时间传递到海尔信息系统,海尔的产品研发部根据这一信息第一时间研制出适合消费者的新产品,并供货给苏宁电器,最大限度地满足用户,也体现了苏宁的"阳光服务"理念,给顾客提供实惠和便利。

海尔苏宁一起联手实现ECR创新合作模式,组织适销对路的商品,实现数据化营销,将给双方带来很多革命性创新,提升双品牌的竞争力,具体表现在以下几方面。

首先,海尔苏宁信息成功对接,知识管理和数据库营销成为基本工作方式,实现信息共享、同步协作、并行工程,全面加强合同管理、采购管理、退换货管理、工作流管理,实现网上"标准"的采购管理和网上"便捷"的账务结算功能,提高相互数据交互的"透明化",使得双方在相互信赖的基础上工作流程迅速简化,从二三十个流程缩短到五个流程以内,迅速提高响应时间。

其次,共同研究市场,通过苏宁海量、即时、准确的数据了解消费者需求,开发适销的产品,提高产品接受度。全新的ECR模式使苏宁成为海尔的信息源,了解市场的实时需求,改变了以往厂家自行评估生产,商家被动销售的局面,使苏宁自行买断生产的海尔产品型号超过了50%,在响应市场需求的同时大大增强了苏宁的差异化竞争力。这一优势在技术快速发展的3C时代无疑有着决定性意义。

再次,降低苏宁商品库存,减少库存成本,加快商品周转速度,同时也加快了海尔产品与货款转换速度,明显节约上下游的交易成本,使消费者可以获得最优惠的价格。

最后,大大缩短生产周期与商品交易时间,提高企业反应速度,从而给消费者提供更周到、更便捷的服务。据悉,2006年以前海尔的家电产品从生产到上市大规模流通大概需要3个月的周期,而实施ECR改造后,预计海尔的新品在苏宁上市的时间缩短到1个月,从而大大加快了产品流通的效率,而苏宁也由此获得了更多的新品首发权。

在签约仪式上，海尔集团副总裁周云杰和苏宁电器副总裁金明都对未来的合作升级保持着足够的信心，他们一致认为，中国家电业的供应链深度合作是整个行业"再生"的唯一途径，规模化、品牌化的发展路线必然逐步被精细化所取代。虽然双方对于 ECR 的具体实施刚刚进入启动阶段，但相同的理念和决心必然使这一创新模式开创出中国全新的典范。

业内专家也认为，通过国内领先的家电连锁企业苏宁电器和国际化品牌海尔的"联姻"，ECR 系统的上台将激发中国家电业的更多潜力。两大集团在信息化道路上的成就，保证了 ECR 系统上线的成功率。相信两大品牌的强强联手，无论是对用户还是对行业都会有深远的影响。

10.2.7　QR 与 ECR 的比较

QR 的主要目标是对客户的需求做出快速反应。纺织服装业经营的产品多属创新型产品，每种产品的寿命都相对较短，因此订购产品数量过多或过少造成的损失相对较大。因而，QR 更多地应用于产品寿命周期较短的行业。

ECR 的主要目标是降低供应链各个环节的成本。这是因为食品杂货业与纺织服装业经营产品的特点不同：杂货业经营的产品多数是一些功能型产品，每种产品的寿命都相对较长(生鲜食品等除外)，因此，因订购产品数量过多或过少造成的损失相对较小。ECR 更适用于产品寿命周期较长的行业。

ECR 与 QR 有两点是共同的：一是它们都以贸易伙伴间的密切合作为前提，二是它们需要共同的支持技术。

10.3　协同规划、预测和连续补货

供应链管理环境下的生产策略的制定从局部转向了全局，从单个企业的独立决策转向了供应链企业间协同规划、预测和连续补货(Collaborative Planning Forecasting and Replenishment，CPFR)，从局部控制成本转向了全面控制浪费，从单纯追求规模效应的生产方式转向了满足成本与个性化要求的大规模定制生产。

10.3.1　CPFR 出现的背景

CPFR 的形成始于沃尔玛所推动的 CFAR(Collaborative Forecast And Replenishment)，CFAR 是利用互联网通过零售企业与生产企业的合作，共同做出商品预测，并在此基础上实行连续补货的系统。后来，在沃尔玛的不断推动之下，基于信息共享的 CFAR 系统又正在向 CPFR 发展，CPFR 是在 CFAR 共同预测和补货的基础上，进一步推动共同计划的制订，即不仅合作企业实行共同预测和补货，同时将原来属于各企业内部事务的计划工作(如生产计划、库存计划、配送计划、销售规划等)也由供应链各企业共同参与。

CPFR 是一种建立在贸易伙伴之间密切合作和标准业务流程基础上的经营理念。它应用一系列技术模型，这些模型具有如下特点：开放但安全的通信系统；适应于各个行业；在整个供应链上是可扩展的；能支持多种需求(如新数据类型，各种数据库系统之间的连接等)。

10.3.2 CPFR 的概念与本质特点

协同规划、预测和连续补货(CPFR)是应用一系列的信息处理技术和模型技术，提供覆盖整个供应链的合作过程，通过共同管理业务过程和共享信息来改善零售商和供应商之间的计划协调性，提高预测精度，最终达到提高供应链效率、减少库存和提高客户满意程度为目的的供应链库存管理策略。[①]协同规划、预测与补货式供应链管理的本质特点主要有四个方面。

1. 协同

从 CPFR 的基本思想看，供应链上下游企业只有确立起共同的目标，才能使双方的绩效都得到提升，取得综合性的效益。CPFR 这种新型的合作关系要求双方长期承诺公开沟通、信息分享，从而确立其协同性的经营战略，尽管这种战略的实施必须建立在信任和承诺的基础上，但是这是买卖双方取得长远发展和良好绩效的唯一途径。正是因为如此，所以协同的第一步就是保密协议的签署、纠纷机制的建立、供应链计分卡的确立以及共同激励目标的形成(例如不仅包括销量，也同时确立双方的盈利率)。应当注意的是，在确立这种协同性目标时，不仅要建立起双方的效益目标，更要确立协同的盈利驱动性目标，只有这样，才能使协同性能体现在流程控制和价值创造的基础之上。

2. 规划

1995 年，沃尔玛与 Warner-Lambert 的 CFAR 为消费品行业推动双赢的供应链管理奠定了基础，此后当 VICS 定义项目公共标准时，认为需要在已有的结构上增加"P"，即合作规划(品类、品牌、分类、关键品种等)以及合作财务(销量、订单满足率、定价、库存、安全库存、毛利等)。此外，为了实现共同的目标，还需要双方协同制订促销计划、库存政策变化计划、产品导入和中止计划及仓储分类计划。

3. 预测

任何一个企业或双方都能做出预测，但是 CPFR 强调买卖双方必须做出最终的协同预测，像季节因素和趋势管理信息等无论是对服装或相关品类的供应方还是销售方都是十分重要的，基于这类信息的共同预测能大大减少整个价值链体系的低效率、死库存，促进更好的产品销售、节约使用整个供应链的资源。与此同时，最终实现协同促销计划是实现预测精度提高的关键。CPFR 所推动的协同预测还有一个特点是它不仅关注供应链双方共同做出最终预测，同时也强调双方都应参与预测反馈信息的处理和预测模型的制定和修正，特别是如何处理预测数据的波动等问题，只有把数据集成、预测和处理的所有方面都考虑清楚，才有可能真正实现共同的目标，使协同预测落在实处。

4. 补货

销售预测必须利用时间序列预测和需求规划系统转化为订单预测，并且供应方约束条件，如订单处理周期、前置时间、订单最小量、商品单元及零售方长期形成的购买习惯等都需要供应链双方加以协商解决。根据 VICS 的 CPFR 指导原则，协同运输计划也被认为

---

① 《物流术语》(修订版)GB/T 18354—2006.

是补货的主要因素,此外,例外状况的出现也需要转化为存货的百分比、预测精度、安全库存水准、订单实现的比例、前置时间以及订单批准的比例,所有这些都需要在双方公认的计分卡基础上定期协同审核。潜在的分歧,如基本供应量、过度承诺等双方事先应及时加以解决。

从以上 CPFR 所反映出来的本质特点可以看出,CPFR 相对于 VMI、QR、ECR 要发展了许多,虽然 CPFR 是建立在 VMI、QR、ECR 的最佳实践基础上,但它摒弃了其相应的缺陷,如没有一个适合所有贸易伙伴的业务过程,未实现供应链集成,未将协同行为渗透到预测、作业层次等。针对贸易伙伴的战略和投资能力不同、市场信息来源不同的特点,将 CPFR 构建成一个方案组,方案组通过确认贸易伙伴从事关键业务的能力来决定哪家公司主持核心业务活动,贸易伙伴可选用多种方案实现其业务过程。零售和制造商从不同的角度收集不同层次的数据,通过反复交换数据和业务情报改善制订需求计划的能力,最后得到基于 POS 机的消费者需求的单一共享预测。这个单一共享需求计划可以作为零售商和制造商的与品类有关的所有内部计划活动的基础,也就是说,它能使价值链集成得以实现。以单一共享需求计划为基础能够发现和利用许多商业机会、优化供应链库存和改善客户服务,最终为供应链伙伴带来可观的收益。

 特别提示

> 协同规划、预测与补货(CPFR)是应用一系列的信息处理技术和模型技术,提供覆盖整个供应链的合作过程,通过共同管理业务过程和共享信息来改善零售商和供应商之间的计划协调性,提高预测精度,最终达到提高供应链效率、减少库存和提高客户满意程度为目的的供应链库存管理策略。CPFR 是一种建立在贸易伙伴之间密切合作和标准业务流程基础上的经营理念。

10.3.3 CPFR 实施的目标和协同运行

实施 CPFR 的目的是提高供应链的运行效率、增强供应链的竞争力。但是由于不同企业所处的行业、性质、经营状况以及所属供应链存在的问题等方面的不同,使得实施 CPFR 的目标也会有所不同。因此,制定明确的目标体系是成功实施 CPFR 的关键要素。比如沃尔玛和萨拉利公司合作实施 CPFR 时,就明确了该项目的可测量目标是提高库存满足率,降低门店的库存天数,提高预测的精度,降低销售的机会损失。经过 24 周的运行,双方取得了明显的效果:沃尔玛门店的库存满足率提高了 2%,门店的库存水平降低了 14%,销量增长了 23%,商品周转率提高了 17%。惠普公司与其分销伙伴合作实施 CPFR 也确定了实施项目的总目标和可测量目标。它们把总目标描述为:建立一个有效的、可靠的流程,实现惠普和其分销伙伴之间在销售、库存治理、促销和生产方面的协同;在确保有足够的存货支持日常销售和促销的同时,降低整个流通渠道的库存。可测量的目标为:提高预测精度、配送中心的服务水平、销量以及降低退货率。

CPFR 的基础是协同,协同不仅仅体现在信息的共享上,更重要的是供应链上各方人员的承诺、信任和合作。为此,合作企业应做好以下几个方面的协同运行。

(1) CPFR 在理念上需要合作企业改变长期以来所遵循的企业之间是"输-赢"关系价值观。实施 CPFR 需要树立"双赢"或"多赢"的新型价值观。其实施可涉及企业的信息、预测、物流、营销、供应链和销售等多部门的员工,因此,需要企业各层次、各部门的员工都要树立新的价值观。

(2) CPFR 要求合作企业之间建立完全公开的信息共享机制。由于企业长期形成的竞争思想,使得企业在公开自身信息时心有余悸,这也是 CPFR 在推广过程中所碰到的最大障碍。根据美国 Syncra System 和 Industry Direction 2000 年联合进行的调查,在被调查企业中,不到一半的企业在与其他企业分享各种信息;与合作企业完全分享促销计划的企业只有 57%。由此可见,提高合作伙伴信息共享水平就成为 CPFR 成功运行的关键要素。为此,合作企业需要建立先进的信息系统,以确保合作伙伴之间大容量、实时的信息沟通能顺利进行,同时还需要确保信息通过公共通信网络传递过程中的安全。

(3) CPFR 要求建立以消费者为中心的跨组织整合系统。由于企业受传统经营理念的影响和对自身利益的考虑,长期以来,跨组织整合一直被认为是一种障碍。而在 CPFR 模型中,跨组织合作流程却扮演着关键性的角色,比如促销政策的制定、销售和订单预测、补货、生产计划的确定、企业能力的规划等都需要合作企业共同完成。跨组织合作流程的建立需要合作企业相互信任,而相互信任的基础是合作各方坚守诚信,合作过程中任何一方的失信行为都将威胁到 CPFR 的正常运行。因此,信任机制的建立是这种跨组织的整合系统正常运行的关键。

(4) CPFR 的成功运行还依靠于合作企业各个层级人员的承诺与坚持。合作各方必须认真履行所达成的协议,不论环境如何变化,合作方都应该树立长期合作的思想加强沟通,认真履行本企业的义务。尤其是在环境条件不利的情况下,合作方更需要坚持,否则 CPFR 很难成功。

10.3.4 CPFR 实施框架与步骤

CPFR 关注的是企业之间业务合作关系的建立,不是单一企业内管理框架的建立。CPFR 不是简单地挖掘单一的相关数据,而是从多个组织中发现可比较的数据,进而对这些数据进行整合、组织,并以此确立组织间的商业规则,这正是 CPFR 取得巨大绩效的关键,也是 CPFR 实施推广的难点。CPFR 实施的基本框架和步骤如图 10.5 所示。

协同式供应链管理的业务活动可划分为计划、预测和补给 3 个阶段,包括 9 个主要流程活动。第 1 个阶段为计划,包括第 1 步和第 2 步;第 2 个阶段为预测,包括第 3~8 步;第 3 个阶段为补给,包括第 9 步,具体步骤如下所述。

(1) 供应链伙伴达成协议。这一步是供应链合作伙伴包括零售商、分销商和制造商等为合作关系建立指南与规则,共同达成一个通用业务协议,包括合作的全面认识、合作目标、机密协议、资源授权、合作伙伴的任务和成绩的检测。

(2) 创建联合业务计划。供应链合作伙伴相互交换战略和业务计划信息,以发展联合业务计划。合作伙伴首先建立合作伙伴关系战略,然后定义分类任务、目标和策略,并建立合作项目的管理简况(如订单最小批量、交货期和订单间隔等)。

(3) 创建销售预测。利用零售商 POS 数据、因果关系信息、已计划事件信息创建一个支持共同业务计划的销售预测。

(4) 识别销售预测的例外情况。识别分布在销售预测约束之外的项目,每个项目的例外准则需在第 1 步中得到认同。

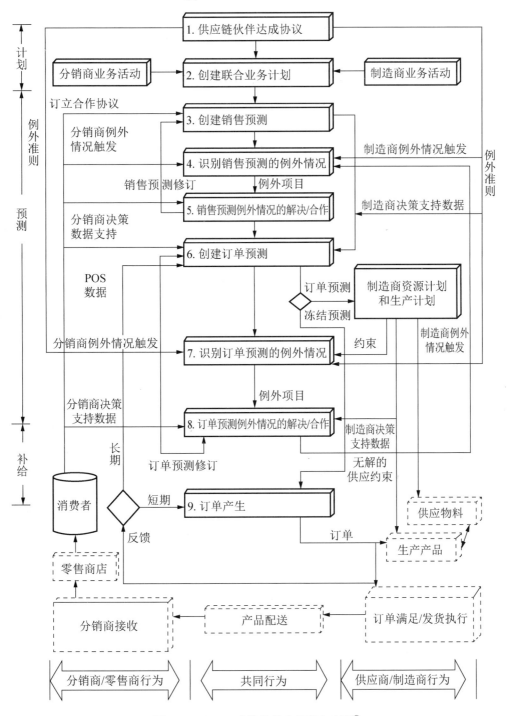

图 10.5 CPFR 实施的基本框架和步骤①

(5) 销售预测例外情况的解决/合作。通过查询共享数据、E-mail、电话、交谈和会议等解决销售预测例外情况,并将产生的变化提交给销售预测(第 3 步)。

---

① 王昭凤. 供应链管理[M]. 北京:电子工业出版社,2006:85.

(6) 创建订单预测。合并 POS 数据、因果关系信息和库存策略，产生一个支持共享销售预测和共同业务计划的订单预测，提出分时间段的实际需求数量，并通过产品和接收地点反映库存目标。订单预测周期内的短期部分用于产生订单，在预测周期外的长期部分用于计划。

(7) 识别订单预测的例外情况。识别分布在订单预测约束之外的项目，例外准则在第 1 步已建立。

(8) 订单预测例外情况的解决/合作。通过查询共享数据、E-mail、电话、交谈和会议等调查研究订单预测例外情况，并将产生的变化提交给订单预测(第 6 步)。

(9) 订单产生。将订单预测转换为已承诺的订单，订单产生可由制造商或分销商根据能力、系统和资源来完成。

上面建立了一个贸易伙伴框架结构，可用于创建一个消费者需求的单一预测，协同制造商和零售商的订单周期，最终建立一个企业间的价值链环境，在获得最大赢利和消费者满意度的同时减少浪费与成本。

本 章 小 结

供应链管理需要先进的技术与方法，以实现供应链的快速、高效与无缝衔接。快速反应(QR)是由一定技术支持的供应链上企业之间紧密合作的一种业务方式和管理思想。其目的是减少原材料到销售点的时间和整个供应链上的库存，最大限度地提高供应链的运作效率和服务水平，即以最快的速度、最好地满足消费者的需求。有效客户反应(ECR)是以满足顾客要求和最大限度地降低物流过程费用为原则，能及时做出准确反应，使提供的物品供应或服务流程最佳化的一种供应链管理策略。协同规划、预测和连续补货(CPFR)是应用一系列的信息处理技术和模型技术，提供覆盖整个供应链的合作过程，通过共同管理业务过程和共享信息来改善零售商和供应商之间的计划协调性，提高预测精度，最终达到提高供应链效率、减少库存和提高客户满意程度为目的的供应链库存管理策略。CPFR 是一种建立在贸易伙伴之间密切合作和标准业务流程基础上的经营理念。

关键术语

快速反应(Quick Response，QR)
有效客户反应(Efficient Customer Response，ECR)
协同规划、预测和连续补货(Collaborative Planning Forecasting and Replenishment，CPFR)

综 合 练 习

一、填空题

1. _____是美国纺织与服装行业发展起来的一项供应链管理策略，其目的在于减少产品在整个供应链上完成业务流程的_____，尽可能减少库存，最大限度地提高供应链管理运作效率。

2．沃尔玛公司与 Seminole 公司和 Milliken 公司建立 QR 系统的过程可分为三个阶段：_____、_____、_____。

3．实施 QR 需要六个步骤，每个步骤都需要以前一个步骤作为基础，比前一个步骤有更高的回报，但是需要_____。这六个步骤分别是：条形码和 EDI，_____，先进的补货联盟，零售空间管理，_____，快速反应的集成。

4．_____首先出现在美国食品杂货行业，是美国食品杂货行业开展_____的一种实践。

5．有效客户反应是以满足顾客要求和_____为原则，能及时做出准确反应，使提供的物品供应或服务流程最佳化的一种供应链管理策略。

6．CPFR 是一种建立在贸易伙伴之间密切合作和标准业务流程基础上的经营理念，也是一种供应链库存管理策略，其本质特点是协同、规划、_____。

二、简答题

1．简述 ECR 的四大要素。
2．简述 QR 与 ECR 的异同。
3．简述 CPFR 的实施步骤。

三、分析论述题

1．我国服装行业实施 QR 可能遇到的困难有哪些？应如何克服这些困难？
2．辨析 QR、ECR、CPFR 三种供应链管理技术，你认为三者分别适用于什么行业？

 案例分析

华为 ISC+智能供应链的协同管理①

华为在进行 ISC(Integrated Supply Chain)+变革的同时，着手对现有供应链进行全面协同管理。

华为针对供应链管理提出"四个一"的承诺，即软件交付一分钟，打合同一分钟，订单发货一周，安装交付一周。这不仅是华为供应链对业务、对客户的承诺，更是供应链协同管理的目标和要求。

针对质量管理，华为提出"三化一稳定、严进严出"的目标。"三化"即管理 IT 化、生产作业自动化、人员专业化；"一稳定"指关键岗位人员稳定；"严进严出"就是严格把关输入质量，尤其是来料质量，并严格把关出厂质量。

针对产品研发，华为提出：与战略供应商一起，基于客户需求和产业技术发展趋势，打通双方的产品管理和研发流程，共同定义产品，联合创新，共同打造产业战略目标。

针对采购管理，华为率先采用业界领先企业 SAP 的 Ariba 采购云系统。通过云采购网络，华为与数百万供应商建立起智能连接，从采购需求、下订单到发票和付款，从供应商管理、战略寻源、合同缔约，到自动化采购执行、财务票据匹配、物流交付，实现了供应链应用场景端到端的云模式，建立起一条动态、健康的供应链。华为不仅实现了成本的缩减，还实现了公司内部的协作与互联，推动了运营效率的提升。

针对供应商管理，华为与产业链上的多层级供应商通过共享协作，实现订单、计划、物流、制造、供

---

① 辛童. 华为供应链管理[M]. 杭州：浙江大学出版社，2020：159-161.

应中心的全流程在线协同；管理员只需打开一级供应商，就可以追溯到上游多层级供应商的供应网络；华为向供应商提供一站式平台服务，并跟踪全流程的动态；通过使用公有云加载数据，实现数据可视、供应能力可视，比如实时获得关键元器件如摄像头、显示屏、电池、光模块等的供应数据；通过公有云，还可以实时监控供应风险事件，对潜在风险进行仿真预测和预警，确保供应的连续性和稳定性。

针对生产制造，华为优先实现设计与制造的数字化融合、标准化和模组化的自动化生产线建设、数字化制造管理系统在工厂内的垂直集成和企业间的横向集成；在机器设备等物联对象之间实现全连接，集成开发 MES 系统，在手机、IT 产品、无线样板车间试点，率先实现智能化；使智能制造项目的 3 年投资回报率达到 10%以上。

针对仓储管理，华为实现了数字化仓储和物流业务的智能决策；通过 AI 的应用，对大数据进行分析，实现仓储现场作业自动化；与合作伙伴协同，对仓储布局、减料补货、人员排班、项目排产等进行主动管理，精准高效地通过指令指引现场；引入移动穿戴式作业设备，实时采集数据，缩短仓储作业周期，节约仓储面积，还增加了发货量，节约了运费成本。

针对客户协同管理，华为将产品配置包、软件包、工程物料包、报价包等转移到线上交易，实现与客户的在线共享和在线协同，使客户与华为内部各业务部门主动开展工作，不必被动等待上游环节传递信息。华为与客户之间的整个交易链条变得更简单、高效、敏捷，成本也更低。目前，对于运营商和企业客户的订单，华为已经做到可以提供全流程透明的线上交易和供应数据，并实现与客户的 IT 系统对接。

通过需求推动和拉动相结合、授权和监督并用、服务化的云平台及自动化智能处理和数据分析，华为改变了原有流程和组织，从客户到各国代表处、地区供应中心、资源中心，再到供应商，使所有组织都协同起来，将信息流、资金流和物流快速周转起来，提高了供应链的效率和柔性。

华为数字化供应链的运营已不再是被动地支持和服务，而是主动地创造价值，包括在业务运营方面产生价值，在用户运营方面通过用户体验、客户订单创造价值，在产品运营方面通过持续优化创造价值。通过这一系列的 ISC+变革，华为的数字化供应链已逐渐转变为主动型的、价值创造式的智能供应链。

在供应链管理领域，华为作为传统制造业企业，率先进行数字化、智能化转型，并且获得了成功，取得了成效，对国内大多数企业的供应链管理起到了示范和牵引作用。在国家供应链战略和供给侧结构性改革的大背景下，华为作为龙头企业对整个产业链的影响力是不可估量的。作为一家中国企业，华为为提升中国科技竞争力和中国高科技产业的世界形象、为全人类的进步，做出了重大贡献。华为不仅在 5G 技术领域，在企业管理领域也为世界树立了标杆。

问题讨论：

1. 随着科学技术的进步，供应链管理技术推陈出新，结合华为 ISC+智能供应链的协同管理，你认为数智化时代企业应该如何应用 QR、ECR、CPFR 这些供应链管理技术？

2. 你认为华为的供应链管理与变革对于中国企业供应链管理实践有哪些启示？

第11章 供应链绩效衡量与评价

【学习重点】

- 供应链绩效衡量与评价
  - 供应链绩效评价概述
    - 供应链绩效评价的内涵
    - 供应链绩效评价的意义
    - 供应链绩效评价的原则
  - 供应链绩效评价的内容
    - 供应链上企业内部绩效
    - 供应链上企业外部合作绩效
    - 供应链整体绩效
  - 供应链绩效评价的一般方法
  - 供应链绩效评价指标的选择
    - 供应链流程指标
    - 供应链经济效益评价
    - 供应链运行能力指标
    - 供应链创新与学习能力评价
  - 基于SCOR模型的供应链绩效评价
    - 供应链的可靠度
    - 供应链的反应能力
    - 供应链的柔性
    - 供应链的总成本
    - 供应链的资产管理
  - 平衡供应链计分卡法
    - 客户角度
    - 供应链内部流程运作方面
    - 未来发展性方面
    - 财务价值方面

【教学目标】

通过本章的学习，使学生正确理解供应链绩效评价的含义、原则、内容、方法以及指标的选择，重点掌握供应链绩效评价的内容；熟悉基于 SCOR 模型和平衡供应链计分卡法的供应链绩效评价；树立协同合作、注重集体绩效的意识。

从成功案例看如何进行供应链绩效管理①

DaimlerChrysler 公司在超越传统方法的绩效管理方法中获得显著的效益。它的成功强化了供应链绩效管理(SCPM)系统作为基石性的概念和实践的力量和重要性。

1. DaimlerChrysler 公司的 Mopar 零件集团(以下简称 Mopar)是怎样提高供应链周转率的

Mopar 在美国和加拿大地区经营汽车零配件的分销，销售额达 40 亿美元。Mopar 有 3000 个供应商、30 个分销中心和每天来自 4400 个北美经销商的 225000 个经销商订单。然而，售后零配件销售极难预测，顾客不愿意为替换零件而等待，因此零售商不得不寻求可替代的零配件资源以避免顾客不满和失去市场份额。因此，Mopar 开始使用 SCPM 系统。

Mopar 的 SCPM 系统通过监测未来需求、库存和与预先确定的目标相关的供应链绩效关键指标来甄别出绩效例外。Mopar 利用该系统找出导致问题的原因并选出有针对性或相互关联的可选方案。Mopar 通过 SCPM 系统发现，导致问题的可能的原因包括非季节性天气(或者更好或者更坏)、竞争性促销、对预测模型的不准备假设。找出问题和可选方案后，Mopar 就可以开始解决问题。在使用 SCPM 系统的第一年，Mopar 就将其决策周期从几个月缩短到几天、减少了超额运输成本、将补货率增加一个百分点。

2. 怎样开始管理供应链绩效

有三个关键方面有助于达成持续的、可接受的供应链提升。

第一是鼓励绩效驱动的组织。如 GE、Flextronics 和 DaimlerChrysler。如果组织不是绩效驱动，且没有变得更具"适应性"的目标，技术上的投资仅仅将带来一点点好处。一个快速的、可接受的实施非常重要。原因之一是这可使组织瞄准提升领域和快速达到结果。公司期望通过大量、长期的项目实现快速变革无异于一场噩梦。通过实施一个强有力的、集中的业务计划，成功的公司经常更早地获得整个投资的收益。实际上，在实施变革计划后的十天内，Mopar 就在可避免的订单库存方面节约了数百万美元。

第二，一个快速、全面的实施允许组织从早期成功中不断学习进步。

第三，一个健全和可升级的绩效管理系统是一个改进的平台。它必须是基于例外管理，并允许用户预防问题、解决问题、获取知识和保持改进。该系统必须能够处理增长的用户数和信息量。当它必须变得更加个性化和易于使用的同时，还必须确保高度的安全和隐秘性。

3. 从供应链绩效管理到企业管理

SCPM 系统被企业管理层用来管理内外部供应链绩效，比如供应网络。除了供应链绩效管理，当 SCPM 系统被用于一个企业的其他功能性领域，如产品开发、产品生命周期管理、财务管理、售后服务支持、销售和市场、客户关系管理，甚至是战略规划，它的潜在价值将是惊人的。

---

① http://www.amteam.org/ print.aspx?id=472410，2003-12-25。

> 4. 现在就开始行动——你不能再等
> SCPM 系统使公司能够甄别出绩效例外,理解问题和可选方案,对具有高度影响力的问题和机会采取行动,并不断确认与目标和结果相关的行动的正确性。通过采用这样一个系统,公司已经提高了反馈率和客户服务能力、削减库存和采购成本、提高了生产和分销资产的利用率。这些好处是引人注目的,这条通往成功的道路也被肯定了。现在正是开始供应链绩效管理行动的时候。

绩效度量是一种手段,目的是通过对企业经营绩效的度量,可以发现问题,找出解决办法。尤其是在供应链管理环境下,一个节点企业运行绩效的高低,不仅关系到该企业自身的生存与发展,而且影响到整个供应链的其他企业的利益。

11.1 供应链绩效评价体系的建立

供应链管理绩效评价成功实施的基础在于评价体系的建立。供应链绩效评价体系的建立包括了评价原则的确立、评价内容的确定、评价方法的选择及评价体系的构架。

11.1.1 供应链绩效评价概述

1. 供应链绩效评价的内涵

(1) 供应链绩效。

一般来讲,供应链绩效是针对供应链目标而言的供应链整体运作情况,而供应链的运作情况是由供应链上节点企业自身及企业间的合作实现的。因此,供应链绩效既包括了节点企业的运作又包括了节点企业间的合作,以及最终实现的供应链整体的运作业绩和效果。从价值角度看,供应链绩效可以理解为:供应链各成员通过信息协调和共享,在供应链基础设施、人力资源和技术开发等内外资源的支持下,通过物流管理、生产操作、市场营销、顾客服务、信息开发等活动增加和创造的价值总和。

(2) 供应链绩效评价。

供应链绩效评价是指围绕供应链的目标,对供应链整体、各环节(尤其是核心企业运营状况以及各环节之间的运营关系等)所进行的事前、事中和事后分析评价。具体说,评价供应链的绩效,是对整个供应链的整体运行绩效、供应链节点企业、供应链上的节点企业之间的合作关系所做出的评价。

供应链绩效评价指标选择偏重能够恰当地反映供应链整体运营状况及上下节点企业之间的运营关系,而不是单独地评价某一供应商的运营情况。为了达到这些目的,供应链的绩效评价一般从三个方面考虑:一是内部绩效度量,二是外部绩效度量,三是供应链综合绩效度量。

(3) 供应链绩效评价与企业绩效评价区别。

一般来讲,单个企业绩效评价指标的数据来源于财务结果,在时间上略微滞后,不能反映供应链动态运营情况。而且单个企业绩效评价主要评价企业职能部门工作完成情况,不能对企业业务进程进行评价,更不能科学、客观地评价整个供应链的运营情况。另外,单个企业绩效评价指标不能对供应链的业务流程进行实时评价和分析,而是侧重于事后分析。

供应链管理的绩效评价与单个企业绩效评价有着很大的不同：评价供应链运行绩效的指标，不仅要评价该节点企业的运营绩效，而且还要考虑该节点企业的运营绩效对其上层节点企业或整个供应链的影响等。所以对供应链绩效的界定要求更多地强调企业和合作伙伴之间的沟通协作。

2. 供应链绩效评价的意义

评价供应链的实施给企业群体带来的效益，方法之一就是对供应链的运行状况进行必要的度量，并根据度量结果对供应链的运行绩效进行评价。因此，供应链绩效评价主要有以下四个方面的意义。

(1) 用于对整个供应链的运行效果做出评价。主要考虑供应链与供应链之间的竞争，为供应链在市场中的存在(生存)、组建、运行和撤销的决策提供必要的客观依据。目的是通过绩效评价获得对整个供应链的运行状况的了解，找出供应链运作方面的不足，及时采取措施予以纠正。

(2) 用于对供应链上各个成员企业做出评价。主要考虑供应链对其成员企业的激励，吸引企业加盟，剔除不良企业。

(3) 用于对供应链内企业与企业之间的合作关系做出评价。主要考察供应链的上游企业(如供应商)对下游企业(如制造商)提供的产品和服务的质量，从用户满意度的角度评价上下游企业之间的合作伙伴关系的好坏。

(4) 除了对供应链企业运作绩效的评价，这些指标还可起到对企业激励的作用，包括核心企业对非核心企业的激励，也包括供应商、制造商和销售商之间的相互激励。

总而言之，供应链绩效评价有利于核心企业掌握供应链上节点企业的运行状况，从而对其做出准确的评价，改进、提高供应链运行效率和效益，从而更好地管理和控制整条供应链。

3. 供应链绩效评价的原则

供应链绩效评价既要体现出供应链上环节企业的运行状况，又要体现企业间合作情况，最终衡量出供应链总体运行情况。其重心还是在于供应链企业之间的协调、合作、运营管理之上。因此供应链绩效评价应遵循以下原则。

(1) 强调供应链的整体绩效。根据系统论的观点，供应链上的每个企业都可以看作整个供应链系统中的一个子系统，子系统之间相互关联。因此，研究绩效如何实现优化，必须建立起供应链的个体企业与供应链总体目标之间的关联，确保整条供应链目标的统一。要强调组织之间的协调、合作、运营管理，而不是基于所有制的控制管理及层次型的纵向集成。

(2) 供应链的各个企业之间存在联动关系，在进行供应链绩效评价时，需要从企业供应链管理的业务流模型入手，着重就供应链运作的整体绩效的内外驱动力进行全面的分析，绩效既要能够反映出结果，也需要反映出结果的驱动指标。

(3) 供应链绩效是战略执行的结果，因此，要求其与企业战略相一致，反馈战略的执行。绩效评价只是在有规划目标和期望结果的环境中才更加重要，所以，需要有明确的规划和所期望的结果来实现绩效的改善。

(4) 供应链战略从单个企业向多企业协调集成，从市场反应型发展为客户导向型进行运作。因此，绩效评价也要从单方评价扩展到多方评价，从单纯的财务指标拓展到综合指标。

11.1.2 供应链绩效评价的内容

供应链管理的绩效评价问题实质上对供应链整体运行情况、供应链成员和供应链企业之间的合作关系的度量，一般涉及供应链上各企业内部绩效度量、供应链上企业外部合作绩效度量和供应链整体绩效度量三个方面。

1. 供应链上企业内部绩效

供应链内部绩效度量主要是对供应链上的企业内部绩效进行衡量。它着重将活动和过程同以前的活动和目标比较。内部绩效度量通常有如下指标：客户服务、成本管理、质量、生产率、资产管理。

(1) 客户服务。

客户服务包括服务的可得性、运作绩效和服务可靠性。一般情况下，服务的可得性可以通过一个组织的操作完成比率得到反映，完成比率的衡量方法有多种。例如，从订单和价值角度衡量

订单完成比率＝完全交付给客户的订单数量÷客户订单数量×100%

价值完成比率＝完全交付给客户的总价值÷客户订单的总价值×100%

使用订单完成比率来衡量与产品可得性有关的绩效，是一种比较严格的方法，根据这种评价标准，如果在某个产品线上哪怕仅仅遗漏了一件货物，订单也被看作没有完成。因此，管理中也常常以某个时期内出现的缺货数目和延迟交货的数量作为服务可靠性的评价指标。运作绩效可解决与时间有关的问题，一般可以通过平均订货周期时间或准时交货来衡量。

(2) 成本管理。

最直接反映内部绩效的是完成特定的运作目标而发生的实际成本。由于成本绩效经常是以每项职能所花费的总额作为评价指标，因此常常需要对具体的物流职能，如仓储、运输和订单的处理等的成本数据进行监控。企业也常常需要对成本占销售额的百分比数或每个单位产品的成本消耗进行监控。

(3) 质量。

评估质量绩效的方法很多。较典型的评估指标包括损坏比率，即计算损坏的货物数量占全部货物的数量的比率。还有一些重要的质量绩效指标与信息有关。许多企业特别注重评估自身提供信息的能力，即当企业出现没有客户所需的信息的情况时，企业自身是否具有寻找并提供相关信息的能力。另外，如果出现信息不准确的情况，企业也常会对这些情况进行跟踪。

(4) 生产率。

生产率是一种关系，通常会用一个比率或指数来表示，即货物产量、完成的工作或创造的服务，与用于生产该产品的投入或资源的数量之间的比率。在很多情况下，生产率的评估会有很多困难，比如在一定的时间段内，产量难以衡量，同时投入与产出难以匹配，投入与产出相混淆或类型不断变化，数据难以得到。

(5) 资产管理。

资产管理的重点是投资在设备和设施上的资本的利用，同时还有投资在库存上的营运资本的利用。例如，物流设施、设备和库存是一个物流企业的大部分资产。物流设施与设备经常是以容量的利用，即总容量的利用比率来进行评估，这种评估方法表明了资本资产投资的有效或无效利用。资产管理同时也关注库存，库存周转率是最常见的绩效评估方式，公式如下

$$库存周转率 = 销售成本 \div 平均存货 \times 100\%$$

2. 供应链上企业外部合作绩效

外部绩效度量主要是对供应链上的企业之间运行状况的评估。外部绩效度量的指标主要有客户满意度和实施基准等。

(1) 客户满意度。

客户作为供应链市场导向和利润来源，成为供应链绩效的主要驱动。客户不断变化的、个性化要求和消费的偏好增加了供应链在运作成本上的压力。同时产品的质量、计划的柔性不能有丝毫的下降。客户对产品为自身带来的价值增值或成本节约越发地注重，因此供应链要在每个环节都高度重视客户服务理念。

企业内部生成的关于基础服务的所有统计数据，都可以作为衡量客户满意度的内部指标，但是，要量化满意度就要对客户的信息进行搜集、评估。满意度评估方法要求企业对客户的期望、需求以及客户对企业各方面运作绩效的印象和理解进行调研。例如，典型的调查会就客户的期望和绩效印象进行评估，客户的期望和绩效印象包括可用性、信息有效性、订单准确性、问题处理情况等方面。只有通过收集来自客户的数据信息，才能够真实有效地评估客户满意度。更进一步说，必须从客户的角度去衡量那些为提升客户满意度而付出的努力。

(2) 实施基准。

基准同样是绩效评估的关键方面，它可以使管理者了解一流的经营运作。基准的关键问题是如何选择基准评估的对象。许多企业会对企业内部相似运作单元的绩效或出于不同地区的运作单元的绩效进行比较，由于从事多种经营的大企业的某个运作单元经常不知道其他运作单元的情况，而内部基准提供了共享信息和改进绩效的渠道。此外，关于竞争者的绩效信息可以用来判定哪些地方是最需要加以改进的。

3. 供应链整体绩效

供应链的绩效包括企业内部、外部绩效，但最终体现供应链综合竞争实力的还是供应链的整体绩效，这就要求供应链的绩效评价能够从总体上度量供应链运作绩效。一般情况下，可以通过以下三方面体现：供应链总运营成本、供应链响应时间和闲置时间。

(1) 供应链总运营成本。

供应链总运营成本是供应链上所有企业成本的聚合，而不仅是单个企业的成本。具体计算如下

$$供应链总成本 = 原材料来源成本 + 基本产量的初始生产成本 + \\ 制造商成本 + 分销商成本 + 零售商成本$$

供应链总运营成本越低,反映在供应链产品中的成本也就越低,那么供应链产品的利润率就高,说明供应链的运营越有效率,从而在供应链之间的竞争中越具有竞争力。

(2) 供应链响应时间。

供应链响应时间可以通过响应需求的时间来计算,即一个企业认识到市场需求的根本性变化,将这一发现内在化,然后重新计划和调整产量来满足该需求所需要的时间。例如,当汽车生产企业发现市场上对运动型汽车的需求较高时,往往要花好几年的时间来开发充足的生产量和能力,重新安排供应商关系,并满足消费者的需求。当考虑到整个供应链(包括从原材料来源到最终分销)准备好面对产品需求波动比预期的大很多的情况时所需的时间,供应链响应时间就显得极其有用。而供应链的响应时间标志着供应链的反应速度和响应能力,是决定供应链竞争力的关键因素之一。

(3) 闲置时间。

闲置时间是另一个用来衡量整体供应链在资产管理方面绩效的指标。库存闲置时间是在供应链中库存闲置不用的天数与库存被有效地利用或配置的天数的一个比率。闲置时间同时也可以用于其他资产的计算,比如运输设备的闲置时间。

 特别提示

供应链绩效评价是指围绕供应链的目标,对供应链整体、各环节(尤其是核心企业运营状况以及各环节之间的运营关系等)所进行的事前、事中和事后分析评价。一般涉及供应链上各企业内部绩效度量、供应链上企业外部合作绩效度量和供应链整体绩效度量三个方面。

11.1.3 供应链绩效评价的一般方法

1. 供应链运作参考模型法

供应链运作参考模型(Supply Chain Operations Reference Model,SCOR)是由供应链协会(Supply Chain Council,SCC)主持开发的,是一套全面的供应链管理理论,由计划、采购、生产、配送、退货和支持 6 个基本过程组成。它可以描述、分类和评价一个复杂的管理过程,为企业供应链管理提供了一个跨行业的普遍适用的共同标准。模型通过对供应链流程的分层分析为供应链的改善提供了有效途径,提出了评价指标,包括:交货情况(Delivery Performance)、订货满足情况(Fill Rates)、完美的订货满足情况(Perfect Order Fulfillment)、供应链响应时间(Supply Chain Response Time)、生产柔性(Production Flexibility)、总供应链管理成本(Total Supply Chain Management Cost)、附加价值生产率(Value-added Employee Productivity)、担保成本和回收处理成本(Warranty/return Processing Costs)、现金流周转时间(Cash-to-cash Cycle Time)、供应周转的库存天数和资产周转率(Inventory Days of Supply、Asset Turns)等。目前,该模型已经被世界 500 强中的绝大部分企业接受和采用,是实践证明可以用来提高企业供应链业绩的模型。

2. 供应链绩效标杆法

供应链绩效标杆法是美国施乐公司确立的经营分析手法,以定量分析自己公司现状与其他公司现状,并加以比较。供应链绩效标杆法就是以那些优秀企业作为测定基准,以它们为学习的榜样。一般来说，供应链绩效标杆法除要调研优秀企业的绩效外，还要发现这些优秀企业是如何取得这些成就的，利用这些信息作为制定企业绩效目标、战略和行动计划的基准。值得指出的是，这里的优秀公司也并非局限于同行业中的佼佼者。它可以在各种业务流程的活动中，与那些已取得出色成绩的企业相比较。

供应链绩效标杆法是基于供应链运作参考模型发展起来的，是以定量分析自己公司的供应链现状与其他公司现状，并加以比较，找到自己公司和一流公司以及竞争对手之间的差距，辨别和吸收其优秀的管理功能；从而有针对性地制定激励目标，优化公司的供应链管理。

供应链绩效标杆可以通过很多种形式进行，主要有内部标杆、竞争性标杆、行业/功能标杆、协作性标杆、公开性标杆。

3. 平衡计分卡法

平衡计分卡法(Balanced Score Card，BSC)最早是由哈佛商学院教授罗伯特·S. 卡普兰(Robert S. Kaplan)和复兴全球战略集团总裁大卫·P. 诺顿(David P. Norton)经过与在业绩评价方面处于领先地位的 12 家公司进行的为期一年的项目研究后于 1992 年提出的。平衡计分卡法的核心思想反映在一系列指标间形成平衡，即短期目标和长期目标、财务指标和非财务指标、滞后型指标和领先型指标、内部绩效和外部绩效之间的平衡。将平衡计分卡法应用到供应链绩效评价中，从客户、内部运营、学习及创新、财务四个方面来综合评价供应链的绩效，不仅能够反映供应链业务流程集成的绩效，而且能够反映整个供应链运营情况和供应商、制造商及顾客之间的关系。

4. 模糊层次综合评价法

模糊层次综合评价法是将模糊数学与层次分析法相结合的一种系统评价方法，它能比较好地解决系统多指标的综合评价问题。但在进行模糊综合评价时，一般很少考虑评价对象的特性值随时间而变化的情况，而是把评价指标作为常量进行评价，或者只根据某时间点的一组指标值进行评价，然后将评价结果推及整个时间段。而动态模糊评价法对供应链绩效进行评价时，对评价结果根据不同时点的指标值进行修正，能够实现实时的动态评价。由于供应链管理与现行企业模式有较大区别，其绩效评价指标体系的建立与评价方法也就有其特殊性，李贵春(2004)在综合分析现有的供应链绩效评价指标体系的基础上，初步建立了一套适合我国供应链绩效评价的指标体系，同时，给出了供应链绩效评价的多级动态模糊综合评价方法。[①]

5. 层次分析法

作为系统工程对非定量事件进行评价的一种分析方法，层次分析法(AHP)是 1973 年由美国学者 T. L. 萨蒂(T. L. Saaty)最早提出的。运用它解决问题可以分为 4 个步骤：①分解原问题，并建立层次结构模型；②收集数据，用相互比较的办法构造判断矩阵；③层次单排序及一致性检验；④进行总排序和一致性检验，找出各个子目标对总目标的影响权重，并

---

① 李贵春，李从东，李龙洙. 供应链绩效评价指标体系与评价方法研究[J]. 管理工程学报(1)，2004：104-106.

以此作为决策依据。我国学者方承武(2005)以层次分析法和顾客满意度为基础，运用层次分析法建立了供应链绩效评价模型，为供应链绩效评价提供了一种定量化方法，且提出相应的整改措施，对实施供应链管理有一定的借鉴意义。

除了以上方法，国内外学者还从不同角度提出了许多评价方法和工具，如谢卓君(2005)从系统的视角研究了供应链绩效管理，为供应链绩效管理提供了有效的思考方法和具体操作工具，并综合运用系统的基本特征进行供应链绩效评估，整体思考供应链绩效指标设计，最后提出了基于供应链制造业绩效评价指标的框架模型[①]；叶春明(2005)依据 BP 神经网络原理，建立了用于企业供应链管理绩效指标评价的 BP 神经网络评价模型，并利用该模型对上海某动力设备有限公司的供应链绩效指标进行了评价，同时探讨了 BP 神经网络在供应链绩效指标评价中的特点和适用性[②]等。此处就不做逐一说明了。我们将在本章 2、3 节中专门讨论 SCOR 模型法和平衡供应链计分卡法。

11.1.4　供应链绩效评价指标的选择

1. 评价指标选择的原则

反映供应链绩效的评价指标有其自身的特点，其内容比现行的企业评价指标更为广泛，它不仅代替会计数据，同时还提出一些方法来测定供应链的上游企业是否有能力及时满足下游企业或市场的需求。在实际操作上，为了建立能有效评价供应链绩效的指标体系，应遵循以下原则。

(1) 应突出重点，要对关键绩效指标进行重点分析。

(2) 应采用能反映供应链业务流程的绩效指标体系。

(3) 评价指标要能反映整个供应链的运营情况，而不是仅仅反映单个节点企业的运营情况。

(4) 应尽可能采用实时分析与评价的方法，要把绩效度量范围扩大到能反映供应链实时运营的信息上去，因为这要比仅做事后分析要有价值得多。

(5) 在衡量供应链绩效时，要采用能反映供应商、制造商及用户之间关系的绩效评价指标，把评价的对象扩大到供应链上的相关企业。

2. 供应链绩效评价指标的选择

供应链绩效评价指标是基于业务流程的绩效评价指标，应能够恰当地反映供应链整体运营状况以及上下节点企业之间的运营关系。

(1) 供应链流程指标。

供应链流程指标主要反映了供应商的流程响应能力，确定如何能够在合理的成本下，以高效的方式进行生产。因为产品、服务和市场的分布在业务流程上是分散采购、集中制造，还是集中采购、分散制造，都由所提供的产品和服务决定，而不同的市场层面也会使业务流程在设置上有相当的差异。供应链绩效所关注的方面也因为流程的差异而有所差异。

---

① 谢卓君，徐学军，李金华. 系统视角的供应链绩效管理[J]. 价值工程(2)，2005：52-55.
② 叶春明，马慧民，李丹，等. BP 神经网络在供应链管理绩效指标评价中的应用研究[J]. 工业工程与管理(5)，2005：35-38+43.

该类指标主要包括以下几种。

① 产销率指标。企业供应链产销率是指一定时期内供应链各节点已销售出去的产品和已生产的产品数量的比值。

该指标可反映供应链各节点在一定时期内的产销经营状况、供应链资源(包括人、财、物、信息等)有效利用程度、供应链库存水平。该指标值越接近1,说明供应链节点的资源利用程度越高、成品库存越小。

② 产需率指标。产需率是指在一定时期内,供应链各节点已生产的产品数(或提供的服务)与其下游节点(或用户)对该产品(或服务)的需求量的比值。其具体分为以下两个指标。

A. 供应链节点企业产需率。该指标反映上下游节点企业之间的供求关系。产需率越接近1,说明上下游节点间的供需关系协调,准时交货率高,反之则说明上下游节点间的准时交货率低或综合管理水平较低。

供应链节点企业产需率=(一定时间内节点企业已生产的产品数量)÷(一定时间内下游节点企业对该产品的需求量)×100%

B. 供应链核心企业产需率。该指标反映供应链整体生产能力和快速响应市场的能力。若该指标数据大于或等于1,说明供应链整体生产能力较强,能快速响应市场需求,有较强的市场竞争能力。

供应链核心企业产需率=(一定时间内核心企业生产的产品数量)÷(一定时间内客户对该产品的需求量)×100%

③ 产品出产(或服务)循环期指标。供应链产品出产(或服务)循环期是指供应链各节点产品出产(或服务)的出产节拍或出产间隔时间。该指标可反映各节点对其下游节点需求的响应程度。循环期越短,说明该节点对其下游节点的快速响应性越好。

在实际评价中,我们可以各节点的循环期总值或循环期最长的节点指标值作为整个供应链的产品出产(或服务)循环期。

④ 供应链总运营成本指标。供应链总运营成本包括供应链通信成本、各物料、在制品、成品库存费用、各节点内外部运输总费用等,反映的是供应链的运营效率。

(2) 供应链经济效益评价。

供应链经济效益评价可采用传统关键性的财务评价指标。经营目标的实现使得成本大为降低,提高了边际收益率;现金流得以更好地优化,获得更高的收益和资本回收率。以上几个方面绩效的提高保证财务上有长期收益,因此整个供应链的财务优化依旧是重中之重。在这里,我们将财务评价的基础建立在现金流的驱动上,把驱动现金流的行为和流程作为主要目标。

① 供应链成本收益率。该指标由客户的利润除以在此期间使用的供应链的平均资产,它反映了使用其资产的增值性绩效的大小。

② 现金周转率。这是一个联系供应链的整个流程的关键指标,评价供应链运作过程中现金在原材料、劳动力、在制品、完工产品直至现金的全过程。供应链系统通过先进的信息技术以及产品流集成,协调合作伙伴之间的运作,可以达到更快的现金的周转。

③ 供应链的库存天数。该指标反映了资本在供应链运营中的库存形式的占用天数。它等于某个时期的物料、在制品、产品库存等形式占用的时间。

④ 客户销售增长及利润。客户销售增长及利润表现为主要客户在供应链产品上的年销售收入和利润率增长。这类指标反映了供应链下游在三个主要方面的绩效：客户的销售量按年增长的情况、对于特定客户服务所获的收益随着合作关系的增进而进一步提高的情况、接受服务的基数增加的情况。扩大销售量，增加新的客户都将是新的利润增长点。

(3) 供应链运行能力指标。

优秀的客户绩效来自组织的流程决策和运作。供应链内部运作角度就是回答如何经营才能满足或超越客户需求的问题。由于供应链流程牵涉供应链成员的生产运作，这样的指标就将不同成员的绩效联系成为供应链的整体效果。这一联系使得供应链成员企业对于各自的运作有了明确的目标，其所做的改进也将有利于整个供应链的改进。就供应链运作角度而言，实现此目标主要有四个目的：减少提前期、提高响应性、减少单位成本、构成敏捷企业。为此，设计有以下几个指标。

① 供应链有效提前期率。该指标反映了供应链在完成客户订单过程中有效的增值活动时间在运作总时间中的比率。其中包括供应链响应时间和供应链增值活动总时间两个指标。

供应链响应时间＝客户需求及预测时间＋预测需求信息传递到内部制造部门时间＋
采购、制造时间＋制造终结点运输到最终客户的平均提前期
(或者订单完成提前期)

供应链增值活动总时间=供应链运作的相关部门增值活动的时间加和

② 供应链有效循环期率。该指标体现了减少供应链内部运作的非增值时间和流程浪费的空间的大小。

供应链有效循环期率=供应链增值活动总时间÷供应链响应时间×100%

通常情况下，企业之间的传递空间和时间很大部分为非增值活动所占用，很多资源被大大地浪费了。达到精益的供应链必须保证合作企业之间的信息共享以及合作机制的完备，以实现流畅的无缝连接，减少无谓的时间和空间的浪费。

③ 库存闲置率。库存闲置率即供应链中库存闲置的时间和库存移动时间的比率。其中，闲置时间包含以物料、在制品、产品库存等不同形式在供应链运作中的总停滞和缓冲时间。库存移动时间则是指库存在加工、运输、发运中的总时间。该指标表现了库存在整体运作中时间占用，提供了库存经营效率的提高空间。

④ 供应链生产时间柔性。该指标定义为由市场需求变动导致非计划产量增加一定比例后供应链内部重新组织、计划、生产的时间。

⑤ 供应链持有成本。供应链持有成本是对物流系统运作的有效性和成本集约性的考察。它包括了采购、库存、质量，以及交货失误等方面的内容。供应链采购成本的评价包括订货、发运、进货质量控制的总和。供应链库存成本包括供应链过程中发生的原材料、在制品、完工产品库存成本以及滞销和在途库存成本等。供应链质量成本是指在运作过程中由于质量问题而导致的成本，包括产品残缺成本、维修成本和质量保证成本。

⑥ 供应链目标成本达到比率。该指标从单一产品和流程的角度分析其在质量、时间和柔性上的流程改进是否达到预定的目标成本。

(4) 供应链创新与学习能力评价。

供应链未来发展性直接关系到供应链的价值。平衡计分卡法中客户角度和内部运作角

度的评价分析了供应链成功的竞争力,但是成功的目标是不断变化的。严峻的市场竞争要求供应链必须不断改进和创新,发掘整合供应链内部和外部的资源,提高现有流程、产品/服务质量和开发新产品的能力。

供应链的改进是一个动态的过程,主要通过四个方面进行:第一,重新设计产品及其流程;第二,通过企业集成对组织间活动有效地调节和整合;第三,持续地改进供应链的信息流管理,使供应链伙伴能够共享决策支持所需要的准确信息;第四,每个供应链都需要随时注意外部市场的潜在威胁和机遇,重新定义核心价值。

① 专有技术拥有比例。该指标反映企业供应链的核心竞争力。企业核心竞争力的一个重要组成部分是核心产品。指标值越大,说明供应链整体技术水准高,核心竞争力强,其产品不能被竞争对手模仿。

专有技术拥有比例=(供应链企业群体专利技术拥有数量)÷(全行业专利技术拥有的数量)

② 新产品(服务)收入比率指标。新产品(服务)收入比率是指企业(供应链)在一定时期内由于提供新型产品或服务所获得的收入占总收入的百分比。该指标反映的是企业的产品(服务)研发能力和对新产品(服务)的综合营销能力,新产品(服务)收入比率指标值越大,说明企业(供应链)的新产品(服务)设计、开发能力越强,对新产品(服务)的综合营销能力也越强。

③ 员工建议增长率指标。员工建议增长率是指一定时期内企业(供应链)员工向公司提交的合理化建议数量与上一评价期相比的增长率。该指标值与企业内部的民主管理意识和员工参与意识成正比。从一定程度而言,员工建议增长率指标也是企业(供应链)管理活力强弱的具体体现之一。

④ 组织之间的共享数据占总数据量的比重。供应链的特点之一就是信息共享,这是维持供应链伙伴关系成功的关键。否则,供应链很难降低重复劳动、减少浪费和成本。信息共享的内容包括需求预测、销售点数据、生产计划、战略方向、客户目标等,以实现组织之间集成。由此可见,重要信息的共享程度体现了一个企业的实际实施供应链管理的程度。

特别提示

供应链绩效评价指标是基于业务流程的绩效评价指标,应能够恰当地反映供应链整体运营状况以及上下节点企业之间的运营关系。其主要包括供应链流程指标、供应链经济效益分析指标、供应链运行能力指标、供应链创新与学习能力评价指标等。

阅读案例 11-1

箭牌糖果的绩效管理[①]

箭牌糖果(中国)有限公司,由全球最大的口香糖生产商——美国箭牌糖类公司 1989 年在广州经济开发区设立。2008 年 4 月,箭牌公司宣布与全球领先的糖果和消费品公司玛氏公司合并。

---

① http://info.10000link.com/newsdetail.aspx?doc= 20090402000028,2009-04-02.

国内快速消费品市场面临的最大挑战是：地域宽广，地区差异大，在一些偏远地区或小城市物流基础设施不足，目前国内还没有一家第三方物流公司可以提供全国性的服务。在国内物流市场区域发展不均衡的情况下，越来越多的企业已经摒弃了原有不能带来太多增值服务的总包物流商，而选择了物流分包的策略。

箭牌物流管理部门也曾经尝试过将分销物流整体外包给一家或少数几家国内外著名的物流公司，但效果不佳。因此箭牌最终放弃了总包的思路，而选择了分包的物流外包策略，即将总仓到RDC的转仓按照运输方式分包给几家供应商，每个区域都尽量选择一家本地化的中小型物流公司负责本区域RDC的仓储配送业务，这样箭牌可以确保自己是每个物流服务商的VIP客户，可以得到最好的服务。箭牌客户服务部负责人说："希望把钱付给那些真正为我们服务的公司，希望挑选绩效优异、能力突出的物流供应商成为箭牌公司的策略合作伙伴，与箭牌共同成长。"选择分包策略的确可以带来比较高的性价比，但是相比只承包给三两家物流公司也加大了管理上的难度，如何应用IT手段对这些供应商进行统一管理和考核就是摆在箭牌物流管理部门所面临的突出问题。

万联亿通在为箭牌成功实施了仓库管理系统WMS后，于2007年开始为箭牌提供供应链绩效管理系统(Supply Chain Performance Management System, SPMS)，SPMS是基于WMS的OLTP运作数据库，通过利用IT和创新的管理分析方法对供应链运作过程进行多角度、多方式的综合评估系统。SPMS包括供应商仓库表现、仓库作业分析、运输分析、存货分析、销售分析、物流成本分析等功能组近百个报表。

实施SPMS的目标是：利用财务业绩、生产率业绩、质量业绩等指标体系对物流供应链各操作环节如客户反应、存货计划和管理、运输、仓储进行电子化综合评估，通过持续的创新和实施不断提升物流绩效，推动箭牌向世界级的物流管理标杆水平迈进。

箭牌通过SPMS系统的导入，就像是提供了一把无形的"尺子"，一方面给分供方提供了公平、公正、公开竞争的平台，另一方面也加强并简化了对各地物流公司的有效监管和考核。利用SPMS的绩效评估结果，采取末位淘汰制度，对现有物流供应商优胜劣汰，培养了一批绩效优异、能力突出的物流合作伙伴，与箭牌共同成长。

11.2 供应链运作参考模型

11.2.1 供应链运作参考模型概述

1. 供应链运作参考模型的提出

长期以来产业界缺乏一种标准的方法去评测供应链的性能，因此制造商和服务提供商在如何改善其性能的努力中无法使用"标杆比较(Benchmarking)"这一通用的评估工具。1996年春，两家位于美国波士顿的咨询公司——Pittiglio Rabin Todd & McGrath (PRTM)和AMR Research (AMR)为了帮助企业更好地实施有效的供应链，实现从基于职能管理到基于流程管理的转变，牵头成立了供应链协会，并于当年年底发布了SCOR模型。供应链协会最初有69个自愿参加的公司，现在协会的成员已超过700个，分布于世界各地，并在欧洲、日本、拉丁美洲、澳大利亚/新西兰，以及新加坡设立了分会。供应链协会是一个独立的、非营利的全球性组织，它向所有对供应链管理理论和实践的现代化感兴趣的公司和组织开放，致力于SCOR模型的推广普及。

SCOR 模型是第一个标准的供应链运作参考模型，是供应链的诊断工具，涵盖所有行业。SCOR 模型使企业间能够准确地交流供应链问题，客观地评测其性能，确定性能改进的目标，并影响今后供应链管理软件的开发。流程参考模型通常包括一整套流程定义，测量指标和比较基准以帮助企业开发流程改进的策略。SCOR 模型主要由四个部分组成：供应链管理流程的一般定义、对应于这些流程的性能指标基准、供应链"最佳实践"(Best Practices)的描述及选择供应链软件产品的信息。

基于 SCOR 模型的绩效评价方法是将业务流程重组、标杆管理及最佳业务分析等领域组合集成为一个多功能一体化的模型结构，为企业供应链管理提供一个跨行业的普遍适用的共同标准。

流程参考模型能够把握业务流程的现状("as-is")，进而求得未来的期望状态("to-be")；量化同类企业的运作性能，进而建立基于最佳性能(Best-in-class)的内部目标；描述获得最佳性能的管理措施和软件解决方案。

2. SCOR 模型覆盖的范围

SCOR 模型覆盖的范围包括了从供应商的供应商到客户的客户，具体来说包括所有与客户之间的相互往来，从订单输入到货款支付；所有产品(物料实体和服务)的传送，从你的供应商的供应商到你的客户的客户，包括设备、原材料、配件、大批产品、软件等以及所有与市场之间的相互影响、从对累计总需求的理解到每项订单的完成和退货管理等。

SCOR 模型不会去描述每个业务流程，特别是销售和市场开拓、产品研发，或发送后的用户支持等活动。SCOR 模型的设计和维护是用以支持各种复杂的跨行业的供应链的，供应链协会(SCC)把注意力集中在流程的三个层面上，而不企图去规定一个特定的组织如何去操作它的业务，制作它的系统/信息流。每个利用 SCOR 模型来改进其供应链的单位，都应当用自己特有的业务流程、系统和措施来扩展这个模型，至少是扩展到第四层。

值得注意的是，SCOR 模型描述的是供应链的业务流程，而不是功能。换句话说，SCOR 模型把注意力集中在有关的供应链业务活动上，而不是从事这些活动的人或组织机构。

3. SCOR 模型的作用

SCOR 模型应用标准术语和符号，提供了一种方便易用的描述工具和思想方法，用于支持理解供应链的运作过程，以整个组织所有职能部门都能沟通的方式确立流程，明确整个供应链中各参与主体的相互关系。对供应链的清晰描述是分析供应链现状的基础，也是有效管理供应链的前提，有利于供应链相关的各部门及合作伙伴之间的协作。

SCOR 模型将具体作业与性能衡量指标相结合，定量分析整个供应链的运作性能，提供了供应链评价及快速确定改进机会的工具，最佳表现及其特征描述为企业指明了努力方向。

SCOR 模型提供供应链快速建模方法，是供应链设计和再造的工具，支持把企业战略目标与供应链性能指标相结合的方式。供应链系统评价获取足够的信息用以支持改进决策，为供应链的再造方案提供依据。

SCOR 模型为企业提供了供应链快速描述、建模及学习交流的工具。SCOR 模型是同类中唯一能够集成业务流程重组、标杆设定和最佳业务分析等元素及独立机构之间供应链评估方法的模型。供应链协会成员在世界各地区各行业中成功实施了该模型。现在，越来越多的组织正在采用 SCOR 模型作为改善其供应链的工具。世界各地都有企业成功实施了该模型，如 IBM、惠普、思科、联合利华等大中型企业都在实际应用中取得卓越成效，有效帮助企业实现增加销售、降低成本并最终实现利润的最大化，完善供应链管理给企业带来巨大效益。

11.2.2 SCOR 模型的结构

SCOR 模型按流程定义的详细可分为三个层次，每层都可用于分析企业供应链的运作。在第三层以下还可以有第四、五、六等更详细的属于各企业所特有的流程描述层次，这些层次中的流程定义不包括在 SCOR 模型中。

1. 第一层：定义层

SCOR 模型的第一层为定义层，它将供应链分为五个基本流程(图 11.1)：计划(Plan)、采购(Source)、生产(Make)、配送(Deliver)和退货(Return)。每个流程及其按层次分解后的子流程都有一个标准化的规范代号，便于描述、交流和分析。

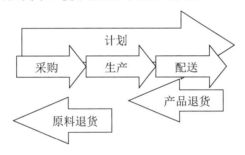

图 11.1 供应链定义层流程示意图

(1) 计划。

计划就是需求/供给计划与管理，均衡需求与资源，为整个供应链建立一整套完整的计划，包括资源、制造、交付和返回的执行过程，包括管理业务规则、供应链绩效、数据采集、存货、资产、运输、计划集成、规则性要求和执行过程。同时将供应链计划单位与财务指标协调一致，包括评估企业整体生产能力、总体需求计划以及针对产品分销渠道进行库存计划、分销计划、生产计划、物料及生产能力的计划，还涵盖了制造或采购决策的制定、供应链结构设计、长期生产能力与资源规划、企业计划、产品生命周期的决定、生产正常运营的过渡期管理、产品衰退期的管理与产品线的管理等。

(2) 采购。

当面临采购储存、订货生产、专项生产等问题时，一个组织可以通过调整它的采购活动、原材料和服务来实现计划和预期的目标。采购主要包括：①寻找供应商/物料收取，即获得、接收、检验、拒收与发送物料，供应商评估、采购运输管理、采购品质管理、采购合约管理、进货运费条件管理、采购零部件的规格管理等；②原材料仓库管理；③原材料运送和安装管理，包括运输管理、付款条件管理及安装进度管理等；④采购支持业务，包括采购业务规则管理、原材料存货管理等。

(3) 生产。

生产指企业按库存生产、按订单生产、按订单设计等生产执行过程。确定库存生产、订货生产和专项生产产品是解决执行管理生产过程、测试、包装和产品发放的问题。它也解决规划调整和完成的产品要满足预期要求的问题。在这个过程中，我们所关心的是基础设施的管理、生产的状态、质量和短期能力的问题。其具体包括：①生产运作，包括申请及领取物料、产品制造和测试、包装出货等，工程变更、生产状况掌握、产品质量管理、现场生产进度制定、短期生产能力计划与现场设备管理，在制品运输等；②生产支持业务，即制造业务规格管理、在制品库存管理等。

(4) 配送。

配送指产品由工厂到客户手中的过程。订货、库存和运输用以储存、订货生产、专项生产包括了订单和信用的管理、储存和运输的管理、分配管理和库存质量管理。它也包括了发展和维持关于客户、产品和价格的数据库。这一过程主要关注运输完成产品，以及满足计划预期要求的服务。其具体包括：①订单管理，即订单输入、报价、客户资料维护、订单分配、产品价格资料维护、应收账款管理、受信、收款与开立发票等；②产品库存管理，具体包括存储、拣货、按包装明细将产品装入箱、制作客户特殊要求的包装与标签、整理确认订单、运送货物等；③产品运输安装管理，具体包括运输方式安排、出货运费调教管理、货品安装进度安排、进行安装与产品试运行；④配送支持业务，指配送渠道的决策制定、配送存货管理、配送品质的掌握和产品的进出口业务。

(5) 退货。

退货包括供应商对原料退货、产品退货(包括缺陷货物、过期货物、多余货物)两个方面。退货的全部过程包括：从确认退货、制订退货计划、接受退货、验货、储存退货、换货或退款处理；具体有管理退货规则、绩效、搜集数据、退货存货管理、资产管理、运输、网络的整合、退货规则的执行等环节。

2. 第二层：配置层

第二层是配置层，它是一个配置资源的过程。在这一层上需要分析原料在整个供应链的流动过程。以组织的计划为基础，通过组织基础设施来不断完善和调整这一过程。例如，生产的产品类型，它们怎样运输将会影响到它们在供应链中的配置。

在第二层中，由若干种核心流程类型组成。企业可选用该层中定义的标准流程单元构建它们的供应链。每种产品或产品型号都可以有它自己的供应链。大多数都是从 SCOR 模型的第二层开始构建它们的供应链的，此时常常会暴露出现有流程的低效或无效，因此需要花时间对现有的供应链进行重组，减少供应商、工厂和配送中心的数量等形式的重组。

如计划(P)的第二层流程包括 P1 计划供应链、P2 计划采购、P3 计划生产、P4 计划配送、P5 计划退货等几类；采购(S)的第二层流程分为 S1 采购库存产品、S2 采购按订单制造的产品、S3 采购按订单定制的产品；生产(M)的第二层流程分为 M1 按库存生产、M2 按订单生产、M3 按订单定制；配送(D)的第二层流程包括 D1 配送库存产品、D2 配送按订单制造的产品、D3 配送按订单定制的产品；退货(R)的第二层流程分为 R1 有缺陷产品退货、R2 保修品退回、R3 多余产品退货等。

SCOR 模型流程定义示意图如图 11.2 所示。

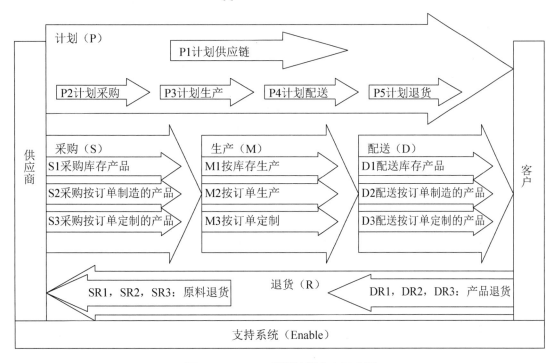

图 11.2　SCOR 模型流程定义示意图

SCOR 模型把供应链管理的基础工作定义为支持(Enable)系统，包括计划支持、采购支持、生产支持、配送支持、退货支持几种类型，具体内容有规则的建立和管理、业绩表现评估、信息系统与数据管理、库存管理、资产管理、运输管理、供应链配置管理、遵守法规管理等。支持系统的标准模块的代号是"E"加上相应的流程代号组成，如 ES 表示采购支持模块。

3. 第三层：流程元素层

第三层是流程元素层，是对过程影响因素进行分析。这一层将更深入地对组织进行研究，细化工作和信息在供应链中是怎样流动的。这一层关注一些重要环节，包括投入和产出，以及一些目标、性能和衡量指标，还有一些保障它们的基础设施。在这一层上，组织可以确认这些改进对这个供应链的影响。第三层是和第二层息息相关的，它是对第二层的性能衡量标准的一个回应和系统的一个反映。

SCOR 模型的第三层继续用定义的标准流程对第二层模块进行细化，描述第二层中每个流程分类中流程元素的细节，并定义各流程元素所需要的输入和可能的输出。其具体包括流程流、输入和输出、输入的采购、输出目的地。

第四层实现其供应管理。这一层上的活动对于一个组织是很具体的，着重点在于任务的实现。这些活动包括组织设计和包含在组织中过程、系统、个人。由于实现对于每个组织是独一无二的，所以这些活动在 SCOR 模型范围以外，不需要详细了解。

11.2.3　基于 SCOR 模型的供应链绩效评价

SCOR 模型在五个流程的基础上对供应链及节点上的企业进行绩效考核，确定了五个特征,并建立了相应的绩效指标体系,前三个特征是可靠性、回报率和可行性的问题,它们是面向用户的,剩下两个特征是成本和费用指标。与这些特征有关的是第一层的衡量标准。基于 SCOR 模型的评价体系,通过计分卡的形式分别给出当前的指标与目标水平、行业一般水平、同行业最高水平,从而帮助企业找出供应链及节点企业急需改进的方面和途径。企业选用 SCOR 模型的供应链管理绩效指标进行绩效衡量,掌握供应链运行的实际情况,通过对指标的实时分析与评价,来反映供应链的实时运营。需要明确的是企业不可能满足所有的衡量标准。因此,关键的是要选择能反映企业客户所需求的那些标准。

1. 供应链的可靠度

供应链的可靠度是衡量供应链整体配送的性能特征,能否在正确的时间、正确的地点,将正确的产品合适包装,在正确的条件下将产品送达到正确的客户手中。评价指标可以选择配送性能、完成率、完好的订单履行等。

2. 供应链的反应能力

供应链的反应能力是测评企业将产品送达客户的速度。具体的评价指标为订单完成提前期,即企业在接受客户订单到将产品生产出来送达客户手中所需要的时间。

3. 供应链的柔性

供应链的柔性是衡量供应链面对市场变化获得和维持竞争优势的灵活性。在市场经济条件下,顾客需求瞬息万变,技术发展迅速,要求企业能够跟上顾客的需求变化速度,加快对顾客需求的响应,不断提高生产的柔性。

具体的评价衡量指标有供应链的需求响应时间、生产的柔性(包括产品的柔性、时间的柔性、数量的柔性)以及平均运输时间。

4. 供应链的总成本

供应链的总成本是指供应链运营所耗费的总成本,可以用来测评供应链运营的效率。供应链在运营中所损耗的成本越低,扩大了获利空间,赢利的可能性就越大。具体的指标有产品销售成本、运输成本、存货成本、供应链管理总成本、增值生产率。

5. 供应链的资产管理

供应链的资产管理是指一个组织为满足需求而对资产——包括固定资产和流动资产,进行有效管理的能力,可衡量供应链内各企业利用资本的有效性。提高资本的利用率,可以提高企业的总体盈利水平,降低不良资产率,增强供应链整体资产运营的灵活性。具体的评价指标为现金周转时间、存货的供应天数、资金周转。

【11-1 拓展知识】

SCOR 模型给出了各性能指标的计算公式。供应链协会指出,其中有些指标的计算方式不是绝对的、固定的,可以根据企业的具体情况做合理的调整,主要是要与所达到的目标和基准保持一致,同时还要与供应链上下游企业的绩效指标计算方法保持一致。

在指标计算中,由于涉及项目多,许多指标的计算难度比较大,各项具体计算可根据企业实际情况进行统计。

供应链绩效评价的第一层指标,是企业供应链总的评价指标体系,可以直接根据运行的统计数据进行计算。随着模型逐层向下分解，从第二层到第三层的每个向下的供应链过程都有明确定义的评价指标。这些指标是对第一层指标的分解和细化，贯彻了 SCOR 模型评价供应链绩效的基本指导思想。而且 SCOR 模型第二、三层不仅对每个详细的供应链过程都给出了明确定义的绩效评价指标，而且还给出了目前国际上的最佳实践，使用者可以了解相应的供应链过程的先进处理方式和先进的理念。

另外，SCOR 模型在给出每个指标的公式的同时，还指出了该指标将会对损益表和资产负债表产生影响，并说明了每个指标内容包含的要素和应注意的地方。

目前，供应链协会的 SCOR 版本修订到 12.0，该版本在原有的基础上更加详细地介绍了供应链风险管理。

特别提示

> SCOR 模型是第一个标准的供应链参考模型，是供应链的诊断工具，涵盖所有行业。SCOR 模型在供应链的可靠性、回报率、可行性、成本和费用等方面制定指标，设计了供应链管理绩效计分卡，评估供应链管理绩效。

阅读案例 11-2

SCOR 的最佳实践[①]

【11-2 拓展案例】

西门子的供应链管理被认为是业内基于供应链运作参考模型(SCOR)的最佳实践之一。2001 年，西门子开始运用 SCOR，两年后，西门子的库存量降低了 90%。库存量的减少，除了直接带来经济利润外，还能大大降低由于产品更新换代引起的报废损失，这些损失往往会达到数千万元的规模。此外，订单周期由原来的 75 天缩短到 25 天，总体销售计划准确率也由 35% 提高为 90%，供应链的反应速度和运作效率显著改善，客户满意度也随之提高了。

西门子取得上述成效的重要因素在于引入了 SCOR 的理念，并且建立了有效的资源管理和供应商合作机制。SCOR 的核心体现在对中央计划的注重，从高层做综合计划，比从基层做计划更有效，可以提高整体准确性。

决策应该基于客户端的需求，而绝不是只盯着下游环节的订单——订单和最终的需求往往差别巨大。从下游往上游，出于"安全库存"的考虑，需求信息在各个环节都会被扭曲放大，和实际需求的方差也逐级递增，从而形成了明显的"牛鞭效应"，造成大量冗余库存而引起经济损失。

西门子采用 SCOR 的理念，首先对公司的组织架构进行调整，将供应链管理简单划分为四块：计划、采购、生产和发运，其中起主导作用的是计划部门。这就要求计划部门尽力收集完备的一线数据，并对信息进行实时分析，从而提高计划的准确率。初期的大量精力被用来拜访客户、深入生产和销售的第一线，充分了解真正的需求状况，并且延伸了信息系统，全国各地的销售终端随时把信息输入系统，总部计划部门就能迅速获取这些信息，根据市场变化不断对计划进行修正。

西门子的订单部门就被设置在集约中心，而并非销售部门，这是有别于许多企业的独特之处。对计划的准确性要求已经跨越计划部门的边界而涵盖了其他相关部门，也在人力资源管理层面上给予了支持——在西门子，计划的准确性已成为销售和计划部门年终业绩考评的一个重要项目。

---

① 范松璐. SCOR 的最佳实践[N]. 第一财经日报，2006-08-23.

> SCOR 令供应链流程更透明和迅速。在运行过程中，它采用整体的需求、生产和采购供应计划，所有的采购原料都设定成不同的供应等级，制定相应的补货方式。补货取决于集约中心和制造中心的拉动信号，工厂以拉动式操作并受集约中心拉动信号指挥，集约中心和订单服务中心则负责订单履行和供货安排。所有客户订单的需求都有对应的产品交付等级和对应承诺的交货时间。
>
> 西门子还建立了供应商战略联盟，采用 VMI 的方式，以日消耗量和库存实际数值为依据，每天补货。供应商要在一定时期内为西门子保持部分安全库存，以应对产量突然提高的状况。与此同时，西门子也承诺，会在一段时期内接受供应商多余的库存，而且如果由于市场变化的原因，某些产品遭遇出局，也会评估供应商的损失并做出相应补偿。
>
> 实施 SCOR 后，供应商的库存也已经降低了 40%~50%，而西门子接下来的目标之一是继续降低供应商管理的库存，这就对进一步的信息整合提出了更高要求。

11.3 平衡供应链计分卡法

平衡供应链计分卡法是我国学者马士华教授等人在平衡计分卡法基础上提出来的供应链绩效评价的方法。这种方法将平衡计分卡法的四方面特征与供应链的运作融合在一起，为供应链绩效评价提供了新的思路和方法。

11.3.1 平衡计分卡法简介

从 1991 年到 1996 年，卡普兰和诺顿在《哈佛商业评论》上发表了一系列关于平衡计分卡法的文章，他们认为传统的财务指标只提供了业务绩效的较为狭窄而不完备的信息，业务绩效的评价依赖于历史数据，而这些数据可能阻碍未来商业价值的实现。因此财务指标不能单独用于绩效评价，应补充反映客户满意度、内部业务流程及学习成长性的评价内容。平衡计分卡法将过去绩效的财务评价和未来绩效的驱动力设计紧密结合起来了。

平衡计分卡法的核心思想反映在一系列指标间形成平衡，即短期目标和长期目标、财务指标和非财务指标、滞后型指标和领先型指标、内部绩效和外部绩效之间的平衡。管理的注意力从短期目标的实现转移到兼顾战略目标的实现，从对结果的反馈思考转向到对问题原因的实时分析。

该体系分别从客户角度、流程角度、改进角度、财务角度建立评价体系。其中，客户角度指标显示顾客的需求和满意程度，流程角度指标显示企业的内部效率，改进角度显示企业未来成功的基础，财务角度指标显示企业的战略及其实施和执行是否正在为供应链的改善做出贡献。

1. 客户角度

企业为了获得长远的财务业绩，就必须创造出客户满意的产品和服务。平衡计分卡法给出了两套绩效评价方法：一是企业为客户服务所期望达到绩效而采用的评价指标，主要包括市场份额、客户保有率、客户获得率、客户满意等；二是针对第一套各项指标进行逐层细分，制定出评分表。

2. 流程角度

这是平衡计分卡法突破传统绩效评价显著特征之一。传统绩效评价虽然加入了生产提前期、产品质量回报率等评价，但是往往停留在单一部门绩效上，仅靠改造这些指标，只能有助于组织生存，但不能形成组织独特的竞争优势。平衡计分卡法从满足投资者和客户需要的角度出发，从价值链上针对内部的业务流程进行分析，提出了四种绩效属性：质量导向的评价、基于时间的评价、柔性导向评价和成本指标评价。

3. 改进角度

这个方面的观点为其他领域的绩效突破提供手段。平衡计分卡法实施的目的和特点之一就是避免短期行为，强调未来投资的重要性。同时并不局限于传统的设备改造升级，而是更注重员工系统和业务流程的投资。注重分析满足需求的能力和现有能力的差距，将注意力集中在内部技能和能力上，这些差距将通过员工培训、技术改造、产品服务得以弥补。相关指标包括新产品开发循环期、新产品销售比率、流程改进效率等。

4. 财务角度

企业各个方面的改善只是实现目标的手段，而不是目标本身。企业所有的改善都应通向财务目标。平衡计分卡法将财务作为所有目标评价的焦点。如果说每项评价方法是综合绩效评价制度这条纽带的一部分，那么最终结果还是"提高财务绩效"。

11.3.2　平衡供应链计分卡法的评价角度及指标

大多数平衡计分卡法中的指标并不常用，只有诊断级的指标具有更强的操作性。这些指标难以广泛应用的原因在于绩效评价的思路过多地集中于内部运作，而忽视了与合作伙伴的绩效集成。平衡供应链计分卡法将平衡计分卡法的四方面特征与供应链运作相结合，从四个角度提出了一系列评价指标，以反映平衡计分卡法在各角度的目标与任务。这些指标不是绝对的，甚至对于特定供应链运作还远远不够。

1. 客户角度

供应链构建的最初始驱动力和最终服务对象都是客户。供应链要为最终客户提供满意的产品或服务，满足客户的需求。因此客户管理是供应链管理的核心之一，既要充分了解客户的需求又要了解对于客户需求满足的程度，并据此制定和调整供应链的经营决策。客户关注的是时间、质量、性能与服务、成本四项内容。关于供应链满足客户需求所需的时间，可以用供应链订单完成循环期(生产周期)来衡量。除此之外，供应链订单完成循环周期还就完成订单的各个阶段在实现客户需要中的作用进行评估。产品的质量已经变成20世纪80年代以来企业竞争的关键手段之一，因此质量现在不单是必要的战略竞争优势，还是一项硬指标。另外，产品的性能和服务是客户关注的重中之重，也是企业维系老客户、赢得新客户的重要因素。而成本也是客户关注的敏感因素之一，在这里成本不仅包括产品自身的价格，而且还包括客户与供应商之间的交易成本，比如订货、货物接收、检验处理、废品次品的处理和返厂等方面的成本，从中节约的成本可以为客户提供较多的价值增值，为客户价值的评价提供了相关的测评。这些评价指标的选择集中体现了客户意志，反映了客户需求。

(1) 供应链订单完成循环期。

供应链订单完成的总循环期是评价整条供应链对于客户订单的总体反映时间。它由订单的接单时间、从投料到生产的时间、从生产到发运的时间、从发运到客户签单的时间、从客户签单到客户收到的时间组成。其中订单的接单时间、从发运到客户签单的时间、从客户签单到客户收到的时间更体现了客户服务的层面。

总循环期的缩短意味着供应链响应时间的缩短和反应能力的提升,这是供应链竞争优势的重要源泉。尽可能缩短循环期,有助于发现和剔除供应链中的冗余环节,提高对客户的响应速度,降低客户成本、提高客户价值。循环期运作的稳定性和一致性也同样重要,它同样影响客户的满意度。对于供应链订单完成的循环期的评价可以部分体现客户满意的程度,同时也反映了供应链内部运作流程的有效衔接。

(2) 客户保有率。

客户保有率是指从绝对或相对的意义上说,留住客户、与客户保持现有关系的比例。客户是供应链上所有企业利润的最终来源,因此保有现有客户是稳定市场份额的最便利的途径。保持并稳定与客户的关系,可以通过最大限度地满足客户需求、邀请客户参与产品开发和设计过程等方式实现,从而保证客户成为自己的持久利润来源。除了留住现有客户,供应链管理还要通过对与现有客户交易量的分析衡量客户的忠诚度,并尽可能提升客户的重要程度。

(3) 客户对供应链柔性响应的认同。

客户对供应链柔性响应的认同可用于评价客户在供应链提供的运营服务中对客户化以及响应速度的认同。客户对供应链柔性响应的认同反映了两个目标:一是调查数据将反映客户能否自由地就订单的包装、产品性能等提出个性化的要求;二是评价客户感到这种客户化的要求能否及时得以表现。也就说,这类指标反映了客户对客户化要求的自由度以及服务及时性的要求。

(4) 客户价值。

客户价值反映在为客户提供产品或服务是对客户节约或增值方面做出的贡献,以提高客户对供应链的依赖度。客户价值率等于客户对供应链所提供服务的满意度与服务过程中发生的成本进行比较所获得的价值比。不同于以往在时间、质量、柔性方面所进行的评价,客户价值的评价主要偏重导致客户发生的成本指标。

(5) 客户销售增长及利润。

客户销售增长及利润表现为供应链产品的年销售增长和利润率。这类指标反映了供应链下游以下三方面的绩效:一是销售量年增长的情况;二是对于特定客户服务所获得的收益是否随着合作关系的增进而进一步提高;三是接受服务的技术是否增加。扩大销售量、增加新客户都将获得新的利润点。

2. 供应链内部流程运作方面

供应链内部流程运作情况决定了对于客户服务的绩效。供应链内部流程运作的评价指标应当衡量出对客户利益和财物价值影响最大的业务流程,同时确定自己的核心能力,以及保证供应链持久保持市场领先的关键技术。为了把供应链内部流程运作方面和财物价值及客户目标结合起来,供应链应把握两种全新的内部运作流程:一是理顺现有流程中各参与方的关系,缩短经营过程的周期,同时降低成本;二是应预测并影响客户的需求。

尽管供应链的流程不尽相同,但基本可以划分为三部分,即:产品改良和创新、供应经营过程、客户服务过程(售前、售后)。客户服务过程由于和客户满意度直接挂钩,因此将其归入客户角度进行评价。

(1) 产品改良和创新过程测评。

产品的改良和创新对于供应链的竞争力有越来越重要的作用,因此对于此方面的测评有重要的意义。测评内容包括:新产品在销售额中所占的比例;比原计划提前推出新产品的时间差;开发下一代新产品的时间;第一次设计出的全面满足客户要求的产品百分比。这类衡量指标综合了产品开发过程的三个至关重要的因素,即:企业开发过程中开发成果和开发成本的回收、利润和实效。

(2) 经营过程测评。

经营过程对于供应链创造价值的全过程而言是一个短周期过程,它包括从企业收到客户订单到向客户发售产品和提供服务的全部内容。供应链运作主要有四方面目标:缩短提前期、弹性响应、减少单位成本、敏捷结构。首要的非财务指标主要集中在以下四类:运作质量指标、时间指标、弹性指标、目标成本指标。集成信息系统在帮助供应链企业分解、诊断集成指标中发挥了极其重要的作用。一旦异常信息在指标中得以体现,就可以通过整个集成的信息系统及时、准确地发现问题所在。

① 供应链有效提前期率。供应链有效提前期率反映了无供应链在完成订单过程中有效的增值活动时间在运作总时间中的比率,其中包括了两个指标:供应链响应时间和供应链增值活动总时间。其计算公式如下

供应链响应时间=客户需求及预测时间+预测需求信息传递到内部制造部门的时间+
　　　　　　采购、制造时间+制造终结点运输到最终客户的平均提前期
　　　　　　(或者订单完成提前期)
供应链增值活动总时间=∑(供应链运作的相关部门增值活动的时间)
供应链有效提前期率=供应链增值活动总时间÷供应链响应时间×100%

该指标体现了供应链内部运作的增值时间在整个流程时间中所占的比例。通常组织之间的传递空间和时间很大部分被非增值活动占用,很多资源被浪费了。为了达到世界级的供应链水平,必须保证合作企业之间的物流过程达到流畅的无缝连接,减少时间损失。

同种性质的指标还有库存闲置率,即供应链中库存闲置的时间和库存移动时间的比率。闲置时间包含库存物料、WIP、产品等形式在供应链运作中的总停止、库存、缓冲时间,库存移动时间则是指库存在加工、运输、发运中的总时间。库存闲置率指标表现了库存在整体运作中的时间占用,提供了库存经营效率提高的空间。

② 供应链生产时间柔性。生产柔性是指系统对于外部或内部干扰导致的变化所能做的调整范围。根据 SCOR 提出的定义,这个指标反映出由市场需求变动导致非计划产量增加20%后,供应链内部重新组织、计划、生产所消耗的时间。柔性制造系统(FMS)、成组技术(GT)以及计算机集成制造(CMI)先进生产技术的应用,为提高供应链整体柔性创造了条件。

③ 供应链目标成本达成比率。目标成本法是一种全过程、全方位、全人员的成本管理方法。全过程是指供应链从生产到售后服务的一切活动,包括供应商、制造商、分销商在

内的各个环节；全方位是指从生产过程管理到后勤保障、质量控制、企业战略、员工培训、财务监督等企业内部各职能部门各方面的工作以及企业竞争环境的评估、内外部价值链、供应链管理、知识管理等；全人员是指从高层经理人员到中层管理人员、基层服务人员、一线生产员工。目标成本法在作业成本法的基础上考察作业的效率、人员的业绩和产品的成本，弄清楚每项资源的来龙去脉，每项作业对整体目标的贡献。该指标从单一产品和流程的角度，分析其在质量、时间、柔性上的流程改进是否达到预定的目标成本。目标成本从产品开发开始就进入整个流程，和供应链的战略紧密联系。目标成本合理化而非最小化是供应链运作所要达到的主要成本目标。

④ 供应链运作质量。质量现在已成为企业生存和发展的最基本条件和必要基础。因此供应链质量更注重供应链基础上的全面质量管理，保证供应链运作的有效性和客户服务的真实能力。供应链运作质量综合反映在其运作对象——原材料、WIP、完工产品的产品/服务的质量上。

⑤ 完美的订单完成水平。完美的订单是物流运作质量的最终测量标准，也就是说，完美的订单体现总体整合的供应链厂商绩效，而非单一功能。它衡量一份订单是否顺利通过了订单管理程序的全过程，而且每一步都没有差错，快速而准确。完美订单的完成一般应符合以下标准：一是完成所需的各项发送；二是根据客户提出的日期交货，发送偏差为 1 天；三是精确无误地完成订货所需的文件，包括包装标签、提单和发票；四是货品状态良好。现今最好的物流组织报告能达到 55%～60%的完美订货绩效，大多数则低于 20%。

3. 未来发展性方面

供应链未来发展性直接关系到供应链的价值。激烈的全球竞争要求供应链必须不断改进和创新，发掘整合供应链内部和外部的资源，提高现有流程、产品服务和开发新产品的能力。供应链的改进是一个动态过程，持续改进主要通过以下四方面进行。

(1) 重新设计产品及其流程。

(2) 通过企业集成在组织间进行有效的调节和整合。

(3) 持续改进供应链的信息流管理，使得供应链合作伙伴能够共享决策支持所需的准确信息。

(4) 每个供应链都需要随时注意外部市场的潜在威胁和机遇，重新定义核心价值。指标包括新产品开发循环期、新产品销售比例、流程改进效率等。

4. 财务价值方面

平衡计分卡法中，财务目标是所有目标的中心。供应链绩效良好时应实现财务目标。企业经营目标的实现是成本大大降低，边际收益率提高；现金流得以更好地优化；收益和资本回收率更高。供应链资本包括应收账款、厂房设备及库存等，资金流动性的降低或增大都会影响供应链财务价值的效率。

(1) 供应链资本收益率。供应链资本收益率是指客户的利润除以在此期间使用的供应链的平均资产。该指标反映了使用其资本的增值性。

(2) 现金周转期。现金周转期是联系供应链整个流程的关键指标之一，它可以评价供应链运作过程中现金投入原材料、劳动力、在制品、完工产品直至收回现金的全过程。供应链通过先进的信息技术以及产品流集成，使合作伙伴之间的运作实现了更高的现金周转期。

现金周转期=购买原材料到收到产品货款的平均时间=供应的库存天数+销售天数-原材料的付款天数

(3) 供应链总库存成本。物流成本是整个供应链生产运作中最为显著的潜在成本源。供应链中，库存包括了原材料、生产装配中的在制品、成品及在途的库存。

将供应链总库存成本进行分类，可以包括采购、库存、质量及交货时间等方面。其中供应链采购成本包括订货、发运、进货质量控制的总和。供应链库存成本包括供应链过程中发生的库存成本，具体包括：①物料仓储、资本化的机会成本；②存储状态以及WIP的库存成本；③管理库存的管理成本；④完工产品的在途成本；⑤老化、残缺、损坏所造成的风险成本；⑥修理返工成本；⑦订单丢失造成的损失成本。供应链质量成本是指在运作过程中由于质量问题导致的沉没成本，包括产品残缺成本、维修成本和质量保证成本，而交货失误性成本包括缺货成本、误投成本等。这些指标可以单一地进行评价计算，以便更好地分析物流各部分的成本绩效。

(4) 供应链的库存天数。供应链的库存天数反映了资本在供应链运营中以库存形式占用的天数。它等于某个时期的物料、WIP、产品以库存形式占用的时间。

平衡供应链计分卡法的绩效评价框架可参见表11-1。

表11-1 平衡供应链计分卡法的绩效评价框架

客户服务角度		供应链内部运作角度	
目标	测评指标	目标	测评指标
订单时间	订单总提前期/循环期	减少提前期	有效提前期率
客户保有率	客户保有	弹性响应	时间柔性
服务及时	客户响应时间认同	成本运作	目标成本
客户价值	客户价值率	设计革新	新产品销售率
未来发展性角度		财务价值角度	
目标	测评指标	目标	测评指标
流程化信息	产品最后组装点	收益	供应链资本收益率
集成性	信息共享率	成本	供应链总库存成本
组织协调	团队参与程度	效率	现金周转率

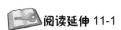 阅读延伸 11-1

"韩都衣舍＋柔性供应链"实现以销定产续写电商销售传奇[①]

【11-3 拓展视频】

韩都衣舍，这家互联网女装品牌在2014年"双十一"中总销售额达2.79亿元，超出第二名优衣库近一倍(1.07亿元)，全年总销售额达15.7亿元。

这一串惊人的数字，成为不少传统服装行业望尘莫及的"销售传奇"。与传统服装行业营销策略不同，韩都衣舍的产量依市场而定。畅销旺销款会加大产量，滞销款产品则及时打折促销，避免过多

---

① http://news.youth.cn/sh/201506/t20150616_6759513.htm，2015-06-16.

尾货滞留。即使有尾货,也是返单加量生产的畅销款产品,并不会影响来年销售。这在传统销售模式下是很难实现的。

作为电商领军品牌,韩都衣舍始终在供应链方面深耕细作。目前,全国各地共有200余家供应商工厂服务于韩都衣舍,依附韩都衣舍的大量订单生存并逐年发展壮大,而这些代加工工厂由于分布零散,受地域环境限制,难以与韩都衣舍总部取得及时的联系和更高效的沟通,因此,建立自己的柔性供应链仓储中心,是韩都衣舍在供应链升级改造方面所重点努力的方向。

韩都衣舍基于互联网思维,打造出了一个快速反应、柔性高效的柔性供应链仓储模式,这种模式能够解决互联网品牌"款式更多、更新更快、性价比更高"的要求与生产供应链的"流水线计划生产"之间的矛盾,在保证产品品质和生产成本可控的前提下,实现"多款多批次小批量生产"的供应体系。

韩都衣舍计划将柔性供应链仓储中心建于韩都衣舍电子商务产业园,建成后,公司将在园区内建设一个国际高水平的柔性供应链产业区,通过一系列高新技术的升级和改造,产业区信息化技术将实现智能化、精细化管理,既能大大缩短生产、供销的周期,又能加强信息传输与交流,使供应链可以根据市场需求做出快速反应,增强应对市场风险的能力。

在传统服装行业,由于供应链的各个环节之间缺乏实时对接,导致产品信息不能及时反馈,很容易造成热销产品的库存不足、滞销品的库存积压等问题。韩都衣舍柔性供应链各个环节信息透明、环环相扣,在完成销售目标的同时,可以保证较高的售罄率,避免了库存积压等问题。

特别提示

平衡供应链计分卡法将平衡计分卡法的四方面特征与供应链运作相结合,从客户、供应链内部流程运作、未来发展性、财务价值四个角度提出了一系列评价指标,以反映平衡计分卡在各角度的目标与任务,从而评估供应链绩效。

阅读案例 11-3

拆解:麦当劳供应链管理,藏着哪些秘密武器[①]

麦当劳是全球最大的连锁快餐企业之一,集团按市场分为3个主要运营分部:美国市场、国际运作市场(包括澳大利亚、加拿大、法国、德国、意大利、荷兰、俄罗斯、西班牙和英国的公司自营店和特许经营店)、国际发展许可市场和企业。2019年,麦当劳营业收入达210.77亿美元。

一、麦当劳全球门店总数(个)及加盟店数占比

截至2019年年底,麦当劳在全球拥有38695家餐厅。得益于精简的品类结构,西式快餐具备高度标准化的属性。麦当劳以全加盟模式发展至今,其供应链体系基本实现了工业化运作。

麦当劳凭借美式快餐文化,享誉世界。这是麦当劳对商业环境复制的成功,更重要的是其供应链体系的成功运作。庞大的供应体系,井然有序地运作,打造了一个共赢的供应链条。究竟,这超200亿美元年营业额的餐企有着什么样的供应链管理模式?它能给咱们中国餐企带来什么参考价值呢?

1. 商流

在商流上,由于麦当劳核心产品基本为预加工产品,SKU大致稳定在200款左右,所以流转体系

---

① https://baijiahao.baidu.com/s?id=1684295419018514098&wfr=spider&for=pc,2020-11-25.

高度简化,产地和销地分销两大环节被压缩。肉类/蔬菜/面包的采购直接来自一级供应商和少量二级加工商。其中肉类的一级供应商包括圣农发展、嘉吉、铭基、荷美尔等食品加工厂和食品农业一体化供应商。

2. 物流

在物流上,为满足麦当劳需求创立的夏晖公司自20世纪70年代一直与麦当劳保持稳定合作关系。目前新夏晖(2018年8月顺丰控股夏晖集团)的物流网络在全国23个城市共建设38个物流中心。平均每个大仓面积1万+平方米(含冷冻/冷餐/预冷/恒温);干线支线等物流配送线路2000+条,累计覆盖500+个城市,做到货品D+2内准确送达。新夏晖具备第四方供应链及物流解决方案/第三方专业物流方案落地执行(4PL/3PL)能力,是国家冷链标准的制定者之一。

麦当劳在物流管理上从进货、储存、理货、出货、配送等环节上皆建立起了高度标准化的流程,便于产品追踪追溯。

3. 门店管控

在门店管控上,麦当劳设立严格的管理模式和独特的利益分配方式,确保加盟门店提供的产品和服务与直营门店的一致性。在加盟招商上,公司仅允许个人加盟商加盟,且必须亲自投入门店日常运营,不得同时参与其他商业活动,此外还需接受1年培训。利益分配上,除了初期加盟费投入,公司从加盟商主要收取租金(预计占收入的5%~10%)和运营费用(目前为收入的4%),并不在物料采购等环节获取收入,麦当劳供应链组织模式在减少优化流通环节上是通过集中采购/生产释放规模效应,从而向产业链上游获取更多的剩余价值,以优化终端门店成本结构/提升加盟商资金回报率。

大多数中式餐饮相较于麦当劳,最核心的区别是来源于产品标准化程度的差异。中央厨房的引入虽然能提升核心产品和半成品的标准化,但大量SKU和新鲜蔬果两大难题使得正餐由中央厨房迭代至中央工厂的进程相对缓慢。

4. 采购

麦当劳所有的采购工作都是由与其合作的"配销系统"负责,麦当劳本身不涉及"采购工作",而是负责管理所有供应商和配销中心。配销过程中牵涉了现金流(cash flow)、物流(products/services flow)以及信息流(information flow)三大部分。麦当劳如果没有配销中心,光是物料的取得便已十分繁杂,其过程包括本地供应商产品以及进口物料的整合、品质检定、储货(又分为干货、冷藏品及冷冻品)以及储货顺序(先到的货必须先出货以保新鲜)、订单管理、载运送货(其中牵涉如何设计路线图,以最短的公里数、最少的耗油量来运送,在提升运输效率的同时又必须考量店内仓储空间以及实际运送状况等),而后才是送到各中心并加工成为顾客手中新鲜美味的食品。

5. 设计供应链管理体系

对于餐饮企业而言,无论是中式还是西式,"食材"都是作为餐厅最关键的支出,占据着最不容忽视的地位。研发、服务、体验……一切都要在供应链的基础上展开。市场在变,需求在变,如何连接供需、满足供需?这涉及供应链管理的问题。

供应链管理所起到的功能主要有两个,一个是控制,一个是协调。通过流程、绩效来控制供应链的交付,通过协调机制来增进供应链的协同、降低成本、满足客户个性化需求。当然,在控制和协调之前,需要考虑供应链的整体设计,基于战略和公司实际情况来设计适合自己的供应链蓝图。

不同的企业往往有不同特色的供应链,例如,苹果强调对整体供应链的控制,亚马逊强调数据与科技驱动,丰田是精益生产的专家,Tesla是整合资源的专家,NIKE是完全外包的供应链,ZARA是快时尚的供应链风格。很难讲谁家的更好,就像鞋子一样,适合的就是最好的。另外,同样一个企业,他的供应链可能会是混搭的,例如,ZARA除了快时尚的供应链风格,它在亚洲还有一些比较传统的供应链,比如羽绒服、衬衫等,提供相对成熟产品的供应链供应。

> **总结**
>
> 简单地说：如何将顾客所需的正确的产品，能够在正确的时间，按照正确的数量、质量和状态送到正确的地点，并使这一过程所耗费的总成本最小？这是供应链管理的目的。如果用四个字形容的话，就是多快好省！更多的品类、服务和数量，更快的交付效率，更好的质量，更省的总成本。
>
> 麦当劳之所以能成为世界最大的跨国连锁快餐企业，很大程度上是依赖于其强大而又严谨的供应链体系，这是值得我们借鉴学习的地方。当然，在建设卓越供应链的过程中，我们还需要综合考虑这些问题：成本、质量、交付、营运资金、响应能力、安全性、可持续性、恢复力、创新等。只有不断思考、不断创新，才能创造一个一流的供应链。

本 章 小 结

供应链绩效评价是指围绕供应链的目标，对供应链整体、各环节(尤其是核心企业运营状况以及各环节之间的运营关系等)所进行的事前、事中和事后分析评价。一般涉及供应链上各企业内部绩效度量、供应链上企业外部合作绩效度量和供应链整体绩效度量三个方面。

供应链绩效评价指标是基于业务流程的绩效评价指标，应能够恰当地反映供应链整体运营状况以及上下节点企业之间的运营关系。主要包括供应链流程指标、供应链经济效益评价、供应链运行能力指标、供应链创新与学习能力评价等。

SCOR 模型是第一个标准的供应链参考模型，是供应链的诊断工具，涵盖所有行业。SCOR 模型在供应链的可靠性、回报率、可行性、成本和费用等方面制定指标，设计了供应链管理绩效计分卡，评估供应链管理绩效。

平衡供应链计分卡法将平衡计分卡法的四方面特征与供应链运作相结合，从客户、供应链内部流程运作、未来发展性、财务价值四方面提出了一系列评价指标，以反映平衡计分卡法在各方面的目标与任务，从而评估供应链绩效。

供应链绩效评价(Supply Chain Performance Measurement)
供应链运作参考模型(Supply Chain Operations Reference Model，SCOR)
平衡计分卡法(Balanced Score Card，BSC)

综 合 练 习

一、填空题

1. 供应链管理的绩效评价一般涉及_____、_____和_____三个方面。
2. 最直接反映内部绩效的是完成特定的运作目标而发生的_____。
3. 供应链外部绩效度量的指标主要有_____、_____等。
4. 体现供应链综合竞争实力的是_____。
5. 供应链绩效评价指标是基于_____的绩效评价指标。

二、名词解释

供应链绩效评价

三、简答题

1. 简述供应链绩效评价的意义。
2. 简述供应链绩效评价的一般方法。
3. 简述供应链绩效评价指标选择的原则。
4. 简述平衡供应链计分卡法的评价角度。

四、思考讨论题

1. 供应链绩效评价与单个企业绩效评价有何不同？
2. 如何运用 SCOR 模型对供应链绩效进行评价？

【11-4 拓展视频】

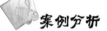

英国航空公司的供应链绩效改进[①]

英国航空公司(BA)是世界上最大的国际客运航空公司之一，每年有几百架飞机运送上千万乘客到达他们的目的地。近百年来，这个私有化的国家航空公司通过追求优质和创新的顾客服务，建立和维持着"全球最受欢迎的航空公司"的地位。服务导向的战略在 BA 颇有成效，1997 年 5 月，公司宣布又创下了另一个利润纪录。他们没有满足于现有的荣誉，公司的首席执行官 Robert Ayling 宣布他的意图是扩大 BA 的全球经营范围，同时通过实施增长客运收入、改进资产利用率和降低运营成本的五年计划，逐步提高利润，此决策是有针对性的，因为公司认识到，以往的提供完善的顾客服务的最高目标没有根据对成本的现实性理解而加以调整。

英国航空餐饮公司(BA 餐饮公司)，是 BA 客户服务部门的一部分，它力图通过供应链管理的即期和远期改进为新的公司目标做出重大贡献。BA 餐饮公司每年负责运送由基地设在伦敦希思罗机场和盖特威克机场的第三方餐饮承办商或其他分布在世界各地的 150 家由第三方运营的小型 BA 供应站提供的 4400 万件的食物。它的经营规模是相当大的，单单伦敦食品加工厂每年就需要约 250 吨鸡肉、73 吨鸡蛋和 38000 箱酒。BA 餐饮公司并不负责向食品加工厂供应这些易腐食品，它负责管理"向上"运送完工的食品和许多其他的"非食用物品"，包括盘子、玻璃杯、塑料纸、垫布和不易腐烂的干食品，还有用于途中转移和盛载食物的设备。当每架喷气式飞机起飞时，约有 4000 件食品通过这个供应链在飞机上提供。

一家外部的咨询公司对此供应链的调查表明，世界各地约有 250 家供应商为 BA 供应 1400 种物品。绝大多数是通过希思罗配送中心来发送，经调查希思罗配送中心持有的库存的价值约达 1500 万英镑。持有存货根源于季节波动，可是进一步地调查揭示，在小型供应中心的网络中普遍也保持着相当数量的缓冲库存(总价值差不多)。在需求拉动的基础上，物品可以自由地从配送中心调派到供应基地，但是在餐饮承办商合同中缺少对库存管理的核算责任，导致了习惯性的存货过剩，反过来产生了大量的逆向后勤活动(主要指过期物品)。

---

① 林玲玲. 供应链管理[M]. 北京：清华大学出版社，2004：171-173.

餐饮承办商持有缓冲库存以预防不可靠的供给系统的波动，偶尔会有较长的运送提前期。问题的根本在于早期的带有良好初衷的降低成本运动虽然实现了即期的目标，但是它的实施并没有考虑到更大范围的供应链效益。

为逐步改变 BA 餐饮公司的绩效，需要建立新的存货管理系统，但是执行和安装要花费大量的时间，同时设计一个三点计划，以求在短期内提高运作效率，为更根本性的改革铺平道路。这个计划旨在重新调整 BA 餐饮公司中服务与成本之间的不平衡，同时缩短供应链的时间并提高经营伙伴之间的协作水平。

问题讨论：

请结合英国航空公司的实际情况和咨询公司的调查结果为其提出绩效改进的建议。

第12章 供应链管理的新形态

【学习重点】

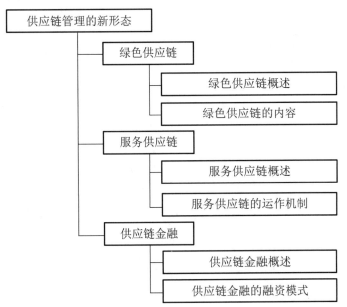

【教学目标】

通过本章的学习，使学生简要了解供应链管理未来的发展趋势，包括绿色供应链、服务供应链以及供应链金融等不同概念的产生背景、内涵特征及运行机制，尤其是未来数字经济时代的发展趋势；引导学生构建"创新、协同、共赢、开放、绿色"的新发展理念。

导入案例

特斯拉(Tesla)如何脱颖而出？①

21世纪初，人们一致认为接下来的一件大事是清洁技术。雾霾天气一定程度上威胁着人们的健康。孟加拉国，遭受着含砷井水的侵害，《纽约时报》称之为"史上最大的集体中毒事件"。在美国，艾琳飓风和卡特里娜飓风被认为是全球变暖灾难来临的预兆，时任美国副总统戈尔呼吁民众重视这些问题：局面如同大战在即一般紧急，必须马上付诸行动。人们开始忙碌起来，企业家们开办了成千上万的清洁技术公司，投资者投入了500多亿美元；清洁世界的探索由此开始。②

特斯拉公司凭借独特的创新策略，与许多面临经营困境的新能源汽车公司形成鲜明对照，不仅在激烈的市场竞争中生存下来，且其全电引擎汽车 Roadster、Model S(中端)等品牌获得市场的高度认可，2013年其股票市值上涨至原来的3倍。

美国特斯拉公司电动车技术创新路径如图 12.1 所示，在整个技术创新价值链系统中针对项目利益方进行选择性价值嵌入是特斯拉新能源汽车技术获取成功的关键。

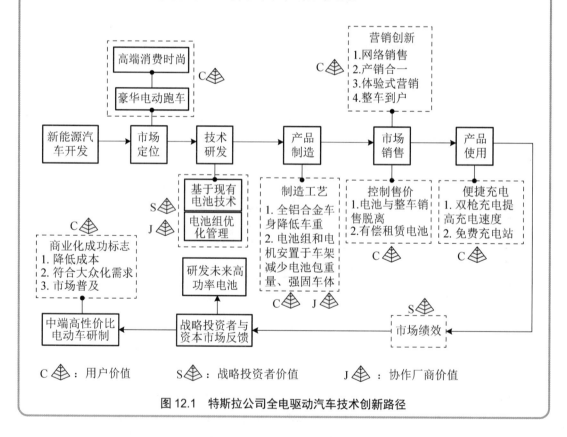

图12.1 特斯拉公司全电驱动汽车技术创新路径

---

① 作者根据彼得·蒂尔和布莱克·马斯特斯的《从0到1：开启商业与未来的秘密》，李昆的《基于价值嵌入的清洁技术创新活动平台效应溢出研究(71472090)》整理改编。
② 蒂尔，马斯特斯. 从0到1：开启商业与未来的秘密[M]. 高玉芳，译. 北京：中信出版社，2015.

在电动车项目开发的市场定位、技术研发、产品制造、市场销售和产品使用等节点均设计有准确的价值嵌入，价值嵌入依据相关利益方的现实与潜在需求。例如，早在产品开发阶段，一个典型的价值嵌入表现在瞄准市场定位问题，所用策略极具创意：发掘拥有高支付能力、注重时尚品质的小众高端客户，通过线条流畅的车体设计、豪华高端的内部配置、敏捷的提速性能激发高端客户的消费欲望，满足其虚荣心。然后，结合体验式营销策略的运用，凭借高端客户使用豪华电动跑车所引发的时尚效应和跟风效应，制造出中端高性价比电动轿车进一步拓展市场。另一个典型的价值嵌入表现在技术开发部分，特斯拉的战略选择显现了超强的颠覆性：果断绕过困扰电动车技术的"死结"——蓄电里程、充电技术与速度等，不像其他电动车引擎开发商那样纠结于高性能电池技术的研发，而是基于市场现有电池技术开发出电池组优化管理系统，技术结构清晰简洁，技术集成可以充分获得来自传统电池技术供应链环境的支持与匹配。由于技术、市场预期明确，且脱离成本泥潭，为战略投资者和联盟厂商带来价值(投资信心、联盟收益)；特斯拉的其他价值嵌入点诸如电动车的网络营销、体验店营销、电池包安置在车架、车身运用全铝合金材料等分别为消费者、联盟厂商、投资者带来价值收益。特斯拉清洁技术创新活动所做的似乎就是在预先、主动地修补和完善清洁技术创新先天不足的供应链环境，途径则是在创新活动的关键环节实施选择性价值嵌入以激励战略投资者、联盟厂商、客户的合作。

全球经济社会的可持续发展需要同时应对疫情蔓延、气候变化、能源短缺和环境污染等诸多挑战。绿色创新能实现经济、社会、资源与环境的和谐统一，通过绿色创新孕育新的利润增长点是实现经济社会转型升级的根本出路。但是，纵观国内外绿色创新的实践，既有积极实施绿色创新取得成功的典范，也有勇于绿色创新、开拓新市场而全线亏损的沉痛教训。

由于绿色创新在产品开发、技术设计、材料应用等方面是对传统技术体系的颠覆，绿色创新将使企业面临更大的技术难关、成本与市场风险，所以，为了应对严厉的环境规制和处罚，供应链上的核心企业通常仅限于在不触发严重系统风险的"非关键"环节或流程进行非常有限的技术变革。[1]在这种情形下，绿色创新活动的技术匹配与集成能力就弱、价值链就分散、网络关联就稀疏，必然导致绿色创新"天然"缺失类似传统创新所拥有的复杂、成熟、稳定的供应链系统环境，这种供应链的缺失成为绿色创新价值创造与实现的天然屏障和先天不足。[2]

12.1 绿色供应链

12.1.1 绿色供应链概述

1. 绿色供应链的产生背景与现状

随着工业社会的不断发展，城市大量排放二氧化碳，大气中的温室气体逐渐增多，近半个世纪以来变暖成为气候日益显著的特征，人类社会也因此受到了严重的威胁与挑战。

---

[1] SCHALTEGGER S, BENNETT M, BURRITT R L, et al. Environmental Management Accounting (EMA) as a Support for Cleaner Production[J]. Eco-Efficiency in Industry and Science, 24(1), 2009: 3-26.
[2] 曹翠珍. 资源型企业绿色创新与竞争优势研究[D]. 太原：山西财经大学，2015.

为了缓解气候带来的这种威胁，人们逐渐开始考虑发展低碳经济，实现"低能耗、低污染、低排放"，高效利用能源，不断进行技术创新，建设低碳城市，并且将"低碳生活"的理念落实到方方面面，转变消费观念，推崇绿色的低碳消费。1994 年，Webb 研究了一些产品对环境的影响，建议通过环境准则来选择合适的原材料，同时注重再生利用，并提出了绿色采购的概念。与此同时，英国工程和物理研究委员会(Engineering and Physical Sciences Research Council, EPSRC) 和英国汽油股份有限公司等 20 多个公司资助了一项名为"ESRC 全球环境变化计划"的研究，也将绿色供应链作为主要方向。美国国家科学基金(NSF)资助 40 万美元在密歇根州立大学的制造研究协会(MRC)进行了一项"环境负责制造(ERM)"研究，于 1996 年正式提出了绿色供应链的概念并将绿色供应链作为一个重要的研究内容。

近年来，我国政府部门高度重视绿色供应链工作，发布一系列支持政策，引导企业践行绿色供应链，鼓励地方开展先行先试，在政策制定、理论研究、试点实践等方面取得了积极进展。例如，党的十九大报告提出，"要坚持环境友好，合作应对气候变化，保护好人类赖以生存的地球家园"。由于外部性和公共产品属性等问题，仅依靠市场难以实现对生态环境污染的有效防治。而且，由于环境问题具有跨区域性或全球性，使得跨区域或全球环境治理的搭便车现象明显，生态危机的全球共治成为客观必然。2017 年 4 月，环境保护部等部门联合发布《关于推进绿色"一带一路"建设的指导意见》，指出要加强绿色供应链国际合作与示范。绿色供应链是推进绿色"一带一路"建设的关键实现机制。绿色供应链体系是指利用绿色可持续发展的理念，设计和优化供应链上的各个环节，包括采购、生产、包装、流通、消费和循环利用等。2021 年 2 月，国务院印发的《关于加快建立健全绿色低碳循环发展经济体系的指导意见》中明确提出，全方位全过程推行绿色规划、绿色设计、绿色投资、绿色建设、绿色生产、绿色流通、绿色生活、绿色消费，使发展建立在高效利用资源、严格保护生态环境、有效控制温室气体排放的基础上，确保实现碳达峰、碳中和目标。①

此外，商务部、生态环境部等部门联合发布多项政策，鼓励引导企业积极开展绿色供应链。我国天津、上海、东莞、深圳等城市相继开展绿色供应链管理试点工作，结合地方产业特色形成了不同的绿色供应链示范管理模式。电商、房地产、家具、制鞋、造纸、机械制造、电子等多行业龙头企业已开展绿色供应链实践，并在绿色改造、节能降耗、污染减排等方面取得一定成果。绿色供应链作为新型的管理模式，已被许多大型跨国企业率先采用，如沃尔玛、通用等都在全球范围内主动推广绿色供应链，树立绿色企业形象。目前，国内企业如华为的绿色供应链管理模式，可与世界级优秀企业比肩。

国际上在通过实施绿色供应链减少温室气体排放方面，已取得显著成效。不少大型跨国企业，已经开展了通过绿色供应链减少其产品碳足迹的实践，利用自身的市场影响力，寻求系统性减排效果的最大化。苹果公司披露，2019 年共有 92 家制造企业参与了其供应商能效项目，总计减少其供应链年碳排放量 77.9 万余吨。沃尔玛 2017 年宣布启动 Gigaton 项目，在此后的 3 年内通过采用可再生能源、供应商管理等方式减少 2.3 亿吨的温室气体排放。2019 年梅赛德斯-奔驰启动碳中和计划，要求现有供应商对汽车零部件的生产过程进行脱碳，目标是在 2039 年之前让生产的汽车实现完全的碳中和。2015 年 6 月，世界自然基金会(WWF)联合其他 3 家机构发起科学碳目标倡议(SBTi)，为企业设定基于气候科学

---

① 袁钰，董鑫，刘婷. 绿色供应链助力中国碳达峰碳中和行动[N]. 中国环境报，2021-04-22(003).

减排目标的清晰指导框架。截至 2020 年 11 月，已有 1061 家公司公开加入科学碳目标倡议，其中包括 21 家中国企业。

2. 绿色供应链的内涵

绿色供应链又称环境意识供应链(Environmentally Conscious Supply Chain，ECSC)或环境供应链(Environmentally Supply Chain，ESC)。在对绿色供应链管理的研究过程中，国内外学者都试图对其做出一个明晰的定义，本书从中选取部分定义以供参考。

斯迪森(Zsidisin)和西弗德(Siferd)认为：一个企业的绿色供应链是对供应链管理方针、采用的行动以及形成的关系的设定，所形成的各种关系是应对公司产品和服务有关设计、材料采购、生产、分发、使用以及处置方面的环境问题。

杰里米·霍尔(Jeremy Hall)认为，绿色供应链是从社会和企业的可持续发展出发，对产品从原材料购买、生产、消费，直到废物回收再利用的整个供应链进行生态设计；链中各个企业内部部门和各个企业之间紧密合作使整条供应链在环境管理方面协调统一，以达到系统环境最优化。

但斌等人认为，绿色供应链是"一种在整个供应链内综合考虑环境影响和资源效率的现代管理模式，它以绿色制造理论和供应链管理技术为基础，涉及供应商和用户，其目的是使产品从物料获取、加工、包装、仓储、运输、使用到报废处理的整个过程对环境的影响(副作用)最小，资源效率最高"。

朱庆华认为，"绿色供应链就是在供应链中考虑和强化环境因素，具体说就是通过与上、下游企业的合作以及企业内各部门的沟通，从产品的设计、材料的选择、产品的制造、产品的销售到回收的全过程考虑环境的整体效益最大化，同时提高企业的环境绩效和经济绩效从而实现企业和所在供应链的可持续发展"。

从以上论述可以看出，绿色供应链考虑的是供应链中各个环节的环境问题，注重对环境的保护，以促进经济与环境的协调发展。在供应链管理的基础上，增加环境保护意识，把"无废无污""无任何不良成分"及"无任何副作用"贯穿于整个供应链中。概括而言，绿色供应链主要指在供应链的计划、组织、协调、控制等过程中，以节约资源、保护环境，提高供应链企业的综合效益为主要目的，充分发掘和利用各种现代管理技术手段，有效整合企业资源，实现供应链企业的可持续发展。具体表现为两者均强调系统观念，不再孤立地看待各个企业或各个业务部门，而是充分考虑所有相关的内外联系体(包括供应商、制造商、销售商、零售商、承运商与顾客)，并将整个供应链看成一个有机联系的整体；供应链的运营具有共同的战略目标，供应链内成员之间建立起战略合作的伙伴关系。

虽然目前国内外对于绿色供应链的概念尚未统一，但都认为应将环境的意识整合到供应链各个环节里，减少环境污染，优化资源利用，增进社会福利。对绿色供应链概念的理解可以从以下几个方面把握。[①]

(1) 绿色供应链是"面向未来"的供应链管理模式。

为了防止企业盲目追求经济效益最大化，无节制地大量消耗人类社会的有限资源，从而导致环境污染和生态失衡的情况产生，企业在未来的发展中不能只考虑自身运营效率，必须在坚持可持续发展理念的前提下，在供应链各个环节中综合考虑环境影响和资源利用

---

① 周艳春，印玺. 供应链管理[M]. 北京：经济科学出版社，2015.

效率的问题。其目的是使产品从原料获取、加工、包装、存储、运输、使用到报废处理的整个过程中,注重对环境的保护,进而促进经济与环境的协调发展。因此,绿色供应链是企业管理面向未来的发展方向。

(2) 绿色供应链的核心。

绿色供应链的核心是"生态管理"视角下的协调与合作能否从真正意义上构建起一个绿色供应链,关键取决于供应链下企业的协调与合作能否顺利开展。一方面,在供应链中应该有一个面向市场的龙头企业或者下游企业发挥牵引作用,从而使得整个供应链"绿化"的开展具有了基于市场的"牵引动力";另一方面,在统一的"生态管理"视角下,在内外部环境兼顾的前提下,还要深化企业间的协调与合作的关系,通过成本利益共享,达到对包装工艺、包装材料的更新,以最大限度地降低对原材料的浪费,并共同创造出绿色企业间的合作形象。

(3) 绿色供应链是"全过程"的绿化管理。

在整条供应链中,虽然一些位于关键环节的企业,对于环境管理控制方面制定并实施了严格的内部标准,但他们的上游供应商和下游分销商却并不一定遵守同样的标准,这就使得供应链环境管理的整体性和系统性遭到了破坏,根本无法达到关键环节企业的环保目的,并造成了一定程度的资源浪费。为了解决这个问题,应该将有关系统和整合的思想引入供应链环境中。因此,绿色供应链不仅是一个企业的问题,而且是一个涉及从资源获得到最终消费的整个供应链下所有企业的问题。

12.1.2 绿色供应链的内容

绿色供应链由于其运营目标具有多维性,即通过绿色供应链实现整个链上资源的优化配置、社会福利的增进、环境友好,其成员由供应商、制造商、销售商、回收商、运输商与顾客等组成,其运营的支持系统由绿色供应链所处的环境系统与社会系统组成,其技术基础是由绿色制造与供应链管理理论构成。在此,我们对绿色供应链的基本内容进行说明与分析。

绿色供应链与一般供应链有很多相似的地方,但具体的内容不相同。其具体的流程与内容包括:绿色供应链的构建(包括绿色供应链的设计与绿色供应链内部成员的选择)、绿色供应链环境下的生产计划与控制、库存控制、物流管理、绿色供应链的绩效评价与合作机制等。以上内容的基本思路与一般供应链的基本思路是一致的,但由于其运营目标包括了与环境相容,因此相应地有关内容要求充分考虑环境因素的特殊性,如绿色供应链的合作伙伴选择问题有必要充分考虑合作伙伴在文化与价值观、伦理道德等因素与整个供应链战略目标的相容性、知识与技术水平的相容性、企业原有的环境管理的绩效等因素。物流管理中由于存在反向物流的问题,将导致其库存控制、库存选址等问题要发生相应的变化。绿色供应链由于其运营目标的多元化,其绩效评价的方法、评价的指标体系与一般供应链存在很大的区别。由于绿色供应链的活动与环境相容的目标相对于一般供应链与环境不相容而言具有正外在性(尤其是对未来人而言),其供应链内部的活动往往存在不合作的动机,如何使绿色供应链内部成员能够在战略上达成一致并在运营过程中实现合作是绿色供应链得以有效运营的基础。因此,有效的绿色供应链的合作与协调机制成为绿色供应链管理的关键与基础平台之一。

在与一般供应链存在相似内容的同时，绿色供应链管理也存在特有的管理内容。这些内容具体包括以下三个方面。

(1) 绿色供应链有必要考察其运营的支持系统尤其是政府行为的影响。

绿色供应链活动要求充分考虑其行为对环境的负影响，实现与环境相容。与环境相容相对于以私人成本及私人收益为决策出发点的企业利润的最大化目标而言存在冲突。为了实现可持续发展，政府有必要通过制度建设、文化与价值观、伦理道德的引导来约束供应链内的行为主体活动，按照边际社会收益等边际社会成本的原则来进行决策，即防止外部效应的产生。因此，对于绿色供应链而言，研究政府行为在绿色供应链中的作用机制是十分必要的，其根本目标是要保证供应链内的成员有动机采取与环境相容的活动，进而实现绿色供应链的运营目标。政府行为对于绿色供应链的运营而言，其核心目标是通过市场竞争环境的规范与绿色市场的培育为绿色供应链的生产性成员提供良好的运营环境。

(2) 绿色供应链知识与技术因素的管理。

在绿色供应链的运营中，知识与技术是决定性因素。对知识与技术因素的管理是绿色供应链的重要内容之一。具体来说，绿色供应链中对知识与技术管理的主要内容包括以下两点：第一点是要实现绿色设计。绿色设计(或者称之为面向环境的设计、生态设计等)是指在对其生命周期全过程的设计中，充分考虑对资源和环境的影响，在充分考虑产品的功能、质量、开发周期和成本的同时，优化各有关设计因素，使得产品及其制造过程、消费、回收等环节对环境的负影响和资源的消耗降低到最小。绿色设计体现了对污染与环境的负影响采取防治的措施而不是采取传统的末端控制的思想。由于一个产品在从原材料的投入到产品的最终消费与回收处理的过程中所涉及的行为主体很多，如果按照传统的方式，由某一个制造商来设计产品的制造工艺，其效率是十分低下的，因此如何在供应链中来实现绿色设计是绿色供应链的重要内容之一。第二点是技术与知识在供应链内的生产与传播问题。从技术与知识的生产来看，由于技术与知识的创新具有十分明显的正外部性，因此让谁成为创新的主体是绿色供应链中必须解决的问题；技术与知识的传播是整个供应链得以有效协调的关键因素，当新的知识与技术生产出来以后如何让知识与技术得以在供应链内有效地传播是绿色供应链又一关键问题。

(3) 从绿色供应链的运营过程来看，其内容也存在不同的方面。

首先，从投入来看，要求选择绿色材料。绿色材料是指具有良好使用性能并能在制造、加工、使用及至报废后回收处理的全生命周期过程中能耗小、资源利用率高、对环境无污染且易于回收处理的材料。在绿色供应链运营过程中，要充分选择新型的能替代短缺的资源(尤其是不可再生资源)材料，选用低能耗、低成本无污染的材料，选择易加工的且加工中少或者无污染的材料，选用可降解的材料，选用可以回收与再生的材料等。其次，从工艺来看，要求制造工艺能与环境相容。具体来说，要求制造工艺能够保证在生产环境和产品使用中不存在安全隐患，不对操作者和产品使用者的健康形成威胁，不对环境造成污染，尽可能降低不可再生资源的使用量，尽量采用各种替代物质与技术，尽量回收利用在制造过程中出现的废弃物，其最终废弃物应易于处理。最后，在制造过程中强调再制造，因而强调在物流方面能够回收消费、制造过程中产生的废弃物。从产品的消费来看，要求消费者实现绿色消费。激励消费者选择绿色产品，同时又保证顾客有能力采取绿色消费的方式，是绿色供应链的又一关键问题。

此外，从绿色供应链运营的流程角度看，绿色供应链的目标是使企业经济效益、社会效益和环境效益协调统一，以便整体综合效益最大化。与传统供应链相比，绿色供应链将"绿色"的理念和思想融入供应链的各个环节中，追求企业和社会的可持续发展。具体而言，其内容包括五个方面。①

(1) 绿色设计。

研究表明，产品性能的 70%~80%是由设计阶段决定的，而设计本身的成本仅为产品总成本的 10%。因此，在设计阶段要充分考虑产品对生态和环境的影响，使设计结果在整个生命周期内资源利用、能量消耗和环境污染最小。绿色设计主要从零件设计的标准化、模块化、可拆卸和可回收上进行研究。标准化设计使零件的结构形式相对固定，减少了加工难度和能量的消耗，减少了工艺装备和拆卸的种类和复杂性。模块化设计满足了绿色产品的快速开发要求，按模块化设计开发的产品结构便于装配，易于拆卸、维护，有利于回收及重用等。可拆卸设计就是零件结构设计布局合理，易于接近并分离，便于毫无损伤地拆下目标零件和回收再利用及处理，减少环境污染。可回收设计是指回收设计的产品在其寿命周期内达到最大的零部件重复利用率、尽可能大的材料回收量，减少最终处理量。

(2) 绿色采购。

确保制造环节与环境相容的前提是采用绿色原材料、从源头上进行环境管理。在原材料投入的过程中，要充分强调资源的减量化、再循环与再利用。从大自然提取的原材料，经过各种手段加工形成零件，同时产生废料和各种污染，这些副产品一部分被回收处理，一部分回到大自然中；零件装配后成为产品，进入流通领域，被销售给消费者，消费者在使用的过程中，要经过多次维修再使用，直至其生命周期终止而将其报废；产品报废后经过拆卸，一部分零件被回收直接用于产品的装配，一部分零件经过加工形成新的零件，剩下部分废物经过处理，一部分形成原材料，一部分返回到大自然，经过大自然的降解、再生，形成新的资源，通过开采形成原材料。采购环节的环境管理重点是对原材料供应商的管理，为了保证供应活动的绿色性，主要对供货方、物流进行分析。选择供应商需要考虑的主要因素包括产品质量、价格、交货期、批量柔性、品种多样性和环境友好性等。对供货的产品有绿色性的要求，目的就是降低材料使用，减少废物产生，要求供应商对该生产过程的环境问题、有毒废物污染、是否通过 ISO 14000、产品包装中的材料、危险气体排放等进行管理。在考虑环境管理因素的基础上确定供应商后，绿色供应链管理还强调绿色物流，对物流活动环节如运输、保管、搬运、包装、流通加工等环境负面影响进行管理。

(3) 绿色制造。

制造是为了获得所要求的零件形状而施加于原材料上的机械、物理、化学等作用的过程。这一过程通常包括毛坯制造、表面成形加工、检验等环节，需综合考虑零件制造过程的输入、输出和资源消耗以及对环境的影响，即由原材料到合格零件的转化过程和转化过程中物料流动、物能资源的消耗、废弃物的产生、对环境的影响等状况。在具体制造过程中需要关注以下内容：①采用绿色工艺。在工艺方案选择的过程中要对环境影响比较大的因素加以分析，如加工方法、机床、刀具和切削液的选择，尽量根据车间资源，生成具有

---

① 周艳春，印玺. 供应链管理[M]. 北京：经济科学出版社，2015.

可选择的多工艺路线，提高工艺选择简洁化程度，达到节约能源、减少消耗、降低工艺成本和污染处理费用等目的。②优化生产资源的配置。应尽量减少加工余量，减少材料的浪费和下脚料，还应考虑切削下脚料的回收、分类、处理和再利用。③重视制造过程的安全管理。通过改善生产环境、调整工作时间及减轻劳动强度等措施，可提高员工的劳动积极性和创造性，提高生产效率。④重视环境保护。要在产品整个生产过程中的各个环节上都不产生或很少产生对环境有害的污染物。

(4) 绿色营销与消费。

绿色营销是指企业对销售环节进行生态管理，强调要选择最有经济效益和环保效益的方式来实现商品的销售。绿色营销主要包括两个方面的内涵：提供的产品是绿色产品及用绿色的方式来销售其产品。绿色营销的重点包括：①绿色包装。消费者购买产品后，其包装一般来说是没有用的，如果任意丢弃，既污染环境，又浪费包装材料。绿色包装需要考虑如何实施绿色包装设计，优化包装结构，减少包装材料，考虑包装材料的回收、处理和循环使用。②绿色运输。随着物流量的急剧增加，车流量大量增加，大气环境因此受到严重污染。绿色运输的管理主要强调集中配送、降低资源消耗和合理的运输路径的规划。集中配送指在更宽的范围内考虑物流合理化问题，减少运输次数。降低资源消耗指在货物运输中控制运输工具的能量消耗。合理规划运输路径就是以最短的路径完成运输过程。

绿色消费强调在消费过程中尽可能降低对环境的影响。在产品的使用阶段，应充分考虑产品的使用寿命和再循环利用，通过延长产品寿命、增强产品的可维护性，减少产品报废后的处置工作。再循环利用是根据"生态效率"的思想，通过少制造和再制造方式，使得废弃产品得到再循环，从而节约原材料和能源。

(5) 产品废弃阶段的处理。

技术进步速度的加快使得产品的功能越来越全面，同时产品的生命周期也越来越短，造成了越来越多的废弃物消费品，严重浪费资源、能源。产品废弃阶段的绿色性主要是回收利用、循环再用和报废处理。①产品及废弃物的回收利用。产品的回收利用需经过收集、再加工、再生产品的销售三步完成。收集可重复利用零部件(它又分为可直接重复利用的零部件和修理、整修、再制造、零件拆用、材料回收等，生产出多种再生产品；可再生零部件，即零部件本身完全报废，但其材料可再生后再利用)。可将废旧产品运输到回收加工工厂处理，最后把再生产品运输到销售地点进行销售。②产品的循环再用。产品的循环再用是指本代产品在报废或停止使用后，产品或其有关零部件在多代产品中的循环使用和循环利用的时间。③完全无用的废弃物的处理。在初步处理和再加工过程中产生的废弃物需进行填埋、焚烧等处理。

> **特别提示**
>
> 绿色供应链管理主要指在供应链的计划、组织、协调、控制等过程中，以节约资源、保护环境，提高供应链企业的综合效益为主要目的，充分发掘和利用各种现代管理技术手段，有效整合企业资源，实现供应链企业的可持续发展。

阅读案例 12-1

千年历史、"鸡"不可失：崇仁麻鸡供应链求索之路①

　　2020年5月10日上午10时，在"百县千品"产业扶贫线上活动中，江西省农业农村厅厅长胡汉平与江西新闻联播主持人尹颂为崇仁麻鸡直播带货如火如荼地进行着，直播中，厅长与主播一边喝麻鸡汤，一边和"老铁、宝宝们"介绍崇仁麻鸡的特点和烹饪方法，引发网民的关注，崇仁麻鸡为何备受青睐呢？崇仁麻鸡有1000多年历史，是中国名鸡，营养成分居诸鸡之首。2018年，李金生在开创南昌海吉星农产品电商孵化园的基础上决定开创崇仁麻鸡项目。经过三年的沉淀和积累，崇仁麻鸡项目完成了传统农产品供应链管理的转型升级。2020年，中国崇仁麻鸡农博城项目在崇仁县成功签约，构建起"产、工、贸、研"一体化的崇仁麻鸡产业链，实现了崇仁麻鸡项目的新发展。

　　在传统供应链的影响下，崇仁麻鸡的流通模式主要表现为"育种—孵化—养殖—销售"四个环节，麻鸡供应链形式单一，主要为3个方向，如图12.2所示。

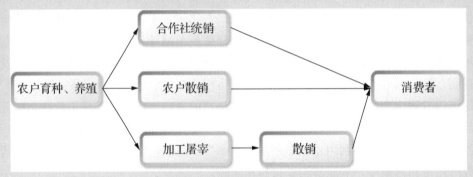

图 12.2　崇仁麻鸡传统供应链条

　　崇仁麻鸡一直主要以"合作社+农户"模式发展，但是发展不是十分理想，最后仅剩凤缘合作社保持较大统销规模，其余主要是家庭承包的小规模分散养殖。另外麻鸡加工屠宰设备落后，缺乏现代化的集中加工屠宰厂，再加上屠宰之后的产品缺乏加工保鲜技术及冷链物流系统等技术支持，其价值经常受到挤压，养殖户议价能力低下，承担风险大，获得利润少。这种养殖、加工、销售麻鸡的传统供应模式导致市场需求信息不能及时发送给养殖户，市场营销模式不流畅，造成生产与销售环节脱节，形成了一条分布式故障、效率低下的麻鸡供应链。

　　作为南昌海吉星农产品电商孵化园的创始人，李金生在从事农产品行业期间积累了丰富的经验和资源，为了帮助家乡的麻鸡养殖摆脱困境，他决定带领公司团队实地调研。结合崇仁县多丘陵地带的地势条件和拥有近100万亩缓坡林地的资源优势，李金生想：如果将麻鸡在自然环境状态下集中养殖，这样既不浪费土地，也不污染环境，绿色健康。于是在原有麻鸡供应链的基础上，李金生决定开创一条以绿色为特色的农产品供应链养殖体系，克服传统农产品供应链的弊端，实现崇仁麻鸡供应链产业升级。

　　结合崇仁麻鸡过去的养殖现状，李金生带领项目团队走访养殖户，了解养殖过程中的实际困难与需求，在充分调研的基础上，李金生决定转变麻鸡的养殖模式，由"合作社+农户"模式转变为"企业+养殖户"模式、"代购代销"转变为"保价收购"，最终形成了全新的养殖模式，如图12.3所示。

---

① 根据"苏海涛，袁壮，等. 千年历史、"鸡"不可失：崇仁麻鸡供应链求索之路. 中国管理案例共享中心. 2021,6."改编整理。

在养殖的过程中，不断深化与采购商的沟通与合作，共同决定选用何种原材料，在育苗、饲料和兽药上严格质量把控。并与销售企业签订"五包一购"(鸡苗、技术、饲料、防疫、外销和回购价格)协议，一方面要求用于麻鸡养殖的原材料无论在质量还是成本上都需要达到最优，另一方面通过减少采购难以处理或对生态系统有害的材料，提高材料的再循环和再使用，推行绿色供应链。同时，主动与当地环境保护部门签订绿色协议，严格按照环保局、畜牧局、市场监督局等部门的标准执行。2017年，崇仁麻鸡被农业部产品质量安全中心定为"国家级农产品地理标志示范样板"，麻鸡基地是崇仁麻鸡生态养殖综合标准化国家级示范区，出产的麻鸡为"三品一标"产品，无公害绿色有机农产品。

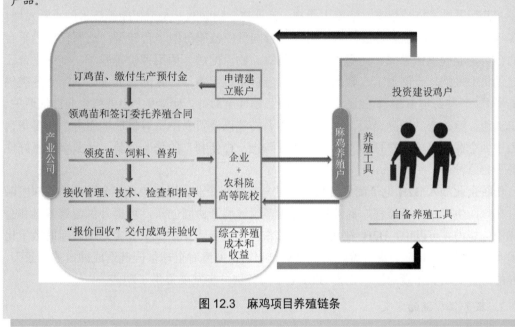

图 12.3　麻鸡项目养殖链条

12.2　服务供应链

12.2.1　服务供应链概述

1. 服务供应链产生的背景

随着我国电子商务与网络购物的高速发展，用户对于产品的时效性要求越来越高，逐步成为众多企业获得客户资源的关键指标。数据显示，2015年我国电子商务市场交易规模达16.2万亿元，同比增长23%。其中，对于时效性要求较高的网络购物类占据了23.6%的份额。另外，2016年上半年我国网络零售市场交易规模达2.3万亿元，同比增长43.4%，跨境电商、农村电商、移动电商成为拉动网络零售快速增长的重要动力。同时由于企业的人力和资金有限，为降低运作成本，企业需要通过外包业务来缓解运营压力，对于提供仓干配一体化供应链服务的企业将迎来快速发展机遇。

服务供应链作为一种服务的商业模式，主要帮助企业以较低的运作成本达到较高的客户服务水平，从而显著提升客户满意度，最终增加企业的利润率。目前服务供应链已成为众多企业提高竞争优势的利器。同传统的供应链管理一样,服务供应链的绩效管理成为衡量供应链效率的重要手段。数据显示,2015 年我国供应链管理市场规模超过 1.5 万亿美元,2020 年市场规模已达 3.1 万亿美元。随着第三方物流企业的高速发展以及相关政策的支持,供应链服务企业将迎来快速扩容机遇。国际咨询机构 Armstrong & Associates,Inc 统计显示,2014 年我国第三方物流规模达到 1491 亿美元,占到整个物流市场份额的 8%左右,物流服务占据了国内供应链服务提供商较高的比例,而第三方物流的大部分服务都是供应链服务提供商的服务范畴。①

尤其新冠肺炎疫情以来,随着大数据、云计算、物联网、人工智能等技术的不断发展,许多 B2B 平台功能逐渐升级,从交易型平台向供应链服务型平台转型。这不仅能为平台上的会员企业提供信息撮合、第三方支付结算、物流配送、信用评价等服务,一些平台还能提供集中采购、仓储加工、数据服务及供应链金融服务等,帮助企业更好地配置各类供应链资源。一些跨境 B2B 平台还将供应链服务延伸至海外,为国内中小外贸企业提供通关、出口退税、海外仓、国际运输、海外营销体系搭建以及贸易融资等供应链服务。许多平台致力于为企业和机构客户打造"同个人消费购物一样便利"的采购体验,让数字化更好地服务于企业发展。②

传统企业加入 B2B 电子商务行列,通过与互联网企业、服务企业、金融机构等深度融合,在产品生产、商务流程、商业模式等诸多领域展开协同创新,可提升供应链效率和个性化服务能力。可以说,B2B 在线交易是传统企业与其上下游成员企业之间,借助数字化技术实现信息流、物流、资金流融合的必然结果。在疫情对全球供应链造成冲击的背景下,这样的融合更凸显出紧迫性,也为 B2B 电子商务进一步发展提供了动能。

2. 服务供应链的定义

目前,我国服务供应链主要分为仓干配一体化服务、前端采购执行服务、后端渠道分销服务,以及供应链解决方案的综合咨询服务。其中,仓干配一体化服务企业核心竞争力在于完善的物流网络,企业的物流网络主要分为运输网络、仓储网络和基于运输仓储的配送网络。对于提供仓干配一体化服务的企业来说,由于其面对的客户种类较多,不同的客户对于业务的要求也不同,导致了企业的物流解决方案很难进行标准化复制,因此企业只有拥有完善的物流网络,才能够满足客户的个性化需求,提供个性化的定制服务。但是,鉴于服务供应链的定义仍然处在争论阶段,尚未有一个统一的定义。总结起来,共有以下几种比较常见的定义。③

第一种观点是从产品服务化的不断兴起中得到启发并被定义的。这种观点认为,服务供应链是产品服务化过程中发生的一系列先后服务活动,其本质的思想是基于产品服务化角度来定义服务供应链的。例如,德克和肯珀认为服务供应链是在产品服务化过程中所涉及的服务计划、分配资源、配送和回收、分解、修理恢复等的管理活动。

---

① http://www.chinawuliu.com.cn/zixun/201609/22/315593.shtml,2021-08-19.
② 秦良娟. 全球供应链加速数字化转型[N]. 人民日报,2021-08-02(016).
③ 周艳春,印玺. 供应链管理[M]. 北京:经济科学出版社,2015.

第二种观点是服务供应链是指服务行业中的不同服务生产主体之间的连接关系。例如，最早开始研究服务供应链的是爱德华等人，认为服务供应链的行为不同于产品供应链。它没有库存堆积以补充订单，而是间接通过服务能力来解决订单堆积。啤酒游戏是最早的产品供应链中"牛鞭效应"的经典例子，但是它不适用于服务供应链。

第三种观点认为，服务供应链应该从服务产品采购的角度进行理解，其本质的思想就是平购专业服务。例如，埃尔拉姆等人在 Journal of Supply Chain Management 杂志上发表了《理解和管理服务供应链》一文，他提出服务供应链是指在专业服务中从最早的供应商到最后的客户所发生的信息管理、流程管理、能力管理、服务绩效和资金管理。

第四种观点认为，服务供应链是指服务行业中应用产品供应链的思想来管理与服务有关的实体产品。例如，库克、麦特斯等在医院健康护理方面通过采用供应链管理中的药品库存管理和信息集成的思想，提高服务的综合绩效。

第五种观点认为，服务供应链是接受顾客需求，进行生产转化并再输出到顾客的一种供应链，该定义是从服务企业给客户提供服务的前后运作过程角度来理解的。例如，斯科特认为在服务企业中，流程输入的主要供应商是客户自身，他们提供他们的思想、需求和信息等然后输入到服务流程中，称服务中的顾客具有"两元性"，本身是顾客又是供应商。

以上的五种定义中，第一种最接近产品服务化的思想，即基于产品服务化的角度定义供应链。本书中采用刘伟华和刘希龙给出的关于服务供应链的定义：服务供应链是指围绕服务核心企业，利用现代信息技术，通过对链上的能力流、信息流、资金流、物流等进行控制来实现用户价值与服务增值的过程。

根据上述定义，可以把服务供应链的传导过程简单归纳为：功能型服务提供商→服务集成商→客户(制造、零售企业)。在服务供应链中主要有两类企业主体，分别是服务集成商和功能型服务提供商。功能型服务提供商能够提供品种较少但较为标准的专业服务，其业务往往局限于某一地域。服务集成商则是资源整合者，能够将功能型服务提供商的个体能力进行集成，以达到"1+1>2"的效果，其覆盖范围甚至能够达到全国甚至全球。

服务供应链与实物供应链有类似的地方，如两者的管理内容都围绕供应、物流、需求等进行展开，其目标都是为了在特定的服务水平下追求系统成本最小化。但是，两者也存在着巨大的差异，这主要来源于服务产品与实物产品的区别。与实物产品相比，服务产品有六大特点，即客户影响、不可分割、不可触摸、易逝性、劳动密集、异质性。这些特点决定了服务供应链在运作模式上更多地采用市场拉动型以缩短反应时间。

12.2.2 服务供应链的运作机制

服务供应链的核心在于整合服务资源，就像旅行社，虽然没有火车、飞机等交通工具，也没有宾馆、饭店等设施，更没有旅游景点，却可以通过资源整合把旅行团队安排妥帖。在服务供应链中存在着四类资源，即能力流、信息流、物流、资金流，因此服务供应链的绩效取决于对以上"四流"的整合。

1. 能力流整合

能力流整合指的是服务集成商通过各种手段优化功能型服务提供商的行为，使得各种能力流能够协调运作的过程。由于服务产品更多的是利用能力的储备进行缓冲，因此服务供应链本质上以能力合作为基础，能力流成为服务供应链的"四流"中最关键的一流。例如，在旅游服务供应链中，国内著名的携程旅游网充当的就是服务集成商的角色，它需要与众多的酒店(住宿能力)、车辆(运输能力)和航空公司(运输能力)等机构进行通力合作，利用它们的服务能力为旅客提供一流的服务，没有一流的服务能力和整合能力不可能提供完美的旅游服务体验。

2. 信息流整合

信息流整合意味着服务供应链的成员之间要进行信息与知识的共享，这包括市场需求、生产日程、能力计划、交货日程、促销计划等。整合提供了有效的支持，可以通过增强服务供应信息技术的发展帮助服务供应链的成员建立更完善的用户需求模型，实现供应链的集成化控制。例如，携程旅游网将有资质的酒店、机票代理机构、旅行社提供的旅游服务信息汇集于互联网平台供用户查阅，同时帮助用户通过互联网与上述机构联系并预订相关旅游服务项目。

3. 物流整合

在很多服务供应链中物流占有极其重要的地位，如可口可乐公司的配送服务供应链、携程旅游网的旅游供应链等，如果无法适当地协调好车辆、仓储等各种物流资源势必会造成服务的低效，这就需要服务集成商要具有卓越的物流整合能力。

4. 资金流整合

随着供应链金融的发展，服务供应链资金流的整合也变得越来越普遍，淘宝网的支付宝就是一个典型的资金流整合工具。支付宝早已逾越了单纯支付工具的范畴，成为一个整合的支付平台，是淘宝网整条电子商务服务供应链中不可或缺的组成部分。支付宝凭借其先进的技术已经整合了包括中国工商银行、中国农业银行、中国建设银行在内的多家商业银行，并与中国邮政、VISA等建立了深入的合作关系。不仅如此，支付宝甚至与天弘基金合作，开拓了全新的基金与第三方支付平台的整合形式。

5. 四流整合

服务供应链的四流并非互相独立，相反它们之间有着密切的联系，只有四流协同运作才能保证服务供应链的流畅运行，怡亚通公司正是凭借其卓越的四流整合能力获得了长足的发展。起步仅10年的供应链系统集成商怡亚通公司凭借其"一站式供应链四包"服务模式，服务领域涉及IT、通信、医疗、快速消费品等行业，主要客户包括思科、GE、IBM、松下、DELL、柯达、宝洁、可口可乐、联想等全球知名企业。怡亚通为企业客户提供"一站式供应链管理服务"，即通过整合传统的物流服务商、增值经销商、采购服务商等外部网络，对服务项目进行专业化分工，形成独具特色的服务产品，其服务领域覆盖了传统服务商的业务范围的同时，通过整个供应链的一体化整合，在提供物流配送服务的同时还提供采购、收款及相关结算等"嵌入式"服务。

特别提示

服务供应链的核心在于整合服务资源,在服务供应链中存在着四类资源,即能力流、信息流、物流、资金流。因此,服务供应链的绩效取决于以上四流的整合。

 阅读案例 12-2

"悦管家"颠覆家政行业的效率革命[①]

悦管家从成立伊始就是一家"互联网+"企业,2015 年成为上海市的高新技术企业,2018 年被评为"专精特新"企业,2019 年被评为上海 179 家上海市小巨人科技企业之一。经过五年的发展,悦管家已经打造出足够成熟的商业模式,在 2020 年的洗牌之年有足够的实力一争高下。

悦管家秉承"科技提升服务,管家优化生活"的核心理念,坚持自主研发,应用大数据、人工智能、云计算、区块链、物联网等创新技术,结合首创"云店"模式,提供智慧化服务供应链解决方案,实现数据驱动的开放式城市服务资源共享平台;坚持通过标准化服务项目、细节化服务过程、智能化服务交互、品质化服务体验,打造效率平台,实现科技赋能的管家式服务。具体来讲:(1)每个用户都可利用互联网方式预约各种生活服务;(2)每个公司服务者都可利用互联网方式获取各种用户需求;(3)为提升效率,悦管家培训考核每个服务者的服务技能,智能优化每个服务者与用户的匹配,从而提升社会效能,降低用户为每次优质服务所需支付的费用。

2020 年年初,也是农历春节来临之际,一场新冠病毒肆虐全国,悦管家的订单直线下降,公司能穿越生死线渡过难关吗?然而,悦管家的自愈能力超乎人们的想象,被"新冠病毒"逼停后,会不会有新的增长机遇?农历腊月二十九很多人在想着如何过除夕和春节,李尉与公司的高管们却在分析当下的严峻形势,研究对策。疫情来袭,不仅用户担心家政服务人员可能给自己带来感染风险,家政服务人员同样有这层担心。尤其是在有确诊病例的地区,对出工的服务人员来说,上门就是上"一线",何况他们还只能简单防护。由此,主动为用户免费退订预订业务成为常态,还有大量用户直接退订了 3 月前的订单,其中家庭订单损失率超过八成。"受疫情影响,从春节到现在,我们的订单量减少了 81%",李尉把严峻的形势摆上了桌面。

悦管家高层经过 24 小时的唇枪舌剑,针对疫情订单急剧下滑的难题,迅速破题做出"微创新":为了企业的生存,以悦管家空间消毒方案为基础,结合防控疫情需求推出了新业务,在原有的清洁服务外,所有上门服务,不管是家庭服务还是企业服务都增加消毒环节。悦姐悦哥们打扫好卫生之后,还要用专用的医用级消毒剂喷家具、地板、开关、门把手、台面,通过这样的一个消毒程序,来重新恢复用户对悦管家的信任。同时让服务者有事可做、有钱可赚。悦管家的家政服务的这个微转型项目,相当于此路不通换条路,从家庭清洁卫生的单个小单,延伸至社区、企业的大单,为楼道、电梯、门厅等人流量大的公共空间消毒,为受众提供家庭和企业消毒服务。

从 2020 年 1 月 31 日面向企业用户推出了"空间消毒"服务,在不少企业正式复工前,"悦管家"的工作人员已经忙开了。而从 3 月起,更是为不少政府、社区服务中心、银行、企业等提供空间的消毒杀菌服务,悦管家成为上海第一批复工的 60 家家政企业之一。

[①] 根据"陈万思,阎海峰,陈正一. 悦享品质生活 打造最优管家——"悦管家"颠覆家政行业的效率革命. 中国管理案例共享中心. 2020,10."改编整理。

> 悦管家的产业新路在于消毒类家庭服务商机。家政行业复苏后，未来的发展走势如何，都在探索中。董事长李尉认为，家政行业在疫情中有重新洗牌的可能。一方面，社区生活方式会改变，消费者需求也会改变；另一方面，疫情促使更多消费者改变交易习惯、沟通习惯和消费习惯。当消费者的卫生习惯、生活习惯因防疫而发生改变，家政行业的新商机也出现了。以前家庭服务的保洁分为四层，从基础到高阶分为抹灰、保洁、清洁、消毒四个阶段，未来消毒类的服务需求或会直线上扬。从偏日化的保洁过渡到偏专业的保洁，悦管家已做好了准备，这将是疫情后家政行业的最大机遇点。悦管家在落实"企业空间消毒""家庭消毒保洁"和"无接触就餐"后，其业务逐步回暖，疫情使得居家养老、物业管理、消毒杀菌、快递跑腿等需求量很大，推动了家政行业与相关产业融合发展。

12.3 供应链金融

12.3.1 供应链金融概述

传统供应链管理重点关注物流方面，核心企业处于强势地位，追求自身利润最大化，导致供应链协同效用差。核心企业一方面延迟向供应商支付货款，另一方面又加速对分销商转移库存，使得上下游资金积压，片面追求自身财务经济性，致使供应链融资成本高，没有体现供应链各企业的合作关系。

物流供应链视成员企业为利益博弈者，这不利于供应链长期发展。一方面，赊销是一种普遍的交易模式；另一方面，传统信贷方式下中小企业获得银行贷款很难。如何对供应链上下游诸多企业的资金筹措和现金流进行统筹安排，合理分配各节点的流动性，实现整个供应链资金成本最小化呢？

1. 供应链金融产生的背景

近些年来，供应链金融作为产融结合的重要方式得到实业界和学术界的高度关注，这一横跨产业供应链和金融活动的创新日益成为推动金融服务实体，尤其是解决中小企业融资难、融资贵问题的重要战略途径。中小企业融资难、融资贵已成为全社会经济发展的重要障碍，特别是随着竞争的加剧，中小企业还面临着运营资金的压力。科法斯(Coface)对中国中小企业支付状况的最新研究报告表明，2016年中国中小企业赊销比率依然高达78%，平均账期从2014年的57天上升至68天，增幅达19%；68%的受访企业遭遇客户拖欠账款，其中有26.3%的企业平均拖欠期限超过90天，而15.9%的企业平均拖欠期限超过150天。对于中小企业来说，由于自身规模较小，其生产运营比大企业更容易出现现金流紧张甚至断裂的情况，如何盘活资金成为广大中小企业最为关注的问题。然而，在中小企业面临资金压力的同时，全社会需要盘活的资产却非常庞大，中国的GDP约为86万亿元，资产总量为GDP的5~7倍，其中动产占75%，动产总量应在350万亿~500万亿元之间，人民币和外币贷款余额约138万亿元，社会融资规模存量约190万亿元。上述矛盾的现象表明，必须通过创新性的手段激活庞大的产业资产，在盘活产业资金的同时，有效解决中小企业融资难、融资贵的问题。[①]

---

① 宋华. 中国供应链金融的发展趋势[J]. 中国流通经济，33(3)，2019：3-9.

正是在这一背景下，供应链金融作为将供应链商流、物流、信息流与资金流紧密结合的一种全新产融创新模式得到了迅猛发展。根据麦肯锡的报告，全球范围内供应链金融业务收入自 2010 年至 2014 年实现了年均 20%的增长，2019 年时仍能维持 15%以上的增速。在市场规模方面，麦肯锡的报告显示，全球可供融资的、安全度较高的应付账款规模高达 2 万亿美元；国外研究机构 Global Business Intelligence 指出，全球反向保理这一供应链金融产品的规模达 4000 亿美元。并且，从实践和理论的角度看，供应链金融不仅规模庞大，而且在管理和运营模式上也不断创新。

我国的供应链金融概念大约起步于 20 世纪 80 年代。在这 40 多年的时间里，供应链金融一路经历了线下、线下与线上相结合、电商供应链金融及多元供应链金融四个大的阶段。传统供应链管理关注物流效应，核心企业将上下游企业作为利益博弈者，协同效用差，造成中小企业融资困难，不利于供应链长期发展。

(1) 中小企业融资现状。

在我国现有的经济市场大环境下，中小企业融资渠道有限，主要依靠自身内部积累，银行对融资企业有较高的要求，而中小企业由于自身规模小、自有资金不足、资信水平低等方面的限制，多数中小企业难以获得银行批贷或批贷规模有限。所以，中小企业融资难、融资贵依然是老大难问题，成为阻碍其发展的一大障碍。

一方面，个体工商户、企业间建立在一定合作、信任基础上的赊账、赊销现象明显。或因流动资金确实不足，或因需要放大自身资金利用率等，使得被赊个体、企业资金压力增大，被迫需要融资。

另一方面，中小企业资金流十分脆弱。银行向企业放贷主要有抵押贷款和担保贷款两种模式，资产规模大、资产质量优良的企业容易获得贷款，而规模较小、不动产少的企业尤其是物流企业就很难得到银行的青睐。再加上信息的不对称、征信体系的缺失，造成银行及其他同梯队金融机构对于物流企业资质的审核难度达到最大，审核周期长、授信低成为此类中小企业融资的"两座大山"。种种原因使得在中小企业融资途径中，亲友间借贷、内部集资和非正规融资占比较大，比如有些中小企业融资渠道被迫转向次级金融机构——民间借贷机构，融资成本居高不下，十分不利于中小企业良性发展。

无疑，这与我国"普惠金融"的民生政策期望相悖，而供应链金融因其独特的闭环特点，有效解决了部分中小企业的融资问题，因而近年来备受政策的关注与大力支持。此外，供应链金融以核心企业为中心、真实贸易为前提，加上对整体资金流、信息流、物流的控制与配合的特点，将单个企业的不可控风险转变成为供应链企业整体的可控性风险。相比传统的单个企业借款项目，供应链金融拥有诸多优势与便利。

参与者也越发多元化，涉及银行、上市公司、大电商企业等，市场前景广阔。在政策方面，中国人民银行、银保监会、发展改革委等八部委联合发布的《关于金融支持工业稳增长调结构增效益的若干意见》，力推供应链金融、应收账款融资，在金融圈引起了广泛关注。

(2) 中小企业融资难的原因。

第一，中小企业的信用危机较为严重。

中小企业存在着较为严重的信用危机。例如，截至 2018 年年底，中国中小企业的数量已经超过了 3000 万家，个体工商户数量超过 7000 万户，贡献了全国 50%以上的税收，60%

以上的 GDP。例如，据统计，2016 年，玉环市工商局共办理动产抵押登记 474 件，抵押物价值 63.24 亿元，帮助企业融资近 45 亿元，但这仅占全县金融机构贷款余额的一小部分。

中小企业产生信用危机的主要原因有以下几点。

① 企业规模小、抗风险能力差。一笔业务遭严重亏损将直接影响企业运行，最终导致违约风险发生。

② 规章制度不完善，监控不力。中小企业往往缺乏完善的规模制度，对相应的事项监控不力。

③ 人员素质不高，人为违约率高。因员工职业操守方面的原因而导致信用危机的事件时有发生，贷款违约率居高不下。

④ 企业容易倒闭，偿债难度大。若企业倒闭，即使银行能通过诉讼的方式保全资产，但根据相关法律规定，在清产核算中要优先保障税收、职工权益后才能考虑银行的债权问题。中小企业资产少，偿债可能性不高。

⑤ 并购不规范、监管难度大。企业改制，有账无实，新老公司挂账问题突出。

第二，中小企业的担保和抵押有限。

中小企业往往因为资产规模小、能够提供的抵押物中高质量的不动产较少等问题，而较难获得银行贷款。

① 难以提供不动产做贷款抵押物。中小企业轻资产运营较多，很难提供房产、生产线等不动产做贷款抵押物。

② 抵押品或设备的变现能力低。中小企业技术设备先进性不高，可提供抵押品或设备的变现能力低，登记和评估增加了融资成本。

③ 实力较弱，难找融资担保人。在现实社会经济生活中，如果企业不能提供令银行满意的抵押物，银行往往要求企业提供担保单位，而中小企业实力较弱，很难找到愿意为自己融资提供担保的单位。

第三，企业信用评级体系尚不完善。

银行传统授信品质取决于评估借款人的信用，授信放款强调安全性、流动性和收益性，以防授信违约风险，主要对企业基本面和财务资料进行评估。我国企业信用评级体系还不够完善，中小企业融资审核成本高，企业与银行间信息不对称。

① 企业信用审核成本高。中小企业每次融资，银行都要进行资质考察、评估工作，而中小企业的融资金额一般都不大，造成银行投入产出比较低。

② 企业与银行间信息不对称。中小企业难以提供有力的担保物或担保单位，往往虚增收入，银行所见资料被注水或者修饰，难以客观判断应否发放贷款。银行不得不审慎对待中小企业的融资申请，这样就殃及了本身经营状况良好的中小企业。

③ 银行授信评估存在片面性。银行若依据企业上两个年度报表定量分析，则企业经营情况可能变化大；若依据企业上一年度经营规模核定授信额度，则规模增加时授信不足。

④ 银行授信过度依赖担保品。银行若以质押品价值决定授信额度，则容易忽视到期还款能力，导致缺乏对授信资金的有效控管，缺乏对企业日常交易的把控，难以跟踪授信资金的使用。

2. 供应链金融的内涵和特征

供应链金融是商业银行信贷业务的一个专业领域，也是企业尤其是中小企业的一种渠道。供应链资金约束问题可以通过两类融资渠道解决：一是供应链内部融资，采购商通过采购合同以部分货款提取全部货物，延迟支付尾款；二是供应链外部融资，即获取第三方金融机构(银行)的行业贷款。

(1) 供应链金融的基本概念。

供应链金融是通过一家资信状况良好的核心企业，为其上下游中小企业提供相应金融支持。通常，银行会系统地分析供应链内部交易结构和各节点企业的业务情况，并运用自偿性贸易融资的模式，引入核心大企业、第三方物流企业等风险控制变量，对供应链的不同环节提供包括封闭的授信支持、结算、理财等金融服务。

供应链融资是在贸易融资基础上发展而来的，是一种主要由商业银行或物流公司主导的新型融资模式。商业银行运用结构性的短期融资工具，针对贸易过程中的预付账款、存货以及应收账款等资产进行融资，其实质体现为对传统流动资金贷款的升级和细化。

(2) 供应链金融的运行特征。

供应链金融发展至今，呈现出如下几个特征：第一，金融活动的开展针对的是产业供应链的特定业务，不同业务的特点及不同的参与者都会对金融服务产生差别化的价值诉求。第二，供应链金融的宗旨在于优化整个产业的现金流，让利益各方都能以较低资金成本实现较高的经营绩效。因此，供应链金融不仅是融资借贷，它包括更为广义的金融服务活动，通过各类金融机构和产品共同为产业供应链服务。第三，供应链金融具有优化和发展供应链的能动作用，不仅能解决资金问题，甚至能帮助产业打造更具竞争力的供应链体系。第四，供应链金融的发展一定是金融科技助推的产物，即通过行之有效的互联网技术，使金融服务实体的效率大为提高。显然，所有这些特征的实现都有赖于从事供应链金融创新的推动者如何深刻理解产业场景以及场景中各利益主体的价值诉求，并在此基础上实现这一价值的体系。[1]供应链融资能够将资金在供应链管理中进行有效整合，一方面为处于供应链各环节的企业提供资金，促进贸易活动发展；另一方面把这种新型贷款服务投向供应链中处于弱势地位的中小企业，实现有限资金整合和合理分配。供应链硅资需信息中介、信用中介、风险中介等金融服务整合物流、信息流和资金流。

① 对整个供应链进行授信评估。

供应链战略从单家企业向多家企业协调集成，从市场反应型发展为客户导向型进行运作。因此，绩效评价也要从单方评价扩展到多方评价，从单纯的财务指标拓展到综合指标。

② 依据合作关系进行授信分配。

供应链金融从资金流角度上将供应链节点上的参与主体联系在一起，搭建新型的战略合作关系，利用成员企业之间的合作关系进行授信分配。

③ 主要受益对象是中小企业。

供应链金融是针对缺乏固定资产、拥有较多流动资产的中小企业而设计的提升其信贷能力的新型金融工具。中小企业围绕核心企业进行生产经营，其现金压力在于应收账款、预付账款和库存占用。

---

[1] 宋华. 中国供应链金融的发展趋势[J]. 中国流通经济，33(3)，2019：3-9.

④ 重点是资源配置和信息共享。

供应链金融关注供应链交易过程,整合供应链节点企业的物流、信息流和资金流,整体把控授信风险,实现优化筹资,降低融资成本,提高资本利用率。

(3) 供应链金融的授信特点。

供应链融资不但为广大中小企业提供综合授信业务,还能化零为整,集结单一授信企业管控风险。这意味着对银行考察单体企业信用的这一传统授信模式进行了颠覆,使银行把供应链相关企业视作一个整体,并针对这一整体实施科学、有效的融资方案。

① 将节点授信企业的信用评估和核心企业紧密联系。

供应链金融站在供应链全局视角,对供应链某企业或上下游多企业授信,将供应链节点授信企业的信用评估和核心企业紧密联系,分析、评估授信企业的财务实力、经营状况和网链地位,分析、评估核心企业的财务实力、经营能力和行业地位,不再以单家企业的财务指标作为唯一投信标准,更多考虑整条供应链的抗风险能力。

② 对授信融资严格限定于与核心企业的真实交易中。

供应链金融借助核心企业信誉,拓展信贷范围;对授信企业融资严格限定于与核心企业的真实交易中;严格限制资金的用途转移,完善核心企业的担保机制。

③ 整合供应链"三流"的业务流程,从整体把控授信风险。

供应链金融整合供应链物流、资金流和信息流,引导授信企业的销售收入用于偿还银行授信,即自偿性,建立新型战略合作关系。

(4) 供应链金融的优势分析。

供应链金融不但能有效缓解长期困扰中小企业的融资难问题,还能让有效资金在供应链企业中实现均衡分配,有效提升整个供应链群体企业的综合竞争实力。供应链节点企业真正的金融合作伙伴是谁?为了便于理解供应链金融的特征,可参见表 12-1 所示的三类不同融资模式的对比。

表 12-1 三类不同融资模式的对比

项目	银行信贷	小额贷款	供应链融资
申请条件	严格考量贷款企业主体信用	主要考量贷款企业主体信用	主要考量交易双方
融资担保	要求抵押物、质押物或保证金	对足额抵押物、质押物或保证金的要求日益严格	仅需转让应收账款或存货债权,无须额外担保
授信审核	一般 1~2 个月	通常 2 周	首次 1 个月,后续循环信用审核
融资成本	低	高	略高于银行,远低于小额贷款
信贷额度	额度最高,但不接受小额业务	杠杆率低,额度较低,几万元到几十万元	额度较高,单笔信贷几十万元到几千万元
增值服务	无	无	资信调查、信用风险担保

推行供应社金融可以降低企业的贸易融资成本。供应商运营供应链金融的益处体现在低生产成本,缩短应收账款回收天数,改善经营的连续性。买家(核心企业)运营供应链金融的益处体现在:降低采购单位成本,降低供应风险、减少供应中断,延长对供应商的账期、增加应收账款平均支付天数。

3. 金融的主体关系

供应链金融是基于供应链上的核心企业和上下游企业之间的长期贸易合作关系,其中存在商业银行等金融机构、中小企业、核心企业及合作监管方(第三方物流企业)等主体,如图 12.4 所示。

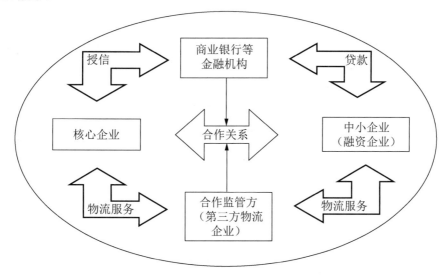

图 12.4　供应链金融的主体关系

(1) 商业银行。

商业银行是供应链金融的供给主体,为中小企业提供贷款支持。当前供应链金融产品主要集中在汽车行业和钢铁能源行业。

(2) 中小企业。

中小企业是供应链金融的最直接受益者,可以降低成本取得银行融资。在过去,银行只关注单一申请贷款单位的一些指标,比如资产规模、不动产规模、负债和经营绩效等,而不会去关注其经营模式,以及与上下游企业的关系。通过供应链金融融资,基于供应链上核心大企业的雄厚实力以及中小企业和核心大企业之间确定的商业往来关系,结合一系列审查制度,往往会大大增加中小企业向银行申请融资的成功率。

(3) 核心企业。

核心企业是在整条供应链上占据最核心地位、实力雄厚、足以影响供应链上其他成员的企业,主导着与其他成员企业的合作,以其强大的实力为供应链金融提供信用担保,也肩负着提高整条供应链运营绩效的重任。可以说,核心企业是供应链金融的关键角色,承担着信息角色交换功能和物流调配功能。

(4) 合作监管方(第三方物流企业)。

合作监管方一方面为中小企业提供物流、信用担保服务;另一方面搭建银行与企业间合作的搭桥,为银行等金融机构提供资产管理服务。物流企业在这一服务过程中,将获得两部分收益:一是物流运营收费,二是货物评估和质押监管收费。

12.3.2 供应链金融的融资模式

1. 存货融资模式

存货融资是指中小企业以符合银行规定的存货等流动资产的价值为质押申请融资,用于支持生产和销售活动。销售货物产生的现金流用来偿还银行贷款。具体申请融资时,需要将合法拥有的货物交付给银行认定的第三方物流仓储公司监管,不转移货物所有权。这样,企业既可以取得融资,又不影响正常经营周转。动产质押融资支持多种融资方式,包括贷款、开立银行承兑汇票、借用证、保函等,企业可以灵活选择适合自己的方式进行融资。其融资模式如图 12.5 所示。

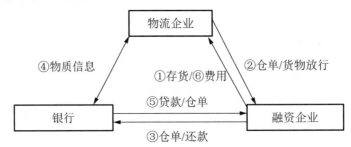

图 12.5 存货融资模式

存货融资可以独立于核心企业而操作,在供应链融资中一般被作为预付款融资的接驳性产品,主要分为以下几类。

(1) 静态抵质押授信。在这种信贷关系中,企业以自有或第三人合法拥有的动产为抵质押物。银行委托第三方物流公司对企业提供的抵质押物实行监管。抵质押物不允许以货易货,企业必须打款赎货。这种融资模式适用于除了存货没有其他合适的抵质押物的企业,而且企业的购销模式为批量进货、分次销售,因此,多用于贸易型企业。

(2) 动态抵质押授信。在这种信贷关系中,企业以自有或第三人合法拥有的动产为抵质押物。银行对于企业抵质押的商品设定最低限额,允许在限额以上的商品出库,企业可以以货易货。这种融资模式适用于库存稳定、货物品类较为一致、抵质押物的价值核定较为容易的企业,也包括难以用静态抵质押的情况,多用于生产型企业。

(3) 标准仓单质押授信。在这种信贷关系中,企业以自有或第三人合法拥有的标准仓单为质押。标准仓单是指符合交易所统一要求的、由指定交割仓库在完成入库商品验收、确认合格后签发给货主用于提取商品的、并经交易所注册生效的标准化提货凭证。该产品适用于通过期货交易市场进行采购或销售的企业,以及通过期货交易市场套期保值、规避经营风险的企业。

(4) 普通仓单质押授信。在这种信贷关系中,企业提供由仓库或其他第三方物流公司提供的非期货交割用仓单作为质押物,并对仓单做出背书银行提供融资。

2. 应收账款融资模式

应收账款融资模式是指以中小企业对供应链上核心企业的应收账款单据凭证作为质押担保物向银行申请期限不超过应收账款账龄的短期贷款,由银行为处于供应链上游的中小企业提供融资的方式。在这种融资模式下，债权企业、债务企业和银行牵涉其中，并且债务企业在整个运作中起着反担保的作用。一旦融资企业出现问题、银行损失将由债务企业承担。其应收账款融资模式如图 12.6 所示。

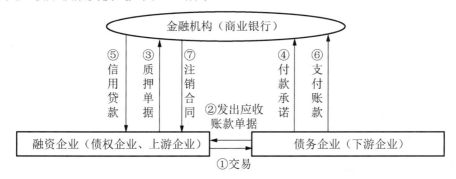

图 12.6　应收账款融资模式

应收账款融资是标准的供应链产品，主要分为以下几种。[①]

(1) 国内明保理：是指银行受让国内卖方(银行客户)因向同在国内的买方销售商品或为其提供服务而形成的应收账款，在此基础上为卖方提供一系列综合性金融服务，如应收账款账户管理、应收账款融资、应收账款催收和承担应收账款坏账风险等。如果应收账款转让行为事先通知买方并由买方确认则为明保理。该产品适用于有应收账款融资需求或优化报表需求的国内卖方。同时，买方的商业信用和付款实力应该符合银行的相关要求。

(2) 国内暗保理：在应收账款转让过程中，银行受让卖方应收账款的行为不通知买方的业务则为暗保理。

(3) 国内保理池融资：是指将国内的一个或多个不同买方、不同期限和金额的应收账款一次性全部转让给银行，银行根据累积的应收账款余额给予融资。该产品适用于交易记录良好且应收账款余额相对稳定的中小企业。

(4) 票据池授信：是指客户将本企业收到的所有或部分票据做出质押或者转让背书之后，纳入银行授信的资产支持池，银行根据票据池余额向客户授信。票据池授信包括票据质押池授信和票据买断池授信两种。本产品适用于票据流转量大、对财务成本控制严格的生产和流通型企业，同样也适用于对财务费用、经营绩效评价敏感并追求报表优化的大型企业、国有企业，以及上市公司等。

(5) 出口应收账款：是指银行受让国际贸易中出口商(银行客户)向国外进口商销售产品或者提供服务所形成的应收账款，并且在所受让的应收账能够保持稳定余额的情况下，结合出口商主体资质、经营情况、抗风险能力和应收账款质量等指标因素、将应收账款的回款作为风险保障措施，向出口商提供融资的短期出口融资业务。该产品适用于经常发生出口贸易，并且具备一定主体资质和出口业务规模的中小企业。

(6) 出口信用险项下授信：是指已经投保出口信用保险的客户将赔款权益转让给银行，然后银行向其提供短期融资。当发生保险责任范围内的损失时，保险公司根据保险单相关条款将原本支付给客户的赔款，直接全额支付给融资银行。该产品适用于因商品出口到高

---

① 王叶峰. 供应链管理(第 2 版修订版)[M]. 北京：机械工业出版社，2020.

风险地区或不了解进口商的情况下,购买了出口信用保险的客户,尤其适用于采用赊销方式进行结算的客户。

3. 预付账款融资模式

预付账款融资模式指在处于供应链上游的核心企业承诺回购的前提下,由第三方物流企业提供信用担保,中小企业以金融机构指定仓库的既定仓单向银行等金融机构申请质押贷款来缓解其预付货款压力,同时由金融机构控制其提货权的融资业务。中小企业、核心企业、物流企业、银行四方签署应付账款融资业务合作协议书,银行为融资企业开具银行承兑汇票。事后,融资企业直接将货款支付给银行,可视为一种"未来存货的融资",其风险控制的技术手段主要体现在从对供货商的提货权到实际动产控制的转换,以及货物运输过程中的在途控制。其融资模式如图12.7所示。

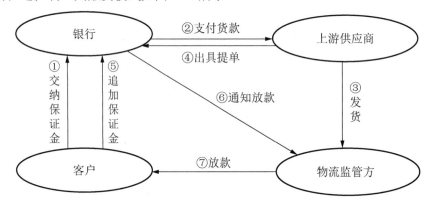

图 12.7　预付账款融资模式

预付款融资是标准的供应链产品,主要分为以下几种。

(1) 先票/款后货授信:是指客户(买方)缴纳一定比例保证金从银行取得授信后,银行向卖方支付全额货款,卖方按照双方购销合同以及合作协议书的约定发运货物,货物到达后设定抵质押,作为银行向买方授信的担保。

(2) 担保提货(保兑仓)授信:是指客户(买方)向银行缴纳一定保证金的前提下,银行贷出全额贷款供客户向核心企业(卖方)采购货物,卖方出具全额提单作为银行授信的抵制押物。之后,客户分次向银行提交提货保证金,银行再分次通知卖方向客户发货。卖方就发货不足部分的价值承担向银行的退款责任。

(3) 进口信用证项下未来货权质押授信:是指银行根据进口商(客户)的申请,在进口商根据授信审批规定缴纳一定比例的保证金后,为其开出信用证,通过控制信用证项下单据所代表的货权来控制还款来源的一种授信方式。货物到港后可以转换为存货抵质押授信。该产品适用于进口大宗商品的企业、购销渠道稳定的专业进口外贸公司,以及需要扩大财务杠杆效应、降低担保质押成本的进口企业。

(4) 国内信用证:是指在国内企业之间的商品交易中,银行根据买方(客户)的申请所开出的凭符合信用证条款的单据支付货款的承诺。

(5) 附保贴面的商业承兑汇票:实际上是一种投信的使用方式,但在实践中,由于票据当事人在法律上票据责任的存在,构成了贸易结算双方简约而有效的连带担保关系,因此可以当作独立的产品使用。

特别提示

供应链融资是在贸易融资基础上发展而来的,是一种主要由商业银行或物流公司主导的新型融资模式。商业银行运用结构性的短期融资工具,针对贸易过程中的预付账款、存货以及应收账款等资产而发放融资,其实质体现为对传统流动资金贷款的升级和细化。

阅读延伸 12-1

成都兴成小贷以供应链金融及数字化为突破口实现转型升级[①]

世界正处于百年未有之大变局,2020 年年初全球暴发的新冠肺炎疫情加速了这一变局的演绎过程。随着传统经济结构、新经济的崛起,如何转型升级以达到生存突围之目的,成为各个企业特别是传统企业的当务之急,金融业自不例外。

兴成小贷成立于 2009 年,注册资本 2 亿元,是四川地区成立最早的国有控股小贷公司。兴成小贷自成立以来,一直坚持在国家法制轨道下运行,11 年来专注于小微金融,累计服务 6000 多户企业,累积发放贷款超过 65 亿元。不仅如此,公司始终保持危机意识,伴随着市场环境的变化,主动求新求变、转型升级。2015 年,公司通过建立小微信贷工厂流水线管理体系,开发适合城乡小微居民特色的专属信贷产品,有意识地探索转型发展之路。

为了公司的长远发展,兴成小贷自成立后一直围绕着产品线和经营模式等方面不停地探索。在 2015 年之前该公司并未从事供应链金融业务,相反,对该业务的开展经历了一个市场接触、市场分析和决定发展的摸索过程。由于当时重庆小贷发展情况较好,2015 年以前公司主要借鉴重庆小贷经营模式,贷款业务主要包括:①传统小微客户(小微企业或个体工商户)贷款;②中小企业短期流动资金贷款。但这些业务在风控措施上基本沿袭了银行的做法,即将企业作为单独个体对待,以房地产、固定资产作为风控手段,没有从产业链角度考虑企业融资和风控问题。这种业务模式与传统银行存在同质化,其后果是明显的:一方面不利于中小微企业的融资;另一方面也不利于小贷公司辨识度和竞争力的提高。

供应链金融最大的特点是不需要固定资产抵押,采用自偿性贸易融资方式,这对缺乏抵押品的中小微企业来说,无疑是个好消息。也正因为该模式有助于缓解中小微企业融资难融资贵的问题,国家政策层面对其高度重视。然而理想很丰满,现实很骨感,现实中供应链金融的交易规模并不大。据国家统计局数据显示,2016 年规模以上工业企业应收账款净额为 12.6 万亿元,但 2016 年我国商业保理业务量却仅有 5000 亿元,仅为净额的 3.97%。供应链金融发展不尽如人意的一个重要原因是目前该业务存在诸多障碍,导致量做不起来。其中主要问题是风险大、成本高、效率低。

从现有的经验看,当前供应链金融风险主要集中在交易风险、操作风险上。具体来说,传统线下模式下,由于技术手段的原因,金融机构对供应链中企业交易背景的真实性并不能完全把握,导致"萝卜章"骗贷,甚至上下游合伙骗贷的案件时有发生。据统计,近年保理业务发生违约风险的业务中,欺诈原因占比高达 94%。此外,还存在着存货虚置、中途人为调换、故意拖延还款等风险。为控制此类风险,金融机构不得不在合同、发票查验、抵押品现场清点、客户资金流向监督等方面花费大量人力物力成本,由此带来供应链金融业务成本居高不下、盈利能力不足的问题。较大的风险和高企的成

[①] 根据"赵洪江,白璐. 成都兴成小贷以供应链金融及数字化为突破口实现转型升级. 2021.01."改编整理。

本打击了金融机构参与供应链金融业务的热情，很显然供应链金融要获得进一步更大的发展，其关键在于在控制风险、降低成本方面找到新的办法。传统手段如人海战术，发挥作用的空间已不大，兴成小贷管理层意识到供应链金融业务未来的希望在于业务环节中引入互联网、物联网、区块链等信息技术，实施数字化转型，通过技术手段而非经济手段来降低供应链金融风险和管理成本。而这一思路也正好跟国家近年来所倡导的"互联网+""信息技术+""数字经济+"战略吻合。

供应链金融业务数字化的要义是将物联网、大数据、人工智能、区块链等信息技术或金融科技引入供应链金融业务管理和风控环节，由此实现金融机构风险控制能力的提升和管理成本的降低，本质上是基于现代信息技术的一种金融创新，其结果是提高了金融机构的金融供给能力，因此不仅有利于金融机构也有利于中小微借款企业。供应链金融数字化的主要内容和作用主要体现在以下几方面。

(1) 业务平台化。供应链金融参与主体及所涉环节众多，主要包括金融机构、核心企业、供应商、第三方合作方等，传统模式下，这些机构不仅物理上是离散的，信息沟通交流上也是相对封闭的。供应链金融数字化首先意味着这些机构及业务要实现线上化，要纳入统一的信息平台。平台化的优势在于：可以实现商流、资金流、物流、信息流四流进行最大程度的管控和共享，从而有利于降低金融机构的交易风险和操作风险。

(2) 风险监控实时化。在存货质押融资场景下，金融机构可通过 RFID 电子射频技术，以及 AI 车牌识别、标签识别、电子围栏等技术，生成物联网电子仓单，对货物实现实时监管及预警，从而可在人工参与较少的情况下，对存货进行实时动态监管，提升了监管的效率及信息准确性、预警实时性，极大减少存货损毁、失窃的风险。

(3) 信用评估数据化。通过运用大数据、人工智能等方式，收集被评估主体工商、司法、税务、黑产、财务、舆情、失信等方面的数据信息，然后通过机器学习、数据建模、评估打分等方式，对企业主体进行信用评估。在交易风险评估方面，通过多方数据互联、大数据分析等金融科技方式，对贸易基础信息，如退货率、交易年限、供应商集中度、应收账款集中度、关联交易等进行数据获取并进行交叉验证，从而确定贸易双方的交易真实性，最大程度控制交易欺诈风险。

(4) 交易审核智能化。供应链金融在交易审核环节，需要对合同、发票、履约证明等信息进行审核，通过图像识别、OCR、NLP、智能语音等人工智能技术，可极大地提高合同、发票、票据等单据的审核效率。此外，还可通过大数据校验方式进行交易审核，比如在物流供应链金融场景下，可借助物流运输车辆的 GPS 地图运输轨迹，对交易真实性进行核验。

(5) 商业信用穿透化。供应链金融的关键是依托核心企业信用，传统供应链金融模式下，银行通常只对一级供应商授信，随着信用的递减，更远一级的供应商通常难以获得贷款。但在区块链技术下，由于区块链上的数据经多方记录确认，不可篡改、不可抵赖、可以追溯，因而核心企业的商业付款信用，可以多级流转或者拆分。从而在很大程度上，可以缓解供应链末端企业应收账款信用缺失的问题。

正是基于传统供应链金融业务所存在的缺陷及数字技术作用的认识，兴成小贷几乎在抓供应链金融业务的同时，就开始推动该业务的数字化转型。具体地，从 2016 年下半年开始，公司搭建兴成小贷平台，2017 年开始研发人脸识别在线客户服务技术、全流程数据化服务技术、移动端客户拓展技术等。2018 年公司基本完成了"云计算业务信息化系统的建设"，通过该系统，公司对内外部获取的客户信息进行数据集中管理。2019 年年初公司与西南财经大学签订协议，利用企业成立 10 年来的数据，成功研发利用机器学习—人工智能技术建立的风险控制模型。在多项数字化成果中，影响较大的成果是小微贸易供应链金融服务平台的建立。

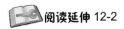

阅读延伸 12-2

国内外供应链金融发展趋势及实践[①]

在中美贸易战的硝烟中，中兴一度陷入供应链的绝境，给业界以深刻的启示。在这样的背景下，国际供应链与运营管理学会(ASCOM)携手中欧国际工商学院(CEIBS)联合举办、青岛海尔数字科技有限公司承办的第十二届运营与供应链管理国际会议暨战略供应链思想领袖论坛，于2018年7月13日在青岛上合组织会址"冰山之角"召开。其中，各参与者分别发表了对于供应链金融发展趋势的观点。

上海银行总行副行长黄涛介绍了上海银行的供应链金融解决方案：

(1) 从开户、签订合同到放款全线上操作；

(2) 积极开展第三方合作，合理借助地推人员，扩大服务范围；

(3) 通过数据共享的方式与核心企业一起搭建平台，系统和数据仍由核心企业所拥有和控制，满足定制化的需求；

(4) 运用区块链技术，将业务扩展至三级、四级供应商，从而打通整个产业链；

(5) 实现线上的批量审批，实时放款；

(6) 建立完善的报告分析体系，不断提高运作效率和风险控制。

欧洲供应链金融学会创始人 Michiel Steeman 详细介绍了欧洲供应链金融的实践。

(1) Michiel 认为供应链金融是首先是一种思维方式，供应链金融是为了优化整条供应链的现金流，而不是为了优化某一单一主体的现金流。最终目标是为了减少成本、降低风险、增加收入。

(2) Michiel 认为供应链金融的管理、区块链的应用、企业的风险投资(金融前沿研究)、供应链金融模型的创新、供应链金融的循环经济与可持续发展等方面是供应链金融发展的重要话题。

菜鸟供应链金融总经理赵威介绍了菜鸟供应链金融的实践，其核心在于：

(1) 利用电商平台保障收入自偿性；

(2) 让资产可控，掌握每个商家的每个商品或服务，如一个小时发了多少货、收入多少货款，还有每个货物的地址、条件、价值等；

(3) 技术领先，用技术和数据来解决和突破问题，而不是用作业来解决和突破。

菜鸟供应链金融是与菜鸟的物流核心业务结合在一起的，是增值业务，不是核心业务，未来时机成熟后，会对供应链金融进行重新定义，未来菜鸟供应链金融可能会定义为整个经销体系的供应链金融。

本 章 小 结

本章介绍了供应链发展的未来趋势。

绿色供应链管理与传统供应链类似，通过节点企业的分工与合作实现整个供应链的增值，但是绿色供应链的管理过程和追求目标与传统供应链有较大差异。绿色供应链的管理内容主要包括：绿色设计、绿色采购、绿色制造、绿色营销与消费、产品废弃阶段的处理。

服务供应链是指围绕服务核心企业，利用现代信息技术，通过对链上的能力流、信息

[①] http://www.chinawuliu.com.cn/zixun/201807/17/332966.shtml，2021-08-16.

流、资金流、物流等进行控制来实现用户价值与服务增值的过程。在服务供应链中存在着四类资源,即能力流、信息流、物流、资金流,因此服务供应链的绩效取决于对以上"四流"的整合。

供应链金融是指通过一家资信状况良好的核心企业,为其上下游中小企业提供相应的金融支持。通常,银行会系统地分析供应链内部交易结构和各节点企业的业务状况,并运用自偿性贸易融资的模式,引入核心大企业、第三方物流企业等风险控制变量,对供应链的不同环节提供包括封闭的授信支持、结算、理财等金融服务。

关键术语

绿色供应链管理(Green Supply Chain Management,GSCM)
服务供应链(Service Supply-Chain)
供应链金融(Supply Chain Finance,SCF)

综合练习

一、填空题

1. 绿色供应链管理以_____、_____和_____为主要目的。
2. 绿色供应链的管理主要包括:_____、_____、_____、_____、_____等几个内容。
3. 供应链资金约束问题可以通过两类融资渠道解决:_____、_____。
4. 服务供应链的核心是_____。
5. 服务供应链本质上以_____为基础,_____成为服务供应链的"四流"中最关键的一流。

二、名词解释

供应链金融   服务供应链   绿色供应链

三、简答题

1. 绿色供应链管理的主要内容有哪些?
2. 如何理解绿色供应链?联系实际说明。
3. 服务供应链的运行机制有哪些?
4. 供应链金融的内涵特征有哪些?

四、思考讨论题

1. 供应链金融产生的背景
2. 供应链金融的融资模式以及未来的发展趋势

案例分析

华为、小米、OPPO、VIVO的供应链管理比较[①]

从成本的角度来看，公司产品的成本不仅是生产成本的体现，更是供应链在公司以外环节的成本与效率的体现，所以降低运营成本最核心的就是重整供应链。

从创新的角度来看，如今手机行业的创新分为两个方面：一是自研技术创新，二是元器件的突破。这两个方面都与信息流、供应链、物流及资金流有着紧密的关系。近年来，华为、小米、OPPO和VIVO等国产手机都已在供应链融合创新方面探索出各自的强项和特点。

1. 华为：供应链规范化与数字化的典范

1998年8月，华为与IBM合作启动了"IT策略与规划"项目，开始规划华为未来3~5年需要开展的业务变革和IT项目，其中集成供应链(Integrated Supply Chain，ISC)是重点之一。ISC就是将过去分散、割裂、独立运作的分散供应链模式，提升到以计划引领，采购、生产、物流、销售模块相互协作的、有体系和规范化的供应链管理，即整合供应链上的各环节，并加以规范化。规范化意味着效率，使效果马上凸显出来。

华为提出的ISC+项目就是把很多原来人工白板写的东西线上化、数据化，再引入人工智能，进而实现流程优化。华为采购部建立了物料专家团(Commodity Expett Groups，CEG)。各CEG负责采购某一类/一族的物料来满足业务部门和地区市场的需要。每个CEG都是一个跨部门的团队，通过统一的物料族策略、集中控制的供应商管理和合同管理提高采购效率。

2. 小米：精简供应链中间环节

如果说强调机制和机器的作用是华为目前供应链管理的一大亮点，那么小米供应链目前主要强调人的作用。

小米的供应链管理和创新，可以说是最有特点，却也是最没特点的。说它有特点，是因为在2014年前后，小米最先采用缩短供应链的方式，依靠专业的代工厂为其代工，减少中间代理商和流转环节，没有中间商赚差价，直接对接生产商与用户。

苹果凭借自身iOS系统圈起一个完整的生态链，而小米则依靠互联网思维，以资金为纽带，在取得规模效应后绑定大批硬件供应商，进而形成成本优势，以狙击其他竞争对手。然而，这种商业模式目前已经被同行完全领悟并模仿，迅速普及整个手机产业，因此也算不上什么特点了。

供应链管理的第一大决定因素取决于手机出货量(元器件的订单量)，第二大决定因素取决于与供应商之间的关系，很多时候是双方个人与个人之间微妙的态度。

3. OPPO与VIVO：深度参与研发定制，制定利益共享机制

OPPO和VIVO不搞低价机海战术，不跟风互联网电商，坚守线下，在2016年成长率只有约5%的中国手机市场上创造了年成长率超过100%的奇迹。

步步高电子集团旗下的蓝绿两厂已经分别是全球第四大和第五大手机厂商，4年成上倍。OPPO和VIVO 2020年销售预期大幅拔高，对其供应商和供应链来说也是大挑战。

OPPO和VIVO最初选择自建工厂，买物料自己组装，严格把关品控，加上近两年销量猛增，也加大了上游供应链的话语权。然而，近年来的OPPO和VIVO并不满足于供应商在元器件上的创新，而是强调主动出击，投入资源促进上游元器件的成熟，进而占取先机，打时间差。

"在涉及手机创新的关键领域要提前布局，要把技术跟踪、合作的周期提前到18个月，甚至36个月。"

[①] http://www.logclub.com /articleInfo/NDMxOS1jNzo5ODZmMA==，2021-02-23。

在现有的市场格局下，VIVO也要去尝试主动引领市场的技术发展。一直以来，VIVO会等供应商的技术方案已经在几家大厂的产品成熟应用以后，再根据供应商的设计理念去推出自己的产品。

但是，在新的战略思路下，VIVO要将自己的设计理念和需求告诉供应商，让供应商根据VIVO的思路和要求去推进技术演进发展。例如，汇顶科技是为VIVO提供屏下指纹识别技术的，此前就让VIVO X20 Plus成为首台屏下指纹手机。VIVO与汇顶联合研发了其搭载的第一代指纹技术。而目前，VIVO NEX继续首发汇顶的第三代指纹技术，承载这项技术的指纹识别模块隐藏于屏幕之下，将机身正面空间全部留给屏幕，保证了完整简洁的一体化外观。

此外，OPPO和VIVO正在越来越强调与供应商利益共享。

"VIVO是一个开放的、整合的平台，会把更多的利益让给合作伙伴，包括供应商"，虽然不同于苹果、三星采用收购或深度整合的模式，也不及华为强大的技术研发能力，但VIVO的供应链仍想以更多的利润分享深度绑定供应商。

一旦OPPO和VIVO下单了，很多供应商根本不用担心其是否会提货、是否会按时付款、是否会赖账。它们一起专注于如何实现产品差异化、如何保证品质和上市时间这些真正有价值与有意义的事情。如果物料库存不能在别的项目上使用，OPPO和VIVO就会做出相应的赔偿，不会让供应商吃亏，即使在2011年、2012年OPPO和VIVO最困难的时候也是如此。OPPO和VIVO不仅会请供应商吃饭，而且会给供应商的技术支持人员提供免费住宿。

问题讨论：
1. 对比分析几家手机企业的供应链管理的可借鉴之处。
2. 我国当前企业的供应链管理重点是什么？

参 考 文 献

[1] Accenture. Big Data Analytics in Supply Chain:Hype or Here to Stay. https://www.accenture.com/t20160106t194441-w/fi-en/acnmedia/Accenture/Conversion-Assets/DotCom/Documents/Global/PDF/Digital-1/Accenture-Global-Operations-Megatrends-Study-Big Data-Analytics-v2. pdf, 2014.

[2] Euromonitor International. Global Overview of Consumer Expenditure to 2030. https://blog.euromonitor.com/global-consumer-expenditure/, 2018-01-23.

[3] HOULIHAN J B, 1985. International Supply Chain Management[J]. International Journal of Physical Distribution & Materials Management, 15(1):22-38.

[4] CHRISTOPHER M, 1994. Logistics and Supply Chain Management-Strategies for Reducing Costs and Improving Services[M]. London: Pitman.

[5] FISHER M L. What Is the Right Supply Chain for Your Product?[J]. Harvard Business Review, 1997(3-4):83-93

[6] Michelle Russell Sourcing: Supply Chain Mapping Using the Bitcoin Blockchain, 2015-07-31.

[7] PORTER M E, 1985. Competitive Advantage[M]. New York: The Free Press.

[8] SCHALTEGGER S, BENNETT M, BURRITT R L, JASCH C, 2009. Environmental Management Accounting (EMA) as a Support for Cleaner Production[J]. Eco-Efficiency in Industry and Science, 24(1): 3-26

[9] De WAART D, Kemper S.,2004. Five steps to service supply chain excellence[C]//Newsletter of the Stanford Global Supply Chain Management Forum, 10(4).

[10] ELLRAM L M, TATE W L, BILLINGTON C, 2004. Understanding and managing the services supply chain[J]. Journal of supply chain management, 40(3): 17-32.

[11] COOK J S, DEBREE K, FROLETO A, 2001. From raw materials to customers: supply chain management in the service industry[J]. SAM Advanced Management Journal.

[12] BOYER K, METTERS R, 2004. Introduction to the Special Issue on "Service Strategy and Technology Application"[J]. Production and Operations Management, 13(3): 201.

[13] 艾伦·哈里森, 雷姆科·范赫克, 2006. 物流管理[M]. 张杰, 译. 北京：机械工业出版社.

[14] 彼得·蒂尔, 布莱克·马斯特斯, 2015. 从 0 到 1——开启商业与未来的秘密[M]. 高玉芳, 译. 北京：中信出版社.

[15] 马丁·克里斯托弗, 2012. 物流与供应链管理[M]. 4 版. 何明珂, 等译. 北京：电子工业出版社.

[16] 苏尼尔·乔普拉, 彼得·迈因德尔, 2008. 供应链管理[M]. 3 版. 陈荣秋, 等译. 北京：中国人民大学出版社.

[17] 包兴, 肖迪, 2011. 供应链管理：理论与实践[M]. 北京：机械工业出版社.

[18] 曹翠珍, 2016. 供应链管理[M]. 2 版. 北京：北京大学出版社.

[19] 曹翠珍, 2015. 资源型企业绿色创新与竞争优势研究[D]. 太原：山西财经大学.

[20] 陈剑, 黄朔, 刘运辉, 2020. 从赋能到使能——数字化环境下的企业运营管理[J]. 管理世界, 36(02):117-128.

[21] 陈昌盛, 许伟, 兰宗敏, 等, 2020. "十四五"时期我国发展内外部环境研究[J]. 管理世界, 36(10):1-16,40,15.

[22] 丁斌, 陈晓剑. 高级排程计划 APS 发展综述[J]. 运筹与管理, 2004(3):155-159.

[23] 冯氏集团利丰研究中心, 2021. 创新供应链管理：利丰冯氏的实践[M]. 3 版. 北京：中国人民大学出版社.

[24] 利丰研究中心, 2009. 供应链管理：香港利丰集团的实践[M]. 2 版. 北京. 中国人民大学出版社.

[25] 李贵春，李从东，李龙洙，2004. 供应链绩效评价指标体系与评价方法研究[J]. 管理工程学报(1):104-106.
[26] 刘伟华，刘希龙，贺登才，2009. 我国制造企业物流外包模式及其发展路径[J]. 工业工程(04):1-5.
[27] 刘旭，柳卸林，韩燕妮，2015. 海尔的组织创新：无边界企业行动[J]. 科学学与科学技术管理(6):126-137.
[28] 刘宝红，2015. 采购与供应链管理[M]. 2版. 北京. 机械工业出版社.
[29] 林玲玲，2004. 供应链管理[M]. 北京：清华大学出版社.
[30] 罗仲伟，李先军，宋翔，李亚光，2017. 从"赋权"到"赋能"的企业组织结构演进——基于韩都衣舍案例的研究[J]. 中国工业经济(09):174-192.
[31] 马士华，林勇，2020. 供应链管理[M]. 6版. 北京：机械工业出版社.
[32] 马金麟，孟祥茹，2008. 供应链管理[M]. 南京：东南大学出版社.
[33] 潘文荣，2006. 供应链风险识别与评估[J]. 北方经济(16):23-24.
[34] 钱芝网，2006. 供应链管理[M]. 北京：中国时代经济出版社.
[35] 秦良娟. 全球供应链加速数字化转型(经济透视)[N]. 人民日报,2021-08-02(016).
[36] 施先亮，李伊松，2006. 供应链管理原理及应用[M]. 北京：清华大学出版社.
[37] 邵晓峰，张存禄，李美燕，2006. 供应链管理[M]. 北京：机械工业出版社.
[38] 施先亮，2020. 新冠肺炎疫情对中国物流与全球供应链的冲击与对策[J]. 物流研究(1): 11-16.
[39] 宋华，2019. 中国供应链金融的发展趋势[J]. 中国流通经济, 33(3):3-9.
[40] 孙新波，钱雨，张明超，李金柱，2019. 大数据驱动企业供应链敏捷性的实现机理研究[J]. 管理世界，35(09):133-151,200.
[41] 唐光荣. 阿里巴巴联姻苏宁云商 开启全面战略合作[N]. 成都晚报. 2015-08-13.
[42] 田埂，2015. "精准医疗"引发医学革命[J]. 中国经济报告(6):112-114.
[43] 王叶峰，2020. 供应链管理(第2版修订版)[M]. 北京：机械工业出版社.
[44] 王能民，孙林岩，汪应洛，2005. 绿色供应链管理[M]. 北京：清华大学出版社.
[45] 王道平，李淼，2012. 供应链设计理论与方法[M]. 北京：北京大学出版社.
[46] 肖静华，吴小龙，谢康，等，2021. 信息技术驱动中国制造转型升级——美的智能制造跨越式战略变革纵向案例研究[J]. 管理世界，37(03):161-179,225,11.
[47] 肖静华，谢康，吴瑶，等，2015. 从面合作伙伴到面向消费者的供应链转型——电商企业供应链双案例研究[J]. 管理世界(4):137-154.
[48] 辛童，2020. 华为供应链管理[M]. 杭州：浙江大学出版社.
[49] 谢卓君，徐学军，李金华，2005. 系统视角的供应链绩效管理[J]. 价值工程, 24(2):52-55.
[50] 叶春明，马慧民，李丹，柳毅，2005. BP神经网络在供应链管理绩效指标评价中的应用研究[J]. 工业工程与管理(5):35-38+43.
[51] 袁钰. 绿色供应链助力中国碳达峰碳中和行动[N]. 中国环境报，2021-04-22(003).
[52] 闫秀霞，殷秀清，2008. 供应链管理[M]. 北京：经济科学出版社.
[53] 赵林度，2007. 供应链与物流管理-理论与实务[M]. 北京. 机械工业出版社.
[54] 赵艳丰，2014. 当"供应链管理"遇上"物联网技术"——京东商城的案例分析[J]. 信息与电脑(11):57-60.
[55] 周艳春，印玺，2015. 供应链管理[M]. 北京:经济科学出版社.